Die

Behandlung jugendlicher Verbrecher

und

verwahrloster Kinder.

Bericht

der von der Internationalen Criminalistischen Vereinigung
(Gruppe Deutsches Reich) gewählten Commission.

Im Auftrage der Commission verfaßt

von

Dr. H. Appelius.

Berlin.
J. Guttentag, Verlagsbuchhandlung.
1892.

Inhalt.

I.

Vorgeschichte dieses Berichts.

Auf der Tagesordnung der am 25. und 26. März 1891 in Halle a/S. zusammengetretenen zweiten Landesversammlung der Internationalen Criminalistischen Vereinigung (Gruppe Deutsches Reich) stand als dritter Gegenstand der Verhandlung die Frage:

„Nach welcher Richtung hin ist eine Umgestaltung der über die Behandlung jugendlicher Verbrecher im Strafgesetzbuche gegebenen Bestimmungen wünschenswerth.“

Berichterstatter waren Strafanstaltsdirector*) Dr. Krohne-Berlin und Staatsanwalt Dr. Appelius-Elberfeld.

Nach den Ausführungen derselben ergriff aus der Versammlung nur ein Redner das Wort, der den Gegenstand zur Beschlußfassung noch nicht für reif erachtete.

Es wurde deshalb auf den Antrag des einen Berichterstatters, Staatsanwalt Dr. Appelius-Elberfeld, einstimmig der Beschluß gefaßt:

a) Die Erörterung der Frage 3 der Tagesordnung auf die nächste Jahresversammlung zu vertagen;
b) einen aus drei Mitgliedern bestehenden besonderen Ausschuß zu beauftragen:
   1. auf Grund eines in geeigneter Weise zu entwerfenden Fragebogens das Material für die Behandlung der Tagesordnung dieser nächsten Versammlung zu sammeln,
   2. hierüber rechtzeitig vor Stattfinden der Versammlung eingehenden gedruckten Bericht zu erstatten.

Zu Mitgliedern der Commission wurden Herr Professor Dr. von Liszt-Halle und die beiden seitherigen Berichterstatter gewählt.

---

*) Jetzt Geh. Regierungsrath.

Die Commission trat am 18. und 19. Juli 1891 zu einer Berathung in Eisenach zusammen; zur Theilnahme an dieser Berathung war Herr Director Keßler, Vorsteher der Königlichen Erziehungsanstalt Wabern b. Cassel, eingeladen und erschienen.

Das Ergebniß dieser Berathung waren die als Anlage 3 diesem Bericht beigegebenen Beschlüsse (S. 226) im Folgenden citirt als „Eisenacher Vorschläge".

Dieselben wurden an die Mitglieder der deutschen Gruppe der Internationalen Criminalistischen Vereinigung, an Gefängnißgesellschaften, Erziehungsvereine, einzelne Beamte, Lehrer u. s. w. mit der Bitte um gutachtliche Aeußerung gesandt.

Es ging eine große Anzahl, zum Theil sehr umfangreiche und werthvolle Besprechungen der Vorschläge ein.

Die Commission lud deshalb die Verfasser der bedeutenderen Gutachten zu einer Conferenz nach Berlin. Am 5. und 6. Dezember 1891 vereinigten sich in Berlin (Moabit) 39 Personen aller Berufskreise, juristische Docenten und Praktiker, Verwaltungsbeamte, Strafanstaltsvorsteher und -Beamte, Vorsteher von Erziehungsanstalten und Erziehungsvereinen, Geistliche, Aerzte, Lehrer und Privatpersonen zur Beschlußfassung über die Grundlagen der Behandlung jugendlicher Verbrecher und verwahrloster Kinder.

Die Beschlüsse — „Berliner Beschlüsse" — sind als Anlage 4 diesem Bericht beigegeben. (S. 233.)

Die Commission beschloß alsdann, daß auf Grund des so gesammelten Materials ein eingehender Bericht mit einem Gesetzentwurf auszuarbeiten sei. Mit der Abfassung desselben wurde Staatsanwalt Dr. Appelius-Elberfeld betraut.

Der Berichterstatter hat den Auftrag in dem Nachfolgenden zur Ausführung gebracht und übergiebt hiermit den Bericht und den Gesetzentwurf den Mitgliedern der Internationalen Criminalistischen Vereinigung (Gruppe „Deutsches Reich") sowie allen denen, welche sich für die Frage interessiren. Daß die Zahl dieser eine sehr große ist, hat die Commission wahrzunehmen Gelegenheit gehabt, und der Berichterstatter spricht an dieser Stelle namens der Commission den verehrten Herren, welche durch umfassende gutachtliche Aeußerungen oder kürzere Mittheilungen die Thätigkeit der Commission gefördert haben, namentlich auch denen, welche der Einladung zu der Conferenz nach Berlin gefolgt sind, den aufrichtigsten Dank aus. Sie Alle, mochten sie zustimmen, oder eine abweichende Meinung zum Ausdruck bringen, haben werthvolles Material zu den Arbeiten der Commission beigebracht.*)

Es dürfte jedoch nicht überflüssig sein zu bemerken, daß der folgende Bericht keine anderen Zwecke verfolgt als die, für die demnächstige Jahresversammlung der Internationalen Criminalistischen Vereinigung (Gruppe „Deutsches Reich") die Grundlage der Berathungen zu sein, und, sofern er auch für weitere Kreise bestimmt ist, bei den Lesern das Interesse für eine der brennendsten Fragen des socialen Lebens zu fördern oder aber zu erwecken. In der gegenwärtigen Zeit ist es Pflicht des Einzelnen, mitzuarbeiten mit ganzer Kraft an den Aufgaben des öffentlichen Lebens, will er das Recht in Anspruch nehmen, den staatserhaltenden Elementen der Gesellschaft zugezählt zu werden. Deshalb ist es auch die Pflicht des Sachkundigen, weitere Kreise aufzuklären über die Gefahren, welche für die Gesammtheit aus der unrichtigen Behandlung gewisser Kategorien der Gesellschaft in Folge unangemessener und unzureichender gesetzlicher Bestimmungen erwachsen sind und immer mehr erwachsen werden, und die Mittel zu zeigen, durch welche diesen Schäden begegnet werden kann.

Bei der Wichtigkeit des Gegenstandes ist es nothwendig, hier mit der größten Vorsicht und Sorgfalt vorzugehen und bei der Sammlung und Verwerthung des Stoffes nichts außer Acht zu lassen, was zur Gewinnung eines wahrheitsgetreuen Bildes von den einschlagenden Verhältnissen von Nutzen sein kann.

Aus der gleichen Erwägung glaubte auch die Commission, als sie Gutachten über ihre Eisenacher Beschlüsse erbat, sich nicht auf die Mitglieder der Vereinigung beschränken zu *sollen*; insofern es aber hier nicht nur die rein juristische Seite der Angelegenheit zu behandeln galt, glaubte die Commission sich auch nicht auf die Mitglieder der Vereinigung beschränken zu *dürfen*, vielmehr das Urtheil von Personen aus anderen Berufskreisen herbeiziehen zu müssen, welche als Verwaltungsbeamte, als Vorsteher von Straf- oder Erziehungsanstalten, als Seelsorger und Lehrer

*) Damit jedoch der ernsten Arbeit auch ein humoristischer Beigeschmack nicht fehle, sandte — die Thatsache verdient wenigstens Erwähnung — ein höherer Beamter, dem die Vorschläge der Commission nicht gefallen wollten, der aber doch in seiner Weise seine Ansicht nicht verschweigen mochte, einen Brief voll der derbsten Schimpfwörter gegen die Bestrebungen und die Mitglieder der Commission. Die Commission hat auch diesen Brief zu ihren Acten genommen, in denen er noch späteren Lesern ein werthvolles Beispiel für die Art und Weise sein wird, mit der man unbequeme Ideen, gegen welche man sachliche Einwendungen nicht vorzubringen vermag, auch ohne solche abthun kann.

oder als Mitglieder von Erziehungs- und Fürsorgevereinen Sachverständige für die einzelnen hier einschlagenden Fragen geworden sind. Bei dem liebenswürdigen Entgegenkommen, welches die Commission in diesem Bestreben, von allen betheiligten Berufskreisen Aeußerungen zu erhalten, gefunden hat, darf behauptet werden, daß für jede einzelne Frage das Urtheil praktischer Männer vorhanden ist.

Diese Thatsache ist hier von nicht zu unterschätzender Bedeutung, und die Commission kann auch annehmen, daß ihr schriftlich und in vertraulichem Meinungsaustausch der Berliner Conferenz ungeschminkt von Jedem das gesagt worden ist, was seine innerste Ueberzeugung über die Sache war und daß die Gutachten, die nur für die Acten der Commission bestimmt waren, alles das und nur das enthalten haben, was ein Jeder an eigener Erfahrung gesammelt, was Jeder für die Sache auf dem Herzen hatte, ohne Rücksicht auf offizielle oder offiziöse Erwägungen und Bedenken, welche den Werth der bei sog. offiziellen Enquêten erstatteten Gutachten, namentlich wo es sich um amtliche Aeußerungen handelt, so oft abschwächen.

Als Anlage II sind endlich dem Berichte einzelne Thesen beigegeben, welche die Grundlagen zum Ausdruck bringen, auf welche der Gesetzentwurf aufgebaut ist. Diesen selbst in der Generalversammlung durchzuberathen, wäre bei der kurzen Zeit, die für eine solche immer nur gegeben ist, ganz unmöglich. Der Gesetzentwurf*) giebt das Gesammtbild, über die einzelnen Thesen soll in der Jahresversammlung debattirt und beschlossen werden, mit diesen steht oder fällt der entsprechende Abschnitt des Gesetzentwurfs.

II.

Der gegenwärtige Rechtszustand und seine Erfolge.

1. Es empfiehlt sich von dem bestehenden Rechtszustande auszugehen, und denselben, so allgemein bekannt er in Juristenkreisen auch ist, doch an der Spitze der nachfolgenden Erörterungen nochmals darzustellen, damit für einen jeden Leser — namentlich für nicht juristische — alle Zweifel darüber beseitigt werden, inwieweit und weshalb die Thesen und der Gesetzentwurf und dessen Begründung den Boden des geltenden Rechtes verlassen haben.

*) Anl. I s. S. 201.

§ 55 d. Reichs-Str.G.B.'s bestimmt:

„Wer bei Begehung der Handlung das zwölfte Jahr nicht vollendet „hat, kann wegen derselben nicht strafrechtlich verfolgt werden.

„Gegen denselben können jedoch nach Maßgabe der landesgesetzlichen „Vorschriften die zur Besserung und Beaufsichtigung geeigneten Maß-„regeln getroffen werden. Insbesondere kann die Unterbringung in eine „Erziehungs- oder Besserungsanstalt erfolgen, nachdem durch Beschluß „der Vormundschaftsbehörde die Begehung der Handlung festgestellt und „die Unterbringung für zulässig erklärt ist."

Der erste Absatz der Vorschrift spricht also aus, daß ein Kind vor vollendetem zwölften Lebensjahre wegen einer Handlung, die sonst in den Gesetzen mit Strafe bedroht ist, nicht strafrechtlich verfolgt werden kann. Absatz 2 des § 55 gestattet die Anordnung geeigneter Maßregeln zur Beaufsichtigung und Besserung des verbrecherischen Kindes auf Grund landesgesetzlicher Vorschriften und insbesondere die Unterbringung in eine Erziehungs- oder Besserungsanstalt, wenn durch Beschluß der Vormundschaftsbehörde die Begehung der Handlung festgestellt und die Unterbringung für zulässig erklärt ist.

Auf Grund dieser Bestimmungen sind von den meisten Bundesstaaten Gesetze über die Unterbringung verbrecherischer Kinder erlassen worden.*)

Bezüglich der jugendlichen Verbrecher vom zwölften bis zum achtzehnten Lebensjahre ist bestimmt:

„§ 56. Ein Angeschuldigter, welcher zu einer Zeit, als er das „zwölfte, aber nicht das achtzehnte Lebensjahr vollendet hatte, eine „strafbare Handlung begangen hat, ist freizusprechen, wenn er bei „Begehung derselben die zur Erkenntniß der Strafbarkeit erforderliche „Einsicht nicht besaß.

„In dem Urtheile ist zu bestimmen, ob der Angeschuldigte seiner „Familie überwiesen oder in eine Erziehungs- oder Besserungsanstalt „gebracht werden soll. In der Anstalt ist er so lange zu behalten, als „die der Anstalt vorgesetzte Verwaltungsbehörde solches für erforderlich „erachtet, jedoch nicht über das vollendete zwanzigste Lebensjahr.

„§ 57. Wenn ein Angeschuldigter, welcher zu einer Zeit, als er „das zwölfte aber nicht das achtzehnte Lebensjahr vollendet hatte, eine „strafbare Handlung begangen hat, bei Begehung derselben die zur Er-

---

*) Eine (unvollständige) Zusammenstellung s. Föhring, die Gesetzgebung d. dtsch. Reichs u. d. deutschen Einzelstaaten, betr. die Zwangserziehung, Hamburg, 1890.

„kenntniß ihrer Strafbarkeit erforderliche Einsicht besaß, so kommen gegen „ihn folgende Bestimmungen zur Anwendung:

„1. Ist die Handlung mit dem Tode oder mit lebenslänglichem „Zuchthaus bedroht, so ist auf Gefängniß von drei bis zu fünfzehn „Jahren zu erkennen.

„2. Ist die Handlung mit lebenslänglicher Festungshaft bedroht, „so ist auf Festungshaft von drei bis zu fünfzehn Jahren zu erkennen.

„3. Ist die Handlung mit Zuchthaus oder mit einer anderen „Strafart bedroht, so ist die Strafe zwischen dem gesetzlichen Mindest„betrage der angedrohten Strafart und der Hälfte des Höchstbetrages „der angedrohten Strafe zu bestimmen.

„Ist die so bestimmte Strafe Zuchthaus, so tritt Gefängnißstrafe „von gleicher Dauer an ihre Stelle.

„4. Ist die Handlung ein Vergehen oder eine Uebertretung, so „kann in besonders leichten Fällen auf Verweis erkannt werden.

„5. Auf Verlust der bürgerlichen Ehrenrechte oder einzelner „bürgerlichen Ehrenrechte, sowie auf Zulässigkeit von Polizeiaufsicht ist „nicht zu erkennen.

„Die Freiheitsstrafe ist in besonderen, zur Verbüßung von Strafen „jugendlicher Personen bestimmten Anstalten oder Räumen zu voll„ziehen.“

Für jugendliche Verbrecher vom zwölften bis achtzehnten Lebensjahre hängt die criminelle Strafbarkeit davon ab, ob sie bei Begehung der That die zur Erkenntniß ihrer Strafbarkeit erforderliche Einsicht besaßen. Diese Bestimmung soll dasselbe sagen, was in den Strafgesetzen anderer Staaten mit „Unterscheidungsvermögen“*) ausgedrückt ist.

Ueber die Auslegung dieses letzteren Begriffes ist viel gestritten, und nicht weniger über die Bedeutung der Worte in der deutschen Strafgesetzgebung. Geht man dem Wortsinn nach, so verlangt das Gesetz, der Richter solle feststellen, ob der jugendliche Thäter die Verstandesreife**) gehabt hat, um die Strafbarkeit seiner That zu verstehen und zu begreifen.***) Das Gesetz hat also für jugendliche

---

*) „avec discernement“ des franz. Strafrechts. Art. 66 und 67 des c. c.

**) Einsicht = intelligentia, judicium, Verstand und Urtheilskraft; hier: Verstandesreife und Auffassungsvermögen.

***) Erkenntniß = cognitio; erkennen = ἰδεῖν, cognoscere, scire; hier: Verständniß für die Strafbarkeit. — Ueber die Worte „die zur Erkenntniß der Strafbarkeit erforderliche Einsicht“ vgl. Reichs.-Ger.-E. XV. 97; R. VIII. 760 u. unten S. 21 ff.

Delinquenten das besondere Privilegium geschaffen, daß, abgesehen von der Zurechnungsfähigkeit, noch der eben erwähnte Zustand von Verstandesreife festgestellt werden muß, der sonst bei erwachsenen Verbrechern strafrechtlich nicht weiter in Betracht kommt.*)

Es ist aber nicht auch festzustellen, ob der Jugendliche wirklich die Erkenntniß der Strafbarkeit seines Handelns besessen hat, es genügt, wenn er die „zur Erkenntniß erforderliche" Einsicht besaß.**)

Wenn der Richter die zur Erkenntniß der Strafbarkeit der begangenen concreten Handlung***) erforderliche Einsicht festgestellt hat, dann kommen gegen den jugendlichen Thäter die oben angeführten milderen Strafen des § 57 zur Anwendung, da der Gesetzgeber davon ausgeht, daß auch der strafbare Jugendliche immerhin in Folge seiner Jugend mit einer „geminderten Zurechnungsfähigkeit"†) gehandelt habe, daß deshalb seine Schuld eine geringere sei und eine geringere Strafe verdiene.

Wenn jedoch der Jugendliche zwar eine strafbare Handlung begangen hat, aber die zur Erkenntniß der Strafbarkeit seines Handelns erforderliche Einsicht nicht besaß, hat seine Freisprechung zu erfolgen. Das Gericht hat in dem Urtheil zu bestimmen, ob der Thäter seiner Familie zu überweisen oder in eine Erziehungs- oder Besserungsanstalt gebracht werden soll.

Staatsanstalten, in welche die aus § 56 Str.G.B.'s Freigesprochenen untergebracht werden können, bestehen nicht viele in Deutschland; für Preußen sind vier errichtet, in Boppard und Steinfeld (Rheinprovinz), in Wabern (Reg.-Bez. Cassel) und in Conradshammer (b. Danzig).

---

*) Es ist sehr bestritten, ob jene Worte nicht lediglich den Richter darauf hinweisen wollen, die Zurechnungsfähigkeit des Jugendlichen besonders einer Prüfung zu unterziehen und eine Feststellung darüber zu treffen. Die Erkenntniß der Strafbarkeit ist jedoch an sich keine Voraussetzung strafrechtlicher Zurechnungsfähigkeit, da der strafbare Vorsatz sich nur auf die Thatbestandsmerkmale, nicht auf das Verbrechen bezieht. (Delictsvorsatz, nicht Verbrechenvorsatz.) Es kann also auch die Handlung des Jugendlichen, der ohne die Einsicht gehandelt hat, eine strafrechtliche Handlung sein, zu der es Theilnehmer, Hehlerei Dritter giebt. (Vgl. über die versch. Ansichten: Hälschner, Strafrecht I. 222 ff.; v. Liszt, Strafrecht S. 157; Binding, Normen II. 81 ff. Olsh. Comm. § 56 Anm. 4.)

**) Lucas, subjective Verschuldung 71 und die oben cit. Reichs.-Ger.-E.

***) Denn darauf allein kommt es an; es wird nur die Verstandesreife für die Strafbarkeit der einzelnen That gefordert.

†) v. Liszt, Strafrecht, S. 152.

2. Wenden wir uns nun zu den Erfolgen unserer Gesetzgebung.

Seit dem Jahre 1882 ist in Deutschland eine regelmäßige Controle der auf Grund von Reichsgesetzen wegen Verbrechen, Vergehen und einiger Uebertretungen (Betteln, Landstreichens, Unzucht u. s. w.) verurtheilten Personen eingeführt. Ich werde deshalb an das Jahr 1882 als Ausgangspunkt anknüpfen und ich hebe ausdrücklich hervor, daß die nachfolgenden Zahlen nur Verbrechen und Vergehen gegen Reichsgesetze betreffen.

Im Jahre 1882 wurden wegen solcher Vergehungen gegen Reichsgesetze 30 719 jugendliche Personen vom 12. bis zum 18. Lebensjahr bestraft, im Jahre 1889 aber 36 790, darunter 5518 bereits wegen Verbrechen oder Vergehen gegen Reichsgesetze Vorbestrafte. Während sich die Gesammtzahl der Verurtheilten in den angegebenen Jahren um 12 % vermehrt hat, vermehrte sich also die Zahl der bestraften Jugendlichen um etwa 19 %. In 1889 wurden 3721 jugendliche Personen mehr bestraft, als im Jahr vorher.

Von den verurtheilten Jugendlichen gehörten an der Altersstufe vom 12.—15. Lebensjahr in 1883: 10 544, in 1889 aber: 13 300; der Altersstufe vom 15.—18. Lebensjahr in 1883: 19 422, in 1889 dagegen: 23 490.

In der ersten Altersstufe waren 1230, in der zweiten 4385 bereits wegen Vergehen oder Verbrechen gegen Reichsgesetze vorbestraft.

Wegen einfachen Diebstahls wurden im Jahre 1889 17 498 jugendliche Personen bestraft, von denen 7895 im Alter von 12 bis 15 Jahren, 9603 im Alter von 15—18 Jahren standen.

Während im Allgemeinen die Jugendlichen 10 % aller Verurtheilten ausmachen, sind die wegen Diebstahls bestraften Jugendlichen 21 % der wegen Diebstahls überhaupt bestraften Personen.

Wegen schweren Diebstahls (§ 243 Str.G.B.'s) und wegen Diebstahls im wiederholten Rückfalle (§ 244) wurden in derselben Zeit 2915 Jugendliche, d. i. **25 %** aller wegen schweren Diebstahls und Diebstahls im wiederholten Rückfalle bestraften Personen verurtheilt; darunter waren 1253 im Alter von 12—15 Jahren.

Wegen Brandstiftung wurden im Jahre 1889 135 Jugendliche verurtheilt, bei 419 Verurtheilungen wegen Brandstiftung überhaupt, also 32 % aller Verurtheilten. Die Zahl der jugendlichen Brandstifter ist seit 1882 um 10 % gestiegen.

Bei Sittlichkeitsverbrechen aus den §§ 170—179 Str.G.B.'s machen die Jugendlichen 22 % aller Verurtheilten aus.

Wegen Unterschlagung wurden in 1889 verurtheilt 1695 Jugendliche (478 im Alter von 12—15 Jahren; und 1217 im Alter von 15 bis 18 Jahren), d. h. 10,7% aller Verurtheilten; wegen Betrugs 1596 Jugendliche (411 im Alter von 12—15 Jahren und 1185 im Alter von 15—18 Jahren), 9,5% aller Verurtheilten. Die wegen Sachbeschädigung verurtheilten Jugendlichen machen 15,8% aller Verurtheilten aus; es sind 2029 Jugendliche wegen Sachbeschädigung verurtheilt. Jugendliche Personen im Alter von 18—21 Jahren endlich wurden in 1889 verurtheilt: 61 824, und zwar 56 158 männliche und 5666 weibliche Personen, darunter 11 316 bereits Vorbestrafte.

Wer sich noch weiter über diese Punkte informiren will, der wird in der Reichscriminalstatistik für 1889 noch manche interessante Zahlen und Angaben finden. Hier galt es zunächst, einen allgemeinen Ueberblick über die Criminalität der Jugendlichen zu geben. Deshalb enthielt das Vorstehende die Gesammtzahlen für das Gebiet des ganzen Deutschen Reichs. Wenn man auf kleinere Bezirke übergeht, so findet sich, daß die Verbrecherstatistik für die einzelnen Länder und Oberlandesgerichtsbezirke kein gleichmäßiges Bild ergiebt. Während Schaumburg-Lippe, Waldeck, Lippe eine niedrige Criminalität aufweisen, war dieselbe in Bremen, der bayr. Pfalz, Reuß (ält. Linie) am höchsten.

Die Durchschnittsziffern lassen sich am besten an folgender Zusammenstellung (Reichs-Crim.-Statistik de 1889. II. 27) erkennen. Auf 10 000 gleichalterige Personen wurden wegen Verbrechen und Vergehen im Alter von 12—18 verurtheilt:

> im Deutschen Reich 1882: 56,7; 1888: 58,3; 1889: 64,2 Personen, in Preußen 1882: 53,3; 1888: 53,9; 1889: 60,2 Personen, in Süddeutschland 1882: 55,5; 1888: 63,5; 1889: 69,5 Personen, in den mitteldeutschen Staaten 1882: 80,3; 1888: 69,4; 1889: 71,8 Personen; in den norddeutschen Staaten 1882: 61,1; 1888: 64,3; 1889: 72,3 Personen. Mit Ausnahme der mitteldeutschen Staaten ist die Criminalität der Jugendlichen fortwährend gestiegen, in den mitteldeutschen Staaten gegenüber der sehr hohen Anfangsziffer früher erheblich gefallen, jedoch zuletzt von einem Minimum, welches im Jahre 1887 erreicht wurde, wieder im Steigen begriffen.

Innerhalb dieser Gruppen sind noch manche recht erhebliche Verschiedenheiten zu constatiren, so sind z. B. unter den mitteldeutschen Staaten einige wenige, bei denen die Criminalität abzunehmen scheint (Sachsen-Weimar und Schwarzburg-Sondershausen) und einige, in denen sie sich ziemlich auf gleicher Höhe gehalten hat.

Irgend welche **sicheren** Schlüsse lassen sich jedoch aus dieser Erscheinung deshalb nicht ziehen, weil einerseits diese Gebietstheile an sich klein sind und weil die Criminalität in denselben außerordentlich schwankend ist, so daß das Jahr 1889 auch hier **nicht** den niedrigsten Stand seit 1882 zeigt, also der Schluß nicht nothwendig ist, daß hier wirklich eine **dauernde** Abnahme der Criminalität vorliege. Mancherlei zufällige Ereignisse können auf so kleinem Gebiet eine wesentliche Veränderung in den Zahlen geschaffen haben und wieder schaffen.

Daß die Steigerung in der Gesammtcriminalität aber sogar eine außergewöhnliche, nicht etwa mit dem Zuwachs der Bevölkerung und mit dem Stand der Criminalität im Allgemeinen gleichen Schritt haltende ist, geht daraus hervor, daß auf 10 000 gleichalterige Personen der Civilbevölkerung im Jahre 1882 in Deutschland 56,7, in 1889 dagegen 64,2 jugendliche Verurtheilte vom 12.—18. Lebensjahr entfielen, und daß bei erheblicher Zunahme der Verurtheilungen überhaupt — (von 329 968 Verurtheilten im Jahre 1882 auf 369 644 Verurtheilte im Jahre 1889) — trotzdem die Verurtheilung jugendlicher Personen vom 12.—18. Lebensjahr von 9,3 % in 1882 und 8,9 % in 1885 und 1886 auf 10 % aller Verurtheilten in 1889 gestiegen sind.

Mit dem Jahre 1889 ist jedoch das höchste Maß der Verurtheilungen noch nicht erreicht. Die Statistik für 1890 ist noch nicht abgeschlossen, und bin ich deshalb nicht in der Lage, Einzelheiten daraus mitzutheilen, aber es steht schon jetzt fest, daß die Zahl der wegen Verbrechen und Vergehen gegen Reichsgesetze verurtheilten jugendlichen Personen in 1890 auf **40 905** gestiegen ist. Somit betragen die bestraften Jugendlichen 10,7 % aller Verurtheilten.

Unter den Verurtheilten waren 18 286 Diebe im Sinne des § 242 des Str.G.B.'s, 3027 Diebe im Sinne des § 243 des Str.G.B.'s und 970 wiederholt rückfällige Diebe (§ 244 Str.G.B.'s).

Wie bereits hervorgehoben, stellt die Reichscriminalstatistik die Zahl der **schuldig befundenen** jugendlichen Verbrecher nicht vollständig dar,*) da die Verurtheilung wegen Vergehungen gegen die Landesgesetze, wegen der Uebertretungen des 29. Abschnittes des Straf-

*) Die Frage, ob die Grundlagen der Reichscriminalstatistik Anspruch auf absolute Vollständigkeit erheben können, will ich nicht eingehend erörtern. Jedenfalls ist die Zuverlässigkeit der Angaben der Strafregisterbehörden und damit auch des Inhalts der Zählkarten eine sehr verschiedene; auch kommt es häufig genug vor, daß, namentlich bei den Amtsgerichten, Strafnachrichten nicht gegeben und Zählkarten nicht gefertigt werden.

gesetzbuchs und wegen aller Polizeicontraventionen fehlen und dann noch Diejenigen hinzugezählt werden müssen, die zwar einer Strafthat für überführt erachtet, aber wegen mangelnder Einsicht freigesprochen sind. Die alle zusammengenommen würde die oben angegebenen Maximalziffern der Verurtheilten vom 12.—18. Lebensjahre auf jährlich mehr als 100 000 steigern.

Wenn wir aber auch die Zahl aller Jugendlichen, welche einer Strafthat überführt sind, uns vor Augen halten, so gewährt uns diese, mag sie eine noch so laute und eindringliche Sprache reden, doch noch kein annäherndes Bild von der Criminalität der Jugend in Deutschland, und zwar in mehrfacher Hinsicht. Zunächst ist die Zahl der Verurtheilten stets nur ein, manchmal recht kleiner Bruchtheil der Delinquenten. Eine Statistik der Vergehungen giebt es nicht und deshalb auch keine einigermaßen feste Norm, um das Verhältniß jener beiden Zahlen zu einander zu ermitteln.

Aber jeder Beamte, welcher mit der Strafverfolgung beschäftigt ist, weiß ganz genau, wie groß verhältnißmäßig die Zahl der angezeigten Strafthaten ist, für welche niemals ein Thäter ermittelt wird. Und daß wieder unter den vielen unermittelten Thätern eine große Zahl Jugendlicher gewesen sind, wer wollte das zu bestreiten wagen!

Es werden aber alljährlich außerdem eine große Anzahl von Vergehungen begangen, die niemals zur Anzeige gebracht werden, sei es, weil der Geschädigte den Thäter kennt und sich mit ihm abgefunden hat oder derselbe mit ihm in einem verwandtschaftlichen oder freundschaftlichen Verhältniß steht, so daß er dessen Bestrafung nicht will, oder weil er den Thäter fürchtet oder Rücksichten auf ihn oder seine Angehörigen oder seine sonstigen Beziehungen nimmt, sei es daß der Geschädigte keinen Erfolg von den Ermittelungen erwartet, sei es daß er die Unbequemlichkeiten einer Untersuchung, Zeugenverhöre u. s. w. scheut, und noch aus mancherlei anderen Gründen.

Wenn also alle Vergehungen zur Anzeige kämen und wenn dann für alle Vergehungen die Thäter ermittelt würden, dann erst würde sich die richtige Ziffer aller Verbrecher und auch die der jugendlichen Delinquenten ergeben. Aber auch dann noch müßte, um das Bild ganz vollständig zu machen, eine Verbrecherstatistik der unter 12 Jahre alten, noch nicht strafmündigen Kinder hinzugefügt werden.

Es ist nun gelegentlich in der Criminalstatistik davon die Rede, daß vielleicht eine Erklärung für die große Zahl der verurtheilten Jugendlichen darin zu finden sei, daß diese weniger geschickt im Verbergen ihrer Strafthaten wären und deshalb leichter abgefaßt und überführt würden, als die Erwachsenen. Diese Annahme ist durch nichts gerechtfertigt. Fragen wir nur die Polizeibeamten, welche mit der Aufspürung der Verbrecher betraut sind, ob ihnen die jugendlichen Verbrecher geringere Mühe verursachen, als der Durchschnitt der erwachsenen Verbrecher, und fragen wir die Polizeibeamten, welche die ersten Vernehmungen der Verbrecher machen, oder die Untersuchungsrichter, ob die jugendlichen Delinquenten leichter ein Geständniß ablegen, als die erwachsenen Verbrecher! Die Vorsicht und Umsicht jugendlicher Verbrecher bei der Verabredung und Ausführung ihrer Straithaten ist oft geradezu erstaunlich, und ihre größere Gewandtheit verschafft ihnen viele Vortheile gegenüber den älteren Verbrechern. Bei Diebstählen, namentlich auch bei schweren Diebstählen, kommt ihnen oft ihre Kleinheit und Unerwachsenheit zu Statten, sie können durch Oeffnungen schlüpfen, die den erwachsenen Dieben keinen Einlaß gewähren, sie können sich ungefährdet hier und da an Orten aufhalten, wo man den Erwachsenen als verdächtig anhalten würde, wo aber die Anwesenheit der Kinder bei arglosen Personen nicht den geringsten Verdacht erweckt.

Jugendliche Personen können Verbrechen begehen, bei denen man ihrer Gefährlichkeit und Schwere wegen unbedingt zunächst auf einen alten erfahrenen und verwilderten Verbrecher räth, ohne auch nur einen Schatten von Argwohn gegen ein Kind zu haben.

Ein Geständniß ist aus jugendlichen Verbrechern recht schwer herauszubringen. Der Jugendliche leugnet gegenüber einem Ueberführungsbeweise oft noch da, wo ein alter erfahrener Verbrecher es längst als nützlich für sich erkannt haben würde, zu „pfeifen“; letzterer möchte, wenn er alles verloren sieht, für sich wenigstens die Strafminderung des reumüthigen Geständnisses retten; der Jugendliche, der die Wucht der gegen ihn gesammelten Beweise in ihrer Bedeutung für seine Verurtheilung meist noch nicht versteht und noch nicht die nöthige Routine in den Gerichtssaal mitbringt, glaubt, wie in der Schule, wo es ihm vielleicht manchmal von Nutzen gewesen ist, sich durchlügen oder, wenn mehrere Angeklagte vorhanden sind, die Schuld auf die anderen schieben zu können. Gestanden wird ja überhaupt im Strafverfahren fast niemals aus wahrer Reue oder aus dem erdrückenden Gefühl der Schuld, sondern zuweilen aus Prahlerei, allermeist aber nur nach Erwägungen der Nützlichkeit, des Egoismus, der den Thäter antreibt, im wohlverstandenen eigenen Interesse die unhaltbare Position des Leugnens aufzugeben und das reumüthige Geständniß mit der Folie der Thräne zu umgeben; für solche praktischen Erwägungen fehlt es den Jugendlichen meist, allerdings auch nicht immer, an der forensischen Erfahrung, und an der Geriebenheit, sofern sie nicht schon unter die verwahrlosten Elemente*) gezählt werden müssen. Es soll jedoch damit gewiß nicht gesagt sein, daß es nur leugnende jugendliche Verbrecher gäbe und daß man unter den Jugendlichen nicht auch geständige findet. Ein Geständniß des Jugendlichen, namentlich des noch nicht oder wenig Vorbestraften, entspringt nur meistens anderen Motiven, wie das Geständniß des Erwachsenen, es entsteht wohl unter dem erstmaligen Eindruck des Gerichtsverfahrens auf den noch Unverdorbenen oder aus anerzogener Wahrheitsliebe und ist eben deshalb selten, es zeigt aber auch schon eine bestimmt ausgeprägte verbrecherische Eigenart; — denn wie es Verbrecher giebt, die jede Strafthat hartnäckig ableugnen und niemals, selbst nicht in jahrelanger Haft, ein Geständniß ablegen, so giebt es solche, die stets bei der ersten Vernehmung gestehen, und zwar so regelmäßig und so vollständig, daß man, wenn ein solcher eine nicht gerade besonders schwere Beschuldigung ausnahmsweise leugnet, mit einer gewissen Sicherheit schließen kann, er sei an der That auch unschuldig. — Endlich entspringt ein offenes, namentlich bis in's Einzelne ausgeführte Geständniß eines Jugendlichen auch dem Mangel an ethischem Gefühl, indem ihm die That nicht anders als jede Handlung erscheint; eine Erscheinung, die bei Brandstiftungen und Mordthaten Jugendlicher oft zu beobachten ist.

Nach alle dem kann man aber getrost sagen, die Ansicht, welche die große Zahl der Verurtheilungen Jugendlicher damit abschwächen zu können glaubt, daß Jugendliche leichter abgefaßt und überführt würden, als Erwachsene, entbehre jeglicher Grundlage nach den Erfahrungen der Praxis.

Die Zahlen der Statistik können uns noch nach einer anderen Richtung hin ein richtiges Bild von der Criminalität der Jugend nicht gewähren. Die Zahlen sagen uns nur, wie viele Delinquenten wegen der einzelnen Strafthaten verurtheilt sind. Es giebt viele Personen, welche von der Bedeutung dieser Zahlen im socialen Leben gar keine Vorstellung haben und die sich deshalb bei dieser Aufzählung wenig und gar nichts denken. Aber auch denjenigen, welche der Sprache, welche solche Zahlenreihen reden, ein offenes und verständnißvolles Ohr leihen, sagen die Zahlen noch nichts von der Summe von Verkommenheit, Verwahrlosung und Elend, von der Verworfenheit und Verdorbenheit, der die in ihnen verborgen liegt. Dies ergiebt sich

*) Vgl. deshalb unten S. 24 Anm. den mitgetheilten Vorfall.

wohl zum Theil aus den Untersuchungsacten, — namentlich dann, wenn sie ausnahmsweise mehr enthalten, als die Ermittelungen über die concrete That, und zufällig auch Material geben über die Familien- und Erziehungsverhältnisse der Thäters, aber auch die Betrachtung der einzelnen Strafthaten kann schon zu den todten Zahlen eine werthvolle Illustration geben. Den richtigen Eindruck von der verbrecherischen Jugend kann man jedoch nur dann erhalten, wenn man die Jugend selbst beobachtet, wie sie z. B. auf den Straßen und in den Winkeln der großen Städte und in den Hütten der abgelegensten und ärmsten Dörfer heranwächst, wenn man neben diesem generellen Bild jedem einzelnen Straffall, bei dem Jugendliche betheiligt sind, nachgeht, den Stand der ethischen Entwickelung des Thäters, abgesehen von dem Stand „der zur Erkenntniß der Strafbarkeit erforderlichen Einsicht" feststellt, die Lebensverhältnisse aufklärt — und auf diese Weise, ich möchte sagen, die Geschichte der Strafthat kennen lernt. Eine jede Strafthat hat ihre Geschichte, eine Geschichte, die allerdings für unsere Strafrechtspflege meist schon mit den Worten geschrieben ist: er schlich sich zur Nachtzeit in das bewohnte Gebäude und nahm ein Paar silberne Löffel und da er schon mehrfach vorbestraft ist, wird er wegen schweren Diebstahls im wiederholten Rückfall, ohne Annahme mildernder Umstände, mit Zuchthaus bestraft; oder: er saß im Wirthshaus und stritt sich mit X; es kam zu Thätlichkeiten, hierbei schlug er den X so, daß derselbe an den Verletzungen starb; da der Thäter offenbar angetrunken und gereizt war, erhält er unter Annahme mildernder Umstände eine Gefängnißstrafe. — Die Geschichte der Strafthat in dem Sinne, wie ich es meine, das ist eine solche, die oft weit rückwärts reicht in das Leben des Thäters hinein, dahin, wo die unmittelbaren Beziehungen zu der Strafthat längst aufgehört haben, die ihren Ausgangspunkt nimmt bei dem Verkehr mit schlechten Gesellen oder weiter zurück, bei einer verfehlten oder verwahrlosten Erziehung, — oder noch weiter zurück in der Person und den Gewohnheiten der Eltern. Am lehrreichsten ist allerdings eine solche Geschichte, wenn es gelingt, dem Leben eines alten Verbrechers nachzugehen, durch alle Wandlungen eines wechselvollen Lebens zurück bis zur ersten Verfehlung und noch weiter zurück bis ins Elternhaus hinein, aus dem er hervorgegangen; dann erst wird man der Gefahren inne, welche aus einer Criminalität der Jugendlichen entstehen. Man darf nur im letzteren Falle nicht vergessen, daß die Selbstbiographie eines alten Verbrechers die schlechteste und unzuverlässigste Quelle ist, die es giebt, da er entweder prahlt oder beschönigt, auf andere schiebt, in den weitaus meisten Fällen auf die eine oder die andere Art zu lügen pflegt, daß es also nicht leicht ist, die Entwickelungsgeschichte eines Verbrecherlebens zu ermitteln.

Von allen den Dingen sagt uns die Criminalstatistik nichts und kann uns nichts sagen.

III.

Die Ursachen der hohen Criminalitätsziffer der Jugendlichen und die Mittel zur Verminderung derselben.

Die in dem vorigen Abschnitt mitgetheilten Zahlen nöthigen zu der Frage nach den Ursachen der hohen und immerfort steigenden Criminalitätsziffer bei den Jugendlichen und nach den Mitteln zur Bekämpfung dieser Verbrecherwelt.

Die Reichs-Criminalstatistik hat außer dem oben*) besprochenen Erklärungsversuch für die Zahlenhöhe eine Untersuchung über die Ursachen der Erscheinung, daß das jugendliche Verbrecherthum in fortwährend erschreckendem Zunehmen begriffen ist, nicht angestellt. Auch ich will an dieser Stelle nicht etwa die Untersuchung ausdehnen auf die Ursachen der Verbrechen der Jetztzeit überhaupt, sondern nur auf die Ursachen der hohen Zahlen bei den jugendlichen Verbrechern, und speciell darauf, ob die Mittel, welche das geltende Recht präventiv und repressiv kennt und anwendet, die richtigen sind.

Die Ursachen der hohen Zahlen der Verbrecherstatistik lassen sich bei gutem Willen leicht finden, es sind nicht solche, denen der Staat machtlos gegenüber steht, und sie aufdecken, heißt zugleich die Mittel zu ihrer Einschränkung gefunden haben. Nur von Beschränkung, nicht von Beseitigung des jugendlichen Verbrecherthums darf natürlich geredet werden; denn das Verbrecherthum überhaupt, und speciell das hier interessirende Verbrecherthum der jugendlichen Personen, läßt sich nicht beseitigen.

Wo Menschen in geordneten Verhältnissen zusammen leben, da muß es immer Verbrecher geben, da es ja keine Rechtsordnung giebt, die Jedem die völlige schrankenlose Befriedigung seiner Wünsche und Begierden gestatten darf; weil damit eine Rechtsordnung, eine gesellschaftliche Ordnung, die auf der Beschränkung des Einzelnen im Interesse der Gesammtheit beruht, unvereinbar ist und weil es in jeder Rechtsordnung

*) S. S. 11 u. 12.

eine Anzahl von Personen giebt, die sich den gesetzlichen Beschränkungen nicht fügen wollen oder nicht zu fügen verstehen.

Das Verbrecherthum muß aber so weit eingeschränkt werden, daß daraus keine gemeine Gefahr erwächst. Die Entwickelung, welche das jugendliche Verbrecherthum genommen hat, bedeutet aber eine gemeine Gefahr.

Bei der Erforschung der Ursachen der Erscheinung wollen wir von den jugendlichen Verbrechern selbst ausgehen. Die Erkenntniß des Wesens des jugendlichen Verbrecherthums wird uns zugleich zeigen, ob die Behandlung desselben die richtige, oder eine unangemessene ist; und in letzterem Falle, durch welche andere Mittel, als die bisher angewandten, die Zahl der jugendlichen Uebelthäter verringert werden kann.

In einer geistreichen Abhandlung eines Psychiatrikers*) fand ich vor kurzem die Worte citirt:

„Wir pflegen der Natur zwar alles beizulegen,
„doch wenn wir jeden Trieb aufmerksam nur erwägen,
„so finden wir, daß es von der Erziehung rührt,
„und daß ihr alles Lob und aller Fluch gebührt,
„da sie der jungen Brust den Grund zu edlen Trieben,
„im Gegentheil: — das Bild zu Lastern eingeschrieben."

Das heißt nichts anderes, als daß der Mensch das, was er ist, durch die Geburt und dann vor allem durch die Erziehung wird.

In einem sehr beachtenswerthen Aufsatz über Bestrafung jugendlicher Verbrecher in Nr. 44 der neuen pädagogischen Zeitung vom 29. Oktober 1891 (S. 380) citirt Helmke-Magdeburg**) das Wort des Pädagogen Jeremias Gotthelf:

„Setzt das Kind im Walde aus, läßt Bär und Wolf seine Amme „werden, so wird der Leib sich nicht heben; auf Vieren wird es gehen, „wird heulen wie ein Wolf und brummen wie ein Bär. Der Mensch „rankt nur am Menschen sich empor zur Menschengestalt, aber auch „seine Seele schlingt sich an Seelen auf und sucht aus ihren Säften „Nahrung zum Wachsthum und hält an ihnen sich fest."

Diese Ausführungen lehren in deutlicher Sprache, worauf es bei Kindern am meisten ankommt. Das vollsinnig geborene Kind bringt

---

*) Dr. Pelman, Ueber die Grenzen zwischen psychischer Gesundheit und Geistesstörung, S. 9.

**) Vgl. auch dessen Schrift: Die Behandlung jugendlicher Verwahrloster ꝛc., Halle, pädagog. Verlag von Herm. Schrödel.

im Allgemeinen die Fähigkeit mit,*) demnächst bei normaler Entwickelung das Durchschnittsniveau der sittlichen Entwickelung seiner Zeit zu verkörpern und eine Reihe von Charakteranlagen, deren Spuren sich schon im den allerersten Lebensjahren zeigen; aber nur durch eine sorgfältige Erziehung wird die Entfaltung der geistigen und ethischen Kräfte ermöglicht.

Wenn ein Kind zum allmählichen Bewußtsein der es umgebenden Außenwelt gekommen ist und also fähig geworden ist, auf Eindrücke zu reagiren, reizt jeder neue Anblick zu irgend einer Thätigkeit an; während das eine Furcht und Schrecken erregt, bewirkt das andere Lust und Freude und den Wunsch des Besitzes. Das Kind verlangt nach diesem oder jenem, es gebärdet sich über die Versagung unwillig, diesen Unwillen durch Schreien in ohnmächtigem Zorn oder durch Schlagen und Treten nach denen, welche ihm das Begehrte vorenthalten, ausdrückend. Hier muß die Erziehung zuerst eintreten, in weiser Beschränkung des egoistischen, aber natürlichen Begehrens. So entwickelt sich allmählich der Unterschied zwischen Erlaubtem und Verbotenem bei dem Kinde, erfaßt und wirksam jedoch zunächst nur für die Wiederkehr der Ereignisse, bei welchen das Gebot oder das Verbot erfolgte, später erst auch für leicht erkennbare Analogien.

Von dem Auffassen der Begriffe von gut und böse in ihrer sittlichen Bedeutung ist dabei jedoch noch keine Rede. Die Unterschiede des Erlaubten und Verbotenen müssen das Kind noch begleiten bei den ersten Schritten aus der Familie und aus der unmittelbaren Aufsicht der Eltern, bei der Berührung mit fremden Personen, anderen Kindern z. B. in der Schule, den mannigfachen neuen Eindrücken der Straße und des öffentlichen Verkehrslebens. Hier kommt es leicht zu den ersten Verfehlungen gegen die Rechtsordnung, wenn nicht eine sorgfältige Erziehung die Grenzen des Erlaubten und Verbotenen auch auf das Gebiet der draußen dem Kinde voraussichtlich entgegentretenden neuen und fremden Eindrücke und Reize schon im Voraus durch Belehrung und Abmahnung ausgedehnt hat. Die Schule ergänzt dann die häusliche Erziehung, insbesondere aber soll durch den Religions-

*) Eines Eingehens auf die in der Wissenschaft noch nicht abgeschlossene Frage, ob es **geistesgesunde** erwachsene Menschen giebt, denen die Fähigkeit, die Begriffe von gut und böse, recht und unrecht als sittliche in sich aufzunehmen, abgeht und ob die Strafgesetzgebung für solche Personen besondere Bestimmungen treffen soll, sowie ob diese Erscheinung angeboren oder das Resultat einer verkehrten Entwickelung ist, bedarf es hier nicht.

unterricht das Seelenleben des Kindes mit ethischen Vorstellungen erfüllt werden.

Aber auch dann, wenn das Kind gut und böse, recht und unrecht als sittliche Begriffe in sich aufzunehmen angefangen hat, macht es damit eine ähnliche Entwickelung durch, wie früher mit dem Verständniß für das Erlaubte und Unerlaubte. Das Gewissen wird nur wach, wenn Lustgefühle in dem Kreise des als Unrecht schon bekannt Gewordenen und als Unrecht Empfundenen auftauchen, bei neuen, fremden Reizen schweigt es noch. Nur allmählich wird in ähnlichen Fällen das Unrecht vom Rechten unterschieden und werden Lustgefühle durch sittliche Motive überwunden; erst nach und nach gelangen die ethischen Vorstellungen zu einer solchen Kraft, daß sie im Allgemeinen im Stande sind, das gesammte Handeln zu beeinflussen. Damit ist jedoch nicht gesagt, daß diese Vorstellungen bei allen die gleiche Kraft haben und daß sie auch schon die gleiche Kraft haben, wie beim erwachsenen Menschen. Auch jetzt noch bleibt eine Zeit lang der natürliche Einfluß des jugendlichen Alters mächtig. Der junge Mensch sieht die Dinge anders an, als der reife Mann; jener unterliegt einem Reiz, der ihm die Gewährung unbekannter Freuden zu versprechen scheint, an dem der ältere kühl vorübergeht; hier tritt bei dem ersteren noch vielfach die Einbildungskraft an die Stelle der mangelnden Erfahrung und zeigt ihm die Dinge in wesentlich anderem Lichte, als sie dem ausgereiften Manne erscheinen.

Wenn aber das Kind und der heranwachsende Mensch nicht unter Berücksichtigung der allmählich ausgebildeten Charaktereigenschaften fortwährend von den Geboten der Erziehung so geleitet werden, daß sie diese als die Richtschnur ihres Handelns anerkennen, so ist der Conflict mit den Geboten der Rechtsordnung unausbleiblich, weil dann die natürlichen, kindlich egoistischen Triebe oder die durch Anlage dem Individuum eigenen, oder die durch böses Beispiel oder Verführung geweckten Triebe durch keinerlei Gegenmotive gebändigt werden. Solcher, die eine derartige Alles beachtende, der Eigenart des einzelnen Wesens Rechnung tragende Erziehung nicht gehabt haben, sind sehr viele. Viele Eltern können nicht erziehen, viele wollen nicht erziehen, viele Eltern aber möchten wohl ihre Kinder gut erziehen und würden es auch wohl thun, aber die Verhältnisse gewähren ihnen nicht die Zeit und die Mittel dazu. Nur der angemessen erzogene und an Leib und Seele einigermaßen ausgereifte Mensch ist aber im Allgemeinen im Stande, seine Triebe aus sich selbst heraus im Zaume zu halten.

Mit diesem Zeitpunkt sollte zuerst von strafrechtlicher Verantwortlichkeit die Rede sein.

Was hilft es, daß der junge Mensch Recht und Unrecht zu unterscheiden weiß, wenn ihm als natürliche Folge seines jugendlichen Alters noch die sittliche Kraft fehlt, dem unsittlichen Triebe zu widerstehen, oder wenn ihm mangels jeglicher Erziehung Recht und Unrecht nur leere Begriffe geblieben, deren Bedeutung für sein Verständniß nicht über das Niveau des Erlaubten und Verbotenen hinausgeht! — Die Criminalstrafe giebt ihm die fehlende sittliche Reife sicherlich nicht.

Diese sittliche Reife, die zugleich in dem ebenbesprochenen Sinn die Strafreife mitenthält, tritt jedoch nicht bei allen Jugendlichen mit demselben Alter ein. Die ungleiche Beanlagung, die ungleiche Erziehung, die ungleichen Lebensverhältnisse bringen es mit sich, daß ein Zeitraum von Jahren angenommen werden muß, in dessen Beginn frühestens bei dem Einen die Strafmündigkeit vorhanden ist und in dessen Ende sie endlich bei Allen eingetreten ist.

In diesem Zeitraum muß der Richter bei strafbaren Handlungen noch in jedem einzelnen Fall prüfen, ob die sittliche Reife des Thäters vorhanden ist, so daß er gestraft werden kann.

Für alle jugendlichen Delinquenten, welche von Natur oder in Folge mangelhafter Erziehung noch nicht so weit entwickelt sind, daß sie für strafreif erkannt werden können, bleibt als natürliche Folge nur die Vollendung der Erziehung in sorgfältiger Weise, jedoch nach Lage der Verhältnisse unter staatlicher Aufsicht, oder sogar durch Organe des Staates. Denn wenn auch für diese sittlich Unreifen die staatliche Strafe nicht am Platze ist, so kann doch der Staat nicht unthätig zusehen, daß dieselben Verbrechen begehen und wieder begehen.

Wo daher die häusliche Erziehung sich als unzureichend erweist, oder wo die Natur des Delictes eine besondere Gefahr für die Rechtsordnung gezeigt hat, da ist es erforderlich, daß von Staatswegen die fernere Erziehung des Thäters in die Hand genommen oder wenigstens überwacht wird, damit es bei der einen That des Jugendlichen bleibe und dieser nicht auf die Verbrecherlaufbahn gerathe, und so zu einer dauernden Gefahr für die menschliche Gesellschaft werde.

Doch ist damit noch nicht genug geschehen. Es wächst eine große Anzahl Kinder ohne die nothwendige Erziehung heran, denen, sei es mit, sei es ohne Schuld*) der Eltern jede Anleitung zum Guten fehlt, bei denen es aber der Zufall gewollt hat, daß sie gerade noch keine strafbare Handlung begangen haben, oder daß sie noch nicht bei einer

*) Darüber später S. 121.

solchen ertappt worden sind. Hier abwarten, bis eine strafbare Handlung festgestellt werden kann, ist gefährlich und zugleich auch ein Unrecht. Gefährlich für die Gesammtheit, weil in diesen verwahrlosten Kindern in vielen Fällen die Keime und die Anfänge zu einer weit größeren Verdorbenheit und Verkommenheit stecken, als in manchem, der zufällig gerade bei einer strafbaren Handlung gefaßt worden ist; ein Unrecht aber gegen die Kinder, welche man in dem Sumpf von Verkommenheit und Elend stecken läßt, wo sie nach menschlicher Voraussicht mit Sicherheit dem Verbrechen und dem Untergang entgegengeführt werden, während sie durch Erziehung noch gerettet zu werden vermögen.

Der Zeitraum, in welchem die sittliche Entwickelung aus dem natürlichen Grunde des jugendlichen Alters noch unvollendet ist, reicht in deutschen Verhältnissen bis zum vollendeten sechzehnten Lebensjahre,*) dem Zeitpunkt der vollen Geschlechtsreife. Nach Vollendung des sechzehnten Lebensjahres werden sich nur noch wenige Fälle der sittlichen Unreife finden; es sind das meist solche, in denen Krankheiten oder durchaus mangelhafte Erziehung die Entwickelung gehemmt haben. Daß vor vollendetem sechzehnten Lebensjahre die innere Entwickelung einer jugendlichen Person regelmäßig als vollendet angenommen werden könne, wird von Aerzten und Pädagogen einhellig bestritten. Man muß für den Endpunkt der absoluten und allgemeinen sittlichen Unreife eine feste Grenze annehmen, für welche die Erfahrung ausschlaggebend ist. Bei allen derartig gewählten festen Zeitpunkten ist allerdings mit der Möglichkeit zu rechnen, daß ein abnormer Fall nachgewiesen werden kann, der vollständig gegen die Regel läuft. Das sind jedoch Erscheinungen, welche man nicht vermeiden kann und deshalb mit in den Kauf nehmen muß.

Für die strafreifen jugendlichen Personen, müssen die Strafmittel den jugendlichen Charakteren angemessen, so gewählt sein, daß durch ihren Vollzug möglichst das ergänzt werden kann, was dem jugendlichen Charakter gerade noch fehlte und so den Gefühlen der verbrecherischen Lust den Sieg ermöglichte; hier eine Weckung des Ehrgefühls durch einen ernsten Verweis, dort eine kurze, aber energisch vollzogene Strafe als Mahnung und Abschreckung, dort eine Strafe von langer Dauer, um das nachzuholen, was früher in der Erziehung versäumt ist, — endlich allerdings auch wohl eine Strafe von besonderer Dauer, die nicht nur

*) Darüber, daß und warum trotzdem das vierzehnte Lebensjahr als Ende der Strafunmündigkeit von dem Ausschuß gewählt wurde, vgl. unten S. 41 ff.

bessern, sondern auch wegen der Schwere und Gefährlichkeit der Strafthat zeigen soll, daß unsociale Elemente auch ausgestoßen werden können aus der Gesellschaft, gegen deren Ordnung sie sich vergangen haben. Niemals aber dürfen jugendliche Delinquenten als verloren schon völlig aufgegeben werden; deshalb müssen, wie das ja auch gegenwärtig Rechtens ist, alle Strafmittel vermieden werden, welche, wie Zuchthaus, dauernde Ehrenfolgen nach sich ziehen.

Bei richtiger gesetzgeberischer Verarbeitung dieser Grundzüge und entsprechender Handhabung würde das jugendliche Verbrecherthum, soweit wirksam bekämpft und in solche engen Grenzen zurückgedrängt werden können, wie dies möglich ist, und es würde damit auch, was das Wesentlichste ist, der Nachwuchs für das Berufsverbrecherthum beschränkt.

Vergleichen wir aber das bestehende Recht mit den eben entwickelten Gedanken, dann kann es für uns keinem Zweifel unterliegen, daß dasselbe **nicht** geeignet ist, das jugendliche Verbrecherthum wirksam zu bekämpfen, vielmehr sehr wesentlich mit dazu beiträgt, daß wir die großen Zahlen in der Statistik der jugendlichen Verbrecher finden.

Die unterste Grenze für die Strafbarkeit beginnt schon mit dem zwölften Lebensjahr; und Strafe muß, wie schon oben angeführt wurde, eintreten, wenn die zur Erkenntniß der Strafbarkeit des Handelns erforderliche Einsicht zur Zeit der That vorhanden war. Wenn man streng nach den Buchstaben des Gesetzes geht, so findet man, daß dies Erforderniß für die Strafbarkeit bei fast allen jugendlichen Thätern vom zwölften Lebensjahre an, selbst hart an dieser untersten Grenze, thatsächlich vorhanden ist.

Wie sollte es auch anders sein, wenn man nur von den geistig Zurückgebliebenen, den Schwachsinnigen und Idioten absieht. — Schon das Schulkind von sechs oder sieben Jahren weiß, daß es nicht stehlen darf, es hat vom Lehrer oder auch von den Eltern gehört, daß der Dieb ins Gefängniß kommt, es hat zu Haus, in der Nachbarschaft oder von Gespielen gehört, daß dieser oder jener, den es kennt, ins Gefängniß gekommen ist, weil er gestohlen hat, es sieht vielleicht in derselben Volksschule einen Knaben oder ein Mädchen, von dem es heißt, daß es wegen Diebstahls im Gefängniß gewesen sei: So bildet sich bis zum zwölften Lebensjahre auch die zur Erkenntniß der **eigenen Strafbarkeit** erforderliche Einsicht aus.

Ebenso geht es mit Körperverletzung, Sachbeschädigung, Betrug, mit Todtschlag und Brandstiftung.

Man darf nur nicht vergessen, daß nichteinmal zu prüfen ist, ob der Angeklagte die Strafbarkeit seines Handelns wirklich erkannt hat. Es ist vielleicht nicht uninteressant, statt weiterer Ausführungen an dieser Stelle einiges aus einer Entscheidung des Reichsgerichts mitzutheilen, welche, wie ich zu bemerken nicht verfehlen will, unter allseitiger Zustimmung von Theorie und Praxis, auf die Auslegung der erwähnten Gesetzesworte eingeht:

„Nach § 56 ist ganz unerheblich, ob der Thäter zu erkennen vermochte, daß seine That dem Sittengesetze widerstrebt, vielmehr muß der „Thäter im Stande sein, die Strafbarkeit zu erkennen. Außerdem „fordert das Gesetz die zu solcher Erkenntniß erforderliche Einsicht, „also denjenigen Grad der Verstandesentwickelung, welcher nöthig „ist, um die Strafbarkeit des Handelns zu erkennen, nicht aber dasjenige „Maß sittlicher Bildung, welches erforderlich ist, um das Verhalten nach „dem als recht Erkannten einzurichten. Durch die Vorschrift war also „der erste Richter nicht mit der Frage befaßt, ob den Angeklagten „die „Fähigkeit der sittlichen Würdigung ihrer That beiwohnte . . . . „ . . . . das Gesetz fordert nach seinem klaren Wortlaut nicht, daß der „Angeklagte die Strafbarkeit seiner Handlung eingesehen habe, sondern „nur, daß er vermöge der ihm beiwohnenden Einsicht im Stande gewesen „sei, die Strafbarkeit zu erkennen."

Nach diesen Worten des Reichsgerichts bedarf es keines weiteren Beweises für die obige Behauptung, daß das, was das Gesetz zur Strafbarkeit fordert, eigentlich jeder Zwölfjährige besitzt und weiter nicht der besonderen Hervorhebung, daß die gesetzliche Voraussetzung der Strafbarkeit thatsächlich nicht die geringste Möglichkeit gewährt, die Frage der sittlichen Reife des jugendlichen Thäters einer Prüfung zu unterziehen. Mit Recht ist dazu bemerkt worden, wenn das Gesetz wenigstens die Feststellung fordere, daß der Thäter die Strafbarkeit erkannt oder gekannt habe, so wäre das schon eine Verbesserung gegenüber den Worten des Gesetzes. Man könne dann mit einer gewissen Berechtigung sagen, die erkannte Strafbarkeit des Handelns habe als abhaltendes Motiv wirken müssen oder wenigstens wirken sollen; wer trotz der erkannten Strafbarkeit gefehlt, müsse dem Strafgesetze verfallen.*)

Viel wäre damit jedoch auch nicht geholfen. Man vergißt bei diesem Verbesserungsversuche, daß die Furcht vor Strafe auf den, dessen Handeln

*) Vgl. übrigens hierzu Binding, Normen II. S. 467.

in Folge seines jugendlichen Alters noch nicht durch ethische Motive bestimmt wird, keine abschreckende Wirkung äußert, daß sie, wenn sie überhaupt je vorhanden gewesen, hier im Augenblick des Entschlusses zum Handeln, vor dem Lustgefühl zur That, wie ein Schemen verfliegt, und daß jedenfalls der flüchtige Gedanke an die Strafe sogleich überwunden wird durch die Hoffnung auf strafloses Begehen.

Man darf dabei aber auch weiter nicht vergessen, daß den jugendlichen Thätern, jedenfalls den unbestraften, die Bedeutung der Criminalstrafe gar nicht klar ist, daß ihnen die Folgen einer solchen Strafe für das spätere Leben fremd sind, oder daß sie wenigstens keine richtige Vorstellung davon haben, so daß also alle die Erwägungen des Erwachsenen über Einbuße an Ansehen, Furcht vor Schande, vor Verlust der Stellung, der Existenz u. s. w. bei dem Jugendlichen nicht vorhanden sind.

Wie die Worte des Gesetzes dastehen, sind sie jedenfalls verfehlt, weil sie die Strafbarkeit von der Verstandesreife abhängig machen, unbekümmert wie es mit der natürlichen Fähigkeit oder Unfähigkeit des kindlichen Thäters stand, sich selbst zu bestimmen; so bewirken sie, daß jährlich Tausende der Criminalstrafe verfallen, die für dieselbe noch nicht reif sind. Ich möchte alle Criminalisten der Praxis fragen, wie oft sie jugendliche Verbrecher vor sich hatten, über deren frühreife Intelligenz sie staunen mußten, die aber keine Spur einer seelischen Entwickelung zeigten, die mit der größten Schlauheit und Gewandtheit ihre Pläne gefaßt und mit kluger Benutzung aller Vortheile ausgeführt haben, die mit vollständigen ganzen, vorbereiteten Gewebe von Lügen sich vertheidigen und in deren Innern vielleicht kaum eine Ahnung lebendig ist von dem, was sie eigentlich gethan haben, die nichts von wahrer Reue empfinden, auch keine Reue empfinden können, weil ihr Gewissen noch nicht geweckt worden ist, weil sie zwar bezüglich ihrer Einsicht zur Unterscheidung des Verbotenen und Erlaubten sehr wohl den Erwachsenen gleichgestellt werden können, in psychologischer Beziehung jedoch noch als unmündige Kinder betrachtet werden müssen.

Solche Bilder kann man innerhalb der verwahrlosten, zügellosen Jugend der großen Städte täglich mühelos auftreiben.

Was soll diesen Kindern die kurze Freiheitsstrafe, bemessen nach ihrer „großen Jugend" und ihrer deshalb geminderten Zurechnungsfähigkeit"; also möglichst nach Tagen berechnet, und das ganz gewiß, wenn das Gericht dazu noch aus einigen Thränen, die im günstigsten Fall aus der unbestimmten Furcht vor dem Gerichtshof oder der Ungewißheit, was die nächsten Augenblicke bringen werden, hervorgegangen sind, mit unfehlbarer Sicherheit die sichtbaren Zeichen einer tiefempfundenen Reue*) festgestellt zu haben glaubte. Die Strafvollstreckung übt hier gar keine Wirkung aus, obgleich sich noch immer alle diejenigen nicht davon überzeugen wollen, die vermeinen, daß an der Majestät des Rechts schon gerüttelt sei, wenn es nicht überall heißt: hier Strafthat, da vergeltende Strafe! Die kurze Strafe kann aber auch gar keine Wirkung ausüben, wenn sie auch noch so vollkommen vollstreckt, ja selbst dann nicht, wenn sie verschärft wird, wo ja die Strafthaten den natür- Trieben einer innerlich unreifen Jugend entsprungen sind, die noch nicht so weit entwickelt ist, diesen Trieben aus sich selbst heraus Widerstand entgegenzusetzen; die Strafe würde also nur Erfolg haben können, wenn

---

*) In dieser Beziehung kann ich mir nicht versagen, einen Fall hier mitzutheilen, nicht aus amtlicher Wahrnehmung, sondern aus meiner privaten Beschäftigung mit diesen Dingen, einen Fall, für dessen Richtigkeit ich einstehe, der zugleich die Möglichkeit illustrirt, in der zehn oder fünfzehn Minuten dauernden Hauptverhandlung ein richtiges Urtheil über innere Vorgänge, über den Seelenzustand des Verbrechers zu gewinnen und die Wirkung der Strafe auf jugendliche Verbrecher zeigt. Vor der Strafkammer X. stand ein $12\frac{1}{2}$jähriger Knabe wegen zweier Einbrüche, denen aber, wie sich erst in der Untersuchung herausgestellt hatte, schon etwa zwanzig Diebstähle in der Zeit vom 8. bis 12. Jahre, vorangegangen waren. Verwahrlost, verkommen, schlecht genährt, ohne alle Schulbildung, da er ein durchaus unregelmäßiger Schulbesucher war, im Uebrigen aber ein echtes Großstadtkind, dem die natürliche Klugheit und Schlauheit aus den Augen blitzte. Daß er die zur Erkenntniß der Strafbarkeit seines Handelns erforderliche Einsicht besaß, konnte Niemandem zweifelhaft sein. Der Bursche hatte bis dahin, des trotz stärksten Ueberführungsbeweises, Alles geleugnet. In der Hauptverhandlung legte er plötzlich ein volles Geständniß ab, schluchzend überbot er sich fast selbst in Wahrheitsliebe. Doch wollte mir das nicht gefallen, da es den Anschein hatte, als beachte er die Wirkung seiner Worte und seiner Thränen auf den Gerichtshof. — Die große Jugend, das vor dem Gerichtshof abgelegte Geständniß, die sichtliche Reue veranlaßte das Gericht, auf 14 Tage Gefängniß zu erkennen.

Am Tage darauf konnte ich feststellen, daß der Verurtheilte zwei ältere Zellengenossen über ihr Verhalten in der demnächstigen Hauptverhandlung so instruirt hatte: „Ich habe geheult, und da glaubten sie (die Richter), es thue mir leid, und ich habe alles eingestanden, nachdem ich vorher gelogen hatte, da glaubten sie, ich hätte Respekt vor ihnen, und so bin ich mit 14 Tagen ab gekommen, so müßt ihrs auch machen." — Das Urtheil hatte gewiß nicht girrt, als es die Einsicht dieses Thäters feststellte! — Nach 6 Wochen stand er wieder wegen Diebstahls vor Gericht.

sie im Stande wäre, auf die seelische Entwickelung des Thäters einzuwirken. Aber sie kann doch Furcht erzeugen! Fragen wir einmal die jungen Burschen, welche zum ersten Male aus einer kurzen Strafhaft entlassen sind, was sie empfinden! Den meisten hat es ganz gut gefallen, von der Bedeutung auch der verbüßten Strafe weiß keiner etwas, und von Furcht vor dem Gefängniß ist keine Spur vorhanden, nachdem sie das Gefängniß kennen gelernt haben. Und diese Strafe schützt daher auch den eben Entlassenen noch nicht von der Anstalt bis zur elterlichen Wohnung vor Rückfall, wenn sich nur eine günstige Gelegenheit bietet. Die Strafe ist zu kurz, als daß der Anstaltsgeistliche Gelegenheit hätte, auch nur ein Samenkorn des Guten in die jugendliche Seele zu pflanzen; der jugendliche Thäter tritt wieder in die Freiheit, wie er in die Anstalt kam.

Es werden ja aber doch für schwere Thaten auch lange Strafen erkannt, Strafen von Jahren bei Verbrechen, wie Mord oder Todtschlag! Auch die Wirkung einer länger dauernden Strafe ist auf ein noch unentwickeltes Gemüth durchaus unsicher und zweifelhaft, niemals aber kann eine noch so gut geleitete Strafvollstreckung das leisten, was eine gut geleitete Erziehungsanstalt zu leisten vermag.

Der Aufenthalt in der Strafanstalt soll doch zunächst Strafe sein, Schule und Erziehung treten zurück vor den Anforderungen der Strafe. Die Erziehungsanstalt sucht gleichmäßig die körperliche und geistige Entwickelung der Kinder zu fördern und auf die Ausbildung des Gemüths hinzuwirken, das Kind ist in einer Zucht, welche der strengsten väterlichen nicht unähnlich ist.

Von alledem kann jedenfalls in der Weise in der Strafanstalt nicht die Rede sein. Die Strafanstalt ist für Jugendliche deshalb nur da am Platz, wo es sich um einen wenigstens einigermaßen herangereiften Thäter handelt, denn die Strafe kann nie das unmündige Kind erziehen, sie kann aber wohl dabei wirken, daß in der Einsamkeit der Zelle verbunden mit dem Zuspruch des Seelsorgers, einem geistig und seelisch Entwickelten der verbrecherische Sinn gebrochen wird, und daß derselbe so die Bedeutung der Strafe, die Macht des Rechtes gegenüber der Nichtigkeit des Unrechts empfinden lernt, so daß auf solche jugendliche Personen wenigstens die längere Strafe das wirken kann, was sie bei dem Jugendlichen hauptsächlich soll, Besserung. Man darf auch nicht einwenden: auch der ganz Unentwickelte reift doch bei jahrelangen Strafen in der Strafanstalt allmählich heran, so daß er wenigstens schließlich die Bedeutung seiner That und der gegen ihn erkannten Strafe verstehen lernt und deshalb die Strafe in solchen Fällen doch ihrer endlichen Wirkung sicher sein kann. Das kann im Einzelfalle sehr wohl zutreffen, als Regel aber darf nicht vergessen werden, daß die Entwickelung, zu welcher das Kind in der Strafanstalt heranreift, von der Entwickelung verschieden ist, welche das Kind in der Freiheit oder in der Erziehungsanstalt, die in dieser Beziehung der Freiheit gleichsteht, erreicht. Das Wesen, welches als Kind schon auf lange Jahre der Strafanstalt überwiesen ist, um dieselbe erst als erwachsener Mensch wieder zu verlassen, wird nur in Ausnahmefällen seinen Altersgenossen gleich sein; viele treten körperlich gebrochen oder geistig zurückgeblieben in das Leben hinaus, — es ist eben kein zur Entwickelung des Leibes und der Seele eines unmündigen Kindes geeigneter Raum, die Zelle eine Strafanstalt. Und doch sind die Resultate bei solchen frühzeitig erkannten langjährigen Strafen noch verhältnißmäßig die besten, und sie würden noch besser sein, wenn die Fürsorge für entlassene Gefangene weiter reichte. Aber die Strafanstalt ist überhaupt nicht für unmündige Kinder! Diesem Satz sollten doch die Vertheidiger der Vergeltungsstrafe unbedingt zustimmen.

Und wie viel Jugendliche haben wir denn, die in solch' jahrelanger Gefängnißhaft sitzen? Nur eine ganz geringe Zahl, so daß aus der verschwindenden Zahl der Fälle schon jeder Schluß bedenklich ist. Wir müssen rechnen mit der überwiegenden Mehrzahl der Thäter, die in jungen Jahren nur auf Grund ihrer Verstandesreife zu Strafen von Monaten oder, was am häufigsten vorkommt, von Wochen oder Tagen verurtheilt worden ist. Für diese, wenn sie innerlich unentwickelt und unreif, wenn sie nicht im Stande waren, die Begriffe von Recht und Unrecht als ethische Vorstellung in sich aufzunehmen, gilt als Regel, daß ihre Entwickelung in der Strafhaft nicht vorwärts ging, daß sie zwar wohl gewitzigter und schlauer, nicht aber gebessert aus der Strafanstalt hervorgingen. Und Besserung muß für die Jugendlichen von der Strafe verlangt werden, mag man selbst über die Besserungsbestrebungen der Gefängnißwissenschaft für Erwachsene denken, wie man will. Die Strafe war ganz verfehlt, wenn der auf Grund seiner Einsicht bestrafte Thäter in die Freiheit zurücktritt, ohne daß er durch die Strafvollstreckung ein Gegengewicht gegen die Lust nach neuen Strafthaten empfangen hat. Daher erklärt sich die große Zahl der jugendlichen Rückfälligen.

Es ist gar keine ungewöhnliche Erscheinung, daß jugendliche Thäter unmittelbar nach verbüßter Strafe ihre verbrecherische Thätigkeit wieder aufnehmen; drei- und viermalige Bestrafung wegen Diebstahls vor vollendetem vierzehnten Lebensjahre ist nichts Seltenes!

An dieser Stelle möchte ich aus dem veröffentlichten Jahresberichte eines preußischen Gefängnißpredigers*) für das Jahr 1891 einen kurzen Abschnitt wörtlich einschalten, der vollauf das bestätigt, was ich eben ausgeführt habe:

„Leider bestand unter diesem (nämlich dem Zugang an Gefangenen) „die größte Zahl aus ganz jugendlichen, kurzzeitigen Sträflingen. Es „ist ein wahrer Herzensjammer, diese theilweise noch im Kindesalter be„findlichen Knaben und Mädchen im Gefängniß zu sehen, um sich bei „der überwiegenden Mehrheit derselben sagen zu müssen, daß diese Art „der Bestrafung, namentlich bei den kurzen Strafen, nicht nur nicht „bessernd, sondern im höchsten Maße schädigend, ja ganz verderblich auf „sie wirken muß, und noch niemals habe ich die zuweilen geradezu be„klagenswerthen Wirkungen des § 57 des ReichsStr.G.B. so deutlich „erkannt wie in diesem Jahre. Nur ein paar Beispiele hierzu:

„Da wurde uns ein vierzehnjähriges, körperlich noch ganz un„entwickeltes, schlecht erzogenes und sittlich verwahrlostes, aber aus einer „nicht ungebildeten Familie stammendes Mädchen übergeben, das eines „Diebstahlsversuchs und einer Urkundenfälschung schuldig befunden war. „Es hatte mittels eines gefälschten Briefes Waare aus einem Geschäft „entnehmen wollen. Da es nach dem sicherlich wohl erwogenen Urtheil „des Gerichtshofes die zur Erkenntniß der Strafbarkeit er„forderliche Einsicht besaß, so konnte der Bitte des Vaters, das „Kind einer Erziehungsanstalt zu übergeben, nicht Folge geleistet werden „und das unglückliche Kind wurde zu drei Tagen Gefängniß ver„urtheilt. Den Ernst der Strafe versteht solch ein Kind gar nicht; ein „erziehlicher, heilsamer Einfluß kann in drei Tagen im Gefängniß auf das„selbe nicht ausgeübt werden; aber der Schaden, der dem zukünftigen Leben „derselben aus dieser Bestrafung erwachsen wird, ist nicht zu bezweifeln.

„Ein winzig kleiner, sehr verwahrloster Junge von vierzehn Jahren, „der aber den Eindruck eines etwa zwölfjährigen Knaben machte, ist „seinem Meister und seinem Vater entlaufen und ist wiederholt in Läden „eingestiegen, wo er Nahrungsmittel und anderes gestohlen, auch kindische „Bosheiten verübt hat, indem er z. B. Oel- und Essigfässer zum Spaß „auslaufen ließ. Auch bei ihm ist die erforderliche Einsicht an„genommen worden, und so hat er ein Jahr und zwei Monate Strafe „erhalten, die er nun bei uns verbüßt. Die Strafe macht nicht „den allergeringsten Eindruck auf ihn, denn wenngleich er nach

*) Heinersdorff, Pastor: Die Arbeit an den Gefangenen, Entlassenen u. s. w. S. 11 ff.

„dem Urtheil des Gerichtshofes die erforderliche Einsicht für seine Straf„barkeit hat, so fehlt sie ihm doch ganz entschieden für die Strafe selbst, „und es steht zu befürchten, daß er aus dem Gefängniß trotz aller sorg„fältigen Mühe, die von allen Beamten auf ihn verwendet wird, reicher „an böser Erfahrung hervorgehen wird."

Nach einem weiteren ähnlichen Beispiel fährt mein Gewährsmann fort:

„Wäre nicht bei allen diesen Kindern eine strenge christliche Er„ziehung einer Gefängnißstrafe bei Weitem vorzuziehen? Zeigen nicht „solche Beispiele, die ja mit Leichtigkeit vermehrt werden könnten, wie „nothwendig die Hinausschiebung der Strafmündigkeit vom zwölften „mindestens auf das vierzehnte Lebensjahr, und wie segensreich die Um„änderung des § 57 wäre?"

Gegen die Anwendung der Gefängnißstrafen bei Kindern ist aber noch etwas zu erwähnen. Der jugendliche Thäter, der noch nicht vierzehn Jahre alt ist, tritt aus dem Gefängniß in die Volksschule zurück, oder zuerst ein. Alle anderen Schulen, Gymnasium, Real- und Bürgerschulen schieben mit Gefängniß bestrafte Elemente ab, die Volksschule kann das nicht; sie muß nicht nur ihre bestraften Schüler wieder aufnehmen, sondern sie muß auch die aus anderen Schulen verwiesenen noch hinzunehmen, denn der Volksschulunterricht muß mindestens jedem Kinde gewährt werden. Darin liegt eine große Gefahr. In der Volksschule sind ohnehin die Elemente, aus denen sich das jugendliche Verbrecherthum meistens recrutirt, vertreten. Der bereits Bestrafte, der in die Volksschule eintritt oder wiedereintritt, wird nun entweder von den anderen Schülern gemieden, das ist noch das Beste, oder meist als Mensch angestaunt, der schon etwas hinter sich hat, der schon etwas erlebt hat, der schon etwas vom Leben kennt. Im ersten Fall werden die anderen wohl selten inficirt, der gleichsam Ausgestoßene geht aber meist vollständig zu Grunde; im zweiten Fall ist der Bestrafte der Held des Tages, er wird der Führer und der Verführer seiner Mitschüler und reißt sie ins Verderben mit hinab. Niemand läßt sich leichter leiten, wie gerade ein Kind von einem anderen Kinde, dem es ein gewisses Uebergewicht über sich einräumt.

So kann ein Bestrafter eine ganze Klasse mit sich fortreißen. Erst in letzter Zeit habe ich Gelegenheit gehabt, eine solche Erscheinung zu beobachten, als sich in einer größeren Stadt eine jugendliche Diebesbande gebildet hatte, von der keiner über sechzehn Jahre alt war, die von einem gleichalterigen viermal Vorbestraften gebildet war und geleitet wurde.

Auf diese Weise ist mancher Knabe, der sich sonst straffrei geführt hatte, zum ersten Male zum Verbrecher geworden. — Ich bin auf den Einwand gefaßt, daß dieselbe Erscheinung in einer Erziehungsanstalt in höherem Maße zutreffen müßte, da dort nur solche zusammen kommen, die bereits strafbare Handlungen begangen haben. Zunächst sind in den Erziehungsanstalten die meisten unbestraft, haben also noch keine Bekanntschaft mit dem Gefängniß gemacht. Die Leiter der Erziehungsanstalt legen übrigens auf diesen Umstand wenig Gewicht, sie sehen an sich keine Gefahr darin, in eine Erziehungsanstalt auch einen Bestraften aufzunehmen. Der Hauptunterschied liegt allerdings auf anderem Gebiet. Die Bestraften in der Volksschule bleiben in der Heimath, auf dem Schauplatz ihrer ersten Strafthaten, sie treten aus dem Gefängniß in dieselben Kreise zurück, aus denen heraus sie fehlten, aus denen sie ins Gefängniß kamen, sie kommen zurück in die Familie, in der sie verwahrlosten, zu denselben Gespielen, mit denen zusammen sie verdorben sind, sie athmen dieselbe Luft, sie betreten dieselben Straßen wieder, sie treten den ewig neuen Reizen des Lebens gegenüber, denen sie unterlagen. In der Erziehungsanstalt sind sie fremd und mit dem Eintritt lassen sie die Vergangenheit dahinten. Eine ernste Ermahnung des Directors, und damit versinkt die Vergangenheit, und ein neues Leben, allerdings voll neuer Eindrücke, denen sie aber nicht ohne Halt gegenübertreten, liegt vor ihnen. Ihre frühere Verfehlung bleibt in einzelnen Anstalten so sehr verborgen, daß nur der Director, nicht einmal die Lehrer oder die Führer*) Näheres darüber wissen, die Mitschüler erfahren nicht, was der Andere gethan, denn eine Unterhaltung darüber ist streng verboten. Vor Allem aber sind die Zöglinge der Erziehungsanstalten nicht frei, wie die Schüler der öffentlichen Volksschulen es schrankenlos außerhalb der Schule sind. Sie sind nie ohne Aufsicht. Und endlich, wenn der Satz richtig ist: mens sana in corpore sano, so gilt er für die Erziehungsanstalten. Vergleichen wir das Leben vieler Kinder im häuslichen Elend mit dem Leben in den Erziehungsanstalten; ohne den Kindern einen Comfort zu bieten, den sie nachher im Leben entbehren würden, erhalten die Zöglinge gesunde, einfache aber kräftige Nahrung, werden reinlich gehalten und an Reinlichkeit und Ordnung gewöhnt, so daß sie geistig und körperlich gedeihen können.

Man hat übrigens für die geschilderten Gefahren in der Volksschule diese selbst verantwortlich machen und einen Vorwurf gegen die Lehrer erheben wollen, die ihrer Aufgabe nicht gewachsen seien. Das

*) Aufseher.

ist verfehlt: Die Volksschule kann und muß die häusliche Erziehung ergänzen, aber sie kann ohne Mitwirkung oder bei Entgegenwirkung der häuslichen Erziehung auch beim besten Willen, beim eifrigsten Streben, Erfolge nicht erzielen. Was hilft es, wenn der Lehrer unterweist, wenn hinterher der Schüler zu Hause das verspotten hört, was ihm in der Schule als ehrfurchtgebietend und ehrwürdig geschildert ist. Der Schüler geräth damit in einen inneren Zwiespalt, den zu überwinden er nur in den seltensten Fällen im Stande ist, und in dem Zwiespalt folgt er naturgemäß dem, was er im Elternhaus hört und empfängt, denn auch dem Verwahrlosten und Verdorbenen stehen Vater und Mutter in seinem Herzen näher, als der fremde Lehrer, zumal, wenn zu Hause auch dessen Person dem Spott und der Verächtlichmachung nicht entgeht. Für diese wenig beneidenswerthe Situation und die daraus entspringenden erziehlichen Mißerfolge verdienen die Volksschule und ihre Lehrer am wenigsten einen Vorwurf.

Die gleiche Gefahr wie für die Volsschule entsteht aus der Rückkehr des jugendlichen Bestraften zu seinen *Gespielen* für diese.

An *ausreichenden* vorbeugenden Bestimmungen für die Erziehung *verwahrloster* Kinder fehlt es im Deutschen Reiche noch in den meisten Staaten. Auf die Einzelheiten des geltenden Rechts werde ich in einem späteren Abschnitt näher einzugehen haben; hier genügt es zu constatiren, daß im Allgemeinen der Mangel hauptsächlich darin liegt, daß das Einschreiten der Behörden bei Verwahrlosung der Kinder nicht ohne das Vorliegen einer strafbaren Handlung des Kindes oder wenigstens von Mißbrauch der Erziehungsgewalt — also Verschulden — der Eltern zugelassen ist; so daß diese Kinder zunächst eine strafbare Handlung begehen müssen, damit sich der Staat ihrer annimmt. Einzelne Rechtsgebiete kennen überhaupt keine Maßregeln gegen Verwahrlosung der Kinder. In vielen ist die Durchführung der bestehenden Bestimmungen nicht gesichert.

Damit wäre wohl zur Genüge dargethan, worauf der *hohe Stand der Zahlen* des jugendlichen Verbrecherthums zurückzuführen ist.

Um wie viel sich die Zahlen verringern werden, wenn alle die erwähnten Mängel beseitigt und die bestehenden Vorschriften im Sinne dieser Vorschläge verbessert werden, das läßt sich nicht sagen; es kann ja auch nicht daran gedacht werden, daß Alle durch erziehliche Maßregeln gerettet werden könnten, aber das läßt sich sagen, daß die Criminalität der Jugendlichen und damit demnächst auch die Criminalität der Erwachsenen, soweit erwachsene Verbrecher aus vorbestraften oder verwahrlosten Jugendlichen hervorzugehen pflegen, in solchem Umfange zurückgehen würde, als es überhaupt möglich ist.

IV.

Fortsetzung.

Allerdings werden nicht Alle diese im vorigen Kapitel vertretene Auffassung theilen, da es noch sehr viele Gegner der sog. Zwangserziehung giebt. Wie oft hört man den Ausspruch, in der Zwangserziehung werden die Kinder noch schlechter, noch verdorbener. Es mag allerdings zugegeben werden, daß nicht alle Anstalten gleich gute Resultate geliefert haben. Aber bei uns liegt ja auch das staatliche Erziehungswesen noch so zu sagen in den Windeln, und deshalb treten uns die Erziehungsanstalten — der Ausdruck ganz allgemein genommen — in mannigfacher und recht ungleicher Gestaltung entgegen. Aber auch bei dem gegenwärtigen Zustand unserer öffentlichen Zwangserzielung sind doch im Allgemeinen sehr günstige Ergebnisse der Anstaltserziehung zu verzeichnen und ich möchte deshalb einen Jeden, der den oben citirten Ausspruch thut, jedesmal nach den Thatsachen fragen, auf welche sich seine angebliche Wissenschaft gründet. Leider geben gerade in diesen Fragen so Viele ihr Urtheil ab, die von der Sache gar nichts verstehen und das nachreden, was sie von Anderen gehört, deren Sachkenntniß nicht höher zu veranschlagen ist. Ich habe diese Erfahrung gerade in letzter Zeit, seit dem die Frage der Behandlung der Jugendlichen seitens der deutschen Gruppe der Internationalen Criminalistischen Vereinigung erörtert worden ist, so oft gemacht. Die einfache Thatsache, daß ein früherer Zwangszögling später einmal eine strafbare Handlung begeht, genügt, um auf die schlechten Resultate der Zwangserziehung hinzuweisen, für dieselben Personen, die den Rückfall der criminell Bestraften als etwas Selbstverständliches alltäglich beobachten — und hinnehmen, ohne daran eine Betrachtung zu knüpfen. Unsere Bestrebungen würden aber wirklich nur mit einer kleinen Gegnerschaft zu kämpfen haben, wenn diese sich nur aus denen zusammensetzte, die ihre Wissenschaft von dem Unwerth der Zwangserziehung aus einer so competenten Quelle, wie es der Rückfall eines Zwangszöglings ist, geschöpft haben; die schlimmsten Gegner sind diejenigen, denen überhaupt kein Beweismaterial zur Seite steht, die deshalb aber die mangelnde Einsicht in die Verhältnisse durch Worte zu ersetzen bestrebt sind.

Ein Land, in dem das Zwangserziehungswesen eine hohe Stufe der Entwickelung erreicht hat, ist England, und da wir nun einmal gewohnt sind, für unsere Gesetzgebung bei fremden Völkern Anleihen zu machen, so mag es auch hier nicht unterbleiben, an diesem fremden Beispiel die Erfolge zu zeigen, die durch ein wohlorganisirtes Erziehungswesen erreicht werden können.

In England*) bestehen Erziehungsanstalten (industrial schools) für Kinder welche verwahrlost sind — ohne daß sie aber eine strafbare Handlung begangen zu haben brauchen, Vagabunden, verlassene Kinder, Kinder, deren Eltern mit langjährigen Freiheitsstrafen belegt sind, Kinder, welche in Gesellschaft von Dieben und Huren leben u. s. w. — und für solche verbrecherische Jugendliche, welche wegen mangelnder Einsicht oder zu jugendlichen Alters freigesprochen sind, und außerdem Besserungsanstalten (reformatory schools)**), in welche solche Jugendliche verwiesen werden können, die wegen einer strafbaren Handlung mindestens zu zehntägiger Freiheitsstrafe verurtheilt sind und diese verbüßt haben.

Diese letztere Bestimmung ist Gesetz, wird aber in der Praxis als eine Schranke empfunden. Es kommt vor, daß die Richter auf die Mindeststrafe von 10 Tagen verurtheilen, nur um die jugendlichen Thäter der Wohlthat der Besserungsanstalten theilhaftig werden zu lassen.

Ueber die günstigen Wirkungen der Erziehungs- und Besserungsanstalten ist man in England nicht in Zweifel, und man schreibt den dort in den letzten Zeiten thatsächlich zu beobachtenden Rückgang der strafbaren Handlungen in erster Linie dem Einfluß der Erziehung auf den jugendlichen Nachwuchs der Bevölkerung zu.

Auch auf die Jugendlichen selbst***) hat dies rechtzeitige Eingreifen der staatlichen Zwangserziehung prophylaktisch eine ausnehmend günstige Wirkung gehabt. Die Zahl der von jugendlichen Thätern verübten strafbaren Handlungen ist in den letzten Jahren in fortwährender Abnahme begriffen gewesen, trotzdem in derselben Zeit die Bevölkerungsziffer um etwa sechs bis sieben Millionen Menschen gestiegen ist,†) und trotzdem in England, dem an sich so reichen England, besonders in den großen Städten, eine Summe von Elend und Verkommenheit zu

*) Aschrott: Das engl. Armenwesen. S. 336 ff.

**) Außer den oben erwähnten Anstalten existiren noch day industrial schools, Aruant schools, boys and girls industrial homes und training ships. Die ersteren beide sind für nachlässige Schüler bestimmt, die dritte Art sind Heimstätten für verlassene Kinder, und die letzterwähnten sind eigentlich industrial oder reformatory schools mit nautischen Einrichtungen. Darüber s. unten S. 155 u. 156.

***) Föhring, Zwangserziehung 2c., in v. Holtzendorff's Handbuch des Gefängnißwesens. II. S. 280 ff. u. S. 289.

†) Fuld, Zwangserziehung, in Liszt's Zeitschrift. XI. 123.

finden ist, die den Zuständen anderer Länder in der Beziehung nichts nachgiebt. Allerdings kostet die Zwangserziehung England in einem Jahre mehr, als die Kosten der Zwangserziehung in Preußen seither in zehn Jahren ausmachten, wenn man nur die baaren Unkosten rechnet.

Die, noch nicht einmal in allen Punkten vollkommen geregelte, staatlich beaufsichtigte Zwangserziehung in England hat vorzügliche Resultate gehabt, denn die Zahl der mit Freiheitsstrafen belegten Personen ist, trotz der obenerwähnten Zunnahme der Bevölkerung um rund 43%, gesunken, warum soll ein Gleiches nicht auch bei uns zu erzielen sein, — wenn es nur richtig angefaßt wird. Daß die Kostenlast nicht so unerschwinglich sein würde, wie vielfach behauptet wird, darauf werde ich weiter unten (S. 198) zu sprechen kommen. Auch andere Staaten haben mit ihrer Zwangserziehung die besten Resultate gehabt.*)

Die Einwendungen gegen die Erweiterung der Zwangserziehung sind jedoch damit noch nicht erschöpft.

In einem der der Commission zugegangenen Gutachten wird gesagt, daß von den Eisenacher Vorschlägen diejenigen zu verwerfen seien, welche für gewisse Altersklassen die Strafbarkeit ausschließen, und an deren Stelle die Zwangserziehung setzen wollen, da heutiger Zeit nur in größerer Strenge das Heil zu finden sei.

Es ist von Vielen als ein Mangel bezeichnet worden, daß jene Eisenacher Vorschläge damals, Ende August 1891, ohne jede Begründung in die Welt gegangen sind,**) und sowohl die Gutachten, als auch die Berliner Conferenz haben gezeigt, daß dies einzelne Mißverständnisse zur Folge gehabt hat, die auf der letzteren aufgeklärt wurden. Vielleicht hat der Verfasser des oben erwähnten Gutachtens uns auch nur mißverstanden, vielleicht glaubte er aus dem nicht weiter begründeten ersten Satze, daß es sich empfehle, das Alter der Strafmündigkeit auf das sechzehnte Lebensjahr hinaufzurücken, aus dem Ausscheiden der Einsicht, als Voraussetzung der Strafbarkeit, und aus dem Vorschlag, daß vom sechzehnten bis zum zwanzigsten Lebensjahre der Richter nach freiem Ermessen auf Strafe oder auf Zwangserziehung erkennen soll, das Bestreben herauslesen zu müssen, die staatliche Strafgewalt abzuschwächen. Vielleicht wäre der Verfasser des Gutachtens schon anderen Sinnes geworden, wenn er gelesen, daß wir, weit davon entfernt, die staatliche Strafgewalt abzuschwächen, nur um deswillen eine Erweiterung der

*) Frankreich, Holland (10% Rückfällige) u. s. w.

**) Die Begründung Liszt's erschien erst im Januar 1892 in d. Zeitschrift f. d. gesammt. Strafrechtswissensch. XII. Heft 2.

Zwangserziehung an Stelle der Strafe vorschlugen, weil wir der Meinung sind, daß das bestehende Recht die Voraussetzungen für die Strafbarkeit Jugendlicher verkennt, und daß die Voraussetzungen der Strafbarkeit erst in einem späteren Lebensalter vorhanden sind. Ein Blick auf die Grundsätze über die Anwendung der Freiheitsstrafe für Strafmündige hätte ihn aber auch ohne das belehren müssen, daß auch wir die Strenge wollen da, wo sie am Platze ist. Auch dürfte eine Zwangserziehung von Jahren recht Vielen strenger erscheinen, als eine Gefängnißstrafe von Tagen; oder macht der Name „Strafe" den ganzen Unterschied aus!

Worin das mehrerwähnte Gutachten im Gegensatz zu uns die nothwendige heilsame Strenge erblicken würde, ist unausgesprochen geblieben, da dasselbe nur negirt, positive Vorschläge aber nicht bringt. Ich bin deshalb leider nicht in der Lage, mich mit ihm weiter auseinander zu setzen, doch mag der erhobene Vorwurf noch einige Worte veranlassen.

Für gewisse Juristenkreise gehört es, fast möchte ich sagen, zum guten Ton, mit der Internationalen Criminalalistischen Vereinigung, und setzen wir hinzu, soweit sie für Deutschland in Betracht kommt, „Gruppe Deutsches Reich", den Gedanken an eine Gesellschaft zu verbinden, welche, erfüllt von modernen Humanitätsideen, darauf ausgeht, das Strafrecht auf den Kopf zu stellen, es so weit abzuschwächen und umzugestalten durch Straflosigkeit für erste Verfehlungen, durch Erweiterung der Gebiete der Geldstrafe, Beschränkung der Freiheitsstrafen, „daß es zu einem Hohn für die Verbrecher wird", oder, wie es von anderer Seite noch geistreicher zum Ausdruck gebracht ist, daß man glauben muß, „die Strafjustiz sei toll geworden". Ich sage nur: die Anhänger jener Auffassung von den Zielen der Internationalen Criminalistischen Vereinigung irren sich. — Da ich als Mitglied derselben Gruppe der Vereinigung pro domo rede, ist diese Selbstbeschränkung im Ausdruck wohl am Platze. —

Alle staatlichen Einrichtungen werden darauf geprüft, inwieweit sie der Gesammtheit zum Nutzen gereichen, sociale Wohlfahrt zu fördern ist jetzt mehr denn je das allgemeine Bestreben; sollen die Strafrechtspflege und die, welche zur Mitwirkung bei derselben berufen sind, diesem Streben fremd bleiben, soll das Strafrecht, auf unrichtiger Grundlage beruhend, in weltfremder Abgeschlossenheit, verständnißlos für die Anforderung der Zeit verharren und nicht gleichfalls in dem Dienst der Rechtsordnung sich weiterentwickeln!

Weltfremd und seine Zeit nicht verstehend, und, ich darf wohl hinzusetzen, auch von ihr nicht verstanden, steht die Strafrechtspflege da, wenn sie sich zu dem auf dem letzten Juristentag in Cöln geäußerten Satze bekennt: der Richter hat nur eine der That angemessene Strafe auszusprechen, was dann aus dem Verbrecher wird, das kümmert ihn nicht. Der Satz hätte vielleicht manchem Ohr nicht so schroff geklungen, wenn er statt in deutscher, in lateinischer Sprache gesprochen worden wäre: „Fiat justitia, pereat mundus“, man hätte ihn dann vielleicht auch für eine Reminiscenz an längst vergangene Tage halten können, in die Entwickelung des Deutschen Reichs, welches mit Reformen auf social-politischem Gebiete der Gegenwart voranleuchtet, paßt er nicht mehr hinein.

Man muß von der Strafrechtspflege verlangen, daß sie der Rechtsordnung und damit der Gesammtheit der Unterthanen Schutz gewähre vor dem Verbrechen, deshalb darf sie sich nicht genügen lassen in dem unerreichbaren Streben nach einer idealen abstracten Gerechtigkeit, die gerade Vielen nicht die Strafe giebt, die sie bedürfen, um sie von Wiederholungen abzuhalten, also präventiv bedeutungslos ist, — sondern sie muß sich bewußt werden, daß sie berufen ist, an erster Stelle den Kampf für die Gesammtheit gegen das Verbrecherthum auf dem Boden der realen Wirklichkeit zu führen, daß sie also mit den ihr gewährten Mitteln in diesem Kampfe den Sieg erlangen muß, damit der Gegner von der Fortsetzung des Kampfes ablasse. Der Gebrauch der Waffe richtet sich aber nach der Person des Gegners; diesen gilt es also zunächst kennen zu lernen, und dann ist gegen ihn keine größere Kraft aufzuwenden, als zu seiner Unterdrückung erforderlich ist, und als nothwendig ist, um auch Anderen, welche die gleichen Bahnen wandeln möchten, zu zeigen, daß die staatliche Rechtsordnung geschützt ist gegen jeden Angriff, von wo er auch kommen mag. Daß solches Bestreben keine Abschwächung der staatlichen Strafgewalt bedeutet, sollte eigentlich auf der Hand liegen, und das geschilderte Ziel der Strafrechtspflege zu erreichen, dahin strebt eben die deutsche Gruppe der Internationalen Criminalistischen Vereinigung. Wenn dabei die eine oder andere Idee über das Ziel hinausschießt, so ist das bei jungen Bestrebungen natürlich, aber auch ganz ungefährlich. Solche Ideen sind und werden ja nicht Gesetz, sondern sie treten vor die Oeffentlichkeit, um den betheiligten Kreisen Gelegenheit zur Erörterung und sachlichen Aussprache zu geben, und sie verschwinden wieder, wenn sie als unpraktisch und zweckwidrig erkannt werden. Es sammelt sich so aber eine Fülle von Stoff, der zur gelegenen Zeit gesetzgeberisch verwerthet werden kann. Etwas Anderes wollen auch unsere Vorschläge nicht sein, die wir ja auch, wie die Thesen und der Gesetzentwurf zeigen, bereitwilligst da modificirt haben, wo wir uns von der Richtigkeit der Einwendungen überzeugt haben. Auf eine Abschwächung der staatlichen Strafgewalt aber zielen sie nicht — gerade von der Macht des Staates gehen sie aus, indem sie tief eingreifen in den Kreis der Familie.

Auch daraus hat man den Vorschlägen zur Erweiterung der Zwangserziehung schon früher einen Vorwurf gemacht, daß man meinte, es würden dadurch die Familienbande zerrissen, und gerade die Heiligkeit der Familie müsse der Staat als unverletzlich zu erhalten suchen. Es ist das ein Vorwurf gegen die Zwangserziehung überhaupt, und in der Beziehung hat sich ja das bestehende Recht schon darüber hinwegsetzen zu müssen geglaubt. Für uns wäre also nur zu prüfen, ob ein weiterer Eingriff in die Familie zulässig ist. Wir haben das unbedenklich bejaht. Das Interesse des Staates steht höher als das des Einzelnen, und in der Collision beider muß daher das letztere zurückstehen. Nur da, wo es im Interesse der Rechtssicherheit nothwendig ist, wollen wir in die Familie eingreifen; also nur dann, wenn die Familie nicht das erfüllt, was sie dem Staat gegenüber leisten soll, wenn sie die Nachkommen nicht so erzieht, als wie es der Staat verlangt, damit sie nicht auf die Bahn des Verbrechens gerathen. Wie sehr wir bestrebt sind, soweit es möglich ist, die Familie intact zu halten, das beweisen unsere Vorschläge, wenn sie eine staatlich überwachte Erziehung auch in der eigenen Familie kennen. Haben denn aber diejenigen, welche davon sprechen, daß die Zwangserziehung die Familienbande zerreiße, sich einmal die Mühe genommen, in die Familien auch nur einen Blick hineinzuwerfen, deren geheiligte Bande sie erhalten wollen, oder handelt es sich hier wiederum um einen Einwurf, der jeder thatsächlichen Begründung deshalb entbehrt, weil diejenigen, welche ihn vorbringen, die Verhältnisse gar nicht kennen, über die sie ein Urtheil abgeben!

Es wäre vielleicht gut, wenn „die Gegner von diesem Gesichtspunkt aus" sich einmal bequemen wollten, die Familienkreise kennen zu lernen, denen regelmäßig unsere junge Verbrecherwelt entstammt. Sie würden anders urtheilen und es vielleicht gar als eine Pflicht des Staates gegen die Menschheit im Allgemeinen und gegen die unglücklichen Geschöpfe im Besonderen anerkennen, wenn diese der Atmosphäre entrissen werden, in der sie verkommen müssen. Dann und wann entrollt einmal irgend ein sensationeller Proceß das Lebensbild eines Menschen, der in den Höhlen des Verbrechens gezeugt, geboren und aufgewachsen ist; dann kommt wohl über einen Jeden der Gedanke, hätte da nicht geholfen werden können, indem der Staat zu rechter Zeit eingriff, das verkommene Kind noch zu retten. Solcher Höhlen bergen die großen Städte gar viele.

Aber nicht nur von den Höhlen des Verbrechens wollen wir reden, auch von den Höhlen des Elends, des verschuldeten und des unverschuldeten. Da, wo durch den Leichtsinn und die Genußsucht der

Eltern die Familie verkommt, auch da ist von den heiligen Banden der Familie nicht mehr die Rede: die Eltern, welche schuldhaft ihre Pflichten gegen ihre Kinder vernachlässigen, müssen ihre Rechte an denselben verlieren, und das ist nicht einmal ein neuer Satz,*) viele Rechte kennen ihn in dieser oder ähnlicher Gestaltung. Es bleiben nur übrig die Hütten der unverschuldeten Armuth, die Kreise, in denen Vater und Mutter im Kampf um's Dasein Tags über außer dem Hause ringen und ihre Kinder sich selbst oder mitleidigen Nachbarn überlassen müssen. Hier findet man oft rechte und echte Elternliebe, die es tief schmerzlich empfindet, daß trotz aller Ermahnung die den ganzen Tag ohne Aufsicht gelassenen Kinder allmählich verkommen und dem Verbrechen in die Arme fallen. Sind solche Eltern, die ihre Kinder wirklich lieben und das Beste für dieselben wollen, verständig, dann müssen sie die helfende Hand der Obrigkeit, die ihnen die Erziehung ihrer verwahrlosten Kinder abzunehmen bereit ist, mit Freuden ergreifen. Ich kann eine Reihe von Fällen aufzählen, wo Eltern, Vater oder Mutter, zu mir gekommen sind, wenn das Kind sich kleinere Vergehungen, z. B. Diebstähle gegen die Eltern selbst oder Angehörige hatte zu Schulden kommen lassen, mit der Bitte, dafür Sorge zu tragen, daß das Kind in eine Besserungsanstalt aufgenommen werde, „sie sähen ein, daß das Kind ohne ihr Verschulden verwahrlose, und sie wollten lieber ihr Kind entbehren und es in der Erziehungsanstalt wissen, als zusehen, daß es im Zuchthause dereinst zu Grunde gehe."

Das ist die rechte Elternliebe, der unsere Vorschläge zu Hilfe kommen wollen.

Der Vollständigkeit halber muß ich auch noch eines Einwandes gedenken: die staatliche Zwangserziehung überhebe die Eltern der Sorge für ihre Kinder — und erleichtere ihnen so außerdem die Befriedigung schrankenloser Sinnenlust. Was den ersten Theil der Einwendung anlangt, so ist allerdings auch jetzt schon unter der Herrschaft der Zwangserziehungsgesetze der Einzelstaaten die Beobachtung gemacht worden, daß manche Eltern aus Leichtsinn oder mangelndem Gefühl für ihre Pflichten froh waren, wenn sie die Kinder abgeben konnten, das ist eine Erscheinung, die mit in den Kauf genommen werden muß, die sich aber verringern wird, wenn man, wie das vorgesehen ist, die Eltern, soweit sie dazu im Stande sind, für die Kosten der Erziehung heranzieht, jedenfalls aber Eltern, die schuldhaft ihre Kinder vernachlässigen, mit strengen Strafen belegt.

* Vgl. unten S. 115 ff.

Was endlich den zweiten Theil jener Einwendung anlangt, so will ich hier unentschieden lassen, wie man sich zu den Lehren des Malthus und seiner Nachfolger über die Nothwendigkeit der geschlechtlichen Selbstbeschränkung der Bevölkerung im wirthschaftlichen Interesse zu stellen hat, soviel aber weiß ich ganz genau, aus vielfacher Beobachtung, daß ohnehin gerade in den Kreisen, welche für das Vorhandensein verwahrloster Kinder am meisten in Frage kommen, eine Einschränkung der geschlechtlichen Gelüste mit Rücksicht auf die Ernährung der Kinder nicht vorkommt. Was aus diesen wird, darum kümmert sich der Mann nicht, wenn er mit schnapserregten Sinnen nach Hause kommt, und die Frau ebensowenig. Die Erweiterung der staatlichen Zwangserziehung kann da keinen Schaden mehr thun.

Es könnte sich fragen, ob die Erziehung verbrecherischer und namentlich verwahrloster Kinder, welche in den Kreis dieser Erörterungen und Vorschläge mit einbezogen ist, nicht das Gebiet der Strafrechtspflege überschreitet. Die Thatsache, daß die §§ 55 u. 56 d. Str.-G.-B.'s von Erziehungsmaßregeln gegen verbrecherische Kinder sprechen, begründet allerdings nicht nothwendig einen Zusammenhang der staatlichen Zwangserziehung mit dem Strafrecht. Im Gegentheil lehnt § 55 cit. gleichsam den Gedanken der Gemeinschaft zwischen beiden Gebieten ab, indem er ausdrücklich für die Kinder, welche wegen des Alters unter 12 Jahren strafrechtlich nicht verfolgt werden können, auf die dem Reichsstrafrecht fern liegende Landesgesetzgebung über die staatliche Erziehung hinweist. Auch § 56 cit. steht auf einem ähnlichen Standpunkt, da er dem Strafrichter nur dann auf Unterbringung in Erziehungs- oder Besserungsanstalten zu erkennen gestattet, wenn er zuvor strafrechtlich freigesprochen hat. Von einem Eingreifen gegen Verwahrloste, welche noch nichts Gesetzwidriges gethan, weiß das öffentliche Recht bislang sehr wenig, da es dieses meist dem Privatrecht überläßt.

Der gleiche Gedankengang ist auch unseren Gutachtern nicht ganz fremd gewesen, wenn von einer Seite die Frage aufgeworfen wird, ob nicht die staatliche Erziehung neben und unabhängig von der Strafrechtspflege geregelt werden könne, und wenn dieselbe Auffassung von anderer Seite in die Worte gekleidet ist, die staatliche Erziehung gehöre überhaupt dem Gebiet des Privatrechts an.

Wir haben allerdings etwas Neues in den Rahmen des öffentlichen Reichsrechtes einzufügen beabsichtigt, in dem wir die gesammte Behandlung verbrecherischer und verwahrloster Kinder aus dem Gesichtspunkt einer öffentlich rechtlichen Disciplin in engster Verbindung mit der Strafrechtspflege betrachten.

Die Frage der Behandlung der Jugendlichen, welche der Rechtsordnung schon gefährlich geworden sind, und derjenigen, welche derselben eine Gefahr zu werden drohen, ist jedoch eine zu wichtige und hängt zu innig zusammen, als daß man dieselbe auf verschiedenen Gebieten ordnen dürfte; da auf dem einen einseitig nur die strafrechtliche Seite im engeren Sinne, auf dem anderen erfahrungsgemäß ebenso einseitig die nackte privatrechtliche Seite, das Eingreifen des Staates in die väterliche Gewalt, berücksichtigt wird, ohne daß auf diese Weise aus den verschiedenen Bestimmungen ein einheitliches Ganzes werden kann, welches dem einen großen Gesichtspunkt, dem Schutze des Staates und seiner Rechtsordnung gegen das Verbrechen in brauchbarer Weise zu dienen vermag. Deshalb gehört die Frage, was der Staat zu thun hat, um seine Rechtsordnung wirksam zu schützen, nicht bloß nach der repressiven, sondern auch nach der präventiven Seite ganz und gar dem öffentlichen Recht an, und ich möchte die Lehre von der Behandlung verbrecherischer und verwahrloster Kinder eine Hilfsdisciplin des Strafrechts nennen. Denn nur bei der richtigen Verbindung von Strafbestimmungen und vorbeugenden Maßregeln im öffentlichen Recht kann auch die Strafrechtspflege erfolgreich bestehen. Da jedoch hierbei die Herrschaftsgebiete von Strafe und Erziehung in entsprechender Weise abgegrenzt werden müssen, so läßt sich das eine nicht ohne das andere regeln. —

Aus diesen Erwägungen sprach auch die Berliner Conferenz einstimmig die Hoffnung aus, daß die Behandlung jugendlicher Personen einheitlich durch ein besonderes Reichsgesetz geregelt werde.*)

V.

Fortsetzung.

Viele, welche die steigende Criminalität der Jugendlichen anerkennen und die Gefahren einsehen, welche daraus erwachsen, glauben mit einer anderen Handhabung des gegenwärtigen Rechtes auskommen zu können und daher den Richtern einen Vorwurf in doppelter Richtung machen zu müssen, daß sie zu viele Jugendliche bestrafen und zu wenig auf Unterbringung in Erziehungs- oder Besserungsanstalten erkennen, und

---

*) Vgl. Anhang IV die Beschlüsse der Berliner Conferenz Nr. 7. Die Gründe, aus denen wir bezüglich der Verwahrlosten nicht an die Vorschläge des Bürgerlichen Gesetzbuchs anknüpfen und bei ihnen uns bescheiden, siehe unten Abschn. XII. S. 117.

weiter, daß die erkannten Strafen zu niedrig bemessen und deshalb wirkungslos seien. Wir wollen daher auch prüfen, ob mit besserer Handhabung der Gesetze eine Besserung in der Criminalität zu erreichen sein würde.

Was den ersten Vorwurf anlangt, so ist derselbe durchaus unbegründet und mit dem früher erörterten eigentlich schon widerlegt. Der Richter darf den Boden des Gesetzes nicht verlassen, er würde es aber thun, wenn er mehr jugendliche Verbrecher wegen mangelnder Einsicht freisprechen und den Besserungsanstalten überweisen wollte.

Wer die zur Erkentniß der Strafbarkeit des Handelns erforderliche Einsicht besitzt, muß gestraft werden; und da, wie das bereits oben ausgeführt ist, die meisten Angeklagten zwischen zwölf und achtzehn Jahren die Einsicht besessen haben, so werden sie bestraft von Rechts wegen.

Ich glaube mich keiner Uebertreibung schuldig zu machen, wenn ich behaupte, daß in den Erziehungs- und Besserungsanstalten viele sind, die auf Grund des Gesetzes hätten bestraft werden können, daß aber der Richter unter Außerachtlassung der strikten Gesetzesvorschrift den jugendlichen Thäter deshalb freigesprochen, weil er in der Erziehungsanstalt das letzte Mittel zur Rettung desselben gesehen hat. So ist es nur zu erklären, wenn Erziehungsanstalten Jugendliche überwiesen erhielten, die vorher bereits mehrfach wegen desselben Delictes zu Strafen verurtheilt waren. Im Interesse der Thäter mag diese Praxis Beifall finden, auf dem Boden des Gesetzes steht sie nicht. Das Gesetz giebt keine Möglichkeit, die Freisprechung wegen mangelnder Einsicht zu vermehren und so eine größere Anzahl Jugendlicher den Erziehungs- und Besserungsanstalten zuzuführen.

Dem zweiten Vorwurf kann ich ebenso wenig uneingeschränkt zustimmen. Es ist allerdings wahr, daß die Strafen, welche namentlich gegen nicht oder nur gering vorbestrafte Jugendliche ausgesprochen werden, von sehr großer Milde sind; doch auch das steht nicht im Widerspruch mit dem Gesetz, so sehr diese Milde zu beklagen ist. Die Bestimmungen des § 57 des Str.G.B.'s führen, indem sie z. B. auch bei Verbrechen mit mildernden Umständen die Möglichkeit gelassen, bis auf einen Tag Gefängniß herabzugehen, geradezu auf diese Milde hin; das Gesetz will, daß der Jugendliche wegen der geminderten Zurechnungsfähigkeit der Jugend milder bestraft wird, das Gesetz findet es nicht unangemessen, daß bei allen Vergehen und Uebertretungen und bei allen Verbrechen, wenn mildernde Umstände vorliegen, auf eine Strafe von nur einem Tag Gefängniß oder Haft erkannt werde. Der Richter hat ja allerdings einen großen Spielraum bei der Auswahl des Strafmaßes, aber er handelt immer nur nach dem Gesetz, wenn er erwägt, daß der Jugendliche, der völlig verwahrlost, völlig unerzogen ist, der im Elternhause nur Böses gesehen und gelernt hat, eine Strafthat deshalb nur mit dem geringsten Maß von Schuld begangen hat, und ihn deshalb mit der geringsten Strafe belegt.

Ein Vorwurf läßt sich aus der milden Praxis der Gerichte also auch nicht herleiten; Richter, welche die Strafe gegen Jugendliche nach der Wirkung, welche sie mit derselben auf das einzelne Individuum zu erzielen hoffen, festsetzen, verkennen nicht, daß sie mit ihrer Praxis dem Geiste des § 57 cit. zuwiderhandeln.*)

Der Vorwurf, der gegen den Richter erhoben wird, trifft nur das Gesetz, das von dem Grundgedanken ausgeht und diesen Grundgedanken Jugendlichen gegenüber auch durchführt, daß die Strafe nach der Schuld zu bemessen ist, und daß den Jugendlichen wegen seiner geringeren Verschuldung auch nur eine geringe Strafe treffen darf. Auf dieser Grundlage ist, wenn ich auch den Gegnern das gern zugebe, daß im Strafgesetzbuch auch andere Erwägungen maßgebend gewesen sind, unsere ganze Strafrechtspflege aufgebaut.

Daß aber auch mit den längeren Strafen gegen die unmündigen Thäter nichts Wesentliches ausgerichtet würde, das glaube ich oben genügend gezeigt zu haben. Es ist in neuerer Zeit so sehr beliebt geworden, Reformgedanken mit dem Einwand zurückzuweisen: bei richtiger Handhabung der vorhandenen gesetzlichen Bestimmungen kann schon jetzt das erreicht werden, was ihr anstrebt. Hier trifft der Einwand sicherlich nicht zu.

Die vorstehenden drei Abschnitte III bis V enthielten die leitenden Grundsätze, von welchen die Behandlung der Jugendlichen auszugehen hat. Die folgenden Abschnitte sollen eingehend darstellen, inwieweit wir dieselben für die deutschen Verhältnisse nutzbar machen können.

VI.

Die strafunmündigen Verbrecher.

(Siehe Ges.Entw. § 1.)

1) In der Frage, bis zu welchem Alter die Strafbarkeit der Kinder unter allen Umständen ausgeschlossen bleiben soll, gingen die Meinungen unsrerer Gutachter auseinander. Es machte sich auch hier der schon

*) Vgl. auch Aschrott, Zur Reform des deutschen Strafen- und Gefängnißwesens. Berlin 1887 bei Guttentag. S. 38. Anm. 34.

oben*) erwähnte Umstand, daß den Eisenacher Vorschlägen keine Begründung beigegeben war, fühlbar. Weitaus die meisten der Gutachter erwogen bei der Prüfung der Frage, mit welchem Lebensjahr bei den Kindern die Verstandesreife einzutreten pflegt, welche sie das Unrecht einsehen und die strafrechtliche Bedeutung ihrer Handlung verstehen lehrt. Verhältnißmäßig nur eine geringe Anzahl stellte sich — mit uns — auf den Standpunkt, daß der Grad der sittlichen Reife des Kindes für die Strafbarkeit ausschlaggebend sein müsse, daß das Kind so weit entwickelt sein müsse, daß sich bei ihm normale Vorstellungen bilden wie bei Erwachsenen, so daß also die Strafbarkeit erst mit dem Lebensjahr beginnen dürfe, in welchem gewöhnlich den sinnlichen Lustgefühlen, welche zur Strafthat antreiben, sittliche Vorstellungen die Waage zu halten im Stande sind.

Diejenigen, für welche die normale Verstandesentwickelung ausschlaggebend schien, schwankten bezüglich der Altersgrenze zwischen dem zwölften, vierzehnten und fünfzehnten Lebensjahr, erklärten aber sämmtlich das von uns, von dem in dem Abschnitt III entwickelten Standpunkt aus vorgeschlagene sechzehnte Lebensjahr als unterste Grenze der Strafbarkeit für zu hoch gegriffen; und diese Gutachter haben von ihrem Standpunkt aus unzweifelhaft recht. Die anderen, die mit uns an das Erforderniß der sittlichen Entwickelung anknüpften, stimmten mit unseren Vorschlägen für das sechzehnte Lebensjahr, ja, wollten sogar theilweise noch darüber hinausgehen. Für diese letztere Gruppe waren aber auch noch andere Beweggründe von Bedeutung. Hauptsächlich finden wir die Ansicht vertreten, daß es nothwendig sei, die jugendlichen Verbrecher möglichst lange den Gefängnissen und Strafanstalten fern zu halten, weil da eine Besserung für sie nicht zu erwarten sei.

In dieser Beziehung ist in dem sehr sorgfältig ausgearbeiteten Gutachten des Erziehungsvereins einer der größten Industriestädte Preußens ausgeführt, daß man sich eher entschließen würde, für ein Hinaufrücken des Alters der Strafmündigkeit bis zum achtzehnten Jahre zu stimmen, als unter das sechzehnte Jahr herabzugehen, da man überzeugt sei, daß eine Gefängnißstrafe für eine jugendliche Person eine durchaus ungeeignete und wirkungslose Strafe sei, und deshalb so lange wie möglich vermieden werden müsse.

Der Dirigent einer Strafanstalt führt aus:

„Die Heraufschiebung der Strafmündigkeit vom zwölften auf das „sechzehnte Lebensjahr ist gerechtfertigt, weil der Richter die zur Er„kenntniß der Strafbarkeit erforderliche Einsicht auch da anzunehmen

*) S. 33.

„pflegt, wo sie der Erzieher entschieden bestreiten muß.*) Bei Diebstahl z. B. habe ich in meiner ganzen langen Praxis fast nur dann die „Ueberweisung an die Erziehungsanstalt erlebt, wenn es sich um völlige „Idioten handelte, und doch hat ein Junge von zwölf oder dreizehn „Jahren, auch wenn er das Gebot vom Nichtstehlen hersagen kann, nicht „entfernt eine Ahnung von den Folgen, die eine wegen Diebstahls erlittene Strafe für sein ganzes bürgerliches Leben hat. Da sie überdies „fast immer kurzzeitig ist, so pflegt sie nicht zu bessern, sondern ertödtet „nur das Ehrgefühl und behaftet für immer mit einem Makel."

Ein Lehrerverein schreibt:

„Der Rechtsausschuß (des Vereins) stimmt den Vorschlägen unter I „(über Hinaufrücken des Alters der Strafmündigkeit) bedingungslos zu „und ist der Meinung, daß die körperliche und geistige Entwickelung „unserer Kinder nicht mit dem dreizehnten, sondern dem sechzehnten „Lebensjahr einen gewissen Abschluß erreicht hat, daß auch deshalb bis „zu diesem Zeitpunkt bei Vergehungen nicht die strafende Hand des „Richters, sondern die bessernde des Erziehers (hier aber des Staates) „einzugreifen hat."

In einer Anzahl von Gutachten, die an sich auf dem gleichen Standpunkt wie die Commission standen, daß die sittliche Reife des Kindes für den Beginn der Strafbarkeit entscheidend sein müsse, wurde jedoch ein anderes Moment betont, welches schließlich zur Empfehlung des vierzehnten Lebensjahres führte. Es wurde nämlich in Uebereinstimmung mit den Vorschlägen des Geh. Raths Dr. Krohne-Berlin zu der zweiten Landesversammlung der deutschen Gruppe der Internationalen Criminalistischen Vereinigung in Halle (März 1891) hervorgehoben, daß man bei der Festlegung der Altersgrenze absoluter Strafunmündigkeit nicht über das Alter hinausgehen solle, in welchem die Kinder regelmäßig die Volksschule und den ausschließlichen Aufenthalt in der Familie als nunmehr erzogen zu verlassen pflegen, und das sei in Deutschland fast überall das vollendete vierzehnte Lebensjahr. In dem späteren Zeitraume müsse es zwar noch möglich bleiben, im geeigneten Fall statt auf Strafe, auf Erziehung zu erkennen, es müsse dies jedoch der richterlichen Entscheidung für den einzelnen Strafthäter besonders vorbehalten werden. Es gehe nicht an, für diejenigen, welche nunmehr ins Leben hinausträten, als Lehrlinge, Arbeiter, Tagearbeiter u. s. w. noch eine allgemeine Straflosigkeit zu proclamiren.

*) Der Herr Gutachter versteht, wie seine weiteren Ausführungen ersehen lassen, unter der zur Erkenntniß der Strafbarkeit erforderlichen Einsicht den Zustand innerer Reife.

In diesem Sinne führt ein Gutachten aus:

„Es dürfte sich empfehlen, die Strafmündigkeit mit dem vollendeten „vierzehnten Lebensjahr anzunehmen. In diesem Alter sind die Kinder „einigermaßen entwickelt und treten in das öffentliche Leben über. Richtig „ist der Gedanke, bis dahin überhaupt keine gerichtliche Strafe eintreten „zu lassen. Kinder sind in der Familie und Schule lediglich vom „Standpunkte der Erziehung zu strafen. Reichen Familie und Schule „nicht aus, so ist eine Zwangserziehung am Platz, nie eine Strafe und „eine Strafanstalt.

„Eine Ausdehnung der Straffreiheit über das vierzehnte Lebens„jahr hinaus empfiehlt sich nicht. Junge Leute, welche aus der Schule „entlassen sind und als Arbeiter, Lehrlinge oder in ähnlicher Stellung am „öffentlichen Leben Theil nehmen, wissen, daß sie dem öffentlichen Recht „unterliegen oder sollen es wissen, für dieses Alter bietet die zweite „Altersstufe zur Beurtheilung nach dem einzelnen Fall genügenden Spiel„raum."

Aus einem anderen Gutachten:

„Das Hinaufrücken des Beginns der Strafmündigkeit auf das „sechzehnte Lebensjahr erscheint im Verhältniß zum geltenden Recht zu „weit gegriffen. Die socialen Verhältnisse lassen die beendete Schulzeit „als zweckgemäßen Abschnitt hervortreten. Der Zucht der Schule wird „dadurch die gebührende Stellung angewiesen. Vermieden wird auch dann „die Schaffung einer Periode vierzehntes bis sechzehntes Lebensjahr, „welche unabhängig von der Schulzucht, doch nicht der Strafmündigkeit „untersteht, mithin in unbestimmten Verhältnissen sich bewegen würde."

Als Beschluß der Generalversammlung einer Gefängnißgesellschaft wird mitgetheilt:

„Der Vorschlag, den Beginn der Strafmündigkeit vom zwölften „nicht auf das vierzehnte, sondern auf das sechzehnte Lebensjahr hinauf„zurücken, kann nur dann recht begründet erscheinen, wenn auch sonst „die Unmündigkeit dieses Alters in der ganzen socialen Lage und Be„handlung hervortritt. Ein Junge, der mit fünfzehn Jahren auf eigene „Füße gestellt ist, in seinen Mußestunden unbeaufsichtigt ist, vielleicht „unbeschränkter Herr seines wenn auch geringen Lohnes muß auch als „strafmündig betrachtet werden können. Eine Gesellschaft, die derartige „sociale Zustände duldet, erkennt damit an, daß das betreffende Alter „die nöthige Reife zur eigenen Verantwortlichkeit besitzt. Mag man „behaupten, die körperliche Entwickelung sei erst mit beginnendem „siebzehnten Jahre fähig eine der Strafmündigkeit entsprechende geistige „Reife zu tragen, so kann diese Behauptung erst dann beanspruchen, die

„Hinaufrückung der Strafmündigkeit zu begründen, wenn sie zugleich „veranlaßt, daß auf das unter jener Grenze liegende Alter eine energische „bewachende autoritative Pädagogik geübt wird.

„Nur unter solchen Voraussetzungen rechtfertigt sich für uns der „Vorschlag, die Strafmündigkeit hinaufzurücken — dann stimmen wir „aber auch für das sechzehnte Lebensjahr. Solange aber die mit dem „vierzehnten Jahre gegebene Schulentlassung und Confirmation den Frei„brief der socialen Mündigkeit mit sich bringt, kann nur von einer Hinauf„rückung der Strafmündigkeitsgrenze auf das vierzehnte Lebensjahr die „Rede sein."

Es ist unmöglich und unnöthig alle Aeußerungen, welche von dem Gesichtspunkt ausgehen, daß die socialen Verhältnisse für das Alter der Strafmündigkeit ausschlaggebend sein müssen, hier mitzutheilen, so interessant dieselben zum Theil noch sind. Das Vorstehende wird genügen.

Ganz vereinzelt standen zwei Aeußerungen, von denen die eine daran erinnerte, daß in einigen — nicht näher bezeichneten — Rechten eine einheitliche Altersgrenze der absoluten Strafunmündigkeit überhaupt nicht bestehe, daß man vielmehr für bestimmte schwere Verbrechen: Mord, Brandstiftung u. s. w., entweder eine unbedingte Strafmündigkeit fingire, oder wenigstens für diese Verbrechen eine erheblich niedrigere Altersgrenze, als für die übrigen Strafthaten gesetzlich angenommen habe, — während die andere im Interesse der Rechtssicherheit sich unbedingt gegen jede Erhöhung der Altersgrenze der absoluten Strafunmündigkeit aussprach.

Beide Erwägungen mögen gleich an dieser Stelle besprochen werden, da später kein Anlaß vorliegt, darauf zurückzukommen.

Das schwedische Strafrecht und das Strafrecht von St. Gallen kennen die Bestimmung einer niedrigeren Altersgrenze der Strafmündigkeit für die schwersten Verbrechen, als für andere Vergehungen. Während in Schweden im Allgemeinen die Strafmündigkeit erst mit dem vollendeten fünfzehnten Lebensjahr beginnt, muß bei schweren Verbrechen Strafe eintreten, sobald sie mit dem vollendeten vierzehnten Lebensjahre begangen sind. Noch weiter geht St. Gallen. Im Allgemeinen kann nach dem daselbst geltenden Rechte wegen einer vor vollendetem sechzehnten Lebensjahr begangenen Handlung nicht gestraft werden, wegen schwerer Verbrechen, Mord, Brandstiftung u. s. w., schon dann, wenn sie nach dem zwölften Lebensjahr begangen sind.

Auch der Entwurf zu einem Norwegischen Strafgesetzbuch und die dazu ergangenen Beschlüsse der zur Berathung eingesetzten Commission haben das Princip der verschiedenen Altersgrenzen der Strafmündigkeit angenommen. Der Entwurf des Strafgesetzbuchs für Norwegen hatte die schwedischen Bestimmungen adoptirt, die Commissionsbeschlüsse sind um je ein Jahr, also auf vierzehn bezw. dreizehn Jahre, herunter gegangen.*)

Diesen Grundsätzen ist von unserem Standpunkt aus durchaus kein Beifall zu zollen. Hält man einen jugendlichen Thäter überhaupt mit dem vierzehnten oder dem dreizehnten oder mit dem zwölften Lebensjahre für so weit sittlich entwickelt, daß Strafe eintreten kann, dann würde es nur eine Schwäche, die der Rechtspflege unwürdig ist, bedeuten, wenn man bei leichteren Vergehungen eine höhere Grenze für den Beginn der Strafbarkeit zulassen will. Ist man aber umgekehrt der Meinung, daß die sittliche Reife eines Thäters vor dem sechzehnten, fünfzehnten oder vierzehnten Lebensjahr nicht vorhanden ist, dann bedeutet die Bestimmung einer niedrigeren Altersgrenze für schwerere Delicte nichts anderes, als eben eine Fiction der Zurechnungsfähigkeit, von der man aber wohl weiß, daß sie thatsächlich nicht vorhanden ist. Das ist, zumal vom Standpunkt der herrschenden Lehre von der sühnenden und vergeltenden Strafe, eine Ungerechtigkeit. Denn für die That eines Unzurechnungsfähigen ist die Strafe nicht bestimmt, mag diese That nach den herrschenden Begriffen von dem objectiven Werth der Strafthaten auch noch so schwer erscheinen.

Man vertheidige jene Auffassung doch nicht mit der Erwägung, daß die Strafbarkeit bei diesen schweren Verbrechen oder das in denselben liegende Unrecht leichter von dem Thäter erkannt und empfunden werde, als bei einfacheren, leichteren Delicten.

Die Erfahrung lehrt, daß gerade Jugendliche um der geringsten Ursachen willen manchmal aus ganz thörichten Motiven die schwersten Verbrechen begehen und die natürliche Schlußfolgerung müßte demnach sein, daß der verbrecherische Sinn bei den Jugendlichen am meisten ausgebildet sei, weil Beweggrund und Schwere der That in so schreiendem, augenfälligem Mißverhältnisse stehen.

Wohl darf man bei Erwachsenen den Satz aufstellen, daß der verbrecherische Sinn um so schlimmer, je tiefer die sittliche Roheit und Verkommenheit ist, bei Kindern oder eben dem Kindesalter entwachsenen Thätern handelt es sich um sittliche Unreife, die entweder die natürliche Erscheinung des jugendlichen Alters, oder aber der im Einzelfall zurück-

*) Das geltende Norwegische Strafrecht hat das zehnte Lebensjahr als unterste Altersgrenze der Strafbarkeit. Entwurf des Strafgesetzbuchs und Commission sind also der übereinstimmenden Ansicht, daß ein Hinaufrücken um drei bis vier Jahre unbedenklich sei.

gebliebenen Entwickelung ist, weil sittliche Regungen noch niemals geweckt, oder alsbald im Keime erstickt wurden, ehe sie sich weiter entwickeln und entfalten konnten. Deshalb vergreift sich der jugendliche Thäter so oft zur Befriedigung der in ihm zügellos aufsteigenden Begierden in der Wahl der Mittel, so daß wohl äußerlich die Thaten der Jugendlichen oft schauerlicher und raffinirter erscheinen, als die der Erwachsenen, im Grunde genommen aber doch vollständig verschieden von denselben sind.

Die Richtigkeit dieser Ausführungen wird nur an Beispielen aus der Praxis begriffen werden können.

Brandstiftung an fremdem Besitzthum wird von Erwachsenen meist begangen zur Befriedigung eines Rachegefühls; der Thäter wählt gerade diese That wegen ihrer besonderen Gefährlichkeit für Eigenthum und Leben des von ihm Gehaßten. Brandstiftung an dem eigenen Besitzthum wird meist aus eigennützigen Motiven begangen, im vollen Bewußtsein und mit dem Willen der Schadenstiftung in einer bestimmten Höhe zur Erzielung des Gewinnes der Versicherungssumme für sich. Die Brandstiftungen der Kinder und der jugendlichen Personen tragen aber sehr oft einen ganz anderen Charakter, wie jeder Praktiker bei einigem Nachdenken über die ihm vorgekommenen Fälle mir bestätigen wird. Die Thatsache allein, daß es in der Nachbarschaft oder wenigstens in der Ortschaft gebrannt, und daß das Kind das Feuer gesehen und an den helllodernden Flammen seine Freude gehabt hat, genügt in einer großen Anzahl von Fällen, die jugendliche Person zur Brandstiftung zu verleiten, nur damit sie das Schauspiel wieder erleben kann, — und man darf dabei ja nicht sagen, daß ein solcher Thäter geistesgestört sein müsse.

Man vergleiche nun die Brandstiftung des erwachsenen Thäters mit der des Kindes. Dort die That um ihrer selbst willen, wegen der Gefährlichkeit derselben gerade auserwählt, hier die That ohne einen Gedanken an ihre Gefährlichkeit, auch ohne jede Absicht der Gefährdung von Eigenthum oder Leben, nur zur Lust und zum Schauspiel auserwählt, wie jede andere harmlose Handlung gewählt worden wäre, wenn sie dieselbe Befriedigung versprochen hätte.

Hier zeigt sich gerade die Bethätigung eines schrankenlosen echt jugendlichen Egoismus, der noch durch keine Vorstellung von dem Unrecht der zur Befriedigung des Lustgefühls gewollten That gehemmt zu werden vermag, hier zeigt sich aber auch speciell der echt kindliche Beweggrund, die Lust an dem helllodernden Feuer, die an sich ohne jeden verbrecherischen Beigeschmack, um den Preis des schwersten Verbrechens befriedigt werden muß. Der Thäter mochte recht wohl wissen, daß man Niemandem Schaden an Leib und Eigenthum zufügen soll, aber dieser gelernte und auch begriffene Satz kam hier gar nicht zur Geltung, weil die Lust jede andere Regung unterdrückte, vielleicht auch, weil ja der Beweggrund einer Schadenszufügung gar nicht vorlag und die Schädigung als nothwendig begleitender Umstand nicht in dem Kreis der Erwägungen des unreifen Kindeskopfes erschien. Ich kann Beispiele von einer ganzen Anzahl selbst fünfzehnjähriger Brandstifter anführen, welche zu der vorstehenden Schilderung das in allen Punkten genaue Modell abgegeben haben.

Auch die Brandstiftungen der Jugendlichen aus Rache zeigen oft das große Mißverhältniß von Anlaß und Verbrechen, und auch bei ihnen tritt vielfach einerseits das fast triebartige Handeln und andererseits die Thatsache in die Erscheinung, daß eine Vorstellung von der Gefährlichkeit der That nicht vorhanden war, sondern daß nur das Gefühl einer Person einen Aerger zu bereiten vollkommen und ausschließlich die Handlung beherrschte.

Aehnlich verhält es sich auch mit anderen Verbrechen, selbst mit dem Verbrechen der Tödtung.

Dem Erwachsenen kommt es für seine Zwecke stets gerade auf die Vernichtung des fremden Lebens an, dem Jugendlichen ist der Mord oft nur ein ganz nebensächliches Ereigniß, welches für ihn auf dem Wege zur Befriedigung eines anderen an sich recht unbedeutenden Lustgefühls liegt; und selbst wenn er tödtet, um zu tödten, ist die That der Kinder meist anders geartet, wie die des Erwachsenen. Denn gerade dann, wenn diese That des Kindes in ihrer Motivlosigkeit oder Unmotivirtheit scheinbar eine Verworfenheit, eine Rohheit der Gesinnung zeigt, die es tief unter das ethische Niveau eines erwachsenen Verbrechers herabdrückt, so ist doch oft von Verworfenheit, von innerer verbrecherischen Verrohung in dem landläufigen Sinne gar keine Rede. Wohl klingt aus der Schule das Gebot, du sollst nicht tödten an das Ohr des jugendlichen Thäters, wohl hat er gehört oder auch gelesen, daß Andere gestraft sind, weil sie getödtet haben, die Bedeutung der That ist jedoch bislang der kindlichen Seele fremd geblieben, das Ungeheuere des Verbrechens konnte noch nicht vor die Augen des jugendlichen Thäters treten, weil die Erziehung so weit vernachlässigt war oder auch in Folge des kindlichen Alters die innere Entwickelung noch nicht so weit gediehen war, daß gegenüber dem Trieb, der Lustempfindung zur That das Verbot zu einer lebendigen Kraft werden konnte, die im Stande gewesen wäre, die Lust zu überwinden. Auch bei dem erwachsenen

Verbrecher ist im Augenblick der That die sinnliche Lust übermächtig gegenüber den abhaltenden Gegenmotiven, aber bei dem kindlichen Thäter beruht das Unterliegen unter die Macht der Begierde eben auf der natürlichen sittlichen Unreife der noch unvollendeten Entwickelung, nicht auf ausgereiftem verbrecherischen Sinn. Diese Unterscheidung bildet die unüberbrückbare Kluft zwischen dem erwachsenen und dem jugendlichen Verbrecher.

Als beweiskräftiges Beispiel für die vertretene Ansicht sind z. B. die Fälle zu erwähnen, daß ein Kind von dreizehn oder vierzehn Jahren, welchem ein kleineres Kind zur Wartung übergeben ist, das Letztere tödtet, weil es ihm unbequem geworden ist — und dann ruhig zum Spielen geht. Die That zeigt, wie verkommen durch häusliche Verwahrlosung oder mit welchen gefährlichen Anlagen der jugendliche Thäter behaftet ist, — aber auch zugleich, wie sehr derselbe noch auf dem Standpunkt des unmündigen Kindes steht, für welches die Lustempfindung, die sinnliche Begierde allein ausschlaggebend ist.

Man muß bei der Beurtheilung des jugendlichen Thäters Verstandesentwickelung und Seelenleben besonders scharf auseinander halten.

Es ist allerdings richtig, daß der einzelne Mensch für die eine That früher als für die andere in seinem Verständniß dem Erwachsenen gleichkommt; aber es ist falsch, für gewisse Verbrechen allgemein eine sittliche Frühreife annehmen zu wollen, die für andere ausgeschlossen wird. Die Frage nach der sittlichen Reife läßt sich nur individuell bestimmen, daß man dieselbe aber mit dem zwölften Lebensjahr niemals als vorhanden annehmen darf, daß steht über jedem Zweifel.

Absichtlich habe ich die schlimmsten Beispiele jugendlicher Verbrechen gewählt, als ich an Brandstiftung und Mord anknüpfte, — um den entrüsteten Vorwurf zu hören, daß wir solche Wesen, wenn sie die von uns vorgeschlagene höchste Altersgrenze der Strafunmündigkeit nicht überschritten haben, oder der Richter in einer weiteren Altersgrenze ihre sittliche Reife nicht festgestellt, von Strafe frei lassen wollen! Wegen jugendlichen Alters sittlich noch Unentwickelte und Unreife sind eben wie Unzurechnungsfähige noch nicht strafbar, und da wir sie selbst wegen solcher Verbrechen doch nicht tödten können, so ist es das einzig Richtige, ihnen die Behandlung angedeihen zu lassen, unter der die Möglichkeit vorhanden ist, sie für die menschliche Gesellschaft noch zu retten.

Damit wäre auch der Einwand beseitigt, daß solche Thaten wegen ihrer Gefährlichkeit unter allen Umständen Strafe verdienen.

Es fällt jedoch dieser Einwand, insofern er zugleich das Gebiet der Generalprävention in der Strafandrohung betritt, in gewisser Beziehung zusammen mit der noch weitergehenden oben*) erwähnten Auffassung in dem einen Gutachten, daß man — zwar das Gebiet der Zwangserziehung in der Altersstufe vom zwölften bis vierzehnten Lebensjahre erweitern, — aber im Interesse der Rechtssicherheit die Grenze der absoluten Strafunmündigkeit überhaupt nicht hinausrücken dürfe.

Niemand wird die vorbeugende Kraft der Strafandrohung ganz leugnen, aber viele überschätzen dieselbe. Und diese Ueberschätzung zeugt von einer großen Unkenntniß des Lebens und speciell der Verbrecherwelt. Weil sie selbst ihrer Erziehung, Lebensstellung und Lebensauffassung nach Achtung vor dem Gesetz und Furcht vor der Strafe mit ihren Folgen empfinden, glauben sie dieselben Gefühle auch bei Anderen annehmen und dieselbe Scheu vor der Gesetzesübertretung auch bei Anderen unterstellen zu sollen; und darin liegt der Fehler. Die Strafandrohung übt nur auf diejenigen eine abschreckende Wirkung aus, bei denen sie als ein Glied in einer Kette von der Lust schon ohnehin entgegenwirkenden Motiven auftreten kann, die Strafandrohung allein hält Niemanden vom Verbrechen ab. Bei Kindern, bei denen der Wunsch nach Befriedigung einer Begierde, ein Lustgefühl so stark auftritt, ohne daß noch ethische Motive von irgend welcher erheblichen Kraft entgegenzuwirken vermögen, und denen dabei noch die richtige Vorstellung von der Bedeutung der Criminalstrafe und ihrer Wirkung auf das spätere Fortkommen fehlt, entbehrt sie jeder vorbeugenden Kraft. Und aus diesem Grunde kann es keinen Schaden bringen, wenn man die Grenze der Strafunmündigkeit um einige Jahre hinausrückt.

Es soll nicht verschwiegen werden, daß man in Württemberg die Erfahrung gemacht zu haben glaubte, in Folge der Einführung des Reichsstrafgesetzbuchs mit seiner gegen das frühere Recht hinaufgerückten Grenze der Strafunmündigkeit — vom zehnten auf das zwölfte Lebensjahr — habe die Zahl der jugendlichen Verbrecher zugenommen. Weil für die Kinder vom zehnten bis zwölften Lebensjahr nunmehr die Strafandrohung und die Strafe gefehlt, so seien diese so verwildert, daß schon unmittelbar nachher die Zunahme der Verbrechen fühlbar gewesen sei. Dies wird wenigstens in einem sonst sehr sorgfältig ausgearbeiteten Gutachten daraus geschlossen, daß die Zahl der jugendlichen Sträflinge in einem Gefängniß innerhalb weniger Jahre, von 74 Köpfen in 1870/71 auf 223 Köpfe in 1874/75, gestiegen ist, während der jährliche

*) S. S. 45.

Gesammtzugang an Gefangenen in dem gleichen Zeitraum sich in derselben Anstalt zwischen 2317 und 2342 Köpfen bewegte, und hervorgehoben, daß dies die Meinung von Vielen sei. Dieser Mittheilung stehen jedoch andere Gutachten aus Württemberg gegenüber, welche die gegenwärtige Altersgrenze der Strafunmündigkeit für zu niedrig erklären und mit Entschiedenheit für deren Erhöhung eintreten.

Was an der obigen Darstellung richtig war, aufzuklären, hat mir viele Mühe gemacht, es ist mir jedoch vollständig gelungen; und nun kann ich diesen Umstand zum Beweis für die früher aufgestellte Behauptung mit verwerthen, daß in diesen Fragen mancher ein Urtheil über Einzelheiten fällt, der nicht dazu berechtigt ist, weil ihm die nöthige Kenntniß der Verhältnisse fehlt.

Es ist allerdings richtig, daß mit dem Augenblick, in dem in Württemberg das Strafgesetzbuch eingeführt wurde, welches die Strafunmündigkeit bis zum zwölften Lebensjahre hinaufrückte, die Zahl der jugendlichen Gefangenen erheblich zunahm, — weil mit demselben Augenblick auch die obere Grenze des privilegirten jugendlichen Standes vom sechzehnten auf das achtzehnte Lebensjahr hinaufgerückt wurde. Bisher hatte das jugendliche Alter im strafrechtlichen Sinne in Württemberg mit dem sechzehnten Jahre aufgehört, nunmehr endete es erst mit dem achtzehnten Lebensjahr, und alle diejenigen, welche in der Zeit vom sechzehnten bis achtzehnten Lebensjahre strafbare Handlungen begangen hatten, waren von da an jugendliche Gefangene. So erklärt sich die Zunahme der jugendlichen Gefangenen, während mir eine besondere Zunahme der Verbrechen von Jugendlichen im Alter von zwölf bis fünfzehn Jahren von Niemandem sonst bezeugt worden ist. Ich darf aber noch aus der zuverlässigen Mittheilung eines hohen württembergischen Justizbeamten, dem ich für seine gütige Beihilfe bei der Aufklärung dieses bedenklichen Punktes zu großem Dank verpflichtet bin, das hinzufügen, daß es auch vor Einführung des deutschen Strafgesetzbuchs in Württemberg zu den größten Seltenheiten gehörte, daß ein Kind unter zwölf Jahren zu Gefängnißstrafe verurtheilt wurde, so daß also das Reichsstrafgesetzbuch thatsächlich nichts Anderes einführte, als was die Praxis seither schon gehandhabt hatte.

Der erwähnten Auffassung des einen Gutachtens würde übrigens auch der Umstand entgegengestanden haben, daß man in Sachsen, Braunschweig und Hamburg vor der Einführung des Reichsstrafgesetzbuchs die Bestrafung erst mit dem vollendeten vierzehnten Lebensjahre eintreten ließ, und aus den ersten beiden Ländern wird uns ausdrücklich bezeugt, daß man damals nur mit Bedauern bei der Einführung des Reichs-strafgesetzbuchs die Anwendung der alten Bestimmungen aufgegeben habe. Eine Besserung der Criminalität sei nicht zu spüren gewesen.

Deshalb stimmen die Aeußerungen aus Sachsen und Braunschweig auch einem Hinaufrücken der Altersgrenze zu. Auch aus Hamburg kann ich eine gewichtige Stimme für diese Ansicht anführen:

Director Streng von der Hamburger Strafanstalt Fuhlsbüttel befürwortet in seiner Schrift: Studien über Strafvollzug und Gefängnißwesen*) ausdrücklich, daß man in Deutschland das Alter der Strafunmündigkeit bis auf das vierzehnte Lebensjahr hinaufrücken müsse.

Die bestehende Gesetzgebung der verschiedenen Länder weicht in dieser Frage erheblich von einander ab; einiges ist schon oben mitgetheilt. Außer Deutschland haben die obere Grenze der Strafunmündigkeit auf das zwölfte Jahr festgesetzt: Oesterreich und Ungarn, Zürich, Appenzell und Solothurn; Italien und Spanien auf das neunte Lebensjahr, das (noch nicht in Geltung befindliche) neue finnische Strafgesetzbuch auf das fünfzehnte Lebensjahr.

Die französische und die englische Strafgesetzgebung kennen keine allgemeine Grenze der Strafunmündigkeit.

Die Frage war bei der großen Wichtigkeit auf der Berliner Conferenz der Gegenstand einer langen und lebhaften Debatte. Schließlich wurde die Erhöhung der Strafunmündigkeit auf das vierzehnte Lebensjahr mit großer Majorität angenommen.**) Für das sechszehnte Lebensjahr ergab sich nur eine Minorität von acht oder neun Stimmen.

Die Commission hat sich entschlossen, der Majorität der Gutachter und der Majorität auf der Berliner Conferenz beizutreten und den Eisenacher Vorschlag des sechzehnten Lebensjahres aufzugeben.

Wenn auch daran festgehalten werden muß, daß jugendliche Personen regelmäßig erst mit ihrem sechzehnten Lebensjahre das Maß von sittlicher Entwickelung erreicht zu haben pflegen, welches sie für ihre Handlungen vor dem Strafrichter verantwortlich erscheinen läßt, so ist es doch auf der anderen Seite ebenso wahr, daß das sechzehnte Lebensjahr in Deutschland jeder socialen Bedeutung entbehrt. Mit dem vollendeten vierzehnten Lebensjahre tritt das Kind meist aus dem engen Kreise der Familie und aus der Schule als Arbeiter, Lehrling u. s. w.,

*) S. 164 ff.

**) Siehe Berliner Beschlüsse Nr. 1. — Auch die Internationale Criminalistische Vereinigung hat in Zürich 1890 das vierzehnte Lebensjahr als obere Grenze der Strafunmündigkeit angenommen.

und da die Erziehung der Familie und die Ausbildung der Volksschule damit aufzuhören pflegt, so ist es von großer Erheblichkeit, daß das Kind von dem Augenblick an mit seinen gesetzwidrigen Handlungen unter die Strafandrohung des Strafgesetzes fällt und strafrechtlich zur Verantwortung gezogen werden kann.

Wir befinden uns durch diese Ausführungen und die Annahme des vierzehnten Lebensjahres als Altersgrenze nicht im Widerspruch mit dem bisher aufgestellten und noch eben angeführten Princip, da durch die weiteren Vorschläge für die nächstfolgende Altersstufe nach Möglichkeit dafür gesorgt ist, daß der Richter, dem, dessen Strafreife nicht feststeht, an Stelle der Strafe die Wohlthat der Erziehung zu Theil werden lassen kann, so daß im Grunde genommen die Sache unverändert dieselbe geblieben ist, nur daß für das Alter vom vierzehnten Lebensjahr aufwärts bis zum sechzehnten Jahre an die Stelle der gesetzlichen allgemeinen Strafunmündigkeit die Entscheidung des Richters im Einzelfall getreten ist.

Allerdings wird es darauf ankommen, ob die Strafgerichte bei den ersten beiden Altersklassen der folgenden Gruppe ausschließlich auf Erziehung oder auch auf Strafe erkennen werden; doch ist zu hoffen, daß bei der freien Stellung, welche die weiteren Vorschläge dem Richter geben, die Praxis sich allmählich nach dem Erfolg der Rechtsprechung reguliren wird.

Es wäre auch vielleicht für die Gesetzgebung auf einmal ein zu großer Schritt gewesen, wenn man von dem zwölften Lebensjahre alsbald auf das sechzehnte Lebensjahr als oberste Grenze der Strafunmündigkeit hinaufgegangen wäre, und so mögen diejenigen, welche die Strafandrohung und die Strafe auch für Jugendliche nicht entbehren zu können glauben, in der Selbstbeschränkung, welche sich die Commission in diesem Vorschlag auferlegt hat, auch eine ihrer Auffassung gemachte Concession erblicken, und sie dadurch geneigter gemacht werden, statt schroffer Abwehr uns eine objective Prüfung unserer Gedanken zu Theil werden zu lassen.

Dazu konnte sich die Commission allerdings nicht verstehen, — und sie freut sich des fast einstimmigen Beifalls der Gutachter und der Conferenzmitglieder, — unter Belassung des zwölften Lebensjahres als Grenze der Strafunmündigkeit, lediglich durch Abänderungsvorschläge für die Behandlung der Jugendlichen vom zwölften bis zum achtzehnten Lebensjahre Garantien für die richtige Auswahl von Strafe und Erziehung im Einzelfall in diesem Zeitraum zu schaffen. Das Kindesalter vom zwölften bis vierzehnten Lebensjahre sollte mindestens unbedingt der

Gefahr entzogen sein, in unangemessener Weise, statt der Erziehung, von der Strafe getroffen zu werden. Denn mit der Möglichkeit, ja mit der Gewißheit müßte doch gerechnet werden, daß die Gerichte an der gesetzlich gegebenen Befugniß, zu strafen, auch diesem Alter gegenüber Gebrauch machen würden.

Aus allen diesen Erwägungen ist in der ersten These*) gesagt: „Wer bei Begehung einer strafbaren Handlung das vierzehnte Lebensjahr nicht vollendet hatte, kann wegen derselben nicht strafrechtlich verfolgt werden."

2. Bekanntlich besteht bezüglich der Auslegung des § 55 des Reichs-Strafgesetzbuchs, welchem der vorstehende Satz, abgesehen von der Altersgrenze, entspricht, ein Streit, ob in demselben die Zurechnungsunfähigkeit der Kinder bestimmt, oder ob lediglich formell ausgesprochen ist, daß die Kinder für ihre Strafthaten nicht bestraft werden können; Es würde an sich nicht Sache dieses Berichtes sein, dieser Streitfrage zu gedenken, wenn dieselbe nicht eine sehr praktische Seite hätte, die es nothwendig macht, sie zu erwähnen. Ohne eine Meinung darüber hier aussprechen zu wollen, welche der beiden Ansichten für das geltende Recht als die richtige anzusehen ist, will die Commission mit den obigen Worten der These nichts weiter gesagt haben, als daß bei Strafthaten von Kindern unter 14 Jahren in Zukunft der Strafanspruch des Staates niemals entstehen soll. Die Frage der Zurechnungsfähigkeit im strafrechtlichen Sinn ist dabei offen gelassen. Die sittliche Reife, welche wir in erster Linie als Vorbedingung für die Strafbarkeit einer jugendlichen Person verlangen,**) ist keine Voraussetzung der Zurechnungsfähigkeit.

---

*) Siehe Thesen für die Hauptversammlung S. 223 und Ges. Entw. § 1 Abs. 1. — (§ 16 des Einführungsgesetzes zum Bürgerl. Gesetzbuch hält das zwölfte Jahr als Grenze der Strafunmündigkeit fest.)

**) Nur für das priviligirte jugendliche Alter räumen wir der sittlichen Reife die Bedeutung im Strafrecht ein den Maßstab für die rechtliche Verantwortlichkeit abzugeben. Bei Erwachsenen muß das Vorhandensein der sittlichen Reife unbedingt angenommen werden. Der Erwachsene, der, ohne geistesgestört zu sein, in Folge sittlicher Verkommenheit seinen verbrecherischen Trieben und Gelüsten völlig preisgegeben ist und unterliegt, kann deswegen niemals straflos ausgehen, da dadurch die rechtliche Verantwortlichkeit nicht aufgehoben wird. Es ist hier aber auf die Bestrebungen hinzuweisen, welche an das Ende einer Berufsverbrecherlaufbahn, in der schließlich die sittlichen Gefühle völlig ertödtet sind und lediglich die unsittlichen Begierden und Lüste herrschen, die dauernde Unschädlichmachung eines solchen unsocialen Elementes setzen wollen.

Ein Kind innerhalb dieser Altersstufe kann geistig wohl so weit entwickelt sein, daß es mit dem strafrechtlichen Vorsatz seine That begehen kann; diese Frage mag der Richter im einzelnen Fall erörtern, wenn ein Anlaß dazu vorliegt; die Frage der Strafbarkeit oder Straflosigkeit des Kindes wird dadurch nicht berührt. Die praktische Bedeutung liegt auf einem anderen Gebiet.*) Geht man von dem Grundsatz aus, daß die Straflosigkeit der Kinder auf dieser gesetzlich angenommenen Zurechnungsunfähigkeit beruht, so ist seine Handlung keine strafbare Handlung, also auch die Anstiftung, die Beihilfe, die Theilnahme überhaupt, soweit sie von der Thäterschaft des Kindes abhängt, die Begünstigung und die Hehlerei eines Erwachsenen, welche sich auf die That des Kindes beziehen, straflos. Der Anstifter möchte allerdings geeigneten Falles als Selbstthäter, der sich des Kindes als seines willenlosen Werkzeugs bedient hat, strafbar sein. Diese Straffreiheit erwachsener Theilnehmer, Begünstiger und Hehler ist jedoch sehr bedenklich und gefährlich.

Erwachsene könnten ungestraft das Kind zu ihren Zwecken mißbrauchen, durch Beihilfe, durch Begünstigung, sie können, was bei der Rolle, die der Diebstahl bei Jugendlichen spielt, besonders hervorgehoben werden muß, ungestraft die Hehler des von Kindern gestohlenen Gutes sein und so höchst demoralisirend wirken. In einem von unseren Gutachten ist der Besorgniß Ausdruck gegeben, daß im Falle des Hinaufrückens des Alters der Strafunmündigkeit die Kinder in noch höherem Maße als seither dem Mißbrauch zum Verbrechen durch Erwachsene ausgesetzt sein würden und deshalb der Wunsch ausgesprochen, daß in den Vorschlägen Fürsorge getroffen werden möchte, dieser Gefahr zu begegnen. In der unzweifelhaft richtigen Auslegung, welche hier der ersten These gegeben ist, liegt der Schutz der Jugend, gegen seine erwachsenen Ausbeuter und Mißbraucher. Faßt man nämlich die Worte des Vorschlags in dem oben angegebenen Sinne, einer Negirung des staatlichen Strafanspruches, so steht der Bestrafung der Theilnehmer, Begünstiger und Hehler nichts

---

*) Die reichsgerichtliche Praxis nimmt auch für das geltende Recht, im Gegensatz zu der Ansicht der meisten Rechtslehrer, an, daß im § 55 des Str.G.B.'s nicht die Unzurechnungsfähigkeit der Kinder ausgesprochen sei und hält deshalb die Theilnahme, Begünstiger und Hehler eines kindlichen Thäters für strafbar. So lange diese Praxis bestehen bleibt, würde zu weiteren gesetzgeberischen Maßregeln kein Anlaß sein, aber sie könnte sich, zumal die Theorie anderer Ansicht ist, auch einmal ändern. Deshalb ist es besser eine gesetzliche Regelung, wie oben im Text geschehen, vorzusehen. Vgl. übrigens wie das Reichsgericht Olshausen Comm. zu § 55 cit.

im Wege, solange nicht im Einzelfalle besonders noch die Zurechnungsunfähigkeit des Kindes, z. B. aus § 51 des Strafgesetzbuchs, festgestellt ist. Es ist aber nothwendig, daß die Beseitigung der bestehenden Controverse gesetzgeberisch zum Ausdruck kommt, was durch eine besondere Bestimmung:*) „die Strafbarkeit der Theilnehmer, Begünstiger und Hehler, welche bei Begehung der That das vierzehnte Lebensjahr vollendet haben, wird dadurch nicht ausgeschlossen", geschieht.

Für die Altersstufe bis zum vollendeten vierzehnten Lebensalter ist von der Commission, der deshalb auch in den vorstehenden Ausführungen, und auch seither von manchen Schriftstellern für den unter den § 55 des Str.G.B.'s fallenden Zeitraum gebrauchte Ausdruck, „das Alter der Strafunmündigkeit" gewählt worden. Es soll damit zum präcisen Ausdruck gebracht werden, daß die Frage der Zurechnungsunfähigkeit hier ganz unberührt gelassen ist und daß von den in diese Klasse gehörigen Kindern nichts weiter gesagt wird, als daß sie durch ihre Strafthaten noch nicht strafrechtlich verpflichtet werden, vor dem Strafgesetz noch unverantwortlich erscheinen.

VII.

Die staatlich überwachte Erziehung.

(§§ 2 u. 33 d. Ges.Entw.)

Ebenso wie in dem § 55 des Strafgesetzbuchs bestimmt ist, daß gegen die Kinder, welche vor der Vollendung des zwölften Lebensjahres eine strafbare Handlung begangen haben, nach Maßgabe der landesgesetzlichen Vorschriften die zur Besserung und Beaufsichtigung geeigneten Maßregeln getroffen werden können, so wollen auch wir, gemäß der früher entwickelten Grundsätze, daß bezüglich der verbrecherischen Kinder unter vierzehn Jahren erforderlichen Falls eine staatliche Fürsorge eintreten soll. Wir weichen jedoch entsprechend dem oben**) ausgeführten in sofern von dem § 55 cit. ab, als wir nicht auf die landesgesetzlichen Bestimmungen verweisen, sondern der Ansicht sind, daß die wesentlichsten Grundsätze über das staatliche Einschreiten gegen solche Kinder reichsgesetzlich gleichmäßig festgestellt werden müssen. Einmal bestehen nicht in jedem Staate solche Gesetze über die Behandlung verbrecherischer

*) S. Ges.Entw. § 1 Abs. 2.

**) S. oben S. 38 u. 39.

Kinder, und dann sind die vorhandenen Gesetze in ihren Voraussetzungen und Ausführungsbestimmungen sehr verschieden; bei sehr vielen ist die Grenze des Einschreitens zu eng gezogen.

Wenn wir nun auch von dem Gesichtspunkt ausgehen, daß von jeder strafbaren Handlung eines Kindes der Staat durch die dafür bestimmten Behörden Notiz nehmen muß, so sind wir aber weit davon entfernt, zu verlangen, daß etwa auch wegen jeder strafbaren Handlung, namentlich etwa wegen jeder Polizeiübertretung, alsbald Zwangserziehung eintreten müßte.

Bevor ich jedoch zu den Vorschlägen der Commission übergehe, wird es erforderlich sein, zunächst einen Blick auf die bestehenden landesgesetzlichen Bestimmungen zu werfen, soweit sich dieselben als Ausführung des § 55 des Strafgesetzbuchs dastellen.

Das Preußische Gesetz vom 13. März 1878 (betreffend die Unterbringung verwahrloster Kinder) ordnet an, daß Kinder, welche im Alter von sechs bis zwölf Jahren eine strafbare Handlung begangen haben, durch Beschluß des Vormundschaftsgerichts zur Zwangserziehung in eine geeignete Familie oder in eine Erziehungs- oder Besserungsanstalt untergebracht werden, „wenn die Unterbringung mit Rücksicht auf die Be„schaffenheit der strafbaren Handlung, die Persönlichkeit der Eltern oder „sonstigen Erzieher des Kindes und auf dessen übrige Lebensverhältnisse „zur Verhütung weiterer sittlichen Verwahrlosung erforder„lich ist.“

Die Preußische Gesetzgebung setzt also zur Verhängung der Zwangserziehung voraus außer der strafbaren Handlung, als äußerem Zeichen der Verwahrlosung des Kindes, die Besorgniß weiterer sittlicher Verwahrlosung, mit Rücksicht auf die Beschaffenheit der That, der Persönlichkeit der Eltern und Erzieher und der übrigen Lebensverhältnisse.

Das Gesetz für Hamburg vom 6. April 1887 läßt Zwangserziehung zu gegen Kinder, welche nach Vollendung des sechsten und vor Vollendung des zwölften Lebensjahres eine strafbare Handlung begangen haben, wenn mit Rücksicht auf die Beschaffenheit der strafbaren Handlung, auf die Persönlichkeit der Eltern oder sonstigen Erzieher, auf das bisherige Betragen, die übrigen Lebensverhältnisse und das Alter des Kindes die Zwangserziehung zur Verhütung weiterer sittlichen Verwahrlosung und im Interesse der Besserung erforderlich erscheint.

Das Hamburger Gesetz — soweit es hier in Betracht kommt — steht, von einzelnen Aenderungen in der Wortfassung abgesehen, ganz auf dem Standpunkt der Preußischen Gesetzgebung.

Für Braunschweig ist durch Gesetz vom 22. Dezember 1870 bestimmt:

„(§ 2.) Gegen Kinder unter zwölf Jahren, welche an sich strafbare „(oder unsittliche) Handlungen verüben, sind, falls die zu Gebote stehenden „Mittel der häuslichen Zucht nicht ausreichend erscheinen, folgende außer„ordentliche Maßregeln zulässig:

„1. Körperliche Züchtigung.

„2. Unterbringung bei fremden und zuverlässigen Erziehern.

„3. Aufnahme in die Erziehungsanstalt zu Bevern.

„In der Erziehungsanstalt zu Bevern dürfen nur Kinder, welche das „siebente Lebensjahr erreicht haben und körperlich genügend kräftig sind, „untergebracht werden."

Das Preußische und das ihm inhaltlich folgende Hamburgische Gesetz einerseits und das ebenerwähnte Braunschweigische Gesetz andererseits enthalten wesentliche Verschiedenheiten, insofern als nach der Fassung des Braunschweigischen Gesetzes auch lediglich wegen des in der Strafthat hervorgetretenen Charakters des Kindes oder wegen der Schwere der Strafthat, wenn für das an die Oeffentlichkeit getretene Verhalten des Thäters oder für die That an sich die zu Gebote stehenden Mittel der häuslichen Zucht nicht ausreichend erscheinen, staatliches Eingreifen zugelassen ist, während das Preußische Gesetz die Zwangserziehung nur in Ergänzung mangelhafter Erziehung **und** schlechter häuslicher Verhältnisse für zulässig erklärt, dem Verhalten des jugendlichen Thäters allein also ein entscheidendes Gewicht nicht beilegt.

In ähnlicher Weise wird die Persönlichkeit des Kindes und sein Verhalten für die Frage nach der Nothwendigkeit der Zwangserziehung als ausschlaggebend betrachtet in dem Badischen Gesetz vom 4. Mai 1886, welches bestimmt:

„Jugendliche Personen, welche das 16. Lebensjahr noch nicht vollendet haben, können wegen sittlicher Verwahrlosung in einer geeigneten „Familie oder in einer staatlichen oder geeigneten Privaterziehungs- oder „Besserungsanstalt untergebracht werden:

„wenn nach **ihrem Verhalten** die Erziehungsgewalt ihrer Eltern „oder sonstigen Fürsorger und die Zuchtmittel der Schule sich zur Ver„hütung ihres völligen sittlichen Verderbens unzulänglich erweisen."

Von den übrigen auf Grund des § 55 des Strafgesetzbuchs erlassenen Landesgesetzen stehen das Großherzoglich Hessen-Darmstädtische Gesetz vom 11. Juni 1887, das Lübeckische Gesetz vom 20. März 1884, das Gesetz für Mecklenburg-Schwerin vom 10. Oktober 1882, das Gesetz für Sachsen-

Weimar vom 9. Februar 1881, das Oldenburgische Gesetz vom 12. Februar 1888 im Wesentlichen auf dem Boden des obenerwähnten Preußischen Gesetzes, mit der Ausnahme, daß Lübeck und Oldenburg die Zwangserziehung erst mit dem achten Lebensjahr für zulässig erklären.

Das Bremische Gesetz vom 19. Juni 1877 bestimmt allgemein, daß die nach § 55 des Strafgesetzbuchs zulässige Unterbringung von Kindern in Erziehungs- und Besserungsanstalten geschehen soll, wenn die Verwahrlosung, in welcher der jugendliche Uebelthäter sich befindet, sie erforderlich macht, um denselben auf den Weg der Sitte und des Gesetzes zurückzuführen.

Das Anhaltinische Gesetz vom 29. Dezember 1873 ordnet an, daß Kinder in dem Alter vom siebenten bis zwölften Lebensjahr, welche durch ihr an die Oeffentlichkeit tretendes Verhalten eine solche sittliche Verwahrlosung zu erkennen geben, daß bei einem Belassen derselben in den bisherigen Erziehungsverhältnissen zu befürchten steht, daß sie der Verbrecherlaufbahn verfallen, in eine Anstalt für verwahrloste Kinder*) eingestellt werden können.

Denselben Gedanken spricht das Württembergische Gesetz vom 27. Dezember 1871 aus.

Das Gesetz für Elsaß-Lothringen vom 18. Juli 1890 läßt Zwangserziehung zu, wenn das Kind zu der Zeit, als es das zwölfte Lebensjahr noch nicht vollendet hatte, eine strafbare Handlung begangen hat und die Zwangserziehung zur Verhütung weiterer sittlicher Verwahrlosung erforderlich ist.

Die bestehenden Landesgesetze erschöpfen nicht alle das ganze Gebiet des staatlichen Zwangserziehungsrechts gegenüber verbrecherischen Kindern, und doch darf im Allgemeinen gesagt werden, daß diese Gesetze ihre gute Wirkung geäußert haben. Statistisches Material vorzuführen,**) bin ich leider nicht in der Lage, — denn statistische Aufzeichnungen darüber, wie Viele von den in staatliche Erziehung genommenen Kindern wieder rückfällig geworden sind, giebt es noch nicht; diese Zahlen kennen zu lernen, würde an dieser Stelle gerade von Interesse sein, — aber

*) Anhalt kennt nur Zwangserziehung in Anstalten.

**) Aus Preußen sind einige Zahlen aus dem Zwangserziehungswesen bekannt: Bis zum 31. März 1890 waren 16 964 Kinder in Zwangserziehung untergebracht. Am 31. März 1890 waren 10 865 Kinder in Zwangserziehung. Die größere Hälfte derselben war in Familien untergebracht, die Mehrzahl der Uebrigen in Privatanstalten.

wo man bei verständigen und vorurtheilsfreien Männern über die Resultate der Zwangserziehung Erkundigungen einzieht, hört man die Thatsache bestätigen, daß viele Kinder gerettet sind, die sonst unzweifelhaft verloren gewesen wären.

Bauen wir also auf dem Vorhandenen weiter, und die Erfolge werden sich allmählich noch erheblich vermehren.

Das Preußische Gesetz und die ihm folgenden Gesetze erwähnen den häufigsten Fall der Zwangserziehung, daß ein verbrecherisches Kind mit Rücksicht auf die Persönlichkeit und die Lebensverhältnisse seiner Eltern und Erzieher und seine eigene Strafthat als verwahrlost gelten muß und daß deshalb zu besorgen ist, die Verwahrlosung würde ohne staatliches Eingreifen noch weiter fortschreiten und das Kind vollständig auf die Bahn des Verbrechens treiben. Unberücksichtigt ist jedoch der Fall geblieben, daß die Schwere und die Art des Verbrechens selbst, oder die Zahl der begangenen Strafthaten, unberücksichtigt auch der Fall, daß die Persönlichkeit des verbrecherischen Kindes, wie sie in der Strafthat an die Oeffentlichkeit getreten, das staatliche Eingreifen nothwendig machen kann, auch ohne daß mangelhafte häusliche Erziehung vorhanden ist.

Es sind in den letzten Jahren eine ganze Anzahl schwerer Verbrechen, z. B. Morde und Brandstiftungen u. a., vorgekommen, welche von Kindern unter vierzehn Jahren verübt wurden, welche ohne Weiteres staatliches Eingreifen erforderlich machen würden, ohne daß auf die Beschaffenheit der häuslichen Erziehung Rücksicht genommen werden darf. Gerade in diesem Augenblick schwebt hier eine Untersuchung gegen eine Anzahl Kinder von wenig über zwölf Jahren, welche sich schon vor dem zwölften Lebensjahre zu fortgesetzter Begehung von Diebstählen und Raub zusammengethan haben. Diese Burschen haben mit einer solchen Geschicklichkeit, ja einem solchen Raffinement gehandelt und so viele Diebstähle verübt, sich überhaupt so benommen, daß sie den Eindruck von moralisch völlig verwahrlosten Burschen machen. Die Untersuchung hat ergeben, daß bei einigen der Thäter die häusliche Erziehung eine ganz gute gewesen ist, daß die Eltern, die von dem Treiben der Kinder nichts gewußt haben, alles aufgeboten, was in ihren Kräften stand, um die Kinder angemessen zu erziehen. Lediglich die Verführung von Mitschülern hat diese Kinder verdorben. Nach dem geltenden Gesetz können sie nicht der Zwangserziehung zugeführt werden, denn wenn auch die Strafthaten und das Verhalten der Kinder dieselbe durchaus dringend nothwendig erscheinen lassen, so scheitert die Maßregel daran, daß die Persönlichkeit der Eltern tadellos und die sonstigen Lebensverhältnisse gute, sogar theilweise sehr gute sind; es läßt sich mit dem besten Willen nicht aufrecht halten, daß auch mit Rücksicht auf die Persönlichkeit der Eltern und die sonstigen Lebensverhältnisse die Besorgniß weiterer Verwahrlosung besteht. Die Eltern werden unzweifelhaft wieder alles aufbieten, die Kinder auf bessere Wege zu bringen. Aber mit welchem Erfolg? Ich zweifele nicht daran, daß wir dieselben Kinder später abermals wegen Diebstahls vor Gericht haben werden.

Was den Standpunkt des Preußischen Gesetzes so bedenklich macht, ist das, daß der faule Punkt, der fast immer in der Erziehung eines verbrecherischen Kindes irgendwo vorhanden ist, selten an das Tageslicht kommt, so daß die Anwendung des Gesetzes beschränkt bleiben muß auf Fälle offenbarer Vernachlässigung seitens der Eltern. Fast alle verbrecherischen Kinder, wenn es sich nicht um ererbte Anlagen, Schwachsinn, seelische Defecte handelt, die zur Zeit noch nicht erkannt sind, sind mangelhaft erzogen, mindestens weil es die Eltern nicht besser verstanden, weil sie zu schwach oder auch zu streng, oder streng und nachsichtig nicht am rechten Ort und zur rechten Zeit waren; weil sie den Charakter des Kindes nicht verstanden, und was derartige Ursachen mehr sind. Das sind aber Erziehungsmängel, die nie oder fast niemals an die Oeffentlichkeit kommen, die vielleicht nur von einem Beobachter erkannt werden, der in der betreffenden Familie wie zu Hause ist, so daß er sie in den verschiedensten Lebenslagen zu sehen Gelegenheit hatte. Deshalb verdient der Grundsatz Billigung, daß auch dann, wenn für die That die häuslichen Erziehungs- und Zuchtmittel nicht genügend erscheinen, Zwangserziehung eintreten soll.

Gegen die enge Fassung des Preußischen Gesetzes spricht aber auch die Thatsache, daß auch selbst die gröblichste Vernachlässigung der Erziehung in der Familie sich manchmal nicht nachweisen läßt. Aus diesem Grund bleiben viele Kinder ohne Zwangserziehung, die derselben sehr bedürftig wären, lediglich weil die Zerfahrenheit der Häuslichkeit nicht erkannt wird.

Die sociale Stellung der Eltern spielt nothwendiger Weise bei diesen Feststellungen eine gewisse Rolle. Wo die Eltern beide tagüber auf Tagelohn hinausgehen und die Kinder von klein auf sich selbst oder die kleineren Kindern der Aufsicht der größeren Geschwister, die nicht besser erzogen sind, überlassen müssen, oder wo die Eltern im Gefängniß oder im Zuchthaus gesessen haben, wo der Vater ein Trunkenbold, die Mutter eine Dirne war, da ist die bestehende Verwahrlosung und die drohende tiefere Verwahrlosung leicht erwiesen. Wie viele verwahrloste Kinder laufen aber umher, deren Verwahrlosung dem Richter, wenn er selbst von einzelnen Strafthaten Kenntniß erhält, doch ewig verborgen bleibt, weil die Familienverhältnisse des Kindes nicht durchsichtig genug sind und äußerlich der Schein der Ehrbarkeit und Wohlanständigkeit die ganze Familie umgiebt! Das sind aber auch verwahrloste Kinder, welche während des Tages das Spielzeug für die mütterlichen Launen und, sobald sie lästig werden, der Dienerschaft überlassen sind, die den Vater vielleicht nur Abends flüchtig sehen, wenn er nach dem Abschluß der täglichen Berufsgeschäfte sich für eine Abendgesellschaft umkleidet, oder die, wenn sie der Jungfer entlaufen sind, hinter der „Portière" versteckt, die Liebesgeheimnisse der Mutter belauschen. Der Ruf des ehrbaren Hauses, die Stellung der Familie in der Gesellschaft lassen jeden Zweifel an der musterhaften Kindererziehung als ein Unrecht erscheinen, und wenn dann einmal bekannt wird, daß ein Kind aus solchem Hause Straftaten begangen hat, dann hört man wohl Worte des oft heuchlerischen Bedauerns darüber, daß in die Familie ein entarteter Sprößling gekommen — an ein verwahrlostes Kind denkt Niemand dabei. Es liegen dieser Schilderung Fälle aus dem Leben zu Grunde, die wohl ein Jeder selbst aus seinen näheren oder ferneren Bekanntenkreisen, oder aus den Erfahrungen seiner praktischen Thätigkeit sich mit Gestalten beleben kann.

Solche Momente führen aber mit Nothwendigkeit zu dem Wunsch, daß man das staatliche Eingreifen gegen verbrecherische Kinder nicht auf die Fälle nachgewiesener häuslicher Verwahrlosung beschränkt und die Behörde, welche zur Entscheidung über die Nothwendigkeit der Zwangserziehung berufen ist, nicht allzufest in einen strengformulirten Thatbestand einzwängt.

An dieser Stelle sind wir zu einem Gegenstand gekommen, der wohl der schwierigste auf dem gesammten Gebiet der Behandlung jugendlicher Verbrecher ist und über den die Ansichten sehr auseinander gehen. Das Richtigste dürfte wohl sein, vorzuschlagen, die allgemeine Bestimmung zu treffen, daß bei dem Vorkommen strafbarer Handlungen von Kindern unter 14 Jahren Zwangserziehung eintreten kann, und dann weiter einige Fälle aufzustellen, in denen sie eintreten muß, also abgesehen von diesen letzteren Fällen das obrigkeitliche Ermessen nicht einzuschränken.

Zunächst wird es aber nothwendig sein, zu erörtern, was die Kommission unter Zwangserziehung versteht, da aus der Gestaltung der Einrichtung sich auch die Bestimmungen darüber, wann sie eintreten soll, rechtfertigen werden. Es ist bisher fortwährend von Zwangserziehung gesprochen worden, weil der Ausdruck den geltenden gesetzlichen Bestimmungen entspricht, der Ausdruck kommt jedoch in Wegfall, sobald ich jetzt auf die Vorschläge der Kommission einzugehen habe. An

Stelle des Ausdrucks „Zwangserziehung" ist das Wort „staatlich überwachte Erziehung" gewählt worden, weil dieser besser als der bisher übliche der vorgeschlagenen Einrichtung entspricht. Die meisten der bestehenden Gesetze kennen als Arten der Zwangserziehung die Unterbringung in einer geeigneten fremden Familie, oder in einer Privatanstalt, oder in einer staatlichen Erziehungsanstalt.

Wir haben für nothwendig gefunden, statt schlechthin „Privatanstalt oder private Erziehungsanstalt", zu sagen „unter staatlicher Aufsicht stehende Privaterziehungsanstalt", und außerdem als besondere Art hinzuzufügen „die beaufsichtigte Erziehung in der eigenen Familie". Soll der Zweck des staatlichen Erziehungswesens erreicht werden, so muß in Zukunft den staatlichen Organen ein gewisses Recht der Aufsicht*) auch über die privaten Erziehungsanstalten zustehen, denen der Staat die Erziehung der verbrecherischen oder verwahrlosten Kinder anvertraut, oder in welche er die Unterbringung solcher Kinder gestattet; das ist unerläßlich.

Aber auch die Möglichkeit der Belassung des verbrecherischen Kindes in der eigenen Familie unter staatlicher Aufsicht muß gestattet sein; es wird dadurch auch möglich, das Anwendungsgebiet der staatlich überwachten Erziehung erheblich, und nur zum Vortheil der davon betroffenen Jugend selbst, zu erweitern.

In unserem Gutachten sind, wie auch in der Literatur, von sehr beachtenswerther Seite Bedenken gegen die staatlich überwachte Erziehung sowohl in einer fremden Familie, als besonders auch in der eigenen Familie geltend gemacht, so daß es von Interesse ist, die Gutachten, soweit sie sich mit der Frage befassen, zu hören.**)

---

*) Ueber den Umfang der Aufsicht und wie und von wem sie geübt wird, siehe unten S. 145 ff.

**) Ueber die Frage, wie die Zwangserziehung am besten einzurichten ist, besteht eine reiche Literatur, die hier vollständig mit heranzuziehen unmöglich ist und dem Zwecke der Veröffentlichung nicht entsprechen würde. Fast alle die verschiedenen Meinungen und Bedenken, die jemals ausgesprochen sind, finden sich auch in den Gutachten vertreten. Von der neuesten Literatur hebe ich hervor: Aschrott, Die Behandlung der verwahrlosten und verbrecherischen Jugend; Helmke a. a. O.; Altsmann in Liszt's Zeitschrift XI. S. 89 ff.; Fuld daselbst S. 114 ff.; Wichern, Einrichtung der Erziehungs- u. Besserungsanstalten, Heft 3 u. 4 d. Jahreshefte d. Nordwestdeutschen Gef.-Vereins, Die Aufsätze über Familienerziehung und Anstaltserziehung daselbst Heft IX u. XIV.

Ein Gutachter von großer praktischer Erfahrung, „Präfect" einer staatlichen Erziehungsanstalt für Knaben, führt aus:

„Von religiös-sittlichen Grundsätzen durchdrungene Eheleute, von „denen sich allein eine gute Erziehung erwarten ließe, werden, wenn sie „eigene Kinder haben, schon aus Besorgniß sittlicher Ansteckung der letzteren „keine verwahrlosten Kinder aufnehmen wollen, oder, wenn sie kinderlos „sind, nichtverwahrlosten Kindern den Vorzug geben. Ferner „werden nicht etwa bloß pflichtvergessene, sondern auch gewissenhafte Ehe- „leute die staatliche Beaufsichtigung scheuen, da verwahrloste Knaben und „Mädchen immer zu Klagen bereit sind, sobald sie merken, daß solche „irgendwo angehört werden und sie dadurch ihre Pflegeeltern einschüchtern „können.

„Wird den Zöglingen auch nicht ohne weiteres Glauben geschenkt, „so wollen doch gerade bessere Leute sich nicht in die Lage bringen lassen, „sich gegen derartige Kinder vertheidigen zu müssen, zumal da auch bei „Verleumdungen gerne etwas an den davon Betroffenen hängen bleibt. „Auch wird man etwaigen Conflict mit den Eltern solcher Zöglinge „fürchten. . . . . . Was die Erziehung in der eigenen Familie betrifft, „so sind in der Regel gerade die traurigen Familienverhältnisse, Noth- „stand, schlimmes Beispiel und Aehnliches die Ursachen der Verwahr- „losung. . . . . . Es wird demnach die Erziehung jugendlicher Ver- „brecher in passenden Anstalten die Regel bilden müssen, die Familien- „erziehung aber nur als Nothbehelf gelten müssen, und gewöhnlich nur „bei jüngeren und weniger stark ausgearteten Kindern."

In einem anderen Gutachten ist gesagt:

„Man scheint sich bei der Aufstellung der Vorschläge der Erkenntniß „nicht verschlossen zu haben, daß zwischen der Unterbringung in einer „Anstalt und dem unbedingten „laisser aller" ein Mittelding sein müsse; „die Vorschläge stellen deshalb den unserem Recht bisher fremden „Grundsatz auf, daß die staatliche Erziehung eines jugendlichen Ver- „brechers auch durch Ueberwachung in der eigenen Familie oder durch „Unterbringung in einer fremden Familie erfolgen könne. . . . . . Man „wird sich gewärtigen müssen, daß (von letzterer Maßregel) nur ein „mäßiger Gebrauch gemacht werden kann, weil es an geeigneten Familien „fehlt. Die Mehrzahl ehrbarer und in geordneten wirthschaftlichen Ver- „hältnissen lebender Familien will sich eine solche Last und Verantwort- „lichkeit nicht aufbürden; solchen Familien aber, welche die Verpflegung „eines Jugendlichen nur aus Noth, zur Gewinnung des eigenen Lebens- „unterhaltes, oder wenn nicht aus Noth, so doch aus reinem Eigennutz „zu übernehmen sich bereit finden, wird die Erziehung besser nicht an-

„vertraut. Was aber die andere Maßregel (die Ueberwachung der Er-„ziehung in der eigenen Familie) betrifft, so verspreche ich mir davon „keinen Erfolg. Die zur Aufsicht berufenen Personen*) müßten, um die „Beaufsichtigung wirksam zu gestalten, fortdauernd in die innersten und „geheimsten Familienverhältnisse sich eindrängen. Wie wäre dies aus-„führbar. Unsere Gesetzgebung stellt schon jetzt in Bezug auf die Mit-„wirkung bei Erfüllung staatlicher Aufgaben auf zahlreichen Gebieten „große Anforderungen an den Bürger; es läßt sich nicht erwarten, daß „auch nur eine halbwegs ausreichende Zahl von Männern sich fände, „welche zu einem so mühevollen, verantwortungsvollen und wenig dank-„baren Geschäfte Zeit, Lust und Verständniß besäße. Auch würde „zwischen den Aufsichtspersonen und der Familie das unerquicklichste „Verhältniß geschaffen, welches auf die Erziehung der Jugendlichen nur „schädlich statt nützlich einwirken müßte."

Ein weiteres Gutachten spricht, und aus theilweise anderen Gesichts-punkten, nur gegen die beaufsichtigte Erziehung in der eigenen Familie:

„Schwerlich wird die eigene Familie im Stande sein, selbst unter „staatlicher Ueberwachung, den schon angestifteten Schaden wieder gut zu „machen. Erscheint diese Bestimmung nur zu dem Zwecke, Familien „von Bildung und guten Verhältnissen eine vielleicht berechtigte Gunst „zuzuwenden, so steht sehr zu befürchten, daß sie auch solchen Familien „zu Theil werde, welche weder gute Gesinnung, noch Bildung oder geistige „Vorzüge besitzen. Der Zug der Zeit geht eben zu sehr dahin, „das sogenannte Strafminimum zu bevorzugen."

In einem anderen Gutachten ist gesagt:

„Die beaufsichtigende Erziehung in der eigenen Familie, der ein „fragwürdiges jugendliches Individuum entsprungen ist, wird wohl auch „trotz Beaufsichtigung wenig Erfolg versprechen. Fremde Familien, die „ein mißrathenes Wesen aufnehmen wollen und dasselbe zu erziehen „geeignet sind, dürften doch selten zu finden sein, denn kinderlose Familien „sollen erst den Beweis der Befähigung dazu liefern, und Familien mit „eigenen Kindern dürften Bedenken tragen, ein verdorbenes Kind unter „die ihrigen aufzunehmen."

Der Raum verbietet aus der großen Anzahl der zu diesen Punkten gegebenen gutachtlichen Aeußerungen noch mehr zum Abdruck zu bringen; ich habe die Auswahl so getroffen, daß die Sache von allen Seiten be-

---

*) „Vertrauenspersonen" s. unten S. 149 ff.

leuchtet erscheint.*) Diese fast allgemeine Verurtheilung der Vorschläge auf Zulassung der staatlichen überwachten Familienerziehung hat uns auch zu nochmaliger reiflicher Ueberlegung Veranlassung gegeben und trotzdem haben wir uns nicht dazu entschließen können, hier von unseren Vorschlägen abzugehen.

Die Familenerziehung ist unzweifelhaft die idealste Art der Jugenderziehung, wenn sie sorgfältig geführt wird, darüber besteht wohl kein Streit,**) und man darf nur mit der größten Vorsicht dazu greifen, das Kind der Familie zu entziehen, und wenn es geschehen muß, so ist die Möglichkeit, das Kind wenigstens in einer fremden Familie, statt in einer Anstalt, unterzubringen, immer vorzuziehen. Nur dann, wenn die eigene Familie keinerlei Garantien dafür zu bieten vermag, daß sie im Stande sei, ihren Erziehungspflichten nachzukommen, und wenn eine geeignete fremde Familie für das Kind wegen seines Charakters und seiner Strafthaten nicht zu haben ist, oder wenn der Grad der Verwahrlosung jedenfalls zunächst die Anstaltserziehung unumgänglich nothwendig macht, hat die Anstaltserziehung einzutreten. Wir wollen nur soweit in den Kreis der Familie eingreifen und die Kinder dem Familienleben entziehen, wo es zum Heil derselben nothwendig ist. Deshalb können wir auf überwachte Familienerziehung nicht verzichten. Was unsere Gutachten sagen, das müssen wir allerdings leider als vollkommen berechtigt anerkennen; es ist schwer und wird schwer bleiben, geeignete fremde Familien zu finden, denen Kinder unbesorgt anvertraut werden können und die zur Uebernahme von verwahrlosten Kindern bereit sind. Wenn aber solche gefunden

*) Gern hätte ich noch ein sehr umfangreiches Gutachten von dem Vorsteher eines Rettungshauses über seine allerdings auch meist negativen Erfahrungen mit der Familienerziehung abgedruckt, der Umfang desselben machte es unmöglich.

**) Der Internationale Congreß in Antwerpen (October 1890) hat sich dahin ausgesprochen:

„En principe le placement dans les familles et particulièrement „à la campagne, si la situation de l'enfant le comporte, est le meilleur „système à appliquer aux enfants trouvés, abandonnés ou orphelins.

„Les modes d'éducation qu'il y a lieu d'appliquer aux enfants „moralement abandonnés sont suivant l'âge au moment de l'admission „et suivant les circonstances: Le placement dans les familles et particulièrement à la campagne; l'école par internat ou demi-internat; „le placement isolé; le placement par groupes. Le placement dans „les familles est en principe reconnu le meilleur.“

werden, und es sind solche zu finden, die namentlich kleinere Kinder aufzunehmen in der Lage sind, dann wäre es ein großer Schaden, wenn keine gesetzliche Bestimmung vorhanden wäre, welche die Erziehung in einer fremden Familie gestattet. Wo es sich um die Unterbringung schulpflichtiger Kinder handelt, ist die Besorgniß jedenfalls nicht so berechtigt, daß die Uebernahme der Kinder geschieht, um ihre Arbeitskraft auszunützen. Aus eigennützigen Beweggründen würden sich allerdings manche Familien zur Uebernahme bereit finden lassen. Solche dürfen nur mit Vorsicht berücksichtigt werden. Wir redeten hier zunächst immer nur von der ersten Unterbringung nach Begehung der Strafthat. Ist da die Möglichkeit einer Unterbringung in einer fremden Familie für viele Kinder durchaus erwünscht, namentlich in den Fällen, in denen die Strafthat an sich unerheblich ist, es aber darauf ankommt, das Kind den schlechten Einflüssen der eigenen Familie zu entziehen, so wird sie in den späteren Stadien der staatlich überwachten Erziehung eine Nothwendigkeit, wenn es gilt, den Anstaltszögling probeweise als Lehrling, Arbeiter, Dienstboten unterzubringen. Hier wird dann die Gefahr groß sein, daß sich Leute zur Uebernahme der jugendlichen Personen melden, denen es nur darauf ankommt, deren Arbeitskraft für sich auszunützen. Da muß natürlich vorsichtig ausgewählt werden; doch *sollen* die Untergebrachten auch andererseits zur Arbeit angehalten werden. Auch die staatlich überwachte Erziehung in der eigenen Familie erscheint uns in vielen Fällen unentbehrlich; zumal dann, wenn noch zu erhoffen steht, daß das Einschreiten der Behörden die Familie anregen wird gegen das Kind ihre Schuldigkeit zu thun und das in Frage stehende Vergehen nicht bedeutend war; aber auch später, wenn die Eltern mit der Behauptung kommen, daß sie jetzt selbst in der Lage seien, die Erziehung des Kindes wieder zu übernehmen und das Kind ihnen probeweise wieder überlassen werden soll.

Es ist mit Recht darauf hingewiesen worden, daß die Kinder in fremden Familien leicht geneigt sind, zu klagen und zu verleumden, ich kann noch hinzufügen, insbesondere auch die Pflegeeltern strafbarer Handlungen, namentlich mit Vorliebe der Verbrechen gegen die Sittlichkeit zu beschuldigen, und wer von Pflegeeltern einmal in dieser Beziehung trübe Erfahrungen gemacht hat, der wird sich nicht bereit finden lassen, zum zweiten Male ein fremdes Kind anzunehmen. Für die Aufsichtsbehörde erwächst dadurch die schwierige Aufgabe, einerseits die Kinder gegen wirkliche Insulte, andererseits die Pflegeeltern gegen Verläumdungen in Schutz zu nehmen. Es ist leider in den niederen Volksklassen ein oft beobachtetes Mittel, sich an Jemandem zu rächen, die

Beschuldigung, der Betreffende habe unsittliche Handlungen an Kindern vorgenommen: die Kinder werden genau instruirt, was sie sagen sollen, und sie lassen sich zu leicht bereit finden, das Eingelernte festzuhalten und herzusagen. Es ist eine sehr schwierige Aufgabe, in solchen Fällen das Rechte zu finden, und es muß dahingestellt bleiben, ob nicht doch Verurtheilungen auf Grund von Bezichtigungen unmündiger Kinder erfolgen, die einen Unschuldigen treffen. Die Uebung in solchen Bezichtigungen bringen viele Kinder von Hause mit, aber der kindliche Kopf ist auch leicht geneigt, ein Märchen zu ersinnen, wenn es gilt, bei der Aufsichtsperson die Pflegeeltern, sei es auch nur für eine verabreichte wohlverdiente Tracht Prügel, anzuschwärzen. Das sind allerdings Schwierigkeiten und Unannehmlichkeiten der bedenklichsten Art, welche die staatlich überwachte Erziehung in einer fremden Familie mit sich bringt. Weil ich aber nicht nur von Anderen eine große Anzahl von Fällen habe bezeugen hören, sondern auch aus eigener Wissenschaft zahlreiche Fälle anführen kann, in denen die Erziehung in einer fremden Familie auch ohne Schwierigkeiten und erfolgreich geschah, so verzweifele ich nicht daran, daß sich die Sache einrichten läßt, — wenn man nur nicht wegen Mangels an Anstalten*) die Erziehung in fremden Familien zur Regel zu machen genöthigt ist und deshalb jede Familie annehmen muß, die sich anbietet, und manches Kind einer Familie übergeben muß, welches unbedingt in eine Anstalt gehört.

Wir müssen auch unseren Gutachtern darin beistimmen, daß die Stellung der Aufsichtspersonen, namentlich soweit es sich um Erziehung in der eigenen Familie des Kindes handelt, eine recht schwierige und unangenehme sein kann. Ich möchte jedoch als Analogie auf die Thätigkeit der Armenpfleger in den großen Städten hinweisen. Deren Stellung und Thätigkeit ist gewiß manchmal recht schwierig und dornenvoll; und doch finden sich noch immer geeignete und christlich gesinnte Männer, die, ganz abgesehen von der bürgerlichen Pflicht, bereit sind, dieser Thätigkeit sich zu unterziehen; sollte das hier, wo es sich darum handelt, Seelen der Kinder zu retten oder zu erhalten, dem Staat Bürger erziehen zu helfen, nicht auch der Fall sein! Dem einen von unseren Gutachtern kann ich nicht zustimmen, wenn er gleichsam darüber Klage führt, daß die moderne Gesetzgebung schon jetzt in Beziehung auf die Mitwirkung bei Erfüllung staatlicher Aufgaben auf

*) Wie gegenwärtig vielfach; und es wird wohl noch lange Zeit vergehen, bis in Deutschland eine genügende Zahl von Erziehungsanstalten vorhanden sein wird.

zahlreichen Gebieten so große Anforderungen an den Bürger stelle. Es dürfte das vielmehr als ein Vorzug der modernen Gesetzgebung gelten müssen. Mag auch die Ausübung eines staatlichen Ehrenamtes in vielen Fällen lästig empfunden werden, es handelt doch ein Jeder, auch wenn er das im einzelnen Fall nicht klar empfindet, indirect immer auch für sich mit. Wir kranken zu sehr an dem alten Fehler, den Staat als etwas fremdes, als etwas gegensätzliches zu uns zu betrachten; und doch sind wir alle Glieder des einen großen Ganzen, das sich aus unserer Gesammtheit darstellt. Alle, welche auch nur als ein kleines Rädchen an der großen Maschine sich bewegen, sie handeln für die Gesammtheit, deren Wohl wieder dem Einzelnen zu Gute kommt. Je mehr der Staat seine Bürger, in dem Rahmen ihres Könnens, zur Mitwirkung an den gemeinsamen Aufgaben heranzieht, um so mehr muß das Gefühl der Zusammengehörigkeit, das Gefühl der Solidarität mit den Staatsinteressen lebendig werden und bleiben. In unserem Fall handelt aber der, welcher dem staatlichen Erziehungswesen seine Thätigkeit widmet, in ganz besonders deutlicher Weise für Alle und so auch für sich, indem er dazu mitwirkt, daß das Verbrecherthum, das Leben und Eigenthum, die Sicherheit des Staates wie des Einzelnen bedroht, beschränkt werde. Aus diesem Gesichtspunkte, denke ich, finden wir auch Männer, die ihre Mitwirkung dem Werke der Erziehung leihen, auch wenn daraus hin und wieder ein Aerger entspringen sollte. Uebrigens ist die Stellung des Aufsichtsbeamten nicht einmal so schwierig wie die eines Armenpflegers, da ja das Familienhaupt sehr wohl weiß, daß die staatlich überwachte Erziehung in der eigenen Familie immer nur eine Versuchsstation ist, die in jedem Augenblick in Anstaltserziehung oder in Erziehung in fremder Familie umgeändert werden kann, und es wird sich deshalb, wenn es Liebe zu dem Kinde hat, eine gewisse Einmischung der Aufsichtsperson in seine Angelegenheiten eher gefallen lassen, als daß es das Kind aus dem Hause giebt. Bereitet aber die Familie der Aufsicht Schwierigkeiten, so hat man sich bei der Gestattung der Erziehung in der eigenen Familie in der letzteren eben getäuscht, und eine der anderen Formen der Erziehung tritt an die Stelle.

Man wird mir hoffentlich nicht vorwerfen, daß ich die Dinge in zu rosigem Lichte schaue; ich kenne die Schwierigkeiten, welche sich darbieten, ganz gut und ich verkenne sie keineswegs, aber ich sehe keine unübersteiglichen Hindernisse für die Zulassung der Möglichkeit einer staatlich überwachten Erziehung in der eigenen und in einer fremden Familie. Mit der staatlich überwachten Erziehung in der eigenen oder einer fremden Familie steht und fällt ein wesentlicher Theil unserer Vorschläge, das Hinaufrücken des Alters der Strafunmündigkeit und die Zulässigkeit der staatlichen Erziehung auch in anderen als den Fällen ausdrücklich nachgewiesener häuslicher Verwahrlosung! Anstaltserziehung allein eignet sich durchaus nicht für alle die Fälle, in welchen wir staatliche Erziehung wollen. Haben wir aber nur Anstaltserziehung oder nichts, dann dürfen wir auch die Strafunmündigkeit nicht hinaufrücken, denn es würden dann zuviel Strafthäter umherlaufen, für welche Anstaltserziehung nicht geeignet ist, und gegen die doch, wenn auch nur principiell, etwas geschehen muß. Dann müßten wir also weiterstrafen, wie wir es bisher gethan haben.

Es ist aber noch einem Bedenken zu begegnen, das man dagegen erhoben hat, daß auch die bestehenden Privatanstalten, in denen die Erziehung stattfinden kann, einer staatlichen Aufsicht unterstehen sollen. Man hat nämlich die Ansicht aufgestellt, daß in dem Vorschlag eine Schädigung der bestehenden Erziehungsanstalten und des staatlichen Interesses enthalten sei, daß jene lieber auf die Zuweisung von Zwangszöglingen Verzicht leisten, als sich der staatlichen Aufsicht unterwerfen würden, daß aber auf lange Zeit hinaus der Staat die bestehenden Privatanstalten nicht entbehren könne, da es an einer auch nur annähernd ausreichenden Anzahl von Staatsanstalten fehle. Es ist schon oben ausgesprochen, daß, wenn das Erziehungswesen auch nur in seinen Grundzügen einigermaßen einheitlich geregelt werden soll, der Staat eine gewisse Aufsicht auch über die Privatanstalten ausüben muß, denen er Kinder zum Erziehen anvertraut, dem müssen sich auch die bestehenden Anstalten fügen; und es darf angenommen werden, daß über die Punkte, in denen die staatliche Aufsicht gefordert wird,*) eine Einigung zu erzielen ist; wenn man nur vor Augen hat, daß die staatlich überwachte Erziehung versuchen soll, die verbrecherischen oder verwahrlosten Kinder für die menschliche Gesellschaft zu erhalten oder zu retten, und daß die meisten Privatanstalten (soweit sie nicht lediglich Unternehmungen der Privatspeculation sind) — namentlich also die sogenannten Rettungshäuser — demselben edlen Zweck zu dienen bestimmt sind. Die staatliche Erziehung muß die bei diesen Anstalten betheiligten Kreise, wie unten bei den Ausführungen über die Handhabung der staatlichen Erziehung im Einzelnen gezeigt werden wird, nothwendiger Weise zur thätigen Mithilfe bei ihren Aufgaben heranziehen, und in diesem Zusammenwirken wird sich auch für die bestehenden Anstalten ohne besondere Schwierigkeit ergeben, daß sie sich der staatlichen Auf-

*) S. unten S. 159 ff.

sicht unterstellen können, ohne dadurch in ihren Principien und in ihrem Wesen eine Einbuße zu erleiden.

Wenn man aber angeführt hat, der Staat könne die vorhandenen Privatanstalten nicht entbehren, er sei also auf dieselben angewiesen, und das ganze staatliche Erziehungswerk werde scheitern, sobald man die Privatanstalten der staatlichen Aufsicht unterstellen wolle, da diese deshalb ihre Mitwirkung versagen und, um der staatlichen Aufsicht zu entgehen, die weitere Aufnahme von staatlichen Zöglingen ablehnen würden, so hat man die Sache nur sehr einseitig betrachtet. Eine sehr große Anzahl der Privatanstalten für die Erziehung verbrecherischer und verwahrloster Kinder ist umgekehrt in ihrem Bestand mindestens ebenso darauf angewiesen, daß die staatlichen Organe die Pfleglinge in denselben unterbringen, wie der Staat*) die Anstalten für die Durchführung der Erziehung nicht entbehren kann. Wenn der Staat den Anstalten, welche sich der Aufsicht nicht unterstellen wollen, verbrecherische und verwahrloste Kinder nicht mehr zuweisen würde, dann würde eine große Anzahl derselben ihre Thätigkeit einstellen müssen, und dies Ende würden die leitenden Personen der Anstalten und Rettungshäuser doch sicherlich gerade dann nicht wünschen, wenn sich bei der Erweiterung des Zwangserziehungswesens ein neues oder wenigstens ein größeres Feld für die Thätigkeit ihrer Anstalten eröffnet.

Zu erörtern bleibt noch die Frage, bei welchem Lebensjahr der Staat anfangen soll, sich um die Strafthaten der Kinder zu bekümmern, wann also staatlich überwachte Erziehung frühestens eintreten soll. Die bestehenden Landesgesetze lassen, wie oben**) angegeben, meist Zwangserziehung zu, wenn die Strafthat nach vollendetem sechsten, andere, wenn sie nach vollendetem siebenten oder achten Lebensjahre begangen ist.

Wir haben absichtlich eine Altersgrenze nach unten hin nicht angenommen. Es wird wohl Niemandem einfallen, ein Kind von einem Jahre oder von zwei Jahren in Zwangserziehung zu nehmen, überhaupt werden vor dem siebenten oder achten Lebensjahre Kinder selten der Erziehung überwiesen, wo es aber seither geschehen ist, da waren es gerade solche Fälle, bei denen es entschieden zu beklagen gewesen wäre, wenn das Gesetz ein Eingreifen der Staatsbehörden nicht gestattet hätte. Ich erinnere mich aber eines Falles, wo ein für sein zartes Alter ungewöhnlich entwickeltes Kind, ein Mädchen von etwa $5^3/_4$ Jahren, in ganz

---

*) Oder die Communalverbände, die mit dem Ausdruck „der Staat" mitbegriffen sind.

**) S. oben S. 57 ff.

kurzer Aufeinanderfolge Steine auf die in der Nähe des Hauses vorüberführenden Geleise der Eisenbahn legte, „damit der Zug umfallen solle“, und dann, als sie dafür abgestraft worden, das Haus der Eltern ansteckte. Allgemein wurde bedauert, daß das Gesetz es nicht zuließ, dies Kind, das zu Hause auch nicht die erforderliche Erziehung hatte, in Zwangserziehung zu bringen. Dies Beispiel und ähnliche führen dazu, von einer unteren Altersgrenze der Zulässigkeit der Zwangserziehung Abstand zu nehmen. Es muß dahingestellt bleiben, von welchem Zeitpunkt an ein Kind empfänglich wird für die schlechten Einflüsse, die in der eigenen Familie auf dasselbe einwirken; von sehr vielen Seiten wird aber behauptet, daß gerade die Eindrücke der frühesten Kindheit bestimmend werden könnten für das spätere Leben; ich vermag deshalb keinen Grund einzusehen, weshalb man ein Kind, welches vor vollendetem sechsten Lebensjahre eine an sich strafbare Handlung begangen hat, nicht den Eindrücken in einer völlig verkommenen und verworfenen Familie vorsorglich entziehen soll, und andererseits sind z. B. die oben erwähnten Thaten des $5^3/_4$ jährigen Mädchens jedenfalls so schwer und gemeingefährlich, daß, wenn man es hier auch nur mit dem Ausfluß rein kindlichen Unverstandes zu thun hatte, der von verbrecherischen Handlungen noch weit entfernt war, der Staat doch immer ein Interesse daran hat, zu beobachten, wie dies Menschenkind sich weiter entwickelt. In diesem letzten Beispiel glaube ich zugleich einen Schulfall für probeweise Anwendung der staatlich überwachten Erziehung in der eigenen Familie gegeben zu haben, falls die häuslichen Verhältnisse wohlgeordnete und die Erziehung eine angemessene gewesen wäre.

Aus allen diesen Erwägungen ist zunächst der allgemeine Satz*) entstanden:

„Für ein Kind, welches bei Begehung einer strafbaren Handlung das vierzehnte Lebensjahr nicht vollendet hatte, kann staatlich überwachte Erziehung angeordnet werden.

Die staatlich überwachte Erziehung ist eine von der Obrigkeit geregelte und beaufsichtigte Erziehung:

a) in der eigenen Familie,
b) in einer geeigneten fremden Familie,
c) in einer unter staatlicher Aufsicht stehenden Erziehungsanstalt,
d) in einer staatlichen Erziehungsanstalt.“

---

*) Ges.-Entw. §§ 2 u. 33 Abs. 1. — These II.

Nach dem früher*) Ausgeführten müssen sich an diese allgemeinen Sätze einige Specialbestimmungen anschließen, in denen festgesetzt wird, wann die staatlich überwachte Erziehung eintreten muß. Die Fälle, in denen staatlich überwachte Erziehung stets erforderlich ist, lassen sich am besten in vier Gruppen eintheilen, von denen die ersten drei von der Art oder der Zahl der begangenen Strafthaten ausgehen, während die letzte an die Beschaffenheit der Familienverhältnisse anknüpft.

Man könnte vielleicht die Frage aufwerfen, weshalb, während doch in dieser Schrift so viel von der individualisirenden Thätigkeit des Richters die Rede ist, in diesen drei ersten Gruppen der Richter lediglich objectiv wegen der That die staatlich überwachte Erziehung anordnen muß. Für die individualisirende Thätigkeit des Beamten, welcher die staatlich überwachte Erziehung anordnet, ist hier kein Raum, jedoch die Art der staatlich überwachten Erziehung soll individuell bestimmt werden; diese ersten drei Gruppen umfassen Strafthaten der Art oder der Zahl nach, welche stets die mildeste Form der Erziehung mindestens erforderlich machen.

Die erste Gruppe umfaßt die schwersten Strafthaten unseres Rechts; Verbrechen, die mit dem Tode, mit lebenslänglicher Freiheitsstrafe oder mit Freiheitsstrafe von mehr als zehn Jahren bedroht sind. Wie schon oben angedeutet, kann es hier nicht noch auf das vielleicht zweifelhafte Ergebniß einer besonderen Untersuchung über die Familienverhältnisse des Kindes ankommen; auch wenn schlechte Erziehung nicht festgestellt würde, so war doch die Familie nicht im Stande, sei es durch Beobachtung seiner Anlagen und rechtzeitige Belehrung, sei es durch fortgesetzte sorgfältige Aufsicht, von einem so schweren Verbrechen abzuhalten, und deshalb muß der Staat eingreifen. Es läßt sich zwar durchaus nicht sagen, daß wir in solchem Fall stets einen angehenden Verbrecher vor uns haben; jedenfalls handelt es sich aber um ein Kind, dessen weitere Entwickelung der Staat zu überwachen ein Interesse hat.

Die zweite Gruppe umfaßt alle vorsätzlichen Vergehen und die übrigen Verbrechen, sowie die Uebertretungen des § 361 Nr. 3 und 4 des Str.G.B.'s, wenn sie mehrfach begangen sind, hinzu kommt der Fall, daß eine derartige Strafthat zum zweiten Male gegen das Kind festgestellt wird. Auch in diesen Fällen soll es einer besonderen Feststellung, ob das verbrecherische Kind in der Erziehung der Familie vernachlässigt ist, nicht bedürfen. Wenn das Kind mehrere Verbrechen oder vorsätzliche Vergehungen sich zu Schulden kommen läßt, so besteht die Besorgniß, daß das Kind einen Hang zum Bösen hat, welcher der

*) S. oben S. 62.

Familie entgangen, oder dem die Familie nicht mit der nöthigen Energie entgegentritt, oder daß die Familienerziehung überhaupt vernachlässigt wird. Das Kind wird jedenfalls nicht genügend beaufsichtigt oder belehrt und verwarnt. Es erscheint deshalb auch hier ohne Weiteres erforderlich, die staatlich überwachte Erziehung eintreten zu lassen. Das Gleiche gilt, und eigentlich in noch höherem Maße, wenn eine solche Strafthat zum zweiten Male gegen dasselbe Kind festgestellt wird. Die Eltern oder Erzieher haben durch die Untersuchung des ersten Falles von der Vergehung des Kindes Kenntniß erhalten, dem Kinde selbst ist durch das Vorgehen der Behörde, durch seine Vernehmung klar gemacht, daß es etwas Verbotenes gethan, wenn trotzdem eine zweite Strafthat kommt, die mit der ersten gleichartig war, dann kann darüber wohl kein Zweifel sein, daß das Kind schlechte Anlagen hat, oder daß die Erziehung das nicht leistet, was sie leisten soll; aber auch wenn die zweite Strafthat mit der ersten nicht gleichartig war, ist das staatliche Einschreiten erforderlich, da die Eltern durch den ersten Fall immerhin zu einer erhöhten Aufmerksamkeit auf das Kind veranlaßt sein mußten und daher nicht nur die Persönlichkeit des Kindes, sondern auch die Erziehung der Eltern erhebliche Bedenken zu erregen geeignet ist. Man darf nun nicht vergessen, daß meist, bevor die kindlichen Strafthaten an die Oeffentlichkeit kommen, den Eltern oder Erziehern aus dem häuslichen Verhalten die Richtung der Neigung des Kindes bekannt wird oder hätte bekannt werden müssen, wenn sie ihm die nöthige Aufmerksamkeit geschenkt hätten.

Den Verbrechen und den vorsätzlichen Vergehen sind die Uebertretungen gegen den § 361 Nr. 3 und 4 des Str.G.B.'s deshalb gleichgestellt, da Betteln und Landstreichen die besonders charakteristischen Merkmale der Verwahrlosung sind. Man hat wohl gemeint, beim Betteln müsse man das Betteln des Kindes um Eßwaaren aus Hunger ausscheiden, da hier nur die offenbare Noth zum Betteln antreibe. Wir richten aber das Verfahren gegen diese unmündigen Kinder doch nicht nach dem Maaße ihrer Schuld ein, und ebensowenig nach dem Maaße der Schuld ihrer Eltern! Das Betteln der Kinder um Eßwaaren zeigt die Noth der Familie, und die Familie, die nicht in der Lage ist, ihre Kinder zu sättigen, ist, wenngleich sehr oft unverschuldet, auch nicht in der Lage, ihre Kinder richtig zu erziehen. Denn dann sind Mann und Weib so sehr durch die Sorge ums tägliche Brod in Anspruch genommen, daß jede Erziehung, ja die nothwendigste Aufsicht während des Tages aufhört; und wenn die Kinder sich erst an den Ehrgefühl ertödtenden Bettel gewöhnt haben, dann folgt gewöhnlich der Diebstahl hinterher.

Betteln der Kinder kommt außerdem gewöhnlich erst sehr spät zur Kenntniß der Obrigkeit, und man kann sicher sein, daß das Kind, welches zweimal des Bettelns überführt wird, schon lange Zeit vorher sich bettelnd umhergetrieben hat; dann ist aber mit dem Einschreiten nicht mehr viel Zeit zu verlieren.

Die dritte Gruppe wird, wegen der besonderen Gefahr, die in der Strafthat liegt, allein durch die Uebertretung des § 361 Nr. 6 des Str.G.B.'s, d. h. durch das Vorkommen eines Falles von Gewerbsunzucht gebildet. Es wird diese Vergehung eines Mädchens unter vierzehn Jahren glücklicherweise nur sehr selten vorkommen, schon wegen der mangelhaften körperlichen Entwickelung; — aber sie kommt vor. Ich erinnere mich selbst eines Falles, der vor einigen Jahren die Braunschweigischen Gerichte beschäftigte, daß ein Mädchen unter vierzehn Jahren von ungewöhnlicher körperlicher Entwickelung in einem belebten Badeort der gewerbsmäßigen Unzucht nachging, und dadurch das Einschreiten der Staatsanwaltschaft gegen mehr als zwanzig Personen wegen Verbrechens aus § 176³ des Str.G.B.'s veranlaßte. Daß ein solches Kind alsbald unter staatlich überwachte Erziehung gestellt werden muß, wenn es nicht völlig verloren gehen soll, liegt auf der Hand.*) Merkwürdigerweise findet sich in unseren Gutachten die Ansicht vertreten, daß diejenigen Mädchen, welche der gewerbsmäßigen Unzucht nachgehen, von der staatlich überwachten Erziehung ausgeschlossen bleiben müßten, weil solche Wesen unmöglich in einer Anstalt mit anderen Kindern zusammengebracht werden dürften. Die Auffassung, daß diese Kinder nicht in eine gewöhnliche Anstalt taugen, ist viel vertreten, und wegen der großen Gefahr moralischer Ansteckung der anderen Kinder auch berechtigt; was soll aber mit einem solchen Kinde geschehen? Von Strafe kann keine Rede sein; soll also ein solches Kind, das jedenfalls verführt oder durch die Eltern dem Laster in die Arme getrieben ist, sich selbst überlassen bleiben, bis es gestraft werden kann! Alle, welche mit der Bestrafung liederlicher Dirnen zu thun gehabt haben, werden darin einig sein, daß weder die üblichen Haftstrafen, noch auch die Ueberweisung an die Landespolizeibehörde Erfolg zu haben pflegen, und daß eine allerdings auch seltene

*) Würde staatlich überwachte Erziehung hier nicht beim ersten Betretungsfall angeordnet, so müßte das Kind aus sanitären Rücksichten jedenfalls alsbald der polizeilichen Controle unterstellt werden, und mit dem Augenblick hört die gewerbsmäßige Unzucht auf, eine nach § 361⁶ cit. strafbare Handlung zu sein. Doch könnte das Mädchen dann aus § 9 d. Entw. als verwahrlostes Kind untergebracht werden.

Errettung fast nur in den Magdalenenstiften oder in Zufluchtshäusern vorkommt. Es giebt eine ziemliche Anzahl dieser wohlthätigen Anstalten, deren Leiter und Vorsteherinnen mit bewundernswerther Geduld und Ausdauer und mit nie erlöschender Hoffnungsfreudigkeit auf die Erfolge ihrer Thätigkeit trotz aller Enttäuschungen das schwierige, undankbare Werk der Pflege und der Errettung dieser verlorenen Geschöpfe immer von Neuem beginnen. Einige dieser Privatanstalten würden wohl für die Zwecke der staatlich überwachten Erziehung zur Unterbringung solcher Kinder und jugendlicher Personen zu haben sein;*) und zwar immer nur zur vorübergehenden Unterbringung. Je früher gegen solche Kinder eingeschritten wird, desto größer ist die Hoffnung, sie noch auf andere Wege zu bringen, und wenn das Kind in dem Zufluchtshaus eine Zeitlang untergebracht war und durch sein Verhalten die Hoffnung auf Bekehrung giebt, dann steht nichts mehr entgegen, es auch in der Erziehungsanstalt mit anderen Mädchen zusammen zu bringen.

Die ganze Frage hat allerdings mehr für die folgende Altersstufe Bedeutung, in denen dies Delict schon recht häufig vorkommt. Von vornherein aufgeben dürfen wir die Prostituirten nicht, und sei es auch nur wegen der großen Gefahren, welche aus der Prostitution für die Criminalität überhaupt erwachsen: Die Prostituirte ist selten nur dies allein, gewöhnlich geht mit der gewerbsmäßigen Unzucht der Diebstahl Hand in Hand; auch Beleidigung, Widerstand gegen die Staatsgewalt fehlen selten in dem Strafregister der Dirnen.

Die Prostituirten und ihre Louis stehen aber auch mit der berufs- und gewerbsmäßigen Verbrecherzunft in engster Gemeinschaft, so daß auch Räuber und Mörder nur zu oft Prostituirte zu Theilnehmern oder Mitwissern haben. Die Dirne verliert schließlich jeden Halt. Jeder Strafrichter weiß, daß der Eid der Prostituirten fast werthlos ist, Lüge und Verstellung gehören mit zu ihrem Gewerbe, bei der Dirne hört sogar endlich die *Fähigkeit* auf, streng die Wahrheit zu sagen, da auch ihre Geisteskräfte durch ihren Lebenswandel erschüttert werden und sie deshalb die mannigfachen Ereignisse aus ihrem wechselvollen Leben nicht mehr auseinander zu halten vermag. Wenn es uns gelingt, eine angehende Prostituirte, namentlich in zarter Jugend, zu retten, so retten wir sie nicht nur vor dem Laster der Prostitution, sondern auch vor der Bahn

*) In diejenigen Anstalten, welche für die Veteraninnen des Lasters bestimmt sind, passen unsere angehenden Prostituirten allerdings nicht; es giebt aber auch Anstalten, welche es sich zur Aufgabe machen, gerade Dirnen im ersten Stadium ihres Treibens aufzusuchen und aufzunehmen.

des Verbrechens, vor dem Untergang in körperlicher und moralischer Beziehung, wir retten aber auch manchen Anderen vor dem Verderben; ich will das hier nicht weiter ausführen, sondern lediglich daran erinnern, wie oft die erste Unterschlagung, die erste Fälschung, der erste Diebstahl eines jungen hoffnungsvollen Mannes auf die Verführungskünste einer Dirne zurückzuführen sind. Deshalb hat der Gutachter, der die Prostituirten von der Wohlthat der staatlich überwachten Erziehung ausschließen will, aus der einzelnen richtigen Thatsache, daß sie meist in den gewöhnlichen Erziehungsanstalten nicht unterzubringen sind, einen recht wenig praktischen Schluß gezogen. Mit Erziehung in einer fremden Familie wird bei der Prostituirten zunächst nichts zu machen sein, da die Familie kaum die Möglichkeit haben wird, für das Mädchen das Gassenlaufen wirksam zu vermeiden. Staatserziehungsanstalten, in denen Prostituirte untergebracht werden könnten, giebt es nicht; der preußische Staat hat augenblicklich überhaupt nur eine Staatsanstalt für verbrecherische Mädchen, und zwar auch nur für solche, welche auf Grund des § 56 des Str.G.B.'s freigesprochen sind.

Die letzte Gruppe endlich umfaßt solche verbrecherische Kinder, welche weder wegen der Art noch wegen der Zahl ihrer Strafthaten, sondern lediglich deshalb der staatlich überwachten Erziehung überwiesen werden müßten, weil zu der Begehung einer Strafthat nachgewiesener Maßen häusliche Verhältnisse hinzukommen, welche solche Ueberweisung nothwendig machen.

Im Anschluß an den oben angeführten allgemeinen Satz über die Anordnung der staatlich überwachten Erziehung schlagen wir daher folgende Specialbestimmungen*) vor.

Die staatlich überwachte Erziehung ist insbesondere anzuordnen:

a) wenn das Kind eine strafbare Handlung begangen hat, welche mit dem Tode, mit lebenslänglicher Freiheitsstrafe oder mit Freiheitsstrafe von mehr als zehn Jahren bedroht ist,

b) wenn, abgesehen von diesen Fällen, das Kind mehrere strafbare Handlungen begangen hat, welche sich als Verbrechen oder vorsätzliche Vergehen oder als Uebertretungen gegen § 361 Nr. 3 und 4 des Str.G.B.'s darstellen, oder wenn das Kind eine dieser strafbaren Handlungen begangen hat, nachdem die Begehung einer solchen bereits früher gegen dasselbe festgestellt war,

c) wenn eine Uebertretung des § 361[6] Str.G.B.'s festgestellt ist,

*) S. Ges.Entw. § 3.

d) wenn bei dem Kind, welches die strafbare Handlung begangen hat, sittliche Verwahrlosung vorliegt, oder dessen häusliche Verhältnisse solche sind, daß sittliche Verwahrlosung zu befürchten ist.

Mit diesen Bestimmungen sind die Fälle der nothwendigen staatlich überwachten Erziehung erschöpft; es bleibt daneben aber dem Richter unbenommen, auch noch in anderen Fällen aus besonderen Gründen die Maßregel anzuordnen.*)

Endlich ist auf Anregung eines unserer Gutachten in diesem Abschnitt noch eine Frage zu erörtern, welche sämmtliche Zwangserziehungsgesetze mit Stillschweigen übergehen, deren Entscheidung rechtlich zwar nicht zweifelhaft sein kann, über welche aber doch keine Uebereinstimmung besteht. Das Strafrecht kennt eine Anzahl Strafthaten, bei denen die Verfolgung nur auf Antrag des Verletzten oder seines Vertreters eintritt. Bezüglich der Kinder unter 14 Jahren ist aber der Satz an die Spitze gestellt, daß wegen ihrer Strafthaten strafrechtliche Verfolgung nicht zulässig ist. Es fragt sich nun, soll auch die staatlich überwachte Erziehung

*) In einzelnen Gutachten ist vorgeschlagen, die fahrlässigen Strafthaten von der staatlich überwachten Erziehung auszuschließen.

Ich halte das durchaus nicht für nothwendig, nicht einmal für besonders nützlich. Die häusliche Erziehung soll Kinder auch über die Pflichten der Vorsicht bei ihrem Handeln und die Folgen der Unvorsichtigkeit aufklären, und ich kann mir deshalb sehr wohl Fälle denken, daß z. B. bei fahrlässiger Tödtung und nachgewiesener vernachlässigter Erziehung die staatlich überwachte Erziehung für erforderlich erachtet wird. Man kann sich immer noch nicht ganz von der Idee loslösen, daß die Schwere der Schuld maßgebend sein solle für die Nothwendigkeit des staatlichen Eingreifens. Gewiß ist die Fahrlässigkeit eines Kindes ganz anders anzusehen als die Fahrlässigkeit eines erwachsenen Mannes, aber wir sind doch wohl Alle darüber einig, daß unmündige Kinder überhaupt ohne strafrechtliche Schuld handeln. Von denjenigen Strafthaten, welche nach Pos. 2 unseres obigen Vorschlags bei mehrfachem Vorkommen die staatlich überwachte Erziehung nothwendig machen, sind die Fahrlässigkeitsdelicte allerdings ausgenommen.

Ein Gutachten endlich will die Fälle der Beleidigung als ungeeignet von der staatlich überwachten Erziehung ausdrücklich ausschließen. Auch dafür ist kein Grund ersichtlich. Warum soll ein verwahrlostes Kind, das lügenhafte Nachreden führt, oder ein Kind, welches das mehrfach gethan hat, oder welches mehrfach so grobe Schimpfworte gebraucht hat, daß deshalb Anzeige erstattet wird, nicht auch der staatlich überwachten Erziehung anheimfallen, um zu lernen, daß ein Staatsbürger nicht mit der Ehre eines Anderen spielen darf! — Uebrigens ist auch in keinem der bestehenden Zwangserziehungsgesetze eine derartige Ausnahme statuirt, und mit vollem Recht.

nicht angeordnet werden dürfen, wenn der Verletzte gegen den Thäter Strafantrag nicht gestellt hat. Da eine Strafverfolgung unzulässig ist, so erscheint den meisten auch ein Strafantrag hier unzulässig oder wenigstens ohne Bedeutung, andererseits wird behauptet, daß das Verfahren aufhören müsse, wenn der Verletzte dadurch, daß er keinen Strafantrag stellt, zu erkennen giebt, daß er der Sache weiter keine Bedeutung beimißt. Dieser Satz bezieht sich allerdings nur auf das Strafverfahren; aber wenn nun der Verletzte ausdrücklich erklärt, ich will nicht, daß dem Kinde wegen dieser Strafthat etwas geschieht, ich habe ihm verziehen, könnten da die Eltern des Kindes unter Berufung auf die Erklärung des Verletzten nicht gegen eine Unterbringung des Kindes in eine Erziehungsanstalt mit Recht protestiren?

In Preußen ist die Staatsanwaltschaft verpflichtet, Anzeigen gegen Kinder unter 12 Jahren dem Vormundschaftsrichter zur weiteren Veranlassung mitzutheilen; es ist mir nun bekannt, daß verschiedene Ansichten darüber bestehen, ob diese Mittheilung zu unterbleiben habe, wenn z. B. bei einer Sachbeschädigung Strafantrag nicht gestellt ist. Diejenigen, welche der Meinung sind, daß die Anzeige dem Vormundschaftsrichter bei dem Fehlen des Strafantrags nicht zu übersenden sei, berufen sich darauf, daß bei Antragsdelicten der Antragsberechtigte den Fortgang des Verfahrens in der Hand habe.

Die strafbare Handlung an sich ist auch bei den sog. Antragsdelicten in ihrem Bestand von dem Strafantrag unabhängig, nur die Strafverfolgung ist davon abhängig. Das wegen der Strafthaten von Kindern unter vierzehn Jahren zulässige Verfahren zur Feststellung des Thatbestandes ist kein Strafverfahren, also hat der Strafantrag hier gar keine Bedeutung; das öffentliche Interesse erfordert aber auch, daß die Antragsdelicte von Kindern festgestellt werden, auch wenn der Strafantrag nicht gestellt ist oder ausdrücklich abgelehnt wird, und daß nach Beschaffenheit des Falles die Entscheidung ohne Rücksicht auf den Antrag ergeht; die staatlich überwachte Erziehung soll vorbeugend wirken, daß nicht aus der Vernachlässigung des Kindes in der Zukunft ein Uebelthäter erwachse, der eine dauernde Gefahr für die Rechtsordnung wird; deshalb kann das Einschreiten des Staates hier nicht von dem Belieben des Verletzten abhängig gemacht werden.

Diesen Gedanken jedoch durch eine besondere Bestimmung in dem Gesetzentwurf zum Ausdruck zu bringen, erachte ich nicht erforderlich, da auf dem Wege der Auslegung das Richtige unzweifelhaft gefunden wird, sobald die Frage einmal in einer höheren Instanz zur Entscheidung kommen sollte.

VIII.

Die obere Grenze des privilegirten jugendlichen Alters.

Aehnlich wie das geltende Strafrecht nach der Zeit der völligen Straflosigkeit der Kinder in dem Zeitraum vom zwölften bis achtzehnten Lebensjahre für jugendliche Personen Strafe oder Ueberweisung an eine Erziehungs- oder Besserungsanstalt zuläßt, je nachdem die zur Erkenntniß der Strafbarkeit erforderliche Einsicht bei der That vorhanden war oder nicht vorhanden war, so haben auch wir nach der Zeit der absoluten Strafunmündigkeit einen Zeitraum der relativen Strafmündigkeit vorgeschlagen, einen Zeitraum, innerhalb dessen nach der Lage des einzelnen Falles der Richter entscheiden muß, ob der jugendliche Thäter für die Bestrafung reif ist, oder ob er diese Reife noch nicht besitzt und deshalb erzogen werden muß. In den Eisenacher Vorschlägen war dieser Zeitraum auf das Alter vom sechzehnten bis zum zwanzigsten Lebensjahre normirt. Nachdem später der Abschluß der ersten Altersstufe mit dem vierzehnten Lebensjahre angenommen worden ist, würde also die Zeit der relativen Strafmündigkeit das Alter vom vierzehnten bis zwanzigsten Lebensjahre umfassen. Mit dem zwanzigsten Lebensjahre sollte das strafrechtlich privilegirte Alter aber seine Endschaft erreichen. Die Mehrheit der Berliner Conferenzmitglieder war jedoch der Ansicht, daß das Alter der relativen Strafmündigkeit mit dem achtzehnten Lebensjahre seinen Abschluß finden, daß sich aber daran noch ein dritter Zeitraum vom achtzehnten bis einundzwanzigsten Lebensjahre anschließen müsse, in welchem zwar gestraft werden, die schwersten Strafarten, Todesstrafe, Zuchthausstrafe und die Ehrenstrafen, aber unanwendbar bleiben sollen.

Die Eisenacher Vorschläge beruhten auf der Erwägung, denen Krohne auf der zweiten Landesversammlung in Halle Ausdruck gab:

„Bis zum zwanzigsten Lebensjahre bin ich mit besonderer Absicht „hinaufgegangen, um zu hindern, daß ein Jugendlicher zu einer Strafe „verurtheilt werde, die vom Eintritt in das Heer ausschließt, sodaß „diese Zucht ihm verschlossen bleibe. Lassen wir dem Jugendlichen die „Möglichkeit, des Königs Rock zu tragen."

In Berlin wurde gegen den Vorschlag geltend gemacht, daß von einer Ueberweisung in eine Erziehungsanstalt nach dem achtzehnten und noch bis an das zwanzigste Lebensjahr heran eine erhebliche Wirkung nicht mehr zu erwarten sei, da ja unter allen Umständen die staatliche Erziehung mit dem einundzwanzigsten Lebensjahre aufhören müsse.

Unsere Gutachten ergeben für diese Fragen keine erhebliche Ausbeute. Soweit sie sich überhaupt mit diesen Punkten beschäftigen, geben sie meist ohne Gründe ihre Ansicht für oder wider die Ausdehnung des Alters der relativen Strafmündigkeit bis zum zwanzigsten Lebensjahre ab; die Frage eines dritten Zeitraums privilegirter Strafbarkeit der Jugendlichen berührt keines derselben, da diese in Berlin zu allererst auftauchte, als sich die Mehrheit für den Abschluß des Alters der relativen Strafmündigkeit mit dem achtzehnten Jahre ausgesprochen hatte, und man doch einerseits den folgenden drei Jahren eine mildere, andererseits auch in der Art und der Vollstreckung der Freiheitsstrafe eine wirksamere Behandlung durch Erhaltung und Verfolgung des in der vorgeschlagenen Ausdehnung des jugendlichen Alters über das achtzehnte Lebensjahr hinaus liegenden Gedankens sichern wollte.

Das wenige, was aus den Gutachten entnommen werden kann, ist Folgendes.

Das Gutachten eines Fachmannes führt aus:

„Es erscheint die obere Grenze der relativen Strafmündigkeit mit „dem zwanzigsten Lebensjahre zu hoch; erfolgreiche Erziehung eines „neunzehn- bis zwanzigjährigen erziehungsbedürftigen Menschen wird „jedenfalls dann fast unmöglich sein, wenn, und das mit Recht, die „Erziehung im einundzwanzigsten Lebensjahre beendigt werden muß. „Wenn auch ausnahmsweise wirklich der Fall eintreten sollte, daß „ein achtzehn- bis zwanzigjähriger Gesetzesübertreter aus irgend welchen „Gründen zweckmäßiger unbestraft bliebe und zugleich erziehungsbedürftig „und ebenso noch erziehungsfähig wäre und vom Strafrichter in dieser „Beziehung richtig beurtheilt werden könnte, so erscheint mir doch solange, „als nicht für solche seltenen Ausnahmefälle eine besondere gesetzliche „Festsetzung der Voraussetzungen getroffen werde, die These II in ihrem „vorliegenden Wortlaut nicht wohl annehmbar."

Ein Strafrechtspraktiker schreibt:

„Ich vermag nicht einzusehen, weshalb man die Kategorie der „Jugendlichen erstrecken soll auf Personen zwischen achtzehn und zwanzig „Jahren. Personen, welchen das Recht die Befugniß civilrechtlicher Un- „abhängigkeit (ausnahmsweise schon mit achtzehn Jahren, jedenfalls aber) „nach einem Jahre giebt, noch zu behandeln, wie jetzt einen Zwölf- „oder demnächst einen Vierzehnjährigen, würde einen inneren Widerspruch „in der Gesetzgebung bedeuten. Man vergegenwärtige sich doch auch „z. B. Folgendes. Ein Jüngling begeht wenige Tage vor der Voll- „endung seines zwanzigsten Lebensjahres eine Strafthat. Er wird dem- „nächst, etwa nach zwei Monaten, vom Schöffengericht zur Staats-

„erziehung verurtheilt, legt Berufung ein, welche nach abermals zwei „Monaten zur Verhandlung gelangt und mit der Bestätigung des ersten „Erkenntnisses endigt. Das Nämliche wiederholt sich in der Revisions„instanz. Es sind sechs Monate vergangen. Der Jüngling ist „$20^1/_2$ Jahre alt, und nun kann er höchstens noch ein halbes Jahr „den Segen der Staatserziehung genießen. Daß diese kaum je in diesem „halben Jahre von Nutzen sein wird, ist um so eher vorauszusehen, als „die Erziehung erfahrungsmäßig um so geringere Erfolge zeitigt, je näher „der zu Erziehende sich bereits dem Alter der vollständigen Reife befindet. „Meines Erachtens muß zwischen dem gesetzlichen Ende der Staats„erziehung und der Möglichkeit ihres Beginnes mindestens ein Zeit„raum von achtzehn Monaten liegen. Entweder also verzichtet man in „Fällen, wo dies nicht möglich ist, auf die Staatserziehung überhaupt, „oder aber man läßt, trotz der Erreichung des Mündigkeitsalters, die „Staatserziehung noch fortdauern, oder endlich, wofür ich mich mit „Entschiedenheit ausspreche, man beschränkt die Kategorie der Jugendlichen „auf die Personen zwischen vierzehn und achtzehn Jahren."

Endlich noch eine Aeußerung:

„Ein Hinausschieben desselben (des Alters der relativen Straf„mündigkeit) ist für die Rechtssicherheit nicht ohne Gefahr. Der Grund, „daß den jugendlichen Verbrechern der Eintritt in das Heer und die „Zucht in diesem nicht verschlossen werden soll, ist nicht durchschlagend. „Ein verständiger Richter wird gegen Verbrecher, die das Alter von „achtzehn Jahren erst wenig überschritten haben, soweit thunlich — und „das ist fast stets der Fall — nicht Zuchthaus oder Ehrenrechtverlust er„kennen; Individuen aber, bei denen der Richter dies, trotz „ihres jugendlichen Alters, für unumgänglich erachtet, „sind dann auch des Ehrenkleids des Soldaten nicht werth; an „ihnen erweist sich im Zweifel auch die soldatische Zucht als vergeblich.

„Jedoch die Frage ist discutirbar. Aendert man die Altersgrenze „für die volle Strafmündigkeit, so würde mir als solche das einund„zwanzigste Lebensjahr sympathischer sein; es fiele dann die civilrechtliche „und die strafrechtliche Mündigkeit zusammen!"

Die Commission hat sich entschlossen, der Ansicht beizutreten, welche den Abschluß des Alters der relativen Strafmündigkeit mit dem achtzehnten Lebensjahre wünscht. Geht man von der Ansicht aus, daß eine jugendliche Person regelmäßig nicht vor dem sechzehnten Lebensjahre die geistige und sittliche Reife erlangt haben wird, um für ihre Thaten mit Fug und mit Erfolg strafrechtlich verantwortlich gemacht zu werden, daß aber mit diesem Lebensjahre im Allgemeinen auch diese geistige und sittliche Reife einzutreten pflegt, dann erscheint es wohl ausreichend, wenn man noch weitere zwei Jahre hinzunimmt, um der verschiedenen Entwickelung der jugendlichen Personen Rechnung zu tragen.

Mit achtzehn Jahren darf unbedenklich angenommen werden, daß das Maß von geistiger und sittlicher Reife, welches für die volle Strafbarkeit zu erfordern, auch vorhanden ist. Das schließt allerdings nicht aus, daß sich auch in späterem Alter noch gar Mancher finden wird, für den eine sorgfältige Nacherziehung recht zu wünschen wäre, und das hatte erheblich mit für den Vorschlag gesprochen, die staatliche Erziehung auf noch für nach dem achtzehnten Lebensjahr begangene Strafthaten zuzulassen. Er fand seine Unterstützung in der Thatsache, daß Erziehungsanstalten noch sehr gute Resultate bei Personen erzielt hatten, welche erst nach Ablauf des achtzehnten Lebensjahres in die Anstalt eingeliefert waren.

Eine besondere dritte lediglich in der Strafart privilegirte Altersstufe vom achtzehnten bis zum einundzwanzigsten Lebensjahre vorzuschlagen, wie die Berliner Conferenz wollte, dazu vermag ich*) mich nicht zu entschließen.

Solange die Nothwendigkeit einer Erziehung statt oder neben der Strafe nach dem Lebensalter in Frage stehen kann, solange müssen die für diese Altersstufe zulässigen Strafmittel besonders gestaltet, dem jugend-

*) Es ließe sich vielleicht der Vorschlag rechtfertigen, wenigstens die zeitige Zuchthausstrafe für die Altersklasse vom achtzehnten bis zum einundzwanzigsten Lebensjahr auszuschließen oder zu beschränken, wegen der Folgen, welche mit der Zuchthausstrafe verbunden sind.

Wollte man die Zuchthausstrafe in der Weise beschränken, daß man es in die Hand des Richters legt, ob er nach Lage des Falles Zuchthaus oder Gefängniß erkennen will, so schafft man im wesentlichen nichts neues, da in den meisten Fällen bei mildernden Umständen, die bei dem jugendlichen Alter wohl immer vorhanden sein werden, Gefängnißstrafe an die Stelle der Zuchthausstrafe treten kann.

Es würde also nur die gänzliche Aufhebung der zeitigen Zuchthausstrafe für diese Altersklasse übrig bleiben.

Wenn ich mich auch für die weitere privilegirte Stufe (achtzehntes bis einundzwanzigstes Lebensjahr) in keiner Form nach reiflichster Ueberlegung zu entscheiden vermochte und glaube, im Text alles das, was dagegen spricht ausgeführt zu haben, so stelle ich doch diese Frage in ihren verschiedenen Möglichkeiten (entweder wir strafen wie für Jugendliche, Wegfall der Todes- und Zuchthausstrafe sowie aller Ehrenstrafen, oder wenigstens Wegfall der zeitigen Zuchthausstrafe mit den Ehrenstrafen) zur besonderen Erwägung des Lesers, weil diese weitere Altersstufe nicht nur auf der Berliner Conferenz viele Anhänger hatte, sondern auch in der Commission eine Vertretung gefunden hat, deren Bedeutung ich gewiß nicht unterschätze. Es giebt aber Fragen, in denen man nicht zu überzeugen, sondern nur zu überstimmen ist, und da in diesen Fragen die erste Alternative bei mir zutrifft, so möge die Mehrheit der Meinungen für oder wider den Ausschlag geben.

lichen Alter angepaßt sein. Mit dem Augenblick, wo die Anordnung der Erziehung in Wegfall kommt, muß aber auch das ordentliche Strafgesetz zu seinem Recht kommen. Der Uebergang zur ordentlichen Strafe vollzieht sich in der Praxis doch nur allmählich. Der Satz, daß Jugendliche vom achtzehnten bis zum einundzwanzigsten Lebensjahre wegen der natürlichen Charakterschwäche, die noch dieses Alter beherrscht, eine besondere Strafbehandlung erfahren müssen, hat zwar manches für sich, aber auch vieles gegen sich. Es ist durchaus richtig, daß der zwanzigjährige Mensch leichter der Verführung zugänglich ist als der dreißigjährige, es ist aber ebenso wahr, daß mit dem aufsteigenden Alter überhaupt allmählich ein jeder anders denken, urtheilen und handeln lernt, und doch kann man nicht für jedes Alter ein besonderes Strafrecht schaffen. Die Statistik und die praktische Erfahrung zeigen ja, wie bis zu einem gewissen Alter die Strafthaten steigen, und wie sie dann in den Jahren, in denen das Feuer der Jugend zu erkalten begonnen hat und an die Stelle der Leidenschaft die ruhige Ueberlegenheit zu treten pflegt, wieder abnehmen. Wollte man aber hinaufgehen mit dem privilegirten Strafrecht für Jugendliche bis zu dem Alter, bei dem man mit Fug und Recht sagen kann, daß es nicht mehr so sehr von den Leidenschaften der Jugend beherrscht wird, dann müßte man beim Manne wohl sogar das fünfundzwanzigste Lebensjahr überschreiten, jedenfalls aber bis zu diesem Zeitpunkt gehen. Das einundzwanzigste Lebensjahr ist im menschlichen Leben kein von der Natur geschaffener Abschnitt, und der Umstand, daß in dem Lebensalter zufällig jetzt die civilrechtliche Volljährigkeit eintritt, geht das Strafrecht eigentlich gar nichts an oder höchstens insoweit, als man die eigentliche Erziehung nicht wohl über das Alter hinaus ausdehnen darf, in dem das Civilrecht den Menschen zum vollständigen Herrn seiner selbst und seiner Güter macht. Es wäre allerdings ein wunderbarer Zwiespalt der beiden Gewalten, wenn die eine da noch Erziehungsresultate zu erzielen suchte, wo die andere denselben Menschen längst in den Vollbesitz seiner wirthschaftlichen Selbstbestimmung eingesetzt hat.

Mit dem achtzehnten Lebensjahre ist die Geschlechtsreife gänzlich vollendet; bleiben wir bei diesem Zeitpunkt, da wir ja doch an den Schluß der Jugend eine feste Grenze setzen müssen, und lassen wir allerdings die Möglichkeit, die vor dem achtzehnten Lebensjahr angeordnete Erziehung bis zum einundzwanzigsten Lebensjahr auszudehnen, gewähren wir etwa außerdem denen, welche vor dem einundzwanzigsten Lebensjahre mit Gefängniß bestraft sind, die Wohlthat, daß wir die Strafe gegen sie in den Anstalten für Jugendliche vollstrecken, dann haben wir für die Jugendlichen und damit für die Gesammtheit gethan, was nothwendig ist. Ein Mehr läuft schließlich auf principielle Milde hinaus, und wir müssen doch prüfen, ob das, was vielleicht dem einzelnen Jugendlichen zum Guten gereicht, nicht vielleicht der Gesammtheit zum Uebel ausschlagen könnte, und vor dem größeren Interesse lassen wir das geringere zurücktreten. Prüfen wir die Strafthaten in den einzelnen Altersstufen auf ihre Qualität, so finden wir bis zum sechzehnten Lebensjahr und nach dem sechzehnten Lebensjahr schon einen großen Unterschied, der sich noch erheblich steigert, wenn wir etwa die kindlichen Strafthaten und die Strafthaten der achtzehnjährigen oder der zwanzigjährigen in Vergleichung ziehen. Die rohen Messerhelden, die raffinirten Verbrecher gegen das Leben gehören zu einem großen Theil gerade der Altersklasse vom achtzehnten bis zum einundzwanzigsten Lebensjahre und noch etwas weiter hinauf an. Es finden sich diese Verbrechen natürlich in allen Altersklassen vor, aber nicht so häufig und nicht mit so ungewöhnlicher Brutalität und Bosheit. Es ist aber im unmittelbaren Anschluß hieran auch noch etwas anderes zu erwägen. Wollen wir für unsere Zeit arbeiten, so müssen wir auch die Erscheinungen der Zeit in Rücksicht ziehen.

Das politische Verbrecherthum — ich meine damit hier speciell die Buben der Propaganda der That — recrutirt sich mit Vorliebe auch aus diesen eben erwachsenen Burschen. Wäre es diesen Thatsachen und Erfahrungen gegenüber nicht auch ein frevelhafter Leichtsinn, wenn nicht noch mehr, wenn man für ganze drei Jahrgänge solcher Leute lediglich aus Erwägungen der Milde die schwersten Strafarten mit einem Male abschaffen wollte! Unsere Zeit ist wahrlich eher zu allem anderen als zu einer übel angebrachten Milde berufen. Eine Ausdehnung der Jugend bis zum zwanzigsten Lebensjahre neben der staatlichen Erziehung, das ließe sich im Interesse der letzteren wohl rechtfertigen. Muß man aber denen, welche bestreiten, daß mit einer Erziehung, die erst nach dem achtzehnten Lebensjahre ihren Anfang nimmt, noch bei vielen etwas wesentliches zu erreichen sei, schließlich doch recht geben und deshalb das achtzehnte Lebensjahr als obere Grenze der relativen Strafmündigkeit festsetzen, dann bleibt auch für ein weitergehendes Privilegium in der Bestrafung kein Raum mehr.

Es hieße das gerade den allerschwersten Verbrechen ein Privilegium gewähren.*) Nach dem achtzehnten Lebensjahre ist die Entwickelung des

*) Vielleicht kann eine spätere Gesetzgebung, welche mit guten Erfolgen des Erziehungswesens rechnen darf, einmal den Schritt wagen, das Alter des bezüglich der Strafen privilegirten Standes bis zum einundzwanzigsten Lebensjahr hinaufzurücken.

Menschen so weit vollendet, daß, sofern man es nicht mit einem Geisteskranken oder, was dem gleichsteht, einem Schwachsinnigen zu thun hat, die hier in Frage stehenden Strafthaten in ihrer Bedeutung nach jeder Hinsicht erkannt zu werden pflegen — und daß auch die Strafe als drohendes Uebel nicht aller Bedeutung für den Entschluß bar ist. Ich lege, wie ich das in dieser Schrift und anderwärts mehrfach ausgesprochen habe, der abschreckenden Wirkung der Strafandrohung keine allzu große, und wo es sich um das kleine, oft kaum als solches empfundene Uebel einer Geld- oder kleinen Freiheitsstrafe handelt, auch für erwachsene Durchschnittsmenschen kaum eine erhebliche Bedeutung bei, und doch bin ich der festen Ueberzeugung, daß, wenn wir auch z. B. viele Morde trotz der Todesstrafe haben und gerade dieses Verbrechen in den letzten Jahren eine Zunahme zu erfahren scheint, wir noch mehr davon haben würden in dem Augenblick, in dem wir für eine bestimmte Altersklasse oder überhaupt die Todesstrafe abschaffen würden, weil es unter der erwachsenen Bevölkerung immer einige giebt, die ein solches Strafübel vor der Ausführung der That in den Kreis ihrer Erwägung ziehen und von der Ausführung der That abstehen, weil, ihnen selbst vielleicht nicht einmal immer klar bewußt, das drohende Strafübel seine abschreckende Wirkung äußert. Jedenfalls aber würde der plötzliche Wegfall der schwersten Strafarten für diese Altersklasse einen erhöhten Reiz zum Verbrechen abgeben.

Es würde aber auch das Gefühl der Rechtssicherheit unter diesem Umstand nicht unerheblich leiden.*)

Die Thatsache, daß aber vielleicht einige Leute ins Heer eintreten könnten, die jetzt wegen der Verurtheilung zu Zuchthaus davon ausgeschlossen sind, kann neben den erwogenen Nachtheilen nicht aufkommen. Es ist vollkommen richtig, was das eine Gutachten ausführt, daß schon jetzt die Richter nicht unmittelbar nach dem achtzehnten Lebensjahr der Thäter mit Zuchthausstrafe vorzugehen pflegen, wo andere Strafmittel zu Gebote stehen, und das ist bei den meisten Verbrechen der Fall, da bei milderen Umständen auf Gefängnißstrafen zu erkennen ist. Nur gegen oft Vorbestrafte muß allerdings auf Zuchthaus erkannt werden.

---

*) Vgl. über die obere Grenze des jugendlichen Alters auch die kurze, aber sehr zutreffende Bemerkung von Aschrott, Die Behandlung der verwahrlosten und verbrecherischen Jugend, S. 21; auch der Berichterstatter hat in seinem im Frühjahr 1890 veröffentlichten Gesetzentwurf als obere Altersgrenze das achtzehnte Lebensjahr festgehalten. Vgl. andererseits Krohne, Lehrbuch d. Gefängnißkunde, S. 275.

Demnächst wird aber die Zahl derjenigen, gegen welche vor vollendetem zwanzigsten Jahre auf Zuchthaus erkannt wird, sich wohl noch erheblich verringern, da wir hoffen dürfen, daß, wenn unsere Vorschläge Gesetz werden sollten, die Zahl der Vorbestraften sich sehr vermindern wird. In den Fällen aber, in denen auf mehrjährige Zuchthausstrafe erkannt werden muß, würde auch eine an deren Stelle tretende Gefängnißstrafe von gleicher Dauer den Verurtheilten für das Heer verloren sein lassen.

Wer z. B. im dreißigsten Jahre nach Verbüßung einer zehnjährigen Gefängnißstrafe in die Freiheit tritt, wie soll der noch für das Heer taugen, und was soll ihm noch die Mannszucht des Heeres?

Und schließlich hat auch in dem einen unser oben citirter Gutachter recht: die Burschen, gegen welche der Richter auch demnächst nach Inkrafttreten unserer Vorschläge schon vor dem zwanzigsten Lebensjahre auf Zuchthaus erkennen zu müssen glaubt, die sind des Ehrenkleides des Soldaten unwerth,

Ein Vorschlag muß nur noch erwähnt werden, überhaupt keine feste obere Grenze der Jugendlichkeit zu schaffen, sondern in den letzten Jahren, d. h. bei den Thätern vom sechzehnten bis zum zwanzigsten Lebensjahr, es dem Ermessen des Richters zu überlassen, ob er dem Thäter die Vortheile der Jugendlichen zubilligen wolle oder nicht. Für diesen Gedanken sind zwei Gründe angeführt; der eine, es sei eine Ungerechtigkeit, von zwei Thätern mit gleicher Betheiligung an einer Strafthat, von denen der eine bei Begehung der That einen Tag vor, der andere einen Tag nach dem achtzehnten Lebensjahr stehe, den einen als Jugendlichen vielleicht mit einigen Wochen Gefängniß, den andern mit ein- oder mehrjährigem Zuchthaus zu bestrafen; der andere Grund: es gebe unter den Jugendlichen schon so verdorbene Wesen, daß sie nicht in die Strafanstalt für Jugendliche hineinpassen, sondern in derselben ein zu gefährliches, inficirendes Element bilden würden; z. B. die siebzehnjährige Prostituirte, die schon außerehelich Mutter gewesen und schon einen Kindesmord begangen habe.

Was den ersten Grund anlangt, so steht und fällt derselbe mit der gegenwärtigen Gestaltung des § 57 des Str. G. B.'s. Jetzt muß der Jugendliche für seine That milder bestraft werden, und da kann allerdings ein schroffer Gegensatz in der Behandlung des noch nicht voll achtzehn Jahre alten und des über achtzehn Jahre alten Thäters vorkommen. Solche schroffen Gegensätze werden in Zukunft aber verschwinden und der Uebergang von der privilegirten Jugend zu der Behandlung der erwachsenen Thäter wird unmerklich geschehen können, denn, wie demnächst erörtert werden wird,*) soll in Zukunft die Strafe für den Jugendlichen losgelöst werden von der ausschließlichen Herrschaft des Gedankens, daß sie eine Sühne und Vergeltung**) sei für seine Schuld und nach dem Umfang seiner Schuld, und sie soll vielmehr zugleich und in hervorragendem Maße dem Zwecke dienstbar gemacht werden, auf den Jugendlichen einzuwirken, ihn hin- oder zurückzuführen zu seinen Pflichten gegen den Staat und gegen seine Mitmenschen.

Dadurch ergiebt sich von selbst eine Strafe von längerer Dauer als bisher, die aber, da der Vergeltungs- oder Sühnegedanke mehr zurücktritt, deshalb doch nicht in der Schärfe erscheint, wie es bei einer Verlängerung der Vergeltungsstrafe nothwendig sein müßte. So wird sich die Strafdauer des bald achtzehnjährigen Thäters und des eben achtzehnjährigen nicht wesentlich unterscheiden.

Auch den zweiten Grund, daß es jugendliche Personen von einer Verdorbenheit an Seele und Leib gebe, welche nur eine Ansteckungsgefahr für die Seelen der anderen jugendlichen Gefangenen sei, ist nicht stichhaltig, wenn, wie gleichfalls später erörtert wird, strenge Einzelhaft die Möglichkeit gewährt, das verdorbene Wesen von den anderen getrennt zu halten, wenigstens so lange, als es eine Gefahr für die letzteren sein würde. Einer solchen Person aber die Rechte der Jugendlichen nehmen, das hieße eine noch nicht Achtzehnjährige völlig verloren geben für die menschliche Gesellschaft, schon ehe alles das versucht ist, was zu ihrer Besserung versucht werden kann. Ich habe die feste Ueberzeugung, daß es thatsächlich unverbesserliche Verbrecher giebt, für die auch einmal die Gesetzgebung besondere Maßregeln schaffen muß, — mögen manche es (aus mannigfachen Gründen und Beweggründen) auch bestreiten, in den Reihen der Jugendlichen aber suche ich sie nicht. —

Jede feste Altersgrenze enthält ein Stück Willkür,***) wir laden aber, wie aus dem Folgenden hervorgeht, dem freien richterlichen Ermessen bei der Altersklasse vom vierzehnten bis zum achtzehnten

---

*) Vgl. S. 108 und Gesetzentw. § 5 Nr. 2 und 3.

**) Der Berichterstatter hat stets die Empfindung, wie beim Anhören einer starken Disharmonie, wenn er, nur zu oft, die Worte vernimmt: Der Gerichtshof hat für die That des Jugendlichen eine Gefängnißstrafe von drei Tagen als eine gebotene, aber auch ausreichende Sühne erachtet. — Wir wollen hier keinen Streit um Theorien entbrennen lassen; die Ueberzeugung von der Nothwendigkeit einer Aenderung wird hoffentlich bei den meisten die theoretischen Bedenken überwinden.

***) Vgl. hierzu das oben S. 20 angeführte.

Lebensjahre schon genug der Verantwortung auf*), daß wir wenigstens die Grenze gesetzlich fixiren müssen, innerhalb welcher dies in gewisser Beziehung unbeschränkte Ermessen walten soll.

Auch darin müssen wir in etwas wieder an das richterliche Ermessen appelliren, daß es demnächst in seinen Strafen den richtigen allmählichen Uebergang von dem Schlusse des jugendlichen Alters zu dem Stand der strafrechtlich Erwachsenen finde.

IX.

Die Behandlung der jugendlichen Verbrecher über 14 Jahren.

(S. Ges.Entw. § 4.)

Daß wir in der Altersstufe vom vierzehnten bis achtzehnten Lebensjahre mit der „zur Erkenntniß der Strafbarkeit erforderlichen Einsicht“ als Voraussetzung der Strafbarkeit brechen, das bedarf wohl nach dem über diesen Punkt im dritten Abschnitt**) erörterten keiner besonderen Begründung mehr; ich erinnere hier nur noch einmal an den Grundsatz, von dem wir ausgehen, daß die geistige und die sittliche Reife die Strafbarkeit des jugendlichen Strafthäters begründen!

Deren Vorhandensein hat der Richter in diesem Zeitraum in jedem einzelnen Fall***) zu prüfen nach dem Gesammteindruck der Persönlichkeit des Jugendlichen und den Lebensverhältnissen, aus denen er hervorgegangen ist und in denen er sich befindet.

Wenn ich auch nicht gerade der Meinung bin, daß das Aufgeben des Erforderniſſes der Einsicht allseitigem Beifall begegnen wird, so glaube ich doch nicht, daß sich viele Vertheidiger desselben finden werden, denn aus den Reihen der Strafrechtspraktiker wird es nicht viele geben, die nicht die betreffende Bestimmung als durchaus unpraktisch erkannt hätten. In dieser Zuversicht macht mich auch die Thatsache nicht wankend, daß einer der ältesten und bedeutendsten Strafrechtslehrer der Gegenwart, dessen hohe Verdienste um diese Wissenschaft über allem Zweifel stehen, gerade hier angesetzt hat und uns ob des Auf-

---

*) S. § 4 des Ges. Entw.

**) S. oben S. 21 ff.

***) Ueber die Ausnahmestellung des 15. Abschnittes des Str. G. B.'s. s. unten S. 197.

gebens jenes Erfordernisses ausdrücklich mit Fehde bedroht hat. Zwar vermag ich es wohl einzusehen, daß er sich von dem Erforderniß des Unterscheidungsvermögens, diesem alten Wahrzeichen des bei dem Ausland zu Gaste gehenden deutschen Strafrechts, nicht trennen kann, da sich ja vom Standpunkt der exacten construirenden Strafrechtswissenschaft, die ihre Lehre von der Schuld auch für Jugendliche auf der Verstandesfähigkeit aufbaut, auch wenig dagegen sagen läßt, aber vor der Erkenntniß des Lebens hält diese bedingte Strafmündigkeit oder, wie andere sagen, Zurechnungsfähigkeit nicht mehr Stand; die Behandlung der Jugend muß sich auf anderen Grundlagen aufbauen, sollen wir nicht in Staat und Gesellschaft Schaden nehmen.

Die Lehre von der bedingten Strafmündigkeit hat man für die Bedürfnisse des Lebens zurechtstutzen zu können geglaubt, wenn man sich zu der Concession herbeiließ, daß auch im Falle des § 57 des Str. G. B.'s. der Richter erkennen kann, der Jugendliche sei nach verbüßter Strafe einer Erziehungs- oder Besserungsanstalt zu überweisen. Dadurch wird die Sache nicht brauchbarer gemacht; es bleibt doch die verkehrte Grundlage für die Strafbarkeit und damit die Nothwendigkeit der Strafe auch für die Fälle, in denen der Jugendliche trotz seiner Einsicht noch völlig unreif, in Folge von häuslicher Verwahrlosung noch ohne jede sittliche Vorstellung ist, es bleiben die verkürzten wirkungslosen und deshalb zwecklosen Strafen des § 57 cit. auch für die Fälle, in denen der Richter nicht auf nachträgliche Erziehung erkennt. Zwischen dem Vertheidiger der „Einsicht" und unserer Auffassung giebt es keinen Vereinigungspunkt. —

Lange haben wir geschwankt, ob wir uns dazu entschließen sollten, an die Stelle der Einsicht einen unseren Grundsätzen entsprechenden Begriff als Voraussetzung der Strafbarkeit und damit als Directive für den Richter vorzuschlagen; wir haben es schließlich unterlassen, weil wir der Meinung waren, daß es am besten sei, die Frage, ob Strafe oder Erziehung, nicht durch Worte im Voraus zu bestimmen und so der richterlichen Entscheidung eine Schranke zu geben, die leicht in der Praxis auch als solche empfunden werden möchte. Wir haben so gehandelt, als wir noch auf dem Boden unserer Eisenacher Vorschläge standen, welche nur das entweder — oder, Strafe oder Erziehung, kannten; wir halten diesen Standpunkt aber natürlich um so mehr fest, nachdem wir auf Veranlassung unserer Gutachten und der Ausführungen auf der Berliner Conferenz uns dazu entschlossen haben, ferner in unsere Vorschläge aufzunehmen, daß auch auf Beides, auf Strafe

(d. h natürlich dann nur Freiheitsstrafe) und Erziehung, erkannt werden kann.*) Mit Recht führt zwar Professor von Liszt**) aus, daß die Verbindung von Strafe und Erziehung in dieser Reihenfolge eigentlich eine Concession an die Anhänger des Vergeltungsgedankens sei, mit Recht ist hervorgehoben, daß Strafe und Erziehung Gegensätze sind, die eigentlich einander ausschließen, trotzdem haben wir die Verbindung von Strafe und Erziehung schließlich angenommen, weil wir die praktische Bedeutung der Sache anerkennen mußten. Der Richter kann Zweifel haben, ob im einzelnen Fall Strafe oder Erziehung geboten ist, er vermag nunmehr beides zu verbinden; es giebt auch Fälle, wo Strafe am Platze scheint und wo eine nachherige Erziehung für den jugendlichen Thäter eine Nothwendigkeit ist. Denn einerseits wird auch der, der die erforderliche sittliche Reife besitzt, noch sehr wohl erziehungsbedürftig sein können; andererseits wird der Richter wohl manchmal des Beispiels wegen strafen, wo die Wirkung nur und ausschließlich von der nachherigen Erziehung zu erhoffen ist. Das letztere sollte eigentlich nicht stattfinden, aber es wird in der besten Absicht geschehen. Hier muß aber die Erziehung wenigstens der Bestrafung nachfolgen. Endlich werden unsere Vorschläge durch diese Verbindung auch den Gegnern annehmbarer werden, da sie nunmehr um der Erziehung willen nicht ihre geliebte Strafe zu opfern brauchen.

Die eingehenden Ausführungen zu diesem Punkte aus einem unserer Gutachten glaube ich hier nicht unterdrücken zu sollen:

„Wenn der II. Hauptsatz den Richter anweist, gegen die straf„mündige Jugend entweder auf Strafe oder auf Zwangserziehung zu „erkennen, so können wir uns damit nicht einverstanden erklären. Der „leitende Grundgedanke mag bei Aufstellung des Satzes sein: entweder „ist Besserung möglich, dann ist Erziehung, nicht Strafe, am Platze, „oder umgekehrt. Aber wir vermögen die Ausschließlichkeit dieser Schlüsse „nicht anzuerkennen. Weder ist Strafe deshalb unnütz, weil noch auf „Besserung gerechnet wird, noch auch kann die Möglichkeit der Besserung „bei Strafe ausgeschlossen werden. Sollte man wirklich auf bessernde „Wirkung der Strafe verzichten, — so wäre lebenslängliche Einsperrung „das einzig Richtige. Es giebt aber eine Reihe sehr denkbarer Fälle, „bei denen die Intensität des verbrecherischen Willens ebenso wie die zu

*) Daß auch wie seither auf Ueberweisung an die Familie erkannt werden kann, bei einer leichten That eines sittlich Unreifen aus geordneten Familienverhältnissen, bedarf keiner besonderen Begründung.

**) Liszt, Criminalpolit. Aufgaben; in seiner Zeitschr. XII. S. 172 ff.

„erwartende gefährliche Wirkung des bösen Beispiels nothwendig den „Richter zur Strafverhängung drängen werden, während er sehr bedauern „möchte, die heilsame Wirkung der Strafe nicht durch staatlich über„wachte Erziehung ungehinderter und stärker machen zu können. Bleibt „es bei dem entweder — oder von Strafe oder staatlich überwachter „Erziehung, so erhebt sich die Frage: soll die Strafthat, dieser hervor„ragende Ausbruch der allgemeinen Sittenlosigkeit, ungestraft bleiben? „Oder soll etwa die Erziehungsthätigkeit in der Anstalt gleich mit dem „sehr bedenklichen Anfang der Disciplinarstrafe für diesen Ausbruch be„ginnen? Es muß dem individualisirenden Ermessen des Richters „Spielraum gelassen werden, sowohl Strafe oder staatlich überwachte „Erziehung allein, als auf Beides zu erkennen. Es ist jedoch in den „Vorschlägen gar nicht von der Erkenntniß der Strafbarkeit der be„treffenden Handlungen — als ausschlaggebenden Faktor für Strafe „oder Erziehung — die Rede. Das ist wohl mit Absicht vermieden, „um den Richter nicht an diesen einen intellectuellen Faktor in seiner „Beurtheilung zu binden. Er soll die ganze Lage und innere Ver„fassung, gerade auch das Verhältniß der Willenskraft zum Intellect in „Betracht ziehen. Diesem Abschnitt der Vorschläge haben wir, weil sie „eben Jugendliche mit ihren mancherlei ungewöhnlichen Verhältnissen „betreffen, nichts entgegen zu setzen."*)

Diesen Ausführungen ist nichts mehr hinzuzusetzen, sie treffen in allen Punkten das Richtige.

Der Gedanke, nach verbüßter Strafe noch eine staatliche Erziehung eintreten zu lassen, ist übrigens nicht für alle Rechtsgebiete des deutschen Reichs neu,**) und von vielen Schriftstellern bereits angeregt:

---

*) Das Gutachten fährt so weiter fort:

„Wir möchten uns aber ausdrücklich dagegen verwahren, daß hieraus „nicht etwa weitergehende Consequenzen für die ganze Strafrechtspflege „gezogen werden, welche geeignet sein könnten, das ganze ethische Funda„ment derselben in der Forderung der Uebereinstimmung von Wille und „Intellect über den Haufen zu werfen."

Vgl. über diesen Punkt, über welchen sich das Gutachten unbegründeten Besorgnissen hingiebt, das bereits oben S. 54 Anm.**) Gesagte. Es ist in dieser Schrift nicht der Ort, dieser interessanten Frage näher zu treten.

**) Vgl. auch Liszt, Zeitschrift XII. l. c. und die daselbst citirten, sowie Föhring, im Handbuch des Gefängnißwesens, und v. Jagemann, Bl. f. Gef.-Kunde. XXIV. (S. 11.) Der Berichterstatter hat früher die Verbindung der Strafe mit der Zwangserziehung in dieser Reihenfolge bekämpft. Die Verbindung derselben ist ein Compromiß, welches nicht nur eine Verminderung der Zahl der Gegner bedeuten, sondern auch für die Gestaltung der Praxis eine wesentliche Erleichterung sein wird.

Die früher citirten Zwangserziehungsgesetze für Oldenburg, Lübeck und Hamburg*) haben die Verbindung von Strafe und Zwangserziehung eingeführt.

Das Gesetz für Oldenburg bestimmt, daß die Zwangserziehung angeordnet werden kann:

„Gegen jugendliche Personen, gegen welche gemäß § 57 des „Str.G.B.'s eine Freiheitsstrafe von weniger als sechs Monaten erkannt „ist, wenn in Berücksichtigung ihres Alters und seitherigen Betragens „die Zwangserziehung zum Zweck ihrer sittlichen Besserung erforderlich „erscheint."

Aehnlich das Gesetz für Lübeck:

In Zwangserziehung kann untergebracht werden:

Wer „vor Vollendung des fünfzehnten Lebensjahres zu einer „Freiheitsstrafe verurtheilt worden ist, sofern die Beschaffenheit der strafbaren Handlung, die Persönlichkeit der Eltern oder sonstigen Erzieher „des Kindes oder dessen übrigen Lebensverhältnisse die Annahme einer „weiteren sittlichen Verwahrlosung rechtfertigen".

In dem Hamburger Gesetz heißt es:

Zwangserziehung ist zulässig:

. . . . „gegen Jugendliche, welche wegen einer strafbaren Handlung „verurtheilt worden sind und entweder die gegen sie erkannte Strafe „verbüßt oder Strafaufschub erhalten haben oder begnadigt sind, wenn „mit Rücksicht auf die Beschaffenheit der strafbaren Handlung, auf die „Persönlichkeit der Eltern oder sonstigen Erzieher, auf das bisherige „Betragen, die übrigen Lebensverhältnisse und das Alter der Kinder die „Zwangserziehung zur Verhütung weiterer sittlicher Verwahrlosung und „zum Zwecke der Besserung erforderlich erscheint".

Das Gesetz für Hamburg läßt die Erziehung ausdrücklich auch für den Fall zu, daß die jugendliche Person Strafaufschub erhalten hat. Das Gesetz kennt also auch eine Zwangserziehung vor der Strafverbüßung. Auch die Commission hat eine Verbindung von Strafe und Zwangserziehung in der Art, daß die Vollstreckung der ersteren der Erziehung nachfolgen kann, unter ihre Vorschläge aufgenommen.

Wann der Richter bei der Verbindung von Strafe und Erziehung das eine und wann das andere vorangehen lassen soll, auch darüber lassen sich feste Regeln nicht aufstellen, die Gestaltung des einzelnen Falles wird hier die rechten Wege weisen; einzelne allgemeine Gesichtspunkte für die Anwendung der Freiheitsstrafe mit nachfolgender Erziehung sind

*) S. oben S. 57.

oben*) gegeben, einzelne Gesichtspunkte für die Anwendung von Erziehung mit nachfolgender Strafe mögen hier folgen.

Diese Art der Verbindung wird jedenfalls seltener zur Anwendung kommen, da doch regelmäßig die Erziehung die moralische Besserung des Thäters bringen soll, und eine nachherige Strafvollstreckung, wenn das bereits erreicht worden, eigentlich zwecklos ist und auch für den Verurtheilten selbst nachtheilig sein kann. Der Richter wird deshalb auf Erziehung und nachfolgende Strafe nur dann erkennen, wenn er entweder der Ansicht ist, daß zwar in erster Linie Erziehung des Thäters nothwendig ist, daß aber eine Strafe eventuell noch vorhanden sein muß, damit, falls durch die Erziehung nicht unzweifelhaft die Besserung des Thäters erreicht wird, namentlich auch wenn wegen des Alters des Angeklagten die Zeit, welche für die Erziehung bis zur Volljährigkeit übrig bleibt, zu kurz erscheint, mit der Vollstreckung der Strafe noch der Versuch gemacht wird durch eine abschreckende Wirkung des Strafübels den Thäter von weiteren Verfehlungen abzuhalten, oder wenn die That für so schwer erachtet wird, daß die Erziehung vornehmlich den Zweck haben soll, dem Thäter das von ihm begangene Unrecht zu Gemüth zu führen und ihn so für die Bedeutung der Strafe recht empfänglich zu machen.

Im ersteren Fall erscheint die nachherige Vollstreckung der Strafe nicht immer nothwendig,**) im letzteren Fall dagegen ist die Strafvollstreckung stets erforderlich. Die Verbindung von Erziehung und nachfolgender Strafe wird aber namentlich auch dann Anwendung finden, wenn es sich um die Aburtheilung eines Thäters handelt, der zur Zeit des Urtheils bereits der staatlich überwachten Erziehung untersteht, sei es, daß er die Strafthat während derselben begangen hat, sei es, daß er seit Begehung der zur Aburtheilung stehenden That aus irgend einer anderen Ursache in staatliche Erziehung gekommen ist. Den Angeklagten ohne zwingenden Grund auf längere Zeit der kaum begonnenen Erziehung zu entreißen, würde durchaus verfehlt sein. In vielen Fällen wird es genügen, in dem Urtheil wieder lediglich auf Erziehung zu erkennen und es einer verständigen Leitung der Erziehung zu überlassen, z. B. den in einer Familie Untergebrachten in die straffe Anstaltszucht zu übernehmen, oder in der Anstalt von den erforderlichen Zuchtmitteln Gebrauch zu machen. Sobald aber eine längere Freiheitsstrafe erforderlich scheint, dann wird es richtig sein, sie mit staatlicher Erziehung so zu

---

*) s. oben S. 91.

**) Ueber die Vollstreckung dieser Strafe s. unten S. 182.

verbinden, daß die Vollstreckung der Strafe der Erziehung nachfolgt. Es muß natürlich aber auch dem Richter unbenommen bleiben, bei der Aburtheilung der schwersten Delicte, wenn er den Thäter für strafreif erachtet, mit Rücksicht auf die lange Dauer der zu erkennenden Freiheitsstrafe den Verurtheilten der Erziehung zu entziehen, damit er alsbald die Strafe verbüße.

Von einer Seite*) ist der Vorschlag gemacht worden, in dieser Altersklasse die staatlich überwachte Erziehung als ein neues Strafmittel einzuführen. Im Resultat würde das nur einen Streit um den Namen bedeuten, ohne daß an der Sache etwas geändert würde, und ich glaube nicht, daß wir den Gegnern einer Erweiterung der Zwangserziehung unsere Vorschläge durch Verleihung des Namens Strafe an die staatlich überwachte Erziehung schmackhafter und annehmbarer machen würden.

Es kann jedoch diesem Vorschlag aus principiellen Gründen nicht beigetreten werden. Wir betonen mit Entschiedenheit den Gegensatz zwischen Erziehung und Strafe. Die Strafe kann und soll, namentlich bei Jugendlichen, auch erziehliche Wirkungen äußern, und deshalb wird sich namentlich die Vollstreckung der Freiheitsstrafe gegen Jugendliche in manchen Punkten anders gestalten, als die Vollstreckung der Freiheitsstrafe gegen Erwachsene; aber die staatlich überwachte Erziehung soll und darf nicht Strafe sein. Der in staatliche Erziehung Gegebene verliert die Eigenschaft der Unbestraftheit nicht.

Trotzdem wollen wir, was hier vorweg bemerkt werden mag, nicht, daß derjenige vierzehnjährige und ältere Jugendliche, welcher nur der staatlich überwachten Erziehung überwiesen wird, ausdrücklich freigesprochen werde; er ist der Strafthat schuldig im Sinne des Gesetzes, sofern er nur sonst zurechnungsfähig war, und deshalb soll der Richter ihn wegen der Strafthat der staatlich überwachten Erziehung über-

*) Aschrott, d. Behandl. d. verwahrlosten u. verbrecherischen Jugend. S. 26 ff. In einem eigenthümlichen Gegensatz zu dem Vorschlag, die staatlich überwachte Erziehung als Strafe zu bezeichnen, steht der weitere Vorschlag (daselbst S. 48), daß zur Vermeidung des gerichtlichen Strafverfahrens gegen noch nicht strafreife Jugendliche auch in diesem Alter auf Veranlassung des „Jugendanwaltes" auf Zwangserziehung ohne ein förmliches Strafverfahren erkannt werden kann. Ausländische Einrichtungen sind wohl nicht in allen Fällen auch für deutsche Verhältnisse passend. Die Thätigkeit des neuerdings auch in Frankreich zur Einführung gelangenden Jugendanwaltes (advocat des enfants) spielt sich übrigens dort vor den ordentlichen Gerichten im gewöhnlichen Verfahren ab.

weisen. Es ist das gegenüber der bestehenden Gesetzgebung, die nur Verurtheilung zu Strafe oder Freisprechung kennt, etwas Neues, aber auch schon um deswillen hervorzuheben, weil an der Hand unserer Vorschläge andernfalls der Satz construirt werden könnte, daß die Thäterschaft bei fehlender sittlicher Entwickelung zu Freisprechung führen müsse. Der Thäter ist in diesem Alter für seine Strafthat unbedingt der staatlichen Strafgewalt*) verfallen, als Erwachsenen träfe ihn, ohne Rücksicht auf den Stand seiner sittlichen Entwickelung, die Strafe; daß diese wegfallen kann, ist das materielle Privilegium der Jugend, zu einem formellen Privilegium dürfte kein Anlaß vorhanden sein. Die staatliche Erziehung tritt statt der Strafe ein; Freisprechung ist also nicht gerechtfertigt.

Die von uns aufgestellte zweite These lautet hiernach:**)

„Gegen Personen, welche bei Begehung der strafbaren Handlung „das vierzehnte, aber nicht das achtzehnte Lebensjahr vollendet haben, „kann wegen derselben entweder auf Strafe oder auf staatlich überwachte „Erziehung oder auf Freiheitsstrafe und Erziehung oder auf Ueberweisung „an die Familie erkannt werden. Wird auf Freiheitsstrafe in Verbin„dung mit staatlich überwachter Erziehung erkannt, so ist in dem ent„scheidenden Theil des Urtheils zum Ausdruck zu bringen, ob die Strafe „oder die Erziehung vorangehen soll,"

und im Anschluß hieran eine weitere These:***)

„Die Bestimmung der §§ 56 und 87 des Reichs-Str.G.B.'s, wonach „die strafrechtliche Verantwortlichkeit eines Jugendlichen davon abhängig „ist, daß er bei Begehung der That die zur Erkenntniß ihrer Straf„barkeit erforderliche Einsicht besessen hat, ist zu beseitigen."

X.

Die Strafmittel gegen jugendliche Verbrecher.

(S. Ges.Entw. § 5.)

Bei den Strafmitteln,†) welche gegen jugendliche Personen zur Anwendung kommen sollen, befinden wir uns im Wesentlichen in grundsätzlicher Uebereinstimmung mit dem geltenden Recht. Todesstrafe,

---

*) Ueber die Zuständigkeitsfragen vgl. unten S. 130 ff.

**) S. S. 223; Berliner Beschlüsse Nr. 3 (S. 233); Ges.Entw. § 4.

***) S. S. 223; Berliner Beschlüsse Nr. 2.

†) Vgl. für das folgende These II. 4. S. 223, 224.

Zuchthaus, Zulässigkeit von Polizeiaufsicht bleiben ganz ausgeschlossen, Ehrenstrafen im Allgemeinen.

Die Eisenacher Vorschläge*) hatten auch die Festungshaft ausgeschlossen, nach dem Grundsatz, daß nur Strafmittel zur Anwendung kommen sollen, welche auch eine Wirkung äußern können. Die Festungsstrafe ist eine leichte Haft, so daß von ihr irgend eine Wirkung auf das Gemüth des Verurtheilten nicht zu erwarten ist. Auf Veranlassung unserer Gutachten haben wir jedoch die Festungsstrafe, wenn auch in beschränktem Umfang, wieder aufgenommen als Strafe für den Zweikampf.**) Es wird wohl der Fall recht selten vorkommen, daß ein noch nicht achtzehnjähriger Mensch wegen Zweikampf abzuurtheilen ist, doch müssen wir mit unseren Gutachtern die Möglichkeit zugeben, daß ein Student unter achtzehn Jahren wegen Zweikampf vor Gericht gestellt wird. Für die Vergehung des Zweikampfs mag deshalb die Festungshaft bleiben, aber auch nur dafür. Hier ist ein in der Hauptsache formelles Strafmittel am Platz. Für die übrigen Straffälle, für welche das geltende Strafrecht die Festungsstrafe kennt, kann sie aber für Jugendliche nicht nur entbehrt werden, sondern sie ist da auch durchaus ungeeignet. Bei den meisten der hier in Frage stehenden Delicten hat man die Festungshaft neben der Zuchthausstrafe zugelassen, weil man ein Privilegium schaffen wollte für diejenigen politischen Verbrecher, welche eine dieser Strafthaten nicht aus ehrloser Gesinnung begangen, und wo sie neben der Gefängnißstrafe zugelassen ist, beruht das gleichfalls auf der Absicht, für den Thäter unter Umständen eine besonders milde Strafe (Custodia honesta) für zulässig zu erklären. Einige dieser Strafthaten können von Jugendlichen unter achtzehn Jahren nicht begangen werden, so die Vergehungen aus § 130a und § 345 Abs. 2 des Strafgesetzbuchs, wenn aber ein Jugendlicher sich z. B. an einem hochverrätherischen Unternehmen betheiligt, oder sich einer Majestätsbeleidigung schuldig macht, so weiß er entweder gar nicht, was er gethan hat, er ist lediglich von Erwachsenen angestiftet und seine Unerfahrenheit mißbraucht, und dann ist die Erziehungsanstalt das richtige für ihn, oder er ist so entwickelt, daß er bestraft werden muß, und frühreif und vielleicht frühverdorben, dann ist das Gefängniß für jugendliche Delinquenten jedenfalls ein viel geeigneterer Aufenthalt, als das Festungsstubengefängniß, in dem er zwar der unbeschränkten Freiheit sich nicht erfreut, in dem aber Niemand auf

*) S. S. 227 Nr. II. 3.

**) Vgl. Ges.Entw. § 7. Die Bestimmungen des 15. Abschnitts des Strafgesetzbuchs bleiben neben unseren Vorschlägen unberührt bestehen.

ihn einzuwirken hat und auch Niemand auf ihn einwirkt, in dem er also sich selbst überlassen bleibt und außerdem noch täglich einige Stunden in der Freiheit zubringen kann.

Gerade gegen jugendliche Verbrecher, welche sich an solchen einen politischen Charakter tragenden Strafthaten betheiligen, ist eine besonders ernste und sorgfältige Behandlung erforderlich, wenn sich nicht die Rechtsordnung selbst ihre Zerstörer heranziehen will; ich sage nicht: eine besonders strenge Behandlung, denn in dem jugendlichen Alter wird man es meist nur mit mißgeleiteten Subjecten zu thun haben, von denen sich seiner Jahre und Unerfahrenheit wegen keiner eine selbstständige eigene Meinung gebildet hat, in deren Herzen nur die verderbliche Saat aufgegangen ist, die ihnen von Anderen beigebracht wurde.

Im Gegensatz zum geltenden Recht*) soll die Ueberweisung an die Landespolizeibehörde ausgeschlossen bleiben. In den Werk- und Arbeitshäusern kommt regelmäßig nur das verkommenste Gesindel zusammen, liederliche Dirnen und Vagabonden; es ist das keine Umgebung für jugendliche Personen, die noch moralisch gebessert werden sollen. An eine moralische Besserung seiner Zöglinge wird selten der Vorsteher einer Correctionsanstalt glauben, die menschliche Gesellschaft muß zufrieden sein, wenn die Insassen dieser Anstalten für die Dauer ihrer Unterbringung unschädlich gemacht sind und wenn, was allerdings auch selten genug der Fall ist, die Unterbringung wenigstens die Wirkung hat, daß die betreffenden Personen eine Zeitlang von der Fortsetzung ihres seitherigen Treibens abgeschreckt sind. Wir haben aber auch die Corrections- oder Arbeitshäuser für unsere jugendlichen Delinquenten gar nicht nöthig, da ja auf Strafe und nachfolgende staatlich überwachte Erziehung erkannt, nach verbüßter Strafe der Verurtheilte also in einer Erziehungsanstalt untergebracht werden kann.

Von den Ehrenstrafen haben wir, abweichend von dem geltenden Recht, die Unfähigkeit zur Bekleidung öffentlicher Aemter in soweit für Jugendliche aufgenommen, daß wir dem Richter die Befugniß einräumen, da, wo es im Gesetz zugelassen ist, auf die Unfähigkeit für die Dauer von 1—5 Jahren zu erkennen. Die Bestimmung möchte überflüssig und unangebracht erscheinen, wenn man berücksichtigt, wie spät im Allgemeinen heute Jemand die Gelegenheit hat, zu einem Amt zu

*) Dieser Vorschlag wird kaum Widerspruch finden, da auch der Entw. des sog. Zuhältergesetzes gestattet, bei jugendlichen Personen statt auf Ueberweisung an die Landespolizeibehörde auf Unterbringung in einer Erziehungs- oder Besserungsanstalt zu erkennen.

kommen und, daß die Strafthat der Jugendlichen Ehrenfolgen nicht nach sich ziehen soll, und doch sind aus der Praxis der letzten Jahre eine Anzahl von Fällen zu verzeichnen, in denen das Fehlen der Befugniß, auf die Unfähigkeit zur Bekleidung öffentlicher Aemter zu erkennen, als Mangel empfunden worden ist. Es sind z. B. mehrfach junge Postbeamte von siebzehn Jahren wegen Unterschlagung amtlich anvertrauter Gelder verurtheilt worden. In solchen Fällen erscheint es erwünscht, wenn der Richter die Unfähigkeit zur Bekleidung von öffentlichen Aemtern auf Zeit aussprechen kann. Man hat eingewendet, es sei besser, dahin zu wirken, daß junge Leute in dem Alter, welches der Verführung so ausgesetzt ist, weil da die Menschen der Charakterfestigkeit noch so sehr entbehren, nicht mit verantwortungsvollen Stellungen betraut werden. Es ist aber nicht unsere Sache, hier solche Fragen zu besprechen, wir haben mit den gegebenen Thatsachen zu rechnen. Thatsächlich können aber Fälle vorkommen, in denen der Richter gerne Gelegenheit nehmen wird, von der ihm ertheilten Befugniß auch Gebrauch zu machen. Der Richter wird aber hier besonders sorgfältig zu erwägen haben, wie die That anzusehen ist, und er wird in der Befugniß nichts anderes sehen dürfen als nur eine ihm gewährte Möglichkeit, von der nur da Gebrauch gemacht werden darf, wo es dringend erforderlich erscheint, den Thäter auf eine gewisse Zeit von einem Amte fern zu halten,*) damit man erst prüfen kann, wie er sich in Zukunft hält.

Nach § 161 des Strafgesetzbuchs ist bei jeder Verurtheilung wegen Meineids auf dauernde Unfähigkeit, als Zeuge oder Sachverständiger eidlich vernommen zu werden, zu erkennen. Es ist das keine eigentliche Ehrenstrafe,**) sondern eine natürliche Folgerung aus der Thatsache, daß derjenige, welcher einmal die Eidespflicht verletzt und gezeigt hat, daß er den Eid nicht heilig hält, keine Garantie für die Zukunft bietet, daß er in seinem späteren Leben den Eid heilig halten wird. Bisher mußte

---

*) In den Eisenacher Vorschlägen war die Befugniß, auf Unfähigkeit zur Bekleidung öffentlicher Aemter zu erkennen, nicht aufgenommen, es ist das erst auf Veranlassung der großen Mehrheit der Berliner Conferenz geschehen. Daß es streitig sei, was das Richtige ist, muß zugegeben werden; ein eclatanter Fall spricht für die jetzt vertretene Ansicht. Ein Postbeamter, der wegen Geldunterschlagung mit siebzehneinhalb Jahren zu einer Freiheitsstrafe verurtheilt war, erhielt eine Anstellung bei einer anderen Verwaltung und unterschlug alsbald wieder Gelder. Nach Lage des Falles wäre bei der ersten Verurtheilung die Erkennung auf Unfähigkeit zur Bekleidung eines öffentlichen Amtes auf einige Zeit sehr erwünscht gewesen.

**) Liszt, Strafrecht IV. Aufl. § 68; Berner, Strafrecht § 118.

auch bei Jugendlichen, welche wegen Meineids verurtheilt waren, auf die Unfähigkeit zur eidlichen Zeugnißabgabe erkannt werden. Das erscheint als eine nicht gerechtfertigte Härte; denn derjenige, der als Jugendlicher einmal seine Eidespflicht verletzt hat, achtet sie vielleicht später, nach verbüßter Strafe, hoch und heilig; die Fiction, die bei Erwachsenen ihre volle Berechtigung hat, muß nicht nothwendig auch für Jugendliche gelten. Denn wenn auch der Sechzehnjährige als eidesmündig gilt, so fehlt in dem Alter doch Vielen die richtige Vorstellung von der Bedeutung des Eides und von der Tragweite einer eidlichen Aussage. Der Jugendliche ist deshalb auch leichter zu bestimmen, seinen Eid zu verletzen. Wir haben uns deshalb durch die auf der Berliner Conferenz empfangene Anregung entschlossen, vorzuschlagen, daß im Falle des § 161 des Strafgesetzbuchs der Richter facultativ entweder auf dauernde Unfähigkeit zur eidlichen Aussage erkennen kann, oder daß er, je nach der Lage des einzelnen Falles, diese Unfähigkeit auf die Zeit von fünf bis zehn Jahren auszusprechen befugt sein soll.

Daß bei einer Verurtheilung wegen Meineids dem Jugendlichen auch die Fähigkeit zur eidlichen Aussage ganz gelassen werden kann,*) halten wir nicht für zulässig; denn welche Garantie bietet der heute wegen Meineids verurtheilte Verbrecher dafür, daß er morgen, wenn er wieder als Zeuge eidlich vernommen wird, die Wahrheit sagt. Das wäre ein Spiel mit der Heiligkeit des Eides, wollte man die alsbaldige Wiedervereidigung eines eben meineidig Gewordenen zulassen. Der jugendliche Thäter muß erst seine Strafe empfunden haben, muß erst über die Schwere und die Gefährlichkeit seiner That belehrt sein und muß dann zum ganzen Manne herangereift sein, ehe er nach Jahren wieder das Recht erlangen darf, seine Aussagen vor Gericht mit einem Eide zu bekräftigen.

Von den Hauptstrafen des Strafgesetzbuchs bleiben gegen Jugendliche — abgesehen von dem Fall des 15. Abschnitts des Strafgesetzbuchs — also anwendbar: Gefängnißstrafe, Haft, Geldstrafe und Verweis.

Die Beibehaltung der Geldstrafe ist bemängelt worden,**) weil sie gegen Jugendliche, welche regelmäßig noch keinen selbstständigen Erwerb hätten, ein wirkungs- und zweckloses Strafmittel darstelle. Die Noth-

*) Wie gleichfalls angeregt wurde.

**) Der Berichterstatter hat sich früher auch für Wegfall der Geldstrafe bei Verbrechen und Vergehen der Jugendlichen ausgesprochen (bed. Verurtheilung S. 93 u. 94), inzwischen aber von ihrer Unentbehrlichkeit überzeugen müssen.

wendigkeit der Beibehaltung rechtfertigt sich jedoch vor Allem damit, daß Strafmittel vorhanden sein müssen, durch deren Anwendung für erste Verfehlungen die kurzen Freiheitsstrafen soweit möglich vermieden werden können, und es ist auch wohl nicht richtig, daß man mit der Geldstrafe die Anwendung der kurzen Freiheitsstrafen auf dem Umweg der unvermeidlichen subsidiären Strafe wiedereinführe. Völlig beseitigen läßt sich die Anwendung der ganz kurzen Freiheitsstrafen allerdings nur als Strafe an erster Stelle, worüber später gesprochen werden muß, als Subsidiärstrafen müssen sie bleiben, doch läßt sich durch eine geschickte Regelung der Abmessung und der Beitreibung der Geldstrafe die Vollstreckung einer subsidiären Freiheitsstrafe meist vermeiden.

Junge Leute über vierzehn Jahren haben aber recht oft einen kleinen eigenen Verdienst, von dem sie eine mäßige Geldstrafe bei angemessener Ertheilung von Zahlungsfristen wohl erlegen können, in vielen anderen Fällen wird der Vater oder überhaupt die Familie die Zahlung zu leisten bereit sein, um nur den Verurtheilten dem Gefängniß zu entziehen. Man könnte da allerdings einwenden, daß eine Strafe, die von einem unbetheiligten Dritten erledigt wird, diesen, aber nicht den Thäter treffe. Das ist richtig, und doch ist dagegen in diesem Falle nichts einzuwenden. Empfindet die Familie die Strafthat des jugendlichen Familiengliedes dadurch, daß für ihn Zahlung geleistet wird, so wird man ihm selbst schon seine Schuld fühlbar zu machen wissen, und eine solche indirecte Wirkung der Strafe kann nur als erwünscht bezeichnet werden. Kann die Geldstrafe weder von dem Thäter noch von einem Familienglied erlegt werden, dann muß freilich die subsidiäre Freiheitsstrafe vollstreckt werden.

Ein anderes subsidiäres Strafmittel wie die Freiheitsstrafe haben wir nicht. Daß die früher empfohlene Zwangsarbeit nur ein gut gemeinter, aber nicht nur ein durchaus unpraktischer, sondern geradezu undurchführbarer Gedanke war, bedarf wohl hier keiner weiteren Ausführung,*) ganz abgesehen davon, daß das Strafmittel gerade für jugendliche Personen nicht besonders empfehlenswerth erscheint, — man denke nur Jugendliche als Zwangsarbeiter an einer öffentlichen Promenade oder in besuchten öffentlichen Parkanlagen, während das Bestreben doch darauf gerichtet sein muß, den Jugendlichen als Strafthäter der Oeffentlichkeit möglichst wenig zu zeigen!

---

*) Gegen die Zwangsarbeit vgl. Appelius, bed. Verurtheil. S. 58 ff. u. Beschl. d. II. Jahresversammlung S. 23 ff.

Der von Mittelstädt in seinem Gutachten zum Deutschen Juristentag gemachte Vorschlag, zur Vermeidung der subsidiären Freiheitsstrafe alle unbeitreiblichen Freiheitsstrafen niederzuschlagen, würde im praktischen Resultat die Abschaffung der Geldstrafe für alle diejenigen bedeuten, welche nicht durch ihre Vermögensverhältnisse und ihre Persönlichkeit von vorn herein die Garantie bieten, daß sie freiwillig zahlen werden; denn wie viel Geldstrafen würden dann wohl noch beitreiblich sein, wenn keine subsidiäre Freiheitsstrafe dahintersteht, welche doch Viele vermeiden wollen.

Man könnte es dann doch wohl kaum mit der Würde des Gerichts vereinbar halten, den Richter noch gar zu einer ausgedehnteren Anwendung der Geldstrafe*) zu zwingen, wenn es für ihn offenbar ist, daß die größte Mehrzahl seiner Urtheile ein Schlag in die leere Luft sein muß, der als einzige Wirkung bei dem Angeklagten nur den Spott auf die Rechtsprechung hervorrufen kann. Auf Jugendliche angewendet, würde sich das wenig erstrebenswerthe Resultat ergeben, daß der Angeklagte, dem wir Ehrfurcht vor den Gesetzen und ihrer Handhabung lehren möchten, von vorn herein lernen würde, den Urtheilsspruch auf eine Geldstrafe als ein zweckloses, lächerliches Spiel zu betrachten, und zu dieser Erkenntniß würden die jugendlichen Angeklagten leicht Einsicht genug mitbringen.

Wir operiren deshalb mit der alten subsidiären Freiheitsstrafe weiter und wollen der Geldstrafe sogar noch eine Ausdehnung geben, indem wir vorschlagen,**) daß auch diejenigen Vergehen,***) bei denen in den Gesetzen eine Geldstrafe nicht angedroht ist, der Richter auf eine Geldstrafe bis zu 300 M. erkennen kann, wenn der Angeklagte noch nicht zu einer Freiheitsstrafe verurtheilt war. Diese Bestimmung war nothwendig, wegen der vorgeschlagenen Heraufrückung des Mindestmaßes der an erster Stelle zu erkennenden Freiheitsstrafe.†)

Um die Vollstreckung der subsidiären Freiheitsstrafe möglichst einzuschränken, soll vorgeschlagen werden,††) daß der Betrag der Geldstrafe, welcher ein Tag Freiheitsstrafe gleich gerechnet wird, bei Vergehen bis

*) Mittelstädt plaidirt für Erweiterung des Anwendungsgebietes der Geldstrafe.

**) S. Ges.Entw. § 5 Nr. 5.

***) Aber auch nur bei solchen; auch die Fälle des § 361 eignen sich nicht dazu.

†) S. Ges.Entw. § 5 Nr. 4, u. unten S. 110.

††) S. Ges.Entw. § 5 Nr. 8.

auf 1 ℳ und bei Uebertretungen bis auf 50 ₰ herabgesetzt werden kann, und daß, wenn der Angeklagte einen Erwerb durch eigene Thätigkeit hat, regelmäßig ein geringerer, jedenfalls aber kein höherer Betrag, als sein Tagesverdienst ausmacht, einem Tag Freiheitsstrafe gleich zu rechnen ist.

Das möchte Manchem vielleicht eine Härte scheinen — bei Erwachsenen rechnet man doch in der Praxis gewöhnlich 5 bis 10 ℳ gleich einem Tag Haft, und bei Jugendlichen soll ein Tag Freiheitsstrafe unter Umständen nur nach Pfennigen gelten — und eine verkehrte Maßregel, da die Fälle der Vollstreckung einer subsidiären Freiheitsstrafe damit scheinbar vermehrt, nicht eingeschränkt werden! Wenn mit der vorgeschlagenen Maßregel eine verständige Regelung der Fristgestattung für die Einzahlung von Geldstrafen Hand in Hand geht,*) dann wird das Vorgeschlagene keine Härte, sondern eine Wohlthat für die Verurtheilten werden.

Der zu Geldstrafe und subsidiärer Freiheitsstrafe Verurtheilte pflegt meist abzuwägen, was für ihn vortheilhafter ist, die Zahlung der Geldstrafe oder das Absitzen derselben. Diejenigen, welche noch keine Bekanntschaft mit dem Gefängniß gemacht haben und vor dem ersten Schritt in dasselbe Scheu empfinden, suchen möglichst zu zahlen, und sie bitten gewiß um Frist, wenn sie nicht alsbald den ganzen Betrag erlegen können.

Diejenigen, denen das Gefühl für die Bedeutung und die Gefahren einer Gefängnißstrafe fehlt, die rechnen darnach, ob die Zahlung des Betrages der Strafe, der einem Tag Freiheitsstrafe gleich gerechnet ist, oder das Absitzen des Tages ihnen pecuniär mehr einbringt. Beträgt der Tagesverdienst 2 ℳ, es ist aber in dem Urtheil 5 ℳ gleich einem Tag Freiheitsstrafe gerechnet, so muß der Verurtheilte $2^1/_2$ Tag arbeiten, um das aufzubringen, was er in einem Tage absitzen kann, — also sitzt er ab; ist aber ein geringerer Betrag als der Betrag des Tagesverdienstes einem Tag Freiheitsstrafe gleich gerechnet, dann ist es vortheilhafter zu zahlen, und dasselbe gilt wohl auch, wenn sich Tagesverdienst und ein Tag Freiheitsstrafe gleich stellen, dann gibt das Freiheitsgefühl den Ausschlag gegen die Strafverbüßung.**)

Alle diese Erwägungen wird bei einem Jugendlichen die Familie anstellen, falls er selbst noch nicht genug Verstand dazu besitzt, und so

---

*) Vgl. darüber unten S. 171, u. Ges.Entw. § 61.

**) Vgl. die Ausführungen von Krohne in den Verhandlnngen der zweiten Landesversammlung in Halle 1891 S. 63 ff.

wird die Geldstrafe gezahlt und die subsidiäre Freiheitsstrafe vermieden werden, wenn das Verhältniß von Geldstrafe und subsidiärer Strafe so bestimmt ist, daß es vortheilhafter erscheint zu zahlen, als zu sitzen, — und wenn ausreichende Fristen bewilligt werden, sodaß auch gezahlt werden kann.

Auch die Beibehaltung des Verweises ist nicht ohne Gegnerschaft geblieben, namentlich weil er eine zu geringe Wirkung habe. Wir haben uns jedoch mit der Mehrheit unserer Gutachten entschlossen, den Verweis aus dem geltenden Recht beizubehalten, da er für die leichtesten Strafthaten ein ausreichendes Strafmittel ist und er dadurch etwas wirksamer gemacht werden kann, daß er, wenn der Verurtheilte das Urtheil alsbald anerkennt, im unmittelbaren Anschluß an die Verhandlung ertheilt wird. Zur Verstärkung der Wirkung des Verweises soll der Richter aber dann, wenn der Angeklagte noch eine öffentliche Schule besucht, mit dem Verweis die Ueberweisung zur Schulzucht, und wenn der Angeklagte in staatlich überwachter Erziehung steht, die Ueberweisung an die Zucht der staatlich überwachten Erziehung verbinden können. Daß wir die Schule auch für die Zwecke der Strafrechtspflege in diesem geringen Umfang mit heranziehen, entspricht dem Charakter der Behandlung jugendlicher Delinquenten. Und diejenigen von letzteren, welche nach dem vierzehnten Lebensjahre noch eine öffentliche Schule besuchen, gehören den Lebenskreisen an und bereiten sich für Berufe vor, in denen die Verurtheilung zu einer Gefängnißstrafe besonders schwer empfunden wird und ein Hinderniß für das spätere Fortkommen darstellt. Um so eher wird der Richter wirksam von einem Strafmittel Gebrauch machen, welches in leichten Fällen eine Freiheitsstrafe entbehrlich macht.*)

Man hat auch noch andere Strafmittel für Jugendliche empfohlen, z. B.**) Verbot des Besuches von Wirthshäusern, Tanz- und Vergnügungslocalen, Festlichkeiten, von Wäldern und Gewässern, Eingrenzung auf einen bestimmten Ort in der Dauer von 3 bis zu 30 Monaten, Hausarrest, Strafschulbesuch und Strafarbeiten (mit Verwahrung in der Schule oder einer Beschäftigungsanstalt). Alle die Strafmittel bis einschließlich zum Hausarrest haben als Strafe gar keine Bedeutung, weil ihre Durchführung entweder gar nicht oder nur mit den größten

---

*) Vgl. Ges.Entw. § 5 Nr. 7.

**) Reinhard, Zur Kritik der bedingt. Verurtheilung. Vgl. Vierteljahrsschrift von 1891 S. 456.

Schwierigkeiten zu controliren ist. Was nützt das Verbot der Wirthshäuser in einer großen Stadt, oder des Waldes, der Hausarrest dem, der sich der richterlichen Anordnung nicht fügen will! Die Eingrenzung auf einen bestimmten Ort ist entweder eine übermäßige Härte, wenn die Familie des Jugendlichen den Wohnort wechseln will, oder überhaupt nichts, wenn diese Absicht nicht besteht, denn die Thatsache, ob der Eingegrenzte nicht doch einmal den Ort verlassen hat, ließe sich nur bei einem günstigen Zufall feststellen. Einzelnes wird sich von diesen Vorschlägen, wenn auch nicht als Strafmittel, vielleicht verwerthen lassen gegen Jugendliche, welche einer staatlich überwachten Erziehung in der Familie oder einer Aufsicht nach vorläufiger Entlassung aus der Strafanstalt oder der Erziehungsanstalt, oder bei ausgesetzter Strafvollstreckung unterstehen, sich also unter einer besonderen Beaufsichtigung befinden.

Strafschulbesuch und Strafschularbeiten fallen unter die obenerwähnte Ueberweisung zur Schulzucht und sind nur Ausführungsacte der Schulzucht.

Manche werden unter den Strafmitteln die Prügelstrafe vermissen. In unseren Gutachten ist mehrfach der Wunsch nach Einführung der Prügelstrafe bei Jugendlichen laut geworden. Viele recht interessante Ausführungen muß ich leider aus Rücksicht auf den Umfang der Schrift unterdrücken, nur aus einem Gutachten will ich das Wesentliche mitzutheilen nicht unterlassen; es heißt daselbst:

„Wir müssen in der bestimmtesten Weise die Forderung erheben, „daß unter die Strafmittel die Prügelstrafe aufgenommen werde, — wenn „nicht eigene Ueberzeugung, so würde der energische Wunsch unserer Mit„glieder uns dazu zwingen. Man mache sich doch darüber keine „Illusionen, daß der Abneigung juristischer Kreise gegen dies Strafmittel „eine gleich große Abneigung des Volkes nicht zur Seite geht. Z. B. „wird in Nr. 38 dieses Jahrgangs (1891) der „Christlichen Welt", der „man durchaus nicht vorwerfen kann, daß sie ihren Standpunkt zu weit „nach rechts nähme, die Prügelstrafe sogar für weibliche Personen „empfohlen!

„Auf der sechsten Jahresversammlung unserer Gesellschaft hat eine „Reihe von Beschlüssen über diese Frage Annahme gefunden, die wir „der Berücksichtigung stark empfehlen müssen. Die in dem beiliegenden „sechsten Jahrbuche abgedruckten Ausführungen unseres Schatzmeisters „sind sehr geeignet, den erziehlichen Werth der Prügelstrafe hervor„zuheben und auch Bedenken zu zerstreuen, welche thatsächliche Un„kenntniß auf diesem Gebiete noch immer glaubt und verbreitet.

„Gerade den Trotz und Uebermuth jugendlicher Rohheitsverbreher „zu brechen, ist nichts so geeignet als eine Appellation an ihr Gefühl, „die sie einfach übermannt. Was auf der letzten Jahresversammlung „der deutschen Landesgruppe dagegen gesagt ist, bedarf kaum der Wider„legung. Auf wessen Culturstufe Roheitsverbrecher passen, auf dessen „sittliches Gefühl kann die Prügelstrafe nicht schädlich wirken.

„Es ist mit Pathos daran erinnert, daß der geprügelte Leib nicht „einstehen solle für's Vaterland; — ist es nicht besser, ihn mit einer „Tracht Hiebe für diesen Dienst des Vaterlandes zu bewahren, als ihn, „dem Verbrechen, dem Zuchthause zu lassen? Der gesunde Sinn des „Volkes wird gerade dem Jugendlichen gegenüber sagen: Prügel schänden „nicht!

„Wie mancher gute hervorragende Bürger wird sich noch zur rechten „Zeit ihm zu Theil gewordener Gefühlsrectificationen erinnern — mit „Dank! — Daß Ungleichheiten in der Strafzumessung auch auf diesem „Punkte nicht ausbleiben werden, ist allerdings nicht zu bezweifeln; — „aber wären sie nicht ohne Prügelstrafe auch vorhanden und fühlbar?

„Wer Gelegenheit hat, die Strafzumessung der verschiedenen Gerichte „zu beobachten, wird immer von Neuem sich die praktische Noth„wendigkeit des Glaubens an die irdische Unfehlbarkeit des Richter„spruches vorhalten müssen, um diesen Glauben aufrecht zu erhalten.

„Allerdings fordert diese ganze Reform des Strafrechts und des „Strafvollzugs immermehr die individualisirende Fähigkeit des Richters „heraus, — das ist die rechte Humanität, — von diesem schönen Begriff „die Strenge zu trennen, sollte unsere, mit Blut und Eisen erzogene „Zeit sich nicht zu Schulden kommen lassen."

Die Berliner Conferenz sprach sich mit überwiegender Majorität gegen die Prügelstrafe als Strafmittel aus, und die Commisson ist auch auf ihrem früheren Standpunkt, die Prügelstrafe nicht unter die criminellen Strafmittel aufzunehmen, stehen geblieben. Es ist zu diesem Punkte schon so vieles für und wider geredet und geschrieben worden, daß es zwecklos wäre, die Gründe weitläufig zu entwickeln, welche die Commission bestimmt haben, so zu handeln.

Die Freunde der Prügelstrafe würden wir doch nicht zu unserer ablehnenden Haltung zu bekehren vermögen, weil für viele, sowohl der Freunde wie der Gegner, die Entscheidung der Frage mehr Gefühlssache ist oder auf Erwägungen beruht, welche aus der Strafrechtspflege fernabliegenden Gebieten herstammen.

Wir haben uns lediglich von Erwägung strafrechtlich pratischer Natur zu unserer Entscheidung bestimmen lassen, und das geht wohl daraus hervor, daß wir andererseits übereinstimmend der Anschauung sind, daß die Prügel auf dem Gebiet der reinen Erziehung nicht zu entbehren sind, und ich will noch hinzufügen, daß ich auch unter die Strafmittel der Strafanstaltsdisciplin für Jugendliche unbedenklich die Prügelstrafe aufgenommen wünsche. Soweit erzogen wird, und nicht bloß in den Erziehungsanstalten soll erzogen werden, auch der Strafvollzug gegen Jugendliche soll noch ein gutes Stück Erziehung mitenthalten, muß auch als Zuchtmittel die Prügelstrafe zur Anwendung kommen, darüber hinaus reicht ihr Gebiet nicht.

Nur das eine Wort mag noch über die Frage an dieser Stelle seinen Platz finden. Die geistvollen Ausführungen des mitgetheilten Gutachtens sind doch in einem schweren Irrthum befangen, wenn sie glauben, daß die Prügelstrafe als öffentlich erkannte Criminalstrafe das brauchbarste Kurmittel gegen Rohheit sein würde. Mit dem Prügel als Criminalstrafmittel würden wir nichts wie Verstocktheit und Trotz ernbten.

Die Erziehung ist ein Internum der Familie oder der Erziehungs- und der Strafanstalt. Hier mag der Stock mitwirken das entartete Gefühl zu wecken und den Erzieher zu unterstützen, wenn ihm für seine Belehrung trotzige Auflehnung, für sein Mahnen Unbotmäßigkeit entgegentritt.

Von vielen Seiten, z. B. von Aschrott u. A., war besonders für Jugendliche die Einführung der sog. bedingten Verurtheilung empfohlen, die Commission hatte dieselbe in die Eisenacher Vorschläge nicht aufgenommen, Streitfragen wollten wir möglichst aus dem Wege gehen.*) In unserem Gutachten und auf der Berliner Conferenz**) wurde jedoch die Einführung der Maßregel lebhaft befürwortet. Trotzdem haben wir uns zu dem Vorschlag der Einführung der sog. bedingten Verurtheilung in ihrer belgischen Gestalt nicht entschlossen. Den Gedanken, daß in einem Strafensystem, welches im Wesentlichen den Zwecken der moralischen Besserung dienen soll, unter Umständen eine intensive Strafandrohung im Urtheil einstweilen genügen kann, daß es nicht unter allen Umständen nothwendig oder nützlich erscheint, dem Strafurtheil alsbald die Vollziehung folgen zu lassen, und daß deshalb eine Aussetzung des Strafvollzugs erfolgen kann, wenn daneben zugleich der Verurtheilte einer gewissen Beaufsichtigung unterworfen wird, welche über seinem Verhalten

---

*) Vgl. hierzu Liszt, Crimin.-polit. Aufgaben. Zeitschrift XII. 180.

**) Beschlüsse der Berliner Conferenz. Nr. 6, Abs. 2, s. unten S. 234.

wacht, mußten wir allerdings in unseren Vorschlägen zur plastischen Gestaltung bringen.

Daraus folgt aber mit Nothwendigkeit, daß eine solche ausgesetzte Strafe ganz in Wegfall kommen kann, wenn schon ohne ihren Vollzug der Zweck derselben erreicht scheint; denn es würde bei einer consequenten Behandlung Jugendlicher keinen Sinn haben, eine Strafe, insbesondere eine Freiheitsstrafe, auch dann noch zu vollstrecken, wenn sie nicht mehr nothwendig ist. Wir haben diesen Gedanken in eine unseren deutschen Verhältnissen entsprechende Form zu kleiden versucht und erhoffen davon eine gute Wirkung für jugendliche noch nicht mit Freiheitsstrafe belegt gewesene Thäter. Die belgische bedingte Verurtheilung ist das nicht, und ebensowenig ein Strafmittel, wie dieselbe sein soll und sein will, sondern nur eine aus Gründen der Criminalpolitik vorgeschlagene besondere Form der Strafbehandlung, die deshalb in ihrem Wesen und ihren Einzelheiten beim Strafvollzug eingehender zu erörtern sein wird.*)

XI.

Die Strafmittel. Fortsetzung.

Die Eisenacher Vorschläge enthielten unter Nr. II. 3. am Schluß den Satz: „Bei Bemessung der Dauer der Freiheitsstrafe ist das jugendliche Alter nicht als Milderungsgrund zu betrachten". Dieser Satz war in dieser, fast möchte ich sagen, schroffen Form absichtlich aufgestellt, nur um klar zum Ausdruck zu bringen, daß wir mit der gesetzlich vorgeschriebenen Strafmilderung des § 57 Nr. 3 des Strafgesetzbuchs, als in ihrem praktischen Erfolge schädlich, brechen wollen. Nicht das Maß der strafrechtlichen Schuld soll, wie schon früher ausgeführt, für die Schwere der Strafe maßgebend sein, denn dann muß die Strafe der Jugendlichen eine geringe sein, sondern der Zweck der Besserung, der mit der Strafe erreicht werden soll.

Der geringeren Schuld des Jugendlichen tragen auch wir Rechnung, und deshalb haben wir den Satz des geltenden Rechts beibehalten, daß die Strafmittel gegen Jugendliche andere, mildere sein müssen als gegen Erwachsene. Der jenem oben angeführten Vorschlage zu Grunde liegende Gedanke hat bei unseren Gutachtern meist Verständniß und Billigung gefunden, die wenigen, welche Anstoß daran genommen und

*) Vgl. unten S. 172 ff. und Ges.Entw. § 65.

ihn bekämpft haben, waren merkwürdiger Weise, oder eigentlich nicht merkwürdiger Weise — Juristen; und daher mag hier noch ausdrücklich betont werden, daß wir, die wir in unseren Vorschlägen dem richterlichen Ermessen einen so weiten Spielraum einräumen, in der Frage der Strafzumessung für den einzelnen Fall keine neuen Schranken aufbauen wollen. Was wir wollen, wird wohl auch dem Bedenklichsten klar, wenn ich an die alte, jedem Criminalisten geläufige Streitfrage anknüpfe, welche dahin geht, ob neben der allgemeinen Strafmilderung des § 57 Nr. 3 cit. im Einzelfall die Jugend nochmals als mildernder Umstand Berücksichtigung finden kann. Nur gegen die allgemeine Strafmilderung machen wir Front durch die Fassung unseres Gesetzentwurfs, die Frage der mildernden Umstände im Einzelfall berühren wir aber nicht. Diese Auseinandersetzung wird hoffentlich auch die erregtesten und die bedenklichsten Gemüther über den von uns aufgestellten Grundsatz aufklären und beruhigen, und das wohl umsomehr, als durch die Regelung der vorläufigen Entlassung neben die angemessene Strenge in der Berücksichtigung der Wirkung der Strafe auch die angemessene Milde gestellt ist.

In den Eisenacher Vorschlägen hatten wir das höchste Maß der Gefängnißstrafe auf zehn Jahre normirt, wir haben uns jedoch entschlossen, den vielfachen Wünschen in unseren Gutachten nachzugeben und für die schwersten Delicte das höchste Strafmaß des geltenden Rechts mit fünfzehn Jahren Gefängniß beizubehalten, sodaß also an Stelle der Todesstrafe und der lebenslänglichen Freiheitsstrafe wie bisher Gefängnißstrafe von drei bis fünfzehn Jahren treten soll.*)

Abgesehen von diesen Fällen soll bei Verbrechen und Vergehen**) auf Strafen von gleicher Höhe wie gegen Erwachsene erkannt werden, jedoch nicht auf Strafen von mehr als zehn Jahren. An Stelle von Zuchthaus und Festungshaft hat Gefängnißstrafe von gleicher Dauer zu treten.

Bei Verbrechen soll das Mindestmaß der ordentlichen Freiheitsstrafe nur ein Jahr, bei Vergehen einen Monat Gefängniß***) betragen. Dieser Satz bedarf einer besonderen Erläuterung, namentlich bezüglich des Mindestmaßes der Gefängnißstrafe bei Vergehen. Mit dem ersten Theil des Satzes soll gesagt sein, daß auch in den Fällen, in welchen das Gesetz bei Verbrechen eine Mindeststrafe von mehr als einem Jahre an-

*) Ges. Entw. § 5 Nr. 1.

**) Ges. Entw. § 5 Nr. 2.

***) Ges. Entw. § 5 Nr. 3 u. 4.

droht, Jugendlichen gegenüber bis auf eine Strafe von einem Jahre Gefängniß herabgegangen werden kann. Der Richter hat in dem Strafrahmen von einem bis zu zehn Jahren einen genügenden Spielraum, um wirkungsvolle Strafen zu erkennen, es kann einerseits der Fall sein, daß eine einjährige Freiheitsstrafe auch bei schweren Verbrechen ausreichend erscheint, andererseits ist nach dem Erfahren der Vollzugsbeamten nicht zu erwarten, daß eine Strafe von mehr als zehn Jahren noch besondere Wirkung äußere; im Gegentheil hört nach einer Strafzeit von einigen Jahren schon meist die Wirkung der Strafe als solche auf, weil, wie Alles in der Welt, auch die Einsperrung dem Menschen zur Gewohnheit wird, in der er schließlich nichts Besonderes mehr zu erblicken vermag. Wenn wir, trotz dieser Erwägung, bei den schwersten Fällen, die sonst mit Todesstrafe oder lebenslänglicher Freiheitsstrafe geahndet werden, Freiheitsstrafe auch von mehr als zehn Jahren angenommen haben, so muß doch bei dieser, wie bei allen länger dauernden Strafen, durch Erleichterung der vorläufigen Entlassung*) ein Gegengewicht geschaffen werden, damit nicht länger vollstreckt werden muß, als nothwendig und nützlich ist. Nur den Jugendlichen mag man seine jahrlange Freiheitsstrafe voll absitzen lassen, dem gegenüber die Strafe sich wirkungslos erweist, er ist dann wenigstens solange für die menschliche Gesellschaft unschädlich geworden.

Daß bei Vergehen die Freiheitsstrafe nicht unter einem Monat betragen soll, hat allgemeinen Beifall gefunden, es ist uns nur von verschiedenen Seiten der Gegenvorschlag gemacht, die Freiheitsstrafe überhaupt erst mit einem Mindestmaß von drei Monaten einsetzen zu lassen. Das erscheint jedoch zu weit gegangen, wir können weder in allen Fällen alsbald Dreimonatsstrafen erkennen, noch etwa Schuldige bei erster leichter Verfehlung straflos lassen; die Strafen, welche uns für leichtere Fälle, abgesehen von der Freiheitsstrafe, zu Gebote stehen, reichen aber zur Ausfüllung der Lücke, welche durch den Wegfall der Strafen von einem Tage bis zu drei Monaten geschaffen würde, nicht aus. Wenn man jedoch die Gefängnißstrafe bei Vergehen mit einem Monat einsetzen läßt, dann ergeben sich keine Schwierigkeiten.

Dem Richter stehen für erste leichte Fälle der Verweis und die Geldstrafe zur Verfügung; wenn davon Gebrauch gemacht ist, dann wird sich wohl kaum ein Fall construiren lassen, in dem ein Richter, der nicht die Bedeutung der Freiheitsstrafe für Jugendliche vollständig verkennt, Bedenken tragen dürfte, im dritten Straffall mindestens auf einen

---

*) Vgl. unten S. 188 ff.

Monat Gefängniß zu erkennen, davon gar nicht zu reden, daß er sich vielleicht in der Lage findet, die Vollstreckung der Strafe einstweilen auszusetzen!

Bei Uebertretungen sollen gleichfalls die gewöhnlichen Hauptstrafen, Geldstrafe, Haft und Verweis, zur Anwendung gelangen, die Haftstrafe jedoch in einem Mindestmaß von zwei Wochen. Die Berliner Conferenz wollte auch hier mit einem Mindestmaß von einem Monat Haft beginnen. Bei einer Strafe, die, abgesehen von Fällen der Realconcurrenz, nur auf höchstens sechs Wochen erkannt werden kann, würde dies Mindestmaß zu hoch sein, es mußte aber auch deshalb auf zwei Wochen herabgegangen werden, weil die Fälle des § 361 des Strafgesetzbuchs, soweit sie bei Jugendlichen vorkommen können, sich zur Erkennung einer Geldstrafe absolut nicht eignen, und also nur Verweis, der hier auch nicht gerade häufig angewendet werden wird, und Haft übrig bleiben. Mit einer Haftstrafe von zwei bis zu sechs Wochen läßt sich aber sehr wohl auskommen.*)

Der alte Grundsatz der allgemeinen Strafmilderung für die Jugend mag dann seinen Platz behalten, wenn auf Strafe **und** staatlich überwachte Erziehung, oder umgekehrt, erkannt wird.

Im ersten Fall soll den Jugendlichen die Strafe vor Allem ein Denkzettel sein, mit dem ihm und Anderen zum Bewußtsein gebracht wird, daß auf der Strafthat eine Strafe steht; die moralische Besserung wird gerade von der nachfolgenden Erziehung erhofft. Deshalb kann hier zugelassen werden,**) daß die bei Verbrechen und Vergehen zu erkennende Strafe um die Hälfte herabgesetzt wird, sie kann also bis auf zwei Wochen Gefängniß herabgehen. Sie noch weiter, etwa auf das alte Strafminimum von einem Tag, herabzumindern, würde in sich widersprechend sein. Eine Strafe **unter** zwei Wochen ist in ihrer Wirkung, mag man auf dem Standpunkt der Abschreckung oder der Besserung stehen, für den Jugendlichen nichts, wenig mehr wird allerdings auch eine Strafe von **zwei** Wochen sein, aber sie kann doch wenigstens vielleicht als ein Denkzettel abschreckend wirken, vielleicht auf den Thäter selbst, vielleicht auf Außenstehende. Soweit wollen wir aber die Concessionen auch nicht machen, daß wir nur, um der **Idee** der strafenden Gerechtigkeit genug zu thun, eine Strafe vorschlagen, die nicht

*) Die Erkennung der kleinen **polizeilichen** Haftstrafen muß in der Praxis bei Jugendlichen wegfallen. Dies zu veranlassen ist Verwaltungssache, jedenfalls würde eine derartige Bestimmung in unseren Entwurf nicht hineingehören, da die landesgesetzlichen Bestimmungen zu mannigfaltig sind.

**) S. Ges.Entw. § 6.

empfunden werden, aber Schaden bringen kann, mindestens dem späteren Fortkommen des davon Betroffenen. Von Strafaussetzung kann in diesen Fällen natürlich keine Rede sein, da ja hier gerade die Strafe allein um ihrer selbst willen erkannt und vor der Erziehung zum Vollzug bestimmt ist.

Aber auch in dem umgekehrten Fall, wenn der Richter auf staatlich überwachte Erziehung und nachfolgende Strafe erkennt, ist die Zulassung der Herabsetzung der Freiheitsstrafe bei Verbrechen und Vergehen um die Hälfte der Dauer unbedenklich.

Bei diesen beiden Formen der Verbindung von Strafe und Erziehung sind noch einige Bedenken zu erörtern: Die wichtigste Frage ist die, ob es sich nicht empfiehlt, die Anwendung der einen oder der anderen Form an gewisse Strafgrenzen zu knüpfen; insbesondere würde die Anwendung von Strafe und nachfolgender Erziehung nur zuzulassen sein, wenn die Strafe eine gewisse Dauer nicht übersteigt, umgekehrt die Anwendung von Erziehung und nachfolgender Strafe, wenn die Strafe mindestens ein bestimmtes Maß erreicht und andererseits ein bestimmtes Maß nicht übersteigt.

Die Idee, welcher der Verbindung von Strafe und nachfolgender Erziehung zu Grunde liegt, daß die Strafe nur ein Denkzettel sein soll, daß sie nur vorhanden ist, damit überhaupt gestraft wird, während der Schwerpunkt auf der nachfolgenden Erziehung liegt, macht es nothwendig, daß die Strafe eine gewisse Dauer nicht übersteigt, wenn dieser Gedanke überhaupt zur plastischen Gestaltung gelangen soll; was hülfe es einem $16^1/_2$jährigen Angeklagten, wenn man gegen ihn auf vier Jahre Gefängniß und $^1/_2$ Jahr Erziehung erkennen wollte! Deshalb bestimmt auch das Zwangserziehungsgesetz für Oldenburg, daß die bei einem zwölf bis achtzehn Jahre alten Thäter nachfolgende Zwangserziehung nur eintreten kann, wenn die Freiheitsstrafe sechs Monate nicht übersteigt. Thatsächlich ist aber damit für diejenigen, welche sich schwererer Verbrechen schuldig gemacht haben, die Wohlthat der nachfolgenden Erziehung unmöglich gemacht. Der Richter würde bei einem schwereren Verbrechen, für welches er an Strafe unbedingt eine mehrjährige Freiheitsstrafe für erforderlich hält, vor die Alternative gestellt werden, entweder Strafe allein oder Erziehung allein auszusprechen, von der Verbindung beider müßte er abstehen, — obgleich sie vielleicht am geeignetsten wäre, — weil das höchste Strafmaß, welches in solchem Fall zulässig ist, ihm zu gering erscheint.

Aus diesem Grund habe ich von besonderer Limitirung der Freiheitsstrafe für den Fall der Verbindung: „Strafe und nachfolgende Erziehung" abgesehen und lediglich die Zulassung der Herabsetzung der Strafe um die Hälfte vorgeschlagen. Es muß dem Takt des Richters überlassen bleiben, daß er für diese Verbindung das Strafmaß angemessen bestimmt, und daß er überhaupt nur dann auf Strafe mit nachfolgender Erziehung erkennt, wenn nach der entsprechend herabgeminderten Strafe ein entsprechender Spielraum für die erziehende Thätigkeit übrig bleibt.

Die umgekehrte Verbindung: „Erziehung und nachfolgender Strafe" möchte man wohl nur dann zulassen, wenn zugleich mindestens auf eine mehrmonatliche Strafe erkannt wird, weil ja die Strafe nachträglich noch das erreichen soll, was die Erziehung vergeblich versucht hat, und dazu nach einer mehrjährigen Erziehung jedenfalls keine Strafe von Wochen geeignet ist. Und ebenso könnte man daran denken, diese Verbindung auch nur dann zuzulassen, wenn die nachträgliche Strafe ein gewisses Maß, z. B. zwei Jahre Gefängniß, nicht übersteigt, weil ja, wie später*) ausgeführt werden soll, diese nachträgliche Strafe bis zu solcher Höhe bei gutem Erfolg der Erziehung und guter Führung des Zöglings in der Freiheit wegfallen kann und dazu wiederum eine länger dauernde Strafe ungeeignet ist.

Aber auch für diese Fälle habe ich schließlich von einer engeren Begrenzung Abstand nehmen zu müssen geglaubt, weil ich der Ansicht bin, daß der Richter nicht auf Erziehung und nachfolgende Strafe erkennen wird, wenn diese letztere etwa in zwei Wochen Gefängniß bestehen soll, und weil eine kurze nachträgliche Strafe doch nicht ganz vermieden werden kann. Denn, wenn z. B. der Richter gegen einen in der staatlichen Erziehung befindlichen Burschen auf einen Monat Gefängniß erkennt, so kann diese Strafe nicht ohne Weiteres in die Erziehung hineinvollstreckt werden, sondern sie muß, wenn dies für die Zwecke der Erziehung vortheilhaft ist, einstweilen ausgesetzt und eventuell nach vollendeter Erziehung vollstreckt werden. — Diese beiden Strafen stehen in ihrer Bedeutung völlig einander gleich.

Was die obere Grenze der zuzulassenden Nachtragsstrafe anlangt, so würde allerdings kein höheres Maß als zwei Jahre am Platze sein, wenn die Vollstreckung dieser Strafe stets von dem Erfolg der Erziehung abhängen soll. Es ist aber schon oben**) erwähnt, daß die Verbindung „Erziehung und nachfolgende Strafe" auch dann Anwendung finden wird, wenn der Richter bei einem schweren Verbrechen nach der Erziehung eine längere Strafe, die unbedingt vollstreckt werden soll, für erforderlich

*) S. unten S. 182.

**) S. S. 94.

erachtet, und so würde, ebenso wie in dem besprochenen umgekehrten Fall, auch die Verbindung „Erziehung und nachfolgende Strafe" für schwere besonders geartete Straffälle (z. B. ein schweres Verbrechen eines fast Achtzehnjährigen, der aber völlig verwahrlost ist, so daß zunächst die Erziehung ihn über seine That und die Bedeutung des Rechtsbruchs und der Strafe aufklären muß, ohne daß sie allein bei dem Alter des Thäters ausreichend ist, während dann eine Strafe von mehreren Jahren nachfolgen soll) unzulässig sein. Will man deshalb überhaupt die Verbindung von Erziehung und nachfolgender Strafe einführen, dann darf man für die Anwendung besondere Schranken im Strafmaß nicht aufstellen.

XII.
Verwahrloste Jugend.

(S. Ges.Entw. § 8.)

An früherer Stelle war bereits erwähnt, daß zur Vollendung des Baues auch die Einführung prophylaktischer Maßregeln gegen die jugendlichen Personen gehöre, welche in Folge ihrer schlechten häuslichen Zustände oder in Folge des Mißverhältnisses zwischen ihrer Charakteranlage und dem, was die häusliche Erziehung ihnen gegenüber zu leisten vermag, dem sittlichen Verderben verfallen sind oder voraussichtlich verfallen werden. Die Behandlung der sog. verwahrlosten Kinder ist eine viel umstrittene Frage und ein Gebiet, auf dem durchaus keine Einigkeit herrscht. Die Nothwendigkeit, daß etwas geschieht, wird jedoch von Tag zu Tag größer, und ich vermag denen nicht abzufallen, welche auf diesen Theil unserer Vorschläge das Hauptgewicht legen. Ehe ich auf das Einzelne näher eingehe, ist es nothwendig, die Punkte festzulegen, von denen wir für unsere deutschen Verhältnisse ausgehen müssen. Es handelt sich für uns nur um die Construirung eines Rechtes des Staates, nicht einer Pflicht; einer Pflicht nur in dem Sinne, daß die Ausübung des Rechtes, in das Familienleben einzugreifen, eine Pflicht der Selbsterhaltung des Staates, eine Pflicht gegen die Gesammtheit der Staatsangehörigen, zum Schutze gegen zu erwartende Störung der Rechtsordnung ist. Es handelt sich aber hier nicht um eine Pflicht des Staates gegen den einzelnen Erzeuger und natürlichen Erzieher und Ernährer des Kindes; der Familie gegenüber kann hier nur von einem Rechte des Staates die Rede sein. Der Schutz der Rechtsordnung gegen die Rechtsverletzungen, die von dem Heranwachsen einer verwahrlosten Jugend zu befürchten sind, wird die natürliche Grenze des staatlichen Eingreifens sein.

Mit dieser Abgrenzung gegen eine Strömung ist aber noch nicht genug geschehen; der Charakter einer öffentlichrechtlichen prophylaktischen Maßregel wird jedem Vorschlag auf diesem Gebiet gewisse principielle Gegner schaffen. Man liebt es ja so sehr, jede vorbeugende Maßregel als der „goldenen" Freiheit widerstrebend zu bekämpfen und abzuwarten, bis Veranlassung zur „Repression" gegeben ist, dann aber, so lange man nicht selbst in Mitleidenschaft gezogen ist, — auch jede thatkräftige Repression noch möglichst zu beschneiden und schließlich in dem Schuldigen nur das Opfer der Verhältnisse zu bemitleiden und zu beklagen. „Das Opfer der Verhältnisse" muß ich zwar auch nur zu oft in dem Angeklagten erblicken, aber auch gerade aus der praktischen Erfahrung heraus erkennen und empfinden, daß diejenigen, welche jedem Gedanken an verständige vorbeugende Maßregeln die principielle thörichte Opposition entgegenstellen, die schwere Schuld daran tragen, wenn wir so viele „Opfer der Verhältnisse" beklagen müssen, daß sie die verantwortungsvolle Mitschuld haben, wenn so Mancher als Verbrecher zu Grunde geht. Es ist ein gefährliches Thun im öffentlichen Leben, den Brunnen erst dann zudecken zu wollen, wenn das Kind hineingefallen ist; mit der Repression kommen wir zu spät!

Im Interesse der heranwachsenden Jugend wenigstens möge man der vorbeugenden Thätigkeit des Staates gewisse Principien zum Opfer bringen, der Vortheil wird ein allgemeiner sein — und alle diejenigen Personen, welche in der Jugend gewissen heilsamen Beschränkungen unterworfen werden, sie werden immer noch früh genug Gelegenheit haben, sich ihrer unbeschränkten bürgerlichen Freiheit zu freuen, und vielleicht um so besser, als die Fürsorge in der Jugend ihnen oft eine Freiheitsbeschränkung im späteren Leben ersparen wird; — es soll ja nur so weit gegangen werden, als das allgemeine öffentliche Interesse es fordert, und unter genügenden Cautelen gegen jeden Mißbrauch.

Bis in die neueste Zeit hinein kannte man in Deutschland überhaupt kein staatliches Einschreiten im Interesse der nicht verbrecherischen verwahrlosten Kinder, sondern nur ein Einschreiten gegen väterliche Gewalthaber oder andere Erzieher, welche ihre Pflichten schuldhaft vernachlässigten oder der Ausübung der Erziehung unwürdig erschienen. Diese Thätigkeit des Staates entsprang der obervormundschaftlichen Gewalt, — die ja in gewisser Beziehung auch gegen den väterlichen Gewalthaber wirksam werden kann und die lediglich von privatrechtlichen Gesichtspunkten ausgeht und auf privatrechtlichem Gebiete beruht. —

Dies ist der Standpunkt des gemeinen Rechts*) und in ähnlicher Weise des preußischen Landrechts.**)

Weiter sind zuerst einzelne neuere Landesgesetze gegangen, welche speziell diese Materie behandeln.

Das Braunschweigische Gesetz vom 22. December 1870 gestattet nicht bloß die Unterbringung verbrecherischer, sondern auch solcher Kinder, welche unsittliche Handlungen begehen, falls die zu Gebote stehenden Mittel der häuslichen Zucht nicht ausreichend erscheinen.

Das Anhaltinische Gesetz vom 29. December 1873 bestimmt, daß Kinder, welche durch ihr an die Oeffentlichkeit tretendes Verhalten eine solche sittliche Verwahrlosung zu erkennen geben, daß bei einem Belassen derselben in den bisherigen Erziehungsverhältnissen zu befürchten steht, daß sie der Verbrecherlaufbahn verfallen, untergebracht werden können.

Das Oldenburgische Gesetz vom 12. Februar 1880 kennt Zwangserziehung gegen Kinder, welche so widerspenstig und ungehorsam sind, daß die Fürsorge der Familie oder der Armenbehörde als unzureichend zu ihrer Besserung sich zeigt.

Das Gesetz für Sachsen-Weimar vom 9. Februar 1881 gestattet die Unterbringung verwahrloster Kinder.

Das Lübeckische Gesetz vom 20. März 1884 gestattet die Unterbringung von Kindern, wenn sie sich vor Vollendung des fünfzehnten Lebensjahres so verwahrlost erweisen oder gegen Eltern und sonstige Vorgesetzte so widerspenstig oder ungehorsam sich betragen, daß die Fürsorge der Familie oder deren Vertreter als unzureichend zu ihrer Besserung sich zeigt, oder wenn sie während des schulpflichtigen Alters dem regelmäßigen Schulbesuch beharrlich sich entziehen.

Das Badische Gesetz vom 4. Mai 1886 läßt Zwangserziehung zu, außer bei schuldhaftem Verhalten der Eltern und Erzieher, auch wenn nach dem Verhalten der Kinder die Erziehungsgewalt ihrer Eltern oder sonstigen Fürsorger und die Zuchtmittel der Schule sich zur Verhütung ihres völligen sittlichen Verderbens unzulänglich erweisen.

Das Hamburgische Gesetz vom 6. April 1887 gestattet die Unterbringung von Kindern, bei welchen die gewöhnlichen Erziehungsmittel des Hauses und der Schule sich als unzureichend erwiesen haben, um sie vor sittlichem Verfall zu bewahren.

*) l. 1 § 3; l. 3 § 5 D. de lib. exhib. (43, 30); l. 5 D. si a parente (37, 12); l. 1. cod. ubi pur. (5, 49); nov. 120 cap. 2. l. 2. cod. de infant. expos. (8, 52) u. A. Windscheid, Pandekten § 525.

**) Altsmann in Liszt's Zeitschrift XI S. 89 ff. u. Preuß. Landr. II. 2 § 90, 91 u. besonders 266.

Das Hessen-Darmstädtische Gesetz vom 11. Juni 1887 kennt Zwangserziehung für Kinder, wenn sie eine Verwahrlosung an den Tag legen, welche die erziehliche Einwirkung der Eltern, der Erzieher oder der Schule als unzureichend erscheinen läßt und mit Rücksicht auf die Persönlichkeit der Eltern und der Kinder, sowie nach Lage der sonstigen Verhältnisse der Familie die Fortdauer der elterlichen Pflege und Erziehung zum sittlichen Verderben der Kinder führen wird.

Eine eigenthümliche Mittelstellung nimmt das reichsländische Gesetz vom 10. August 1890 ein, indem es, abgesehen von schuldhaftem — Mißbrauch des Erziehungsrechtes oder Vernachlässigung des Kindes — oder ehrlosem und unsittlichem Verhalten der Eltern, die Zwangserziehung auch von Kindern, deren Eltern gestorben oder entmündigt sind, zuläßt, wenn das Kind sittlicher Verwahrlosung anheimgefallen oder solche dringend zu befürchten ist, gegenüber einem lebenden oder verfügungsfähigen Gewalthaber aber die Zulässigkeit der Zwangserziehung von dessen Zustimmung abhängig macht.

Der § 1546 des Entwurfs des Bürgerlichen Gesetzbuchs schien gegenüber diesen weitergehenden Bestimmungen der Landesgesetze einen Rückschritt zu bedeuten,*) wenn er sagt:

„Wenn der Inhaber der elterlichen Gewalt durch Mißbrauch des „Rechtes, für die Person des Kindes zu sorgen, insbesondere durch Miß„brauch des Erziehungsrechtes oder durch Vernachlässigung des Kindes „dessen geistiges oder leibliches Wohl gefährdet, oder wenn eine solche „Gefährdung in Folge ehrlosen oder unsittlichen Verhaltens des Inhabers „der väterlichen Gewalt für die Zukunft zu besorgen ist, so hat das „Vormundschaftsgericht die zur Abwendung der Gefahr erforderlichen „Maßregeln zu treffen. Das Vormundschaftsgericht kann insbesondere „anordnen, daß das Kind zum Zwecke der Erziehung in einer geeigneten „Familie oder in einer Erziehungs- oder Besserungsanstalt unter„zubringen sei. Sofern das Interesse des Kindes es erfordert, kann das „Vormundschaftsgericht auch die elterliche Gewalt mit Ausnahme der „elterlichen Nutznießung ganz oder theilweise entziehen."

Man durfte jedoch auch davon ausgehen, daß es sich ja im Bürgerlichen Gesetzbuch nur um rein privatrechtliche Bestimmungen handelte, welche die gesetzlichen Anordnungen der Einzelstaaten, soweit sie aus socialpolitischen Gründen erlassen waren oder erlassen werden möchten, unberührt lassen würden. In dieser an sich durchaus berechtigten Hoffnung änderte wohl auch die Stelle der Motive noch nichts, welche die Mög-

*) Liszt, Zeitschrift XII S. 191 ff. u. Altsmann l. c.

lichkeit eines Hinübergreifens*) auf das Gebiet des öffentlichen Rechtes vorsieht, indem sie sagt:

„Ob und inwieweit die auf socialpolitischen Gründen beruhenden „und mit dem öffentlichen Recht im engsten Zusammenhang stehenden „. . . Vorschriften des § 55 Abs. 2 des Str.G.B.'s und die auf Grund „dieser Vorschriften erlassenen landesgesetzlichen Bestimmungen über die „Zwangserziehung verwahrloster Kinder neben dem Bürgerlichen „Gesetzbuche aufrecht zu erhalten sein werden, ist dem Einführungsgesetz „vorbehalten."

Denn die Motive fahren alsbald fort:

„Im Anschluß an den jenen Vorschriften zu Grunde liegenden „Gedanken, aus Gründen des öffentlichen Interesses und des Interesses „des Kindes, dem Vormundschaftsgerichte durch das Bürgerliche „Gesetzbuch ganz allgemein das Recht beizulegen, nach Maßgabe des „§ 1546 auch dann gegen den Inhaber der elterlichen Gewalt ein„zuschreiten, wenn das Kind eine strafbare Handlung begangen hat, und „mit Rücksicht auf die Beschaffenheit der letzteren, auf die Persönlichkeit „des Inhabers der elterlichen Gewalt und die sonstigen Lebensverhältnisse „des Kindes die Gefahr weiterer sittlicher Verwahrlosung begründet ist, — „und zwar ohne Unterschied, ob die Verwahrlosung des Kindes auf ein „Verschulden des Inhabers der elterlichen Gewalt zurückgeführt werden „kann, oder ob derselbe seinerseits Alles gethan hat, um der Ver„wahrlosung des Kindes, soweit dies in seinen Kräften steht, vorzubeugen, „ist vom privatrechtlichen Standpunkte aus als bedenklich „erachtet."

Wenn man bei der Auslegung der Worte den Schwerpunkt darauf legte,**) daß eine weitergehende Regelung dieser Angelegenheit im Bürgerlichen Gesetzbuch vom privatrechtlichen Standpunkte aus bedenklich sei, dann konnte man diesem Ausspruch sogar vollständig zustimmen; weitergehende gesetzliche Bestimmungen vom Standpunkte des öffentlichen Rechtes blieben also unberührt. Zu einer kritischen Anmerkung blieb gegenüber diesen Ausführungen der Motive allerdings insofern Veranlassung, als dieselben anscheinend weder die schon recht alte, z. B. bei Berathung der preußischen Zwangserziehungsgesetze auch in Preußen hervorgetretene Strömung, welche die Zulässigkeit der Zwangserziehung gegen verwahrloste Jugendliche auch ohne das Vorliegen einer strafbaren Handlung und gegen den

*) Motive, Bd. IV S. 806 u. 807.

**) S. Altsmann l. c.

Willen des Gewalthabers fordert, kennen, noch auch die oben citirten Landesgesetze, welche diesen Forderungen bereits stattzugeben für nothwendig erachtet haben, in ihrer Bedeutung und Tragweite erkannt und verstanden haben.

Der Entwurf eines Einführungsgesetzes zum Bürgerlichen Gesetzbuch hat aber gezeigt, daß die oben als möglich erachtete Auslegung der Motive eine irrige ist und daß man den Redactoren des Entwurfs Unrecht gethan, wenn man ihnen zumuthete, sie würden neben der Freude an den starren Formen des römischen Familienrechtes auch Rücksichten auf die unabweisbaren Forderungen der Zeit und des Staatslebens mitbringen und deshalb die Befriedigung der schreiendsten Bedürfnisse des öffentlichen Rechtes nicht von der Erlaubniß eines vor zweitausend Jahren mustergültig gewesenen „jus civile“ abhängig machen. Das Einführungsgesetz hält zwar den § 55 des Str.G.B.'s im Allgemeinen aufrecht, jedoch in einer wesentlich veränderten Fassung, er soll in Zukunft lauten:*)

„Wer bei Begehung der Handlung das zwölfte Lebensjahr nicht „vollendet hat, kann wegen derselben nicht strafrechtlich verfolgt werden. „Gegen denselben können jedoch nach Maßgabe der landesgesetzlichen „Vorschriften die zur Besserung und Beaufsichtigung geeigneten Maß„regeln getroffen werden.

„Die Unterbringnng in einer Familie, Erziehungs„anstalt oder Besserungsanstalt kann nur erfolgen, nach„dem durch Beschluß des Vormundschaftsgerichts die Begehung der „Handlung festgestellt und die Unterbringung für zulässig erklärt ist.“

Mit dem von der bisherigen Fassung: „Insbesondere kann die Unterbringung in eine Erziehungs- oder Besserungsanstalt erfolgen, nachdem u. s. w.“ abweichenden neuen Wortlaut: „Die Unterbringung kann nur erfolgen, nachdem u. s. w.“ werden nicht nur die bisherigen — oben aufgeführten — landesgesetzlichen Bestimmungen über die Unterbringung nicht verbrecherischer verwahrloster Kinder beseitigt, sondern auch jeder anderweiten landesgesetzlichen Regelung der Materie vorgebeugt. Doch damit noch nicht genug: es werden damit auch die sämmtlichen, früher**) erwähnten landesgesetzlichen Bestimmungen aufgehoben, welche auch die Zwangserziehung mehr als zwölf Jahre alter verbrecherischer Kinder gestatten. Für verwahrloste Kinder bleibt nur die Möglichkeit des staatlichen Eingreifens, wenn den Inhaber der väterlichen Gewalt — oder nach § 1685 des Entwurfs den Elterntheil,

*) Art. 16 d. Einführungsges.

**) S. oben S. 93.

welchem die Pflicht der Fürsorge für das Kind obliegt — ein Verschulden in der Erziehung trifft, oder wenn er mit der nothwendig befundenen Unterbringung des Kindes nicht einverstanden ist und in der Weigerung, diese Maßregel zu ergreifen, nach den Umständen des Falles eine Vernachlässigung der Erziehung des Kindes gefunden werden muß; — denn, sagen die Motive zum Einführungsgesetz, „ein Bedürfniß, „neben §§ 1546, 1685 des B.G.B.'s solche landesgesetzlichen Vorschriften aufrecht zu erhalten, welche aus dem Gesichtspunkte der „sittlichen Verwahrlosung der Kinder oder der Besorgniß einer solchen „Verwahrlosung die Unterbringung des Kindes gegen den Willen „des gesetzlichen Vertreters ohne Rücksicht darauf gestatten, ob das Kind „eine strafbare Handlung begangen hat, oder wegen einer von demselben „begangenen strafbaren Handlung strafrechtlich nicht verfolgt werden „kann, liegt nicht vor."

Die Bearbeiter der Motive sind zu beneiden um die Ruhe und Sicherheit, mit der sie diesen Satz aussprechen, es wäre allerdings interessant gewesen, wenn sie auch gegenüber der vielfachen Forderung nach einer weitergehenden und allgemeineren Regelung des staatlichen Eingreifens gegen verwahrloste Kinder, als dies schon in den Landesgesetzen geschehen ist, und gegenüber der Thatsache, daß auch im preußischen Abgeordnetenhause bei Berathung des Zwangserziehungsgesetzes das Bedürfniß nach einer demnächstigen Ausdehnung der Bestimmung des Gesetzes auch auf verwahrloste Kinder nie bestritten worden ist, sich auf eine nähere Begründung des Ausspruchs: „ein Bedürfniß der staatlichen Fürsorge für verwahrloste Kinder liegt nicht vor", hätten einlassen wollen. Denn mit einem Federstrich beseitigt man doch nicht etwa ein Dutzend Gesetze, die auf dem Boden eines erkannten Bedürfnisses erwachsen sind, und die Möglichkeit einer weiteren landesgesetzlichen Entwickelung auf diesem Gebiete!

Es müssen gewichtige Gründe gewesen sein, die zu der erwähnten Entscheidung geführt haben; — denn anderenfalls möchten leicht diese Bestimmungen des Entwurfs und des Ausführungsgesetzes dazu mit den Motiven wie ein Hohn auf die socialpolitischen Bestrebungen der Gegenwart klingen. — Oder sollte etwa doch der allein ausschlaggebende Grund in den weiteren Ausführungen der Motive liegen, obgleich sie mit dem Satz: „Ein so allgemeiner Vorbehalt würde auch bedenklich sein," — der seiner Fassung nach nur einen weiteren Grund einleitet, — beginnen:

„Auf Grund desselben wäre die Landesgesetzgebung in „der Lage, in weitem Umfange in die elterliche Gewalt ein-

„zugreifen und die zum Schutze der letzteren im Bürgerlichen „Gesetzbuch gezogenen Schranken zu durchbrechen.“*)

Der Nachweis des Bedürfnisses einer staatlichen Erziehung für verwahrloste Kinder ist unschwer zu erbringen, — denn es liegt vor den Augen dessen, der sehen will, oder der Augen für die Erscheinungen des Lebens hat. Wie viele Tausende wachsen in den Städten und auf dem Lande heran ohne jede Erziehung, sich selbst überlassen,**) die zufällig noch keine strafbare Handlung begangen haben, aber nach dem Stand ihrer sittlichen Entwickelung jeden Moment dazu kommen können, oder auch strafbare Handlungen begangen haben, aber zufällig noch nicht abgefaßt sind — und in wie vielen Fällen wird es ganz unmöglich sein, den Eltern oder dem überlebenden Elterntheil auch nur den geringsten Vorwurf aus der Verwahrlosung der Kinder zu machen. Sind beide Eltern todt, dann darf das Vormundschaftsrecht auch gegen den Willen des Vormundes im Interesse der verwahrlosten Kinder einschreiten, so bestimmt der § 1685 des Entwurfs. Fast möchte man da im Interesse der Kinder diejenigen um ihr Schicksal beneiden, deren beide Eltern verstorben sind, oder die, wenn dies nicht der Fall ist und der zur Sorge für die Kinder berechtigte und verpflichtete Elterntheil in die Unterbringung der Kinder nicht einwilligt, weil er sich nicht von ihnen trennen mag, wenigstens eine strafbare Handlung begangen haben und ertappt sind; denn in den Fällen kann der Richter ihre Unterbringung erzwingen, anderenfalls muß derselbe zur Ehre der väterlichen Gewalt und des elterlichen Erziehungsrechtes mit verschränkten Armen der Verwahrlosung zusehen, bis das Kind vielleicht soweit herangewachsen, daß die Zwangserziehung unzulässig geworden ist, und nunmehr ein Verbrechen begeht.

Der Fehler des Entwurfs zum Bürgerlichen Gesetzbuch und des Einführungsgesetzes beruhen auf dem doppelten Grund des übermäßigen Betonens der väterlichen Gewalt und der elterlichen Erziehungsrechte,

---

*) Motive zu § 16 des Einführungsgesetzes. — Mit Recht erkennt Altsmann l. c. in dem Aufrechthalten der auf Grund des § 55 cit. erlassenen Landesgesetze und der Verwerfung der erziehenden Bestimmung über ältere verbrecherische Jugendliche und über verwahrloste Kinder eine Inconsequenz des bürgerlichen Gesetzbuchs.

**) Vgl. Beschlüsse des Congresses von Antwerpen: on entend pas enfants moralements abandonnés ceux qui, par suite des infirmités, de la négligence, des vices de leurs parents ou d'autres causes, se trouvent livrés à eux-mêmes et privés d'éducation.

und auf dem Verkennen der Grenzen des Privatrechtes; es mußte das Gebiet des öffentlichen Rechtes völlig unberührt gelassen, und keinesfalls durften der Weiterentwickelung desselben Schranken aufgerichtet oder die bisherige Entwickelung zurückgedreht werden. Die Rechte der staatlichen Obervormundschaft gegenüber dem Inhaber der väterlichen Gewalt und dem elterlichen Erziehungsrechte sind vom privatrechtlichen Standpunkt zutreffend abgegrenzt, aber der Standpunkt des gemeinen und des Allg. Landrechts genügt nicht allen Bedürfnissen der gegenwärtigen socialen Verhältnisse im Reiche.

Die Zulässigkeit des staatlichen Eingreifens bei vorhandener Verwahrlosung der Kinder ist übrigens nach den Bestimmungen des § 1546 auch um vieles beschränkter, als die Motive annehmen, — und die Wirkung des staatlichen Eingreifens da, wo sie nach dem Entwurf wirklich zulässig ist, gleich Null. Was zunächst die Deduction der Motive*) anlangt, daß der Vater, welcher ohne Schuld das Kind verwahrlosen läßt, in Schuld komme, wenn er sich nicht bereitwillig zeige, dem Verlangen des Vormundschaftsgerichts nach Zwangserziehung zu entsprechen, so hat schon Altsmann**) dargelegt, wie rechtlich zweifelhaft dieselbe ist. Ich gehe noch etwas weiter. Nach § 1504 kann der Erziehungsberechtigte das verwahrloste Kind mit Hilfe des Vormundschaftsgerichts in eine Anstalt bringen. Das Vormundschaftsgericht kann aber nur auf Antrag des Berechtigten thätig werden, sofern nicht ein schuldhaftes Verhalten desselben im Sinne des § 1546 vorliegt, — und, fügen die Motive***) hinzu, gegen den Willen des Berechtigten die auf Antrag getroffenen Maßregeln nicht aufrecht erhalten. Der Widerspruch dieser und der Ausführung der Motive zu § 1546 liegt auf der Hand. Wenn aber ein Antrag nicht vorliegt, dann hat das Vormundschaftsgericht überhaupt keine Gelegenheit in einen Zwiespalt der Meinungen mit dem Vater des — ohne Verschulden desselben — verwahrlosten Kindes zu kommen; wie wandelt sich also der Widerwille des Erziehers gegen die Erziehungsanstalt in Schuld? Und weiter, wenn der Vater sein Kind liebt oder zu lieben vorgiebt und deshalb nicht einsehen will, daß das Kind nur durch die Verbringung in eine Anstalt gerettet werden kann, wie soll da ein subjectives Verschulden construirt werden! Es bleiben also alle die ohne Schuld der Eltern verwahrlosten Kinder nach dem Bürgerlichen Gesetzbuch verwahrlost,

*) Motive zu § 1546 Band IV S. 807.

**) l. c.

***) Motive IV S. 752.

falls nicht der Erziehungsberechtigte selbst die Unterbringung beantragt, und die Zahl dieser Verwahrlosten ist sehr groß und wird die socialen Gefahren nur vermehren. Thatsächlich bleiben aber auch in Zukunft die durch Schuld der Eltern verwahrlosten Kinder verwahrlost, so wie sie jetzt in den Rechtsgebieten verwahrlost bleiben, in denen lediglich ein Verschulden der Eltern zum Eingreifen berechtigt. Wenn wir eine Enquête z. B. bei allen Vormundschaftsrichtern Preußens anstellen würden, wie viel nicht verbrecherische verwahrloste Kinder ein Jeder während seiner Praxis auf Grund seiner vormundschaftlichen Gewalt in Erziehungsanstalten untergebracht habe, so glaube ich nicht zu viel zu sagen, wenn ich behaupte, daß gar mancher sich zunächst über seine gesetzlichen Befugnisse auf diesem Gebiet informiren würde, da die Erinnerung an dieselben im Laufe seiner praktischen Thätigkeit ganz abhanden gekommen ist; die Zahl der wirklich untergebrachten Kinder würde sich so verschwindend klein herausstellen, daß sie weitaus in keinem Verhältniß steht zu dem vorhandenen Bedürfniß. Schon aus dem Grunde, weil für diese Fälle die Kostenfrage ein unübersteigliches Hinderniß abgiebt! Die Eltern sind arm, die Ortsarmenverbände werden selten bereit sein, die Kosten einer Erziehungsanstalt aufzuwenden, so bleibt im günstigsten Fall die Unterbringung in einer Familie — bei den Mindestfordernden durch den Armenverband. Wo in Preußen verwahrloste, nicht verbrecherische Kinder in Anstalten untergebracht sind, da ist es meist das Verdienst der Privatwohlthätigkeit (Erziehungsvereine, innere Mission, religiöse Erziehungsanstalten u. s. w.), welche da zugegriffen hat, wo die Eltern in die Unterbringung ihrer Kinder in deren Interesse einzuwilligen verständig genug waren. Aber gerade die Mitglieder dieser wohlthätigen Anstalten klagen häufig darüber, daß der Unverstand der Eltern ihnen die größten Schwierigkeiten bereitet und daß sie die Kinder in die alten Verhältnisse zurückzugeben gezwungen sind, wenn die Eltern es verlangen. Ich übe deshalb wohl keine zu harte Kritik, wenn ich sage, daß der Entwurf des Civilgesetzbuchs und des Einführungsgesetzes das wenige Gute, was die Landesgesetzgebung auf diesem Gebiete geschaffen hat, beseitigt und im Wesentlichen die privatrechtlichen Bestimmungen gerade aus den Rechtsgebieten adoptirt hat, in denen diese Materie noch völlig im Argen lag. Man darf die Erziehungs*rechte* der Eltern nicht allzusehr betonen und darüber die Erziehungspflichten der Eltern gegen die Kinder und gegen den Staat ganz in den Hintergrund schieben.

Die Berliner Conferenz hat nicht ohne Grund den einstimmigen Beschluß gefaßt, daß die gesammte Behandlung der verbrecherischen und verwahrlosten Jugend durch ein besonderes Reichsgesetz einheitlich geregelt werden müsse.*)

Die Vorschläge der Commission in diesem Punkt erfreuen sich deshalb auch des ungetheilten principiellen Beifalles unserer Gutachter.

Einiges davon soll hier seinen Platz finden.

„Dieser Vorschlag", heißt es in einem Gutachten zu dieser Frage, „ist meines Erachtens der bei weitem Wichtigste von Allen und stehe „ich demselben durchaus sympathisch gegenüber. Ich halte die Durch„führung desselben überhaupt für das alleinige Mittel, um die Ver„brechen zu mindern. Alles Andere ist Flickwerk; darauf kann garnicht „genug hingewiesen werden; hier allein kann nur das Uebel an der „Wurzel getroffen werden. Was hilft das alles, wenn ein Bursche zur „Zwangserziehung gelangt, nachdem er Verbrechen verübt hat, bewahrt „werden muß er davor. Dies ist aber nur möglich, wenn er frühzeitig „aus dem Sumpf entfernt und in die frische Luf versetzt wird."

In einem anderen Gutachten heißt es von einem Geistlichen:

„Dieser Satz erstrebt die großartigste und zugleich nöthigste Er„weiterung des bisherigen Rechtes. Alle wahren Freunde des Volkes „werden erkennen müssen, daß hier schnelle und starke Hilfe noth thut. „Wie viele arme Kinder stehen beständig in dem giftigen Luftkreise ihrer „Familien, wo Branntwein oder Arbeitsscheu oder Unzucht gröbster Art „oder Bettel und Stehlen verderblich wirken und können doch nicht aus „dem Sumpfe herausgehoben werden, weil kein bestimmtes Vergehen „vorliegt; hier wäre eine Hilfe für diese entsetzlichen Nothstände."

„Diese Lücke der Gesetzgebung auszufüllen", äußert sich ein drittes Gutachten, „ist durchaus nothwendig. Wie oft wird die Erziehung „der Kinder mit und ohne Schuld der Eltern entsetzlich vernachlässigt, „ohne daß bisher eine Handhabe gefunden werden konnte, die Zwangs„erziehung anzuwenden. Hier wird die zuständige Behörde eine gesegnete „Thätigkeit entfalten können; wird doch die Drohung mit der Wegnahme „der Kinder oft schon eine heilsame Anstrengung der Eltern zur Folge „haben. . . . . ."

Ein Einwand bleibt noch zu erwähnen; der Begriff der Verwahrlosung sei ein so unbestimmter, daß er gesetzgeberisch nicht zu gebrauchen sei. Der Einwand ist unbegründet, wie die Erfahrungen zeigen, die mit den bestehenden Landesgesetzen gemacht worden sind.

Ueber die Fassung der vorzuschlagenden Gesetzesbestimmung sind die Meinungen getheilt; einige wollen specielle Fälle, z. B. Tod beider

*) Berliner Conferenzbeschlüsse Nr. 7.

Eltern, Bestrafung der Eltern mit Zuchthaus, Bestrafung der Mutter wegen Gewerbsunzucht, Armuth der Eltern, herausgegriffen haben. Es sind das alles Fälle, in denen Zwangserziehung nothwendig werden kann, aber es würde doch bedenklich sein, in diesen Fällen die Zwangserziehung unbedingt obligatorisch zu machen, und durch die Aufzählung würde man eine allgemein gehaltene Clausel nicht entbehrlich machen; alle die Fälle, in denen die staatlich überwachte Erziehung eintreten soll, aufzuzählen, ist unmöglich. Läßt man aber in den einzeln aufgezählten Fällen die Zwangserziehung facultativ zu, dann kommt das im Resultat doch wieder auf dasselbe hinaus, was auch mit der allgemeinen Bezeichnung „Verwahrlosung der Kinder" angestrebt wird.

Die Zuchthausstrafe eines Elterntheiles erfordert nicht nothwendig die staatliche Erziehung, denn der andere Theil kann ja vielleicht gerade, wegen des abschreckenden Beispiels, welches der verurtheilte Gatte giebt, besondere Sorgfalt auf die Kindererziehung verwenden; und auch der zu Zuchthaus Verurtheilte ist nicht in allen Fällen der Kindererziehung unwürdig. Man nehme nur an, daß der Vater wegen Todtschlag oder wegen Körperverletzung mit tödtlichem Erfolg mit Zuchthaus bestraft ist. Wer wollte deshalb allein behaupten, daß ihm die Erziehung der Kinder abgenommen werden müsse; es bedarf hier immer noch der sorgfältigen Prüfung der häuslichen Verhältnisse.*)

Der Tod beider Eltern macht die staatliche Erziehung nur dann nothwendig, wenn nicht auf anderweite Weise für die Kinder genügend gesorgt ist.

Der Fall, daß die Mutter der Gewerbsunzucht nachgeht, wird allerdings wohl stets Veranlassung sein, die Kinder der häuslichen Erziehung abzunehmen, denn mit diesem Treiben geht die Vernachlässigung des Haushaltes stets Hand in Hand und es wachsen aus dieser Atmosphäre fast nur verkommene und verbrecherische Kinder heraus.

Armuth der Eltern ist ein viel zu unbestimmter Begriff, als daß derselbe als Voraussetzung der staatlichen Erziehung brauchbar wäre. Bei einer solchen Armuth der Eltern, daß sie nicht im Stande sind,

*) Auch eine besondere Bestimmung des Inhaltes, daß bei Verurtheilung der Eltern zu längerer Freiheitsstrafe die Behörde von Amtswegen prüfen soll, ob nicht Verwahrlosung der Kinder vorliegt, habe ich in den Gesetzentwurf nicht aufgenommen, da diese Bestimmung nicht sowohl in das Gesetz gehört, als vielmehr Sache einer Ausführungsanordnung sein wird, welche die Polizeibehörde oder die Staatsanwaltschaft anweist, von solchen Verurtheilungen das Vormundschaftsgericht zu verständigen, welches dann nach §§ 11 bis 26 des Gesetzentwurfs von Amtswegen weitere Ermittelung anstellt.

für ihre Kinder entsprechend zu sorgen, muß zunächst die Armenverwaltung thätig werden, daß aber die Kinder aus den Kreisen der größten Armuth auch nothwendig „verwahrloste Kinder" sein oder werden müßten, das ist noch lange nicht gesagt. Allerdings ist, wie schon hervorgehoben, überall da, wo beide Eltern zum Erwerb des nothwendigsten täglichen Lebensunterhaltes von Morgens früh bis Abends spät außer dem Hause arbeiten müssen, am leichtesten Gelegenheit, daß die sich selbst überlassenen Kinder verwahrlosen, ob das aber wirklich geschieht, bleibt doch immer erst Sache der Prüfung und der Feststellung im einzelnen Fall.

Der Begriff der Verwahrlosung, mit dem alle Gesetzgebungen bisher operirt haben, ist nicht nur nicht zu entbehren, sondern es wird auch am richtigsten sein, von allem Aufzählen von Beispielen ganz abzusehen und die Vorschläge so zu fassen, daß das verständige richterliche Ermessen freie Hand behält.

Wenn wir darin übereinstimmen, daß bei verwahrlosten Kindern staatlich überwachte Erziehung eintreten soll, dann wird alsbald die weitere Frage zu erörtern sein, für welche Altersklasse die staatlich überwachte Erziehung stattfinden kann. Die Eisenacher Beschlüsse hatten, ohne eine Altersgrenze nach unten festzusetzen, nach oben als Grenze das vollendete sechzehnte Lebensjahr angenommen. Daran, daß eine feste untere Altersgrenze nicht gesetzlich bestimmt werden darf, halten wir auch hier fest, und es wird genügen, im Allgemeinen auf das früher*) Erörterte hinzuweisen und nur noch hinzuzufügen, daß auch hier die Besonderheiten des einzelnen Falles entscheidend sein müssen. Bei ganz kleinen Kindern wird der Zustand der Verwahrlosung nicht nach außen bemerkbar werden, geschieht es aber doch, dann ist es auch nothwendig, daß die staatliche Fürsorge eintritt; manchmal wird es genügen, von mehreren Kindern nur eins wegzunehmen, die andern aber zu belassen. Es werden an die Fähigkeit der Behörden zu individualisiren, hohe Anforderungen gestellt werden müssen, aber das ist auch nothwendig, wenn überhaupt das Werk gedeihen soll. Die Berliner Conferenz hat die obere Altersgrenze auch hier auf das vierzehnte Lebensjahr herabgesetzt, indem sie von dem Gedanken ausging, daß die Herabsetzung der Altersgrenze der Strafunmündigkeit auch eine entsprechende Herabsetzung hier zur Folge haben müsse. Dieser Auffassung vermag ich nicht beizutreten, da ich den Zusammenhang der beiden Gebiete nicht einsehen kann. Das vierzehnte Lebensjahr als oberste Grenze würde aber auch für mehrere

*) S. oben S. 71.

der früher erwähnten Landesgesetze, welche jetzt schon als oberste Grenze das sechzehnte Lebensjahr eingeführt haben, einen recht bedenklichen Rückschritt bedeuten. Mit der Beibehaltung des sechzehnten Lebensjahres ist aber auch noch ein anderer Vortheil verbunden. Es wird, auch bei der sorgfältigsten Behandlung der Strafsachen, vorkommen, daß jugendliche Thäter zwischen dem vierzehnten und sechzehnten Lebensjahre nur zu Strafe verurtheilt werden, obgleich Erziehung oder wenigstens eine nachträgliche Erziehung nach der Strafverbüßung das Richtigste gewesen wäre. Wenn der Vorsteher oder der Seelsorger der Strafanstalt, die während der Strafverbüßung den Thäter näher kennen lernen und auch mit den häuslichen Verhältnissen, aus denen derselbe gekommen ist, bekannt werden, nun finden, daß die Voraussetzungen der staatlich überwachten Erziehung vorliegen, dann gewährt das sechzehnte Lebensjahr als oberste Grenze die Möglichkeit, daß auch noch nach verbüßter Strafe, nicht wegen der Strafthat, aber wegen der constatirten sittlichen Verwahrlosung, für jene beiden Jahrgänge die staatlich überwachte Erziehung angeordnet werden kann.

Diese Möglichkeit auch bis zum achtzehnten Lebensjahr auszudehnen, könnte gewiß in manchen Fällen recht wünschenswerth erscheinen, doch muß man sich damit bescheiden, wenn sie für die Thäter in den ersten beiden Jahren der relativen Strafmündigkeit gegeben wird.

Der Eingriff, der in dieser weitgehenden Zulassung der staatlichen Erziehung in die elterlichen Erziehungsrechte liegt, wird wesentlich dadurch gemildert, daß wir eben die staatlich überwachte Erziehung auch in der eigenen Familie einführen wollen; sie wird besonders anwendbar sein, wenn die Verwahrlosung noch nicht soweit vorgeschritten ist, daß nicht noch eine gesteigerte Energie der eigenen Eltern das Kind zu erretten vermöchte, oder wenn sittliche Verwahrlosung nur zu befürchten ist.

Wir schlagen folgenden Satz vor:*)

„Auch ohne das Vorliegen einer strafbaren Handlung ist für „Personen, welche das sechzehnte Lebensjahr noch nicht vollendet haben, „staatlich überwachte Erziehung anzuordnen:

„wenn sittliche Verwahrlosung festgestellt ist, oder die häuslichen „Verhältnisse solche sind, daß sittliche Verwahrlosung zu befürchten ist, „und die Maßregel nothwendig erscheint, die jugendlichen Personen vor „dem sittlichen Verderben zu bewahren."

Der Unterschied dieses Satzes zu dem oben unter § 3 Nr. 4 des Gesetzentwurfs enthaltenen wird klar sein. An jener Stelle handelt es

*) These Nr. III. u. Ges.Entw. § 8.

sich nur um Kinder, welche bereits eine strafbare Handlung begangen hatten, bei ihnen muß deshalb, wenn auch noch sittliche Verwahrlosung oder dringende Besorgniß einer solchen hinzukommt, staatlich überwachte Erziehung angeordnet werden; hier, wo es sich nicht um verbrecherische Kinder handelt, kann staatlich überwachte Erziehung angeordnet werden. Denn diese ist hier nicht in allen Fällen das einzige vorhandene Mittel. Wenn z. B. Kinder unter Vormundschaft stehen, so kann unter Umständen ein Wechsel in der Person des Vormundes, ein Wechsel in der Stelle, wo die Kinder sich in Pflege befinden, für ausreichend erachtet werden; bei Personen über vierzehn Jahren kann die Verwahrlosung in der Person des Lehrmeisters oder Arbeitgebers liegen und ein Wechsel mit dieser Person zunächst genügend sein; bei Kindern unter väterlicher Gewalt reicht vielleicht zunächst eine Mahnung an den Gewalthaber aus, da es sich nur um Nachlässigkeit desselben oder um die Beseitigung bestimmter Mißstände in der Familie handelte; deshalb ist absichtlich gesagt, staatlich überwachte Erziehung ist anzuordnen — wenn die Maßregel nothwendig erscheint, die jugendlichen Personen vor sittlichem Verderben zu bewahren.

In einem Anhang zu seiner neuesten, hier schon mehrfach citirten Schrift: „Die Behandlung der verwahrlosten und verbrecherischen Jugend"*) schlägt Aschrott folgende Fassung vor:

„Staatlich überwachte Erziehung kann gegen jugendliche Personen „unter sechzehn Jahren angeordnet werden, deren bereits zu Tage ge„tretene Verwahrlosung die Erziehungsgewalt ihrer Eltern oder Vor„münder und die Zuchtmittel der Schule als unzulänglich erscheinen „läßt, um sie vor sittlichem Verderben zu bewahren."

Er führt dann weiter aus: „es müssen erkennbare Zeichen der Ver„wahrlosung vorliegen, wobei es aber durchaus nicht erforderlich ist, „daß sich die Verwahrlosung bereits in strafbaren Handlungen kund„gegeben hat, und die gewöhnlichen Erziehungsmittel müssen gegen den „Verwahrlosten unzureichend sein, wobei es gleichgiltig ist, ob der „Grund hierfür in der schlechten Veranlagung des Kindes, in der „Persönlichkeit der Eltern oder in sonstigen Verhältnissen liegt."

Der hier vertretene Standpunkt kann sich mit diesem Vorschlag nicht einverstanden erklären. Fast wäre dann noch der § 1546 des Entwurfs zum Bürgerlichen Gesetzbuch insofern annehmbarer, als er davon spricht, daß Maßregeln und eventuell die Verbringung des Kindes in eine Anstalt angeordnet werden kann, wenn das geistige oder leibliche Wohl des

*) S. daselbst S. 37.

Kindes gefährdet wird oder eine solche Gefährdung zu besorgen ist. Der Vorschlag Aschrott's ist viel zu eng und läßt das vorbeugende Element in der ganzen Einrichtung nicht genügend hervortreten, da er stets die Feststellung der vorhandenen und bereits zu Tage getretenen (soll wohl heißen: an die Oeffentlichkeit getretenen) Verwahrlosung verlangt, die Gefährdung des Kindes, die dringende Besorgniß der Verwahrlosung also ganz übergeht. Während aber der § 1546 des Entwurfs zum Bürgerlichen Gesetzbuch vom privatrechtlichen Standpunkt aus das Einschreiten des Vormundschaftsgerichts wesentlich vom Verhalten des Gewalthabers oder Erziehers abhängig macht, betont der Vorschlag Aschrott's mit einigen der oben citirten Landesgesetze ausschließlich das Verhalten des Kindes. Wenn Aschrott in der Begründung hervorhebt, die gewöhnlichen Erziehungsmittel müßten gegen den Verwahrlosten unzureichend sein, wobei es gleichgiltig sei, ob der Grund hierfür in der schlechten Veranlagung des Kindes, in der Persönlichkeit der Eltern oder in sonstigen Verhältnissen liege, so ist das in der Fassung des Vorschlags nicht enthalten. Dieser spricht von der Erziehungsgewalt der Eltern und den Zuchtmitteln der Schule, und diese Wortfassung läßt sich ohne Zwang doch nur dahin auslegen, daß die staatliche Erziehung eintreten soll, wenn das Kind sich als so verdorben und verkommen gezeigt hat, daß gegen solche Verkommenheit die Machtmittel elterlicher Erziehungsgewalt und die Machtmittel der Schule nicht ausreichen; was wir aber gerade bedürfen, die Möglichkeit ein verwahrlostes Kind deshalb unterzubringen, weil bei diesen Eltern nichts für die Besserung des Kindes zu erhoffen ist, obgleich die Ausübung der vollen elterlichen Erziehungsgewalt anderenfalls ausreichend sein würde, das spricht die Fassung des Aschrott'schen Vorschlags nicht aus, denn die Erziehungsgewalt der Eltern ist ein abstracter Begriff. Z. B. bei einem Kinde sind Anzeigen sittlicher Verwahrlosung, jedoch nicht in besonders hohem Grade nachgewiesen, an sich würde man das Kind den Eltern belassen, wenn man erwarten dürfte, daß die Eltern, durch das Ermittelungsverfahren dazu angetrieben, nunmehr mit Strenge über der weiteren Entwickelung des Kindes wachen würden; die Erziehungsgewalt, welche die Eltern des Kindes ausüben können, würde also noch ausreichend erscheinen; es wird aber ermittelt, daß der Vater einen schweren Diebstahl begangen hatte und mit Zuchthausstrafe belegt war, welche er soeben verbüßt hat (ein Fall, der im englischen Recht besonders vorgesehen ist) und daß die Mutter gleichfalls eine Diebin ist; die Erziehungsgewalt der Eltern an sich wird dadurch nicht alterirt, aber von diesem Vater und dieser Mutter ist ihre richtige Handhabung nicht mehr zu erwarten, „**deshalb erscheint die Maßregel der staatlich überwachten Erziehung nothwendig, um das Kind vor sittlichem Verderben zu bewahren**“.

Die von mir vorgeschlagene Fassung gestattet der Behörde, bei ihrem Eingreifen das Verhalten der Eltern, den Zustand der häuslichen Verhältnisse oder den Charakter des Kindes gleichmäßig zu berücksichtigen.

XIII.

Das Verfahren.

(S. Ges.Entw. §§ 9 bis 32.)

1. In den bestehenden Landesgesetzen sind die Bestimmungen über das Verfahren gegen verbrecherische oder verwahrloste Kinder verschieden. Es lassen sich zwei Hauptgruppen unterscheiden. In der ersten Gruppe besteht gerichtliches Verfahren, in der zweiten Gruppe sind lediglich Verwaltungsbehörden bei dem Verfahren betheiligt (z. B. Anhalt, Mecklenburg, Lübeck u. s. w.). Im Allgemeinen haben die Vormundschaftsbehörden die Voraussetzung der Zwangserziehung und die Zulässigkeit oder die Erforderlichkeit derselben festzustellen, das Weitere ist dann Sache derjenigen Behörde, welcher die Ausführung der Zwangserziehung übertragen ist; je nachdem die obervormundschaftliche Thätigkeit des Staates nach den Landesgesetzen den Gerichten oder Verwaltungsbehörden obliegt, findet gerichtliches Verfahren statt oder nicht, doch ist dieser Gesichtspunkt nicht ausschließlich maßgebend gewesen (Anhalt). Darin stimmen aber alle Landesgesetze überein, daß die Formen des ordentlichen Strafverfahrens auch für verbrecherische Kinder ausgeschlossen bleiben.

Die Eisenacher Vorschläge enthalten*) den Satz: „Der Richter stellt die Begehung der strafbaren Handlung fest und entscheidet darüber, ob staatlich überwachte Erziehung eintreten soll.“ Der Satz hat in den Gutachten vielfache Anfechtung erfahren. Vor Allem machte sich eine Strömung geltend, welche das Ganze als eine Verwaltungsmaßregel Verwaltungsbehörden übertragen will, andere warfen die Frage auf, welcher Richter soll entscheiden. Die berufenste Behörde für die hier zu treffenden Entscheidungen sind die Vormundschaftsgerichte, wo solche bestehen; sie bieten die Garantie der richterlichen Unabhängigkeit und zugleich der innigen Fühlung mit dem Volksleben; es fragt sich, ob es angemessen ist, für diejenigen Rechtsgebiete, in welche Vormundschafts-

*) Vgl. Eisenacher Vorschläge I. 3.

gerichte nicht bestehen, das Amtsgericht als entscheidende Behörde vorzuschlagen und deshalb den Satz des Eisenacher Entwurfs allgemein zu fassen: „das Amtsgericht stellt die Begehung der strafbaren Handlung fest u. s. w.," und denjenigen Staaten, welche Vormundschaftsgerichte haben, es zu überlassen, speciell die Vormundschaftsabtheilung des Amtsgerichts mit der Angelegenheit zu betrauen. Für diesen Vorschlag würde der Umstand sprechen, daß der Entwurf des Civilgesetzbuchs nur Vormundschaftsgerichte kennt, und daß also in Zukunft höchstwahrscheinlich doch nur Gerichte mit der Entscheidung befaßt sein werden. Es dürfte sich aber empfehlen, einstweilen hier den Bestimmungen der Einzelstaaten möglichst Rechnung zu tragen und den Vorschlägen nicht Schwierigkeiten rein formeller Natur zu bereiten, und deshalb das Verfahren möglichst in der Hand der Vormundschaftsbehörden zu belassen.

Einen eigenartigen Vorschlag macht Aschrott.*) Er will für jeden Amtsgerichtsbezirk eine Commission, bestehend aus dem Vormundschaftsrichter, einem Vertreter der Staats- und der Localbehörde, der Geistlichkeit und der Schule, nicht allein für die Entscheidungen über die Strafthat und die Nothwendigkeit der Unterbringung, sondern demnächst auch für die Leitung der Erziehung niedersetzen. Auf den ersten Blick hat der Vorschlag etwas ungemein Bestechendes, und ähnliche Einrichtungen bestehen für die Entscheidung thatsächlich in Hamburg (ein rechtsgelehrtes Mitglied und zwei Laienmitglieder) und in Anhalt (Kreisdirector, richterliches Mitglied und ein vom Kreistag gewählter Beisitzer), und doch ist der Vorschlag nicht zu empfehlen. Ganz abgesehen davon, daß davon gar keine Rede sein kann, dieser Commission (Erziehungsamt nennt sie Aschrott) die Leitung auch der Erziehung selbst in die Hand zu geben, wie ich demnächst **) ausführen werde, krankt dies Erziehungsamt, was die Entscheidung über die Nothwendigkeit der Erziehung betrifft, vor Allem an dem einen großen Fehler, der es gleich um das allgemeine Vertrauen bringen würde: es steht in kleinen Bezirken mit der Mehrheit seiner Mitglieder nicht objectiv über den einzelnen Sachen, sondern recht häufig mit beiden Beinen mitten darin. Der Geistliche, der Lehrer und der Gemeindebeamte würden in kleinen Bezirken sehr häufig über Dinge urtheilen, die ihnen schon aus ihrem anderweiten Wirkungskreise bekannt geworden; sie sind deshalb in den meisten Fällen die schätzbaren und nothwendigen Auskunftspersonen, Gehilfen des Richters oder der entscheidenden Behörde in diesem Sinne, aber nicht geeignete

*) l. c. S. 37 ff.

**) S. 146.

Mitglieder des Gerichts selbst; bei dem Gemeindebeamten würden zudem noch, je nachdem die Frage der Aufbringung der Kosten geregelt wird, und jedenfalls vom Standpunkt der Gemeindearmenlast aus, sobald die eigene Gemeinde in Frage kommt, die Interessen der Gemeinde und der Erziehung collidiren.

Auch noch manche andere Fragen hat Aschrott unbeantwortet gelassen: Was soll der Staatsbeamte noch neben dem Richter in der entscheidenden Behörde; welcher Geistliche soll Mitglied sein, soll er ein für alle Mal fest bestimmt sein, und also der evangelische Geistliche auch über katholische Kinder entscheiden, oder umgekehrt der katholische auch über evangelische, und, falls nicht, wie soll es werden, wenn, wie das häufig genug vorkommen wird, ein Geistlicher der Confession, welcher das Kind angehört, nicht am Sitz des Gerichts oder nicht im Bezirk desselben ist? Soll der Gemeindebeamte wechseln nach der Gemeindeangehörigkeit des Kindes?

Und wenn alle diese Vorfragen in angemessener Weise beantwortet werden könnten, dann möchte ich noch immer behaupten, daß dies im wahrsten Sinne des Wortes „gemischte Gericht" weniger zur Entscheidung der ihm obliegenden Angelegenheit geeignet ist, als das Vormundschaftsgericht, welches sich bei diesen Personen gegebenen Falles als Auskunftspersonen gutachtliche Aeußerungen einholt.

Eher würde ich geneigt sein, der oben erwähnten Hamburger Einrichtung den Vorzug zu geben, doch paßt diese den Schöffengerichten zu vergleichende Einrichtung auch höchstens für den Bezirk einer großen Stadt. Der zufälligen Zusammensetzung eines ländlichen Schöffengerichts (und schließlich überhaupt eines Schöffengerichts) möchte ich die wichtigen Interessen einerseits des Kindes und andererseits der Familie nicht ohne Weiteres anvertrauen. Und weshalb ohne Noth eine neue Behörde von mindestens zweifelhaftem Werthe schaffen! Auch müßten doch die Entscheidungen gerade dieses Erziehungsamtes einem Rechtsmittel unterliegen. Aschrott sagt davon nichts. Wie soll das Beschwerdeamt gebildet werden? Wir stehen da vor der Alternative, entweder einen ganz schwerfälligen Senat schaffen zu müssen, etwa aus der dem Vormundschaftsrichter vorgesetzten Civilkammer des Landgerichts, Verwaltungsbeamten, Geistlichen, Lehrern und Communalbeamten bestehend, oder die wenig zur Nachahmung auffordernde Erscheinung zu wiederholen, daß über einem aus einem rechtsgelehrten Richter und Laien bestehenden Gericht eine ausschließlich rechtsgelehrte Kammer als obere Instanz thront. Ich glaube daher den Vorschlag empfehlen zu sollen, daß wir als Regel den Satz aufstellen, für die Entscheidung, ob staatlich überwachte Erziehung eintreten soll, ist das Vormundschaftsgericht zuständig; in den Rechtsgebieten aber, in denen die obervormundschaftliche Thätigkeit des Staates zur Zeit nicht von den Gerichten, sondern von besonderen Vormundschaftsbehörden ausgeübt wird, bleibt es der Landesgesetzgebung überlassen, ob sie die Entscheidungen dem Amtsgericht schlechthin oder der Vormundschaftsbehörde übertragen will.*) Im letzteren Fall ist natürlich auch der Instanzenzug landesgesetzlich zu regeln, soweit es sich um Beschwerden wegen der Verhängung oder Nichtverhängung der staatlichen Erziehung handelt.

Wenn im Folgenden von dem Gericht die Rede ist, so ist damit, sofern das Gegentheil nicht ausdrücklich gesagt wird, stets auch eventuell die Vormundschaftsbehörde mit gemeint. Das Verfahren selbst ist möglichst frei zu gestalten. Deshalb muß dem Gericht die Befugniß zustehen, das Verfahren nicht nur auf Anzeige, sondern auch dann einzuleiten, wenn auf andere Weise ein Fall zur amtlichen Kenntniß kommt, der das Einschreiten fordert,**) und alle zur Aufklärung erforderlichen Ermittelungen entweder selbst oder mittels Ersuchens von Behörden vorzunehmen.

Die Betheiligung irgend einer anderen Behörde an dem erstinstanzlichen Verfahren ist ausgeschlossen. Weder die Staatsanwaltschaft, noch die mit der Leitung der staatlich überwachten Erziehung betraute Behörde spielt in dem Verfahren vor dem Einzelrichter eine Rolle, aber alle Behörden müssen dem Gerichte Rechtshilfe leisten. Die speciell Genannten und die Polizeibehörden müssen die zu ihrer Kenntniß gelangenden Straffälle dem zuständigen Richter mittheilen. Deshalb besteht in diesem Verfahren auch kein Bedürfniß für den von Aschrott***) vorgeschlagenen Jugendanwalt, der namentlich auch zur Ermittelung strafbarer Handlungen der Kinder nicht erforderlich ist, denn ich vermag nicht abzusehen, wie bei unserem deutschen Polizei- und Sicherheitsdienst der Jugendanwalt leichter in der Lage sein soll, strafbare Handlungen von Kindern auszumitteln wie die Beamten der Polizei oder die Gendarmerie. Denkt man sich aber die Thätigkeit des Jugendanwalts nicht als eine polizeiliche, sondern mehr als die Thätigkeit eines Instructionsrichters, dann würde ich sie für unpraktisch erachten, da ich gerade den Vorzug in dem von uns angestrebten Verfahren erblicke, daß sich die ganze Untersuchung vor dem Richter entwickelt, der auch zur Entschei-

*) S. Ges.Entw. § 9.
**) S. Ges.Entw. § 11.
***) l. c. S. 38.

dung berufen ist. Dies würde auch noch ein Moment gegen die vorgeschlagene Gerichtscommission abgeben, denn die Mitglieder würden von der Sache nur das erfahren, was sich vor ihren Augen in der nothwendigen Hauptverhandlung abspielte, und da würden sie fast niemals den ersten unmittelbaren und deshalb wahrsten Eindruck erhalten, den immer nur der Beamte allein bekommt, welcher die ganze Untersuchung führt. Was sie sonst noch aus dem Gang der Untersuchung erfahren müßten, das könnten sie nur aus dem Munde des Richters oder durch Actenlesen, also immer nur mittelbar erfahren. Eine Hauptverhandlung nach Art des Strafverfahrens ist aber nicht einmal für nothwendig und gewiß nicht in allen Fällen für angemessen zu erachten. Die bestehenden Gesetze haben allerdings meist die Einrichtung einer Schlußverhandlung. Es mag jedoch dem Richter im einzelnen Falle überlassen bleiben, ob er eine mündliche Verhandlung für erforderlich hält.*) Dem Interesse des Kindes entspricht es gewiß oft, von einem formellen Verhandlungstermin Abstand zu nehmen.

Besondere Erwähnung erfordert der Satz: daß der Richter Zeugen und Sachverständige eidlich vernehmen kann.**) Es ist so oft als ein Mißstand empfunden, daß in unserem Proceßverfahren das Gericht regelmäßig die Auskunftspersonen eidlich vernehmen muß, und daß dies z. B. auch dann geschehen muß, wenn das Gericht die feste Ueberzeugung hat, der Zeuge werde einen Meineid schwören, daß es aber auch geschehen muß, wenn der Richter die feste Ueberzeugung von der vollkommenen Wahrhaftigkeit der Auskunftsperson hat. Ich habe es deshalb für ausreichend erachtet, in die Hand des Gerichts die Befugniß zur eidlichen Vernehmung zu legen, damit die Möglichkeit gegeben ist, ein eidliches Zeugniß zu verlangen, damit aber andererseits das — man verzeihe den Ausdruck — unnöthige Herunterrasseln von Eiden, das die Ehrfurcht vor der Heiligkeit und der Bedeutung des Eides zu untergraben geeignet ist, vermieden werden kann.

Für das Verfahren soll dasjenige Gericht zuständig sein,***) in dessen Bezirk sich das Kind aufhält, oder in dessen Bezirk die strafbare Handlung begangen ist. Diese Bestimmung bedarf einer besonderen Begründung nicht.

Die Endentscheidung der Gerichte kann eine dreifache sein, sie kann auf Einstellung des Verfahrens lauten, weil eine strafbare Handlung

*) S. Ges.Entw. § 13.
**) S. Ges.Entw. § 11.
***) S. Ges.Entw. § 9.

nicht erwiesen ist, sie kann ferner eine strafbare Handlung für festgestellt erklären, und dann entweder die staatlich überwachte Erziehung für erforderlich erklären oder das Kind seiner Familie überweisen. Diese Entscheidungen müssen einmal wenigstens angefochten werden können. Es ist dies unbedingt nothwendig bezüglich der Entscheidung auf staatlich überwachte Erziehung im Interesse der gesetzlichen Vertreter des Kindes, es ist aber auch bezüglich der anderen beiden Entscheidungen nothwendig im öffentlichen Interesse. Wenn die Entscheidung erster Instanz auf staatlich überwachte Erziehung lautet, so ergeben sich die gesetzlichen Vertreter des Kindes, der Vater oder der Vormund, als Beschwerdeführer von selbst; wenn die Entscheidung auf Ueberweisung an die Familie lautet, so kann dem Vormund nicht versagt werden, im Interesse des Kindes dieselbe anzufechten, es ist damit jedoch nicht ausreichend fürgesorgt; auch derjenigen Behörde, welcher die Ausführung, Beaufsichtigung und Leitung der staatlichen Erziehung übertragen ist, muß das Recht der Beschwerde eingeräumt werden. Wenn dagegen das Verfahren eingestellt ist, weil die strafbare Handlung nicht für erwiesen angenommen ist, dann fehlt es der Erziehungsbehörde einstweilen noch an dem erforderlichen Interesse zur Beschwerdeführung; in diesem Falle ist die Staatsanwaltschaft am Landgericht die geeignete Behörde, welcher das Beschwerderecht einzuräumen ist. Ihre tägliche Thätigkeit läßt sie besonders berufen erscheinen die Einstellungsverfügung der Gerichte einer Nachprüfung zu unterziehen und sie im öffentlichen Interesse anzufechten.*)

Eine Frage von großer Bedeutung ist, ob der Beschwerde gegen die Entscheidung, durch die staatlich überwachte Erziehung für erforderlich erklärt wird, aufschiebende Wirkung beizulegen ist. Die bestehenden Landesgesetze geben der Beschwerde aufschiebende Wirkung, knüpfen jedoch diese meist an das Erforderniß, daß sie binnen einer Frist von einer Woche eingelegt ist. Die aufschiebende Wirkung der Beschwerden hat in der Praxis mancherlei Unzuträglichkeiten im Gefolge gehabt. Durch die Verzögerung der Unterbringung ist oft die Verwahrlosung noch sehr verschlimmert worden, insbesondere pflegen die Kinder die ihnen bis zur Unterbringung in die Anstalten bleibende Zeit zu weiteren Strafthaten, insbesondere zu Diebstählen auszunutzen, und es kommen sehr häufig Fälle vor, daß Kinder, welche wegen vor vollendetem zwölften Jahre begangener Diebstähle der Zwangserziehung überwiesen sind, inzwischen zwölf Jahre alt geworden, wegen neuer Diebstähle verhaftet waren,

*) Vgl. über die Rechtsmittel Ges.Entw. § 14 ff.

wenn sie den Erziehungsanstalten zugeführt werden sollten. Aus diesem Grunde hatten die Eisenacher Vorschläge*) den Satz aufgenommen, daß die Beschwerde gegen die auf staatlich überwachte Erziehung lautende Entscheidung aufschiebende Wirkung nicht haben solle. Der Vorschlag ist jedoch, und wohl mit vollem Recht, wieder aufgegeben worden. Die Versagung der aufschiebenden Wirkung hebt allerdings die erwähnten Mängel auf, schafft jedoch den neuen, auch nicht zu unterschätzenden Uebelstand, daß im Falle der Aufhebung der erstinstanzlichen Entscheidung das der staatlich überwachten Erziehung überwiesene Kind, welches vielleicht eben aus dem Elternhause in eine fremde Familie oder in eine Erziehungsanstalt gebracht war, nunmehr den neuen Verhältnissen wieder entrissen und der Familie zurückgegeben werden muß, und dieser mehrfache Wechsel des Aufenthalts wird gewiß der Entwicklung des Kindes nur Nachtheil bringen. Es ist aber ein Weg gefunden, der die aufschiebende Wirkung der Entscheidung der Beschwerde bestehen läßt und doch die damit verbundenen Mißstände beseitigt oder wenigstens sehr herabmindert, dadurch,**) daß man sowohl dem Gericht erster Instanz, — und zwar auch schon vor der Entscheidung, — und dem Beschwerdegericht das Recht einräumt, in dringenden Fällen durch eine einstweilige Anordnung das Kind der Erziehungsbehörde zur vorläufigen Unterbringung zu überweisen.

Dabei bleibt allerdings die Möglichkeit bestehen, daß das Kind nachher doch seinen Eltern wieder zurückgegeben werden muß, doch werden solche Fälle nur selten werden, da von der Maßregel nur in dringenden Fällen Gebrauch gemacht werden darf.

Der Beschwerde gegen diese einstweilige Anordnung des Gerichts erster Instanz***) kommt natürlich aufschiebende Wirkung nicht zu.

Mit dieser Einrichtung der vorläufigen Unterbringung des Kindes wird zugleich einem Vorschlag, soweit nothwendig, genügt, der in unseren Gutachten mehrfach gemacht wurde, daß nämlich der Richter auch in diesem Verfahren „einstweilige Haft", „Untersuchungshaft", „Sicherheitsverwahrung" des Kindes anordnen könne; in einem Gutachten wird die Möglichkeit der „Sicherheitsverwahrung" wenigstens bei jugendlichen Verbrechern von zwölf bis vierzehn Jahren für nothwendig erachtet.

Alles was irgend wie Untersuchungs*haft* aussieht, kann jedoch in diesem Verfahren keinen Platz finden. Die Zulassung der einstweiligen

*) Eisen. Vorschläge I. 3. s. unten Anhang III S. 226.

**) S. Ges.Entw. § 18.

***) S. Ges.Entw. § 19.

Unterbringung des Kindes genügt dem Bedürfniß vollständig, und umsomehr, wenn das Gericht bei Gefahr im Verzug, also z. B. wenn ein Kind vagabondirend, oder von seinen Eltern verlassen, aufgegriffen wird, oder wenn zu besorgen ist, daß die Eltern das Kind wegen der drohenden staatlichen Erziehung wegschaffen werden, noch die weitere Befugniß hat, das Kind alsbald der Erziehungsbehörde oder einer von dieser ein für alle Mal im Voraus bekannt gegebenen Stelle, einem Rettungshaus, einer Erziehungsanstalt oder einer Familie zuführen zu lassen.*)

Für die Verhandlung in der Beschwerdeinstanz — vor der Civilkammer des Landgerichts — ist noch zu bemerken, daß, falls das Beschwerdegericht eine mündliche Verhandlung anordnet, die Erziehungsbehörde befugt sein muß, sich in derselben vertreten zu lassen.**) Nach Einlegung der Beschwerde von einer Seite gewinnt das Verfahren mehr die Form eines Parteistreits, und deshalb darf im öffentlichen Interesse der Erziehungsbehörde das Recht nicht versagt werden, sich im Fall einer mündlichen Verhandlung zur Sache zu äußern.

Es erübrigt noch, der Wiederaufnahme des Verfahrens***) zu gedenken, welche nach rechtskräftiger Entscheidung stets auf Grund neuer Thatsache und Beweismittel zulässig sein soll, wenn dieselben geeignet sind, die rechtskräftige Entscheidung als ungerechtfertigt erscheinen zu lassen.

Das Verfahren auf Unterbringung von Kindern in staatlich überwachte Erziehung lediglich auf Grund vorhandener oder zu befürchtender sittlicher Verwahrlosung regelt sich im Wesentlichen nach den vorentwickelten Grundsätzen.†)

Einzelne Specialbestimmungen des Gesetzentwurfs sind in den vorstehenden Ausführungen nicht besonders hervorgehoben, da sie sich ohne Weiteres von selbst rechtfertigen werden.

3. Die Entscheidung gegen verbrecherische Jugendliche vom vierzehnten bis zum achtzehnten Lebensjahre soll wie bisher im ordentlichen Strafverfahren von dem nach dem Gerichtsverfassungsgesetz zuständigen Strafgerichte — Strafkammer, Schöffengericht oder Amtsgericht — ergehen.††) Dieser Grundsatz ist nicht unangefochten geblieben. Es findet sich in den Gutachten mehrfach der Gedanke, auch hier eine Mitwirkung der Vormundschaftsgerichte zuzulassen, die Fälle, in denen

*) S. Ges.Entw. § 18.
**) S. Ges.Entw. § 21.
***) S. Ges.Entw. § 24.
†) S. Ges.Entw. § 26.
††) S. Ges.Entw. § 27.

zweifellos auf Erziehung zu erkennen sei, von dem ordentlichen Strafverfahren auszunehmen. Wie das ausgeführt werden soll, ist im Näheren jedoch nicht mitgetheilt, und wohl aus erklärlichen Gründen, — denn ein solches Verfahren würde unmöglich sein. Niemand kann von vornherein wissen, ob der Straffall Bestrafung oder Erziehung fordert, erst die Verhandlung der Sache, mit allen ihren Nebenumständen, mit dem sorgfältigsten Eingehen auf die Eigenart des jugendlichen Angeklagten kann da Klarheit schaffen, und demnach muß dem erkennenden ordentlichen Strafgericht allein die Befugniß zustehen, die zutreffende Entscheidung abzugeben. Jede Theilung ist ausgeschlossen, und selbst wenn man, wie das in einem Gutachten angedeutet ist die Entscheidung auf Strafe dem ordentlichen Strafgericht, die Entscheidung auf Erziehung dem Vormundschaftsgericht vorbehalten wolle, so wäre ja doch damit, daß das Strafgericht von der Befugniß zu strafen Abstand nimmt, weil es Erziehung für angemessen hält, schon implicite die Entscheidung auf Erziehung getroffen.

Auch Aschrott in seiner mehrfach citirten Schrift huldigt der eben bekämpften Ansicht,*) wenn er ausführt:

„Um es zu vermeiden, daß gegen einen Jugendlichen, der doch „straffrei gelassen werden muß, ein öffentliches Strafverfahren „stattfindet, sollte die Staatsanwaltschaft verpflichtet werden, bezüglich „jedes Angeschuldigten unter sechzehn Jahren durch den Jugendanwalt eingehende Ermittelungen über die Persönlichkeit und die sitt„liche Reife anzustellen. Falls diese Ermittelungen ergeben, daß die „erforderliche sittliche Reife nicht vorliegt, hätte die Staatsanwaltschaft „die Sache ohne Weiteres an den Jugendanwalt abzugeben, damit „dieser eventuell die Anordnung der staatlich überwachten Erziehung in „die Wege leitet."

Ein derartiges Verfahren würde für unsere deutschen Anschauungen etwas durchaus Fremdartiges haben; wir erwarten für die Altersklassen, in denen überhaupt Strafe eintreten kann, einen Urtheilsspruch vom Strafgericht über die gesammte Schuldfrage und wir sind nicht gewohnt, der Staatsanwaltschaft die Machtbefugnisse einzuräumen, auf Grund der angestellten Ermittelungen von einer Strafklage Abstand zu nehmen, weil sie trotz dringenden Verdachts der Thäterschaft den Thäter nicht für strafreif erachtet. Wie leicht möchte das vorgeschlagene Verfahren Unzufriedenheit erzeugen, wenn in einem Fall der jugendliche Beschuldigte angeklagt und dann vielleicht bestraft wird, während in einem

*) l. c. S. 48.

anderen Fall der jugendliche Beschuldigte dem Jugendanwalt zugeführt und vom Vormundschaftsgericht der staatlich überwachten Erziehung — in der Ausführung vielleicht in der eigenen Familie — überwiesen wird. Gegenüber dem Richterspruch von dem Gericht, welches alle derartigen Straffälle gleichmäßig abzuurtheilen hat, schweigt wohl eher die Kritik, die bei solchem Verfahren, wie vorgeschlagen ist, laut ihr Haupt erheben und noch mehr Mißtrauen in die Amtsführung der Behörden säen möchte, als jetzt schon geschieht. Auch der allwissende Jugendanwalt würde durch seine Thätigkeit diese Gefühle nicht zu bannen im Stande sein. Wie soll es übrigens werden, wenn das Vormundschaftsgericht der Meinung ist, daß zur Verhängung der staatlich überwachten Erziehung kein ausreichender Anlaß gegeben sei! Strafen vermag das Vormundschaftsgericht nicht auszusprechen, nicht einmal einen richterlichen Verweis zu ertheilen; dann müßte also doch die Strafklage erhoben werden. Nicht allein eine große Verschleppung vieler Sachen wäre die Folge, sondern immerhin möglich auch das Schauspiel, daß nunmehr das Strafgericht doch auf staatlich überwachte Erziehung erkennt. Die Vorermittelungen, auf Grund deren die Staatsanwaltschaft die Sache dem Jugendanwalt überweisen kann, können doch niemals den Anspruch auf solche Zuverlässigkeit erheben, daß nicht ein eclatanter Irrthum ausgeschlossen wäre, und ebenso können die Ansichten des Vormundschaftsrichters und des Strafgerichts wesentlich auseinandergehen.

Einzelne Besonderheiten sind aber in dem Verfahren gegen Jugendliche der Natur der Sache nach nothwendig. Schon die schwere Verantwortlichkeit, welche mit der freien Entscheidungsbefugniß dem Strafrichter aufgebürdet wird, macht eine obligatorische Ausdehnung der Untersuchung auf Gebiete nothwendig, welche wenigstens heute noch die Strafuntersuchung nicht oder wenigstens nur sehr selten zu berühren pflegt. Die Untersuchung gegen den jugendlichen Thäter muß sich in Zukunft nicht nur mit der That und ihrem Thäter, sie muß sich auch mit dem Beschuldigten als Menschen beschäftigen. Denn hier gilt es ja nicht mehr festzustellen, daß der Thäter die zur Erkenntniß der Strafbarkeit seines Handelns erforderliche Einsicht besaß; will der Strafrichter seine Aufgabe richtig erfassen und erfüllen, so muß sich seine Untersuchung nicht nur auf die Ermittelung der Schuld, sondern auch auf die Lebensverhältnisse, insbesondere auf die häuslichen und die Erziehungsverhältnisse des Beschuldigten erstrecken.*)

*) S. Ges.Entw. § 28.

Es wird dies eine vorzügliche Gelegenheit für unsere Strafgerichte sein, um allmählich auch für andere Strafsachen die Bedeutung schärferer Individualisirung zu erkennen, sie wird mehr Verständniß für die Anschauungen und die Erscheinungen des Volkslebens in die Gerichtssäle tragen und so dazu beitragen, daß die Strafrechtspflege nicht hinter den todten Buchstaben des Gesetzes verknöchert, sondern mit dem lebendigen Geist des Rechtes dem Ganzen die richtige Schutzwehr wird gegen die unsociale Haltung des Einzelnen. So wird der Strafrichter — und das soll in diesem Buche der einzige Hinweis sein auf die Reformbewegung auf dem Gebiete des Strafrechts — nach und nach von selbst auf die Bahnen gelenkt, welche die Strafrechtspflege beschreiten muß!

Daß gegen Jugendliche der Strafbefehl unzulässig sein soll, versteht sich eigentlich nach dem Gesagten von selbst.

Nach den Bestimmungen der Strafproceßordnung*) soll der verhaftete Untersuchungsgefangene, soweit möglich, von Anderen gesondert und nicht in demselben Raume mit Strafgefangenen verwahrt werden. Für jugendliche Verhaftete besteht eine besondere Vorschrift nicht. Wie die Isolirung der Untersuchungsgefangenen in der Praxis durchgeführt — oder besser gesagt nicht durchgeführt — wird, ist genugsam bekannt. Es ist keine neue Forderung, welche wir aufstellen,**) daß jeder jugendliche Untersuchungsgefangene von anderen Untersuchungsgefangenen oder Strafgefangenen getrennt gehalten werden muß, sofern nicht die Gesundheitsverhältnisse Ausnahmen erfordern. Das Zusammensitzen jugendlicher Untersuchungsgefangener mit anderen ist eine große Gefahr für dieselben. Wenn vor Kurzem einmal ein Jurist in einem Vortrag die Ansicht aufgestellt und vertreten hat — allerdings nicht speciell für jugendliche Gefangene —, das Zusammensitzen der Gefangenen habe manchmal auch das Gute, daß ältere erfahrene Verbrecher durch ihre Thaten und ihr Gebahren abschreckend auf ihre Mitgefangenen wirkten, so ist es zwar nicht meine Aufgabe hier, den Redner diesem glücklichen Wahne zu entreißen, ich möchte aber doch ausdrücklich darauf hinweisen, daß gerade das Verbotene, das Schlechte einen mächtigen Zauber ausübt auf junge unverdorbene Gemüther, und daß deshalb wohl der weitaus größten Mehrzahl das Experiment, durch verdorbene Subjecte eine abschreckende Wirkung auf die unverdorbenen ausüben zu lassen, zu bedenklich erscheinen möchte, um es zum Gebrauche zu empfehlen. Isolirung der Untersuchungsgefangenen, damit sie in der Einsamkeit der

*) S. § 116 Abs. 1 d. Str.Proc.Ord.

**) S. Ges.Entw. § 29.

Zelle ihre Gedanken nur auf ihre That und deren Folgen richten und damit sie nicht von Anderen bearbeitet, für die Untersuchung zurecht gestutzt, hart und verstockt gemacht werden, ist dringend nothwendig!

Die Hauptverhandlung gegen Angeklagte, welche das achtzehnte Lebensjahr noch nicht vollendet haben, soll unter Ausschluß der Oeffentlichkeit stattfinden.*) Die Commission hat geglaubt, daß dieser Satz der Eisenacher Vorschläge**) allgemeinem Verständniß und damit auch allgemeiner Billigung begegnen werde. In dieser Erwartung sind wir getäuscht worden, ich darf jedoch constatiren, daß die überwiegende Mehrheit die Bedeutung dieses Satzes verstanden hat. Für diejenigen unserer Gutachter jedoch, welche der dissentirenden Minderheit angehören, und diejenigen meiner Leser, welche dieser Minderheit zu folgen geneigt wären, sei hier besonders hervorgehoben, daß der vorerwähnte Satz durchaus keinen Angriff auf das Princip der Oeffentlichkeit des Verfahrens enthalten soll. Selbst diejenigen, welche gewohnt sind, jeden Vorschlag auf strafrechtlichem Gebiet durch die politische Parteibrille zu betrachten und nicht darnach zu fragen, ob er in dem gemeinsamen Kampf gegen das Verbrechen brauchbar und nützlich ist, sondern zu allererst, ob er nicht dem Parteiprincip widerspricht, werden wohl schließlich bekennen müssen, daß dieser Vorschlag politisch ganz ungefährlich, strafrechtlich aber recht nützlich ist. Wir müssen davon ausgehen, in dem jugendlichen Verbrecher das Ehrgefühl zu wecken und zu erhalten und ihm das Verbrechen als das Unrecht, sein Thun demnach als verabscheuungswürdig hinzustellen. Das vermögen wir aber nicht, wenn er täglich lesen kann, wie aus den öffentlichen Verhandlungen über die Strafthaten seiner Freunde und Altersgenossen als etwas hochinteressantes in der Tagespresse berichtet wird, wie jene Angeklagten selbst, statt niedergedrückt von ihrem Thun und von der Strafe, die ihnen droht, stolz über das Interesse, welches sie erregen, einhergehen, wenn er wahrnimmt, wie Altersgenossen und vielleicht unentdeckt gebliebene Theilnehmer an dem zur Aburtheilung stehenden Verbrechen den Zuschauerraum füllen und mit gespannter Aufmerksamkeit darüber wachen, wie sich der Angeklagte benimmt, und ihn, wenn er recht frech und unverfroren auftritt, beglückwünschen und zum Helden des Tages machen. Wer möchte wohl zu behaupten wagen, daß auch nur ein kleiner Procentsatz der in dem Zuschauerraum der Gerichtssäle Anwesenden für das, was sich da abspielt, das richtige Gefühl mitbringt; im günstigsten

---

*) S. Entw. § 31.

**) Eisen. Vorschl. II. 1. s. S. 227.

Fall lockt sie die Neugierde, im schlimmsten die Sucht zu lernen, was die Verhandlung an neuen Kniffen und Practiken ihnen zu eigenem Gebrauch liefert; die größte Mehrzahl der Zuschauer sieht roh und theilnamslos die Verhandlung sich abspielen, lediglich zu ihrer Unterhaltung, so wie sie irgend ein anderes Schauspiel ansehen würde, bis hin und wieder die edlen Züge zu einem breiten Grinsen sich verziehen, wenn irgend unerwartet eine schlüpfrige Geschichte oder die Dummheit eines Geprellten oder sonst Geschädigten zu Tage kommt. Wir können dem jugendlichen Thäter das Erscheinen vor dem Gericht nicht ersparen und wir wollen es nicht, damit er sich vor dem Recht beugen lerne, aber wir wollen ihn lediglich vor Gericht, nicht auch noch vor einen Trupp Criminalstudenten stellen, die, während auf der einen Seite Recht gesprochen wird, auf der anderen Seite den Hohn auf das Recht repräsentiren, und deren Anwesenheit den Angeklagten in Trotz und Lüge bestärkt, während sonst das Stehen vor Gericht ihm vielleicht zu Herzen gehen möchte.

Derjenige Angeklagte, der vor das Gericht in dem Gefühl seiner Schuld hintritt und reumüthig seine Strafthat bekennen möchte, der mag sie seinen Richtern gestehen; wir wollen aber nicht, daß er vor einem beliebigen Haufen von Menschen seine Schuld darlegen soll; nicht etwa aus weichmüthigem Herzen oder aus falschem Mitgefühl mit dem Thäter, sondern weil es gefährlich ist, auf das Gefühl der Scham, das jeden Unverdorbenen oder noch wenig Verdorbenen ankommt, schon wenn er als Angeklagter vor Gericht erscheint oder wenn er nur vor fremden Menschen sein Unrecht eingestehen soll, nicht Rücksicht zu nehmen und es nicht möglichst zu schonen. Hat der Angeklagte es erst gelernt, vor dem gefüllten Gerichtssaal seine Aussagen zu machen, weil das Gefühl der Scham verflogen ist, dann ist auch das Ehrgefühl des Angeklagten wohl regelmäßig zerstört. Diejenigen Angeklagten aber, welche ohne jegliche Scham vor das Gericht treten, mit frecher Stirn lügen und sich gegen die Autorität des Gesetzes auflehnen, die sollen nicht auch noch das Gefühl haben, daß hinter ihnen ein Paar Dutzend guter Freunde stehen, die ihnen Beifall zollen und sich über das Auftreten freuen.*) Irgend

*) Vor einigen Monaten hat man bei einer Berathung der Frage nach der Behandlung jugendlicher Verbrecher behauptet, der Wunsch nach Hinaufrücken des Alters der Strafunmündigkeit beruhe auf der Annahme, der Aufenthalt auf der Anklagebank demoralisire den Jugendlichen. Hoffentlich ist es mir gelungen, die Nothwendigkeit des Hinaufrückens des Alters der Strafunmündigkeit so klar zu begründen, daß Zweifel über die Ursachen nicht weiter

ein Schaden kann durch den Ausschluß der Oeffentlichkeit in dem Verfahren gegen Jugendliche nicht entstehen, um so mehr, wenn wir eine Anzahl Bestimmungen hinzufügen, in welchen etwaige Gegner unseres Vorschlages Garantien gegen irgend welche Mißstände, die aus dem Ausschluß der Oeffentlichkeit entstehen könnten, erblicken werden.*) Den Eltern, den Pflegeeltern, dem Vormund, dem Erzieher, dem Lehrer, sowie dem Arbeitgeber des Angeklagten soll es erlaubt sein, der Verhandlung beizuwohnen. In den meisten Fällen werden diese Personen als Auskunftspersonen in dem Verfahren vernommen sein und schon deshalb in der Hauptverhandlung anwesend sein müssen; denn in einer Untersuchung, die zugleich auf die häuslichen Verhältnisse der Angeklagten auszudehnen ist, wird das Zeugniß der genannten Personen nicht zu entbehren sein. Trotzdem ist es für alle Fälle nothwendig, die Zulässigkeit ihrer Anwesenheit auch abgesehen von dem Falle ihrer Zeugenschaft besonders hervorzuheben. Vielleicht fühlen sie sich veranlaßt, auch ohne daß sie besonders geladen sind, irgend etwas über die Persönlichkeit des Angeklagten oder sonst zur Sache Wesentliches vorzubringen, jedenfalls aber sind sie Personen, denen man die Anwesenheit in der Verhandlung gegen die ihrer Obhut anvertrauten Person nicht versagen darf. Es muß dem Gerichte auch überlassen bleiben, noch anderen Personen nach seinem Ermessen den Zutritt zu der Verhandlung zu gestatten. Vor Allem aber ist es nothwendig, wenigstens vor der Strafkammer, den jugendlichen Angeklagten stets einen rechtskundigen Beistand zu geben**), die neben denselben oder an ihrer Stelle für die geeignete Vertheidigung Sorge tragen. Die Strafproceßordnung***) erklärt die Vertheidigung eines Jugendlichen nur bis zum sechzehnten Lebensjahre für nothwendig, ich erachte aber in einem Verfahren, in dem der Richter nach dem Ergebniß der Verhandlung ganz frei in der Wahl der Entscheidung auf Strafe oder auf Erziehung ist, für die Dauer des ganzen privilegirten jugendlichen Alters, also stets dann, wenn der Angeklagte das achtzehnte Lebensjahr

---

entstehen. Die Gefahren der Anklagebank haben dabei gar keine Rolle gespielt, denn diese lassen sich eben durch Ausschluß der Oeffentlichkeit sehr wesentlich vermindern. Daß diese Gefahren aber bestehen, das lasse ich mir nicht abstreiten, auch nicht durch die Bemerkung: daß es viele angeklagte Kinder gebe, die auf der Anklagebank um ihr Schicksal recht besorgt seien; denen, die sich als Helden fühlen, schade auch die Anklagebank nichts mehr. Wirklich?! und das Beispiel für Andere!!

*) S. Ges.Entw. § 31 Abs. 2 u. 3.

**) S. Ges.Entw. § 30.

***) Str.Proc.Ordn. § 140 Abs. 2 Nr. 1.

noch nicht vollendet hat, die Vertheidigung für nothwendig. Der Vertheidiger muß hier mehr wie in allen anderen Fällen durch Stellung geeigneter Anträge dem Richter zur Hand gehen, er muß namentlich eine unvollständige Beweisaufnahme durch sein Fragerecht, durch Beweiserbieten ergänzen, er muß sich insbesondere der Bedeutung seiner Aufgabe dahin bewußt sein, daß durch rechtzeitige Erziehung vielleicht der ihm anvertraute Angeklagte noch gerettet, durch unzeitige und ungeeignete Strafe, aber auch durch eine ungerechte Freisprechung vielleicht verloren gehen kann. Die Stellung des Vertheidigers ist in diesem Verfahren eine besonders schwierige, wenn er sie richtig auffaßt: hier wenigstens nicht unter allen Umständen eine Freisprechung zu erstreben, als vielmehr dahin mitzuwirken, daß nur eine Entscheidung gefällt wird, die für seinen Clienten die angemessene und heilsame ist. Im schöffengerichtlichen und amtsgerichtlichen Verfahren wird es nicht immer möglich sein, geeignete Vertheidiger, namentlich nicht Rechtsanwälte oder sonstige Rechtskundige, zu finden. Für die Fälle muß man sich deshalb damit begnügen, die Bestellung eines Vertheidigers von Amtswegen für zulässig zu erklären, die Ausführung im einzelnen Fall dem Ermessen des Amtsrichters zu überlassen. Uebrigens sollen vor dem Schöffengericht und Amtsgericht auch Privatpersonen, wenn sie zur Uebernahme der Vertheidigung eines jugendlichen Angeklagten geeignet und bereit sind, zu Vertheidigern bestellt werden können.*)

Eine besondere Bestimmung,**) und zwar für alle jugendlichen Angeklagte bis zum einundzwanzigsten Lebensjahr, dem Alter, mit welchem die staatlich überwachte Erziehung spätestens ihr Ende erreicht, ist für die Fälle zu treffen, daß der Angeklagte, welcher abgeurtheilt werden soll, bereits unter staatlich überwachter Erziehung steht. Es kommt jetzt sehr häufig vor, daß eine jugendliche Person wegen im Alter der Strafunmündigkeit begangener Strafthaten der Zwangserziehung überwiesen, wegen anderer nach dem zwölften Lebensjahre begangener Strafthaten abzuurtheilen ist, oder daß eine Person, welche in Familienerziehung steht oder aus der Anstaltserziehung vorläufig entlassen ist, strafbare Handlungen begangen hat, und dasselbe wird auch demnächst vorkommen. Es ist als ein Mißstand bezeichnet worden, daß jetzt die Gerichte bei der Aburtheilung solcher Sachen meist auf die Zwangserziehung dabei keine Rücksicht nehmen, erst der vollstreckenden Behörde bleibt es überlassen, wegen des Strafvollzugs sich mit dem Vorstand

---

*) S. Ges.Entw. § 30 Abs. 2.

**) S. Ges.Entw. § 32.

der Erziehungsanstalt oder dem Landesdirector der Provinz ins Einvernehmen zu setzen. In dem vorgeschlagenen Verfahren entspricht es der ganzen Gestaltung, daß man in Fällen der erwähnten Art der Erziehungsbehörde Gelegenheit giebt, sich zur Sache darüber zu äußern, welche Behandlung des Angeklagten im Interesse einer erfolgreichen Erziehung für angemessen erachtet wird. Das Gericht ist selbstverständlich an diese Aeußerung nicht gebunden, aber es wird dieselbe in vielen Fällen als ein willkommenes und zu beherzigendes sachverständiges Gutachten aufnehmen. Um der Erziehungsbehörde rechtzeitig Gelegenheit zur Aeußerung zu schaffen, aber auch um dieselbe von der Strafthat ihres Zöglings für alle Fälle in Kenntniß zu setzen, falls dies noch nicht von anderer Seite geschehen ist, muß die Staatsanwaltschaft von der Einleitung eines Ermittelungsverfahrens und demnächst von der Anklageerhebung gegen eine unter staatlich überwachter Erziehung stehende Person, sowie von der Hauptverhandlung Nachricht geben. Der Erziehungsbehörde bleibt es überlassen, sich vor der Hauptverhandlung zur Sache schriftlich zu äußern, oder in der Hauptverhandlung durch einen ihrer Beamten die geeigneten Anträge zu stellen.

XIV.

Die Ausführung der staatlich überwachten Erziehung.

(S. Ges.Entw. §§ 33 bis 60.)

Was wir unter staatlich überwachter Erziehung verstehen und die Arten derselben, welche sich darnach von selbst ergeben, das mußte bereits früher, als der Begriff zum ersten Mal gebraucht wurde, des Verständnisses halber besprochen werden. Es kommt hier darauf an, die Grundsätze über die Ausführung der staatlich überwachten Erziehung zu erörtern und das Nähere über die staatlichen Organe auszuführen, welchen dieselbe obliegt.

Die in den meisten Landesgesetzen vorgesehene Trennung zwischen der Behörde, welche die Zwangserziehung anordnet, und einer Behörde, welcher die Ausführung derselben obliegt, haben wir gleichfalls beibehalten,*) da wir als Regel für die Anordnung der Erziehung das

*) Es wird den Staaten, welche jetzt eine Behörde für die Anordnung und die Ausführung der Erziehung haben, meistens auch in Zukunft dies unbenommen bleiben.

Gericht, für die Ausführung eine besondere Verwaltungsbehörde vorschlagen, und wenn einmal das Bürgerliche Gesetzbuch die Vormundschaftsgerichte allgemein einführt, dann ergiebt sich diese Trennung auch für diejenigen Rechtsgebiete von selbst, in denen jetzt noch die obervormundschaftliche Thätigkeit Verwaltungsbehörden obliegt. Die Vormundschafts**gerichte** können nicht zugleich auch die ausführenden Erziehungsbehörden sein, weil ihre Bezirke meist zu klein dazu sind. Denn die Erziehungsbehörden müssen in ihren Bezirken auch die erforderlichen Erziehungsanstalten haben, welche ihrer Aufsicht unterstehen, sie müssen überhaupt in der Lage sein, für die geeignete Erziehung der ihnen aus ihrem Bezirk zugewiesenen Zöglinge durch die sämmtlichen zulässigen Erziehungsarten und Erziehungsmittel, welche sie selbst beaufsichtigen, Sorge zu tragen. Eine Erziehungsbehörde, welche ihre Zöglinge **nur** in Anstalten einer anderen Erziehungsbehörde unterbringen kann, ist von vornherein eine verfehlte Einrichtung, deshalb ist das für jeden Amtsgerichtsbezirk gebildete Erziehungsamt, welches **Aschrott***) vorschlägt, auch aus diesem Grunde unpraktisch. Die Erziehungsbehörde in einem kleinen Bezirk würde gar nicht im Stande sein, eine genaue Kenntniß der außerhalb ihres Bezirkes gelegenen Anstalten zu besitzen, so daß sie nicht in der Lage ist, die ihnen **vielleicht** im Einzelfall beiwohnende genauere Kenntniß der Verhältnisse des unterzubringenden Kindes bei der Unterbringung entsprechend zu verwerthen. In den meisten Fällen wird aber auch diese Kenntniß der Verhältnisse selbst bei ganz kleinen Bezirken wieder nur auf Gutachten und Aeußerungen von Ortsbehörden, Geistlichen und Lehrern sich stützen, und dann vermag sich die Erziehungsbehörde eines größeren Bezirkes dieselbe ebenso gut anzueignen.

Die Eisenacher Vorschläge zeigen, daß die Commission ursprünglich beabsichtigte, eine einheitliche Regelung des gesammten Erziehungswesens für das Reich bis ins Einzelne vorzuschlagen. Ob der Gedanke zu weit ging, mag dahingestellt bleiben. Sollen die Vorschläge jemals verwirklicht werden, so muß doch jedenfalls eine fundamentale Umgestaltung der bestehenden Einrichtungen vorgenommen werden.

Auch die Verhältnisse, wie sie z. B. gegenwärtig in Preußen bestehen, können für die Zukunft nicht als maßgebend und mustergiltig angesehen werden, weil zwischen der jetzt üblichen Zwangserziehung und der Ausführung der von uns vorgeschlagenen staatlich überwachten Er-

---

*) l. c. s. oben S. 131.

ziehung wesentliche Verschiedenheiten sich von selbst ergeben. Die eigentliche Zwangserziehung aus dem 1878er Gesetz liegt jetzt in der Hand der Communalverbände, welche dieselbe in verschiedener Weise ausführen, der eine Verband bevorzugt die Familienerziehung, der andere die Anstaltserziehung, meist in Privatanstalten, den sog. Rettungshäusern; von einer fortwährenden individuellen Aufsicht über den Pflegling durch Organe des Communalverbandes ist keine Rede. Die auf Grund des § 56 des Strafgesetzbuchs in Erziehungsanstalten untergebrachten jugendlichen Personen sind aus den verschiedenen Provinzen in die vier preußischen Anstalten geschafft, welche der Regierung des Bezirks unterstehen, in welchem sie gelegen sind. Mit dem Augenblick, in dem aber die Zöglinge die Anstalten, sei es auch nur provisorisch, verlassen, hört thatsächlich die Ueberwachung derselben auf, weil staatliche Organe dafür nicht vorhanden sind, weil ein Besuch des Leiters der Erziehungsanstalten bei seinen außerhalb untergebrachten bisherigen Zöglingen gewöhnlich nicht stattfindet und Alles nur von dem, manchmal recht geringen Verständniß oder dem auch nicht übergroßen guten Willen derjenigen Personen abhängt, an welche sich der Leiter der Anstalt mit dem Begehren um Beaufsichtigung seiner Zöglinge wendet. Die Polizeibehörde erhält zwar Nachricht, daß ein Pflegling in einer bestimmten Familie untergebracht sei, sie kann und soll jedoch keine eigentliche Aufsicht üben. Auch die Zeit der Beendigung der beiden Erziehungsformen ist jetzt eine verschiedene.

Wie es aber in Zukunft nur eine staatlich überwachte Erziehung geben soll, kann es auch nur eine einheitliche Leitung geben, und diese muß in der Hand des Staates liegen; die Behörde, welcher diese Leitung obliegt, als communale Behörde gedacht, das würde zugleich ebenso viel verschiedene Grundsätze bei der Handhabung der Erziehung bedeuten, als es Communalverbände giebt. Die Erziehungsbehörden der einzelnen Bezirke müßten allerdings in der Behandlung des einzelnen Falles selbstständig sein, denn eine Schablone hier wäre verderblich, der ganze Apparat muß jedoch möglichst nach einem einheitlichen Princip arbeiten.

Um aber wenigstens dem mannigfachen Widerspruch, der gegen die Vorschläge, gestützt auf die bestehenden Verhältnisse der Einzelstaaten, erhoben wurde, einigermaßen gerecht zu werden, haben wir unsere Vorschläge modificirt und uns jetzt darauf beschränkt, nur die Grundzüge der Organisation festzustellen und damit anzudeuten, daß die Einzelheiten der Organisation der Landesgesetzgebung oder einem Einführungsgesetz vorbehalten bleiben mögen.

In jedem Bundesstaat sollen Erziehungsämter*) errichtet werden, welchen die Entscheidung über die Art und die Ausführung der staatlich überwachten Erziehung obliegt. Ueber die Zusammensetzung der Erziehungsämter mag die Landesgesetzgebung befinden. Vielleicht haben unsere Gutachten Recht gehabt, wenn sie der Meinung waren, daß die Zusammensetzung der Erziehungsämter, wie sie in den Eisenacher Vorschlägen**) enthalten ist, nicht brauchbar, weil für einen raschen Geschäftsgang zu schwerfällig war. Jedenfalls wird das Erziehungsamt eine Behörde sein, auf der eine schwere Verantwortung lastet, und wünschenswerth wäre es jedenfalls gewesen, die Zusammensetzung der Erziehungsämter durch die Reichsgesetzgebung festzusetzen, damit möglichste Gleichmäßigkeit erreicht worden wäre. Die Entscheidungen des Erziehungsamtes können von einer großen Wichtigkeit sein, — denn in der Hand des Erziehungsamtes liegt es, zu bestimmen, ob Erziehung in der eigenen oder in einer anderen Familie oder in einer Anstalt und in welcher stattfinden soll, das Erziehungsamt kann aber auch die einmal getroffene Entscheidung nach der Gestaltung der Verhältnisse wieder ändern, — deshalb muß gegen diese Entscheidungen ein Rechtsmittel***) zulässig sein.

Viele unserer Gutachten wünschten, daß über den Erziehungsämtern als Centralbehörde und zugleich als Beschwerdeinstanz ein Reichserziehungsamt vorgeschlagen werden möchte, und ich gestehe es zu, daß das auch nach meiner Meinung das Richtigste sein würde. Von dieser einen Centralstelle würden dann die Entscheidungen nach gleichen Grundsätzen erlassen, wir würden gleichmäßige Hausordnungen für die Anstalten, gleichmäßige reglementarische Ausführungsvorschriften erhalten, — und ob es nicht doch zur Errichtung eines Reichserziehungsamtes kommen muß, wenn man einmal die Bedeutung der staatlichen Erziehung für verbrecherische und verwahrloste Kinder richtig erkannt hat und deshalb damit beginnt, unsere Vorschläge zu verwirklichen! Für uns ist es consequenter, lediglich auszusprechen, daß gegen die Entscheidungen der Erziehungsämter Beschwerde — aber natürlich ohne aufschiebende Wirkung — gegeben werden muß, daß es jedoch der Landesgesetzgebung überlassen bleibe, die Behörde zu bestimmen, an welche diese Beschwerde gehen soll. Den Gedanken, gegen gewisse Entscheidungen der Erziehungsämter, insbesondere gegen die Entscheidung über die Art der Erziehung eine Beschwerde an das Ober-

*) S. Ges.Entw. § 35. — Der Ausdruck „Erziehungsamt" ist zuerst in den Eisenacher Vorschlägen gebraucht.

**) Eisen. Vorschl. I. 5 Abs. 2.

***) S. Ges.Entw. § 37.

landesgericht des Bezirks zu geben,*) wie er in den Eisenacher Vorschlägen enthalten war, haben wir wieder aufgegeben, da es wohl nur nachtheilig für die Thätigkeit der Erziehungsbehörden sein würde, wenn man ihre Thätigkeit von der Entscheidung eines Gerichts in letzter Instanz abhängig machen wollte, das in seinem amtlichen Wirkungskreise dem praktischen Leben recht fern gerückt ist. Es liegt auch kein Bedürfniß vor, nachdem die Entscheidung der Frage, ob staatlich überwachte Erziehung eintreten soll, lediglich den Gerichten überlassen ist, über die Ausführung nochmals den Rechtsweg zuzulassen.

Wenn man den Erziehungsämtern große Bezirke zuweist, so daß sie ihre eigenen Erziehungsanstalten in ihrem Bezirke haben sollen, in welche sie, seien es staatliche, seien es private Anstalten, unter ihrer Aufsicht ihre Zöglinge unterbringen, und ebenso eine große Anzahl von Zöglingen in Familien haben, dann muß auch eine vermittelnde Instanz geschaffen werden, welche in ununterbrochener Fühlung mit den Kindern ist, die in Familien untergebracht sind, und mit den Familien, bei welchen Kinder unter staatlicher Aufsicht untergebracht sind. Das Erziehungsamt kann anordnen und revidiren, aber für die fortwährende Ueberwachung müssen andere Organe vorhanden sein.

An die Polizeibehörden ist dabei jedoch nicht zu denken. Das Erziehungsamt wird deren Hilfe zwar nicht entbehren können, sei es zur Abführung oder Zuführung eines Kindes, zur Unterstützung der Organe des Erziehungsamtes und vor Allem zu mancherlei nothwendigen Auskunftsertheilungen, aber zur Ueberwachung der Familienerziehung sind die Polizeibehörden ungeeignet. In Deutschland haben sich die Verhältnisse nun einmal so gestaltet, daß Polizeiaufsicht in dem gewöhnlichen Sinne des Wortes dem socialen Fortkommen des Menschen mehr schadet als nützt; unter Polizeiaufsicht irgend welcher Art können wir daher weder unsere Zöglinge noch die zur Aufnahme von solchen bereiten und geeigneten Familien stellen. In Amerika und in gewissem Umfang auch in England ist es möglich, daß die Organe der Wohlfahrtspolizei bei der Durchführung der Zwangserziehung sowohl dem Staate, als auch vor Allem den wohlthätigen Gesellschaften die vortrefflichsten Dienste leisten.

Für die deutschen Verhältnisse müssen andere geeignete Personen Organe der Erziehungsämter sein. Die natürlichen Hilfsbeamten derselben sind überall die Seelsorger und die Lehrer an den öffentlichen Schulen, aber auch Privatpersonen sind dabei nothwendig und dazu

*) Eisen. Vorschl. I. 5 Abs. 2.

geeignet, und nicht nur Männer allein, sondern auch Frauen. Auf dem Gebiet der Erziehungsüberwachung in den Familien ist das weibliche Geschlecht auf dem ihm zukommenden ureigensten Boden der werkthätigen Liebe.

In jedem Gemeindebezirk*) hat das Erziehungsamt solche Vertrauenspersonen zu bestellen. Außer Geistlichen und Lehrern sind andere männliche Personen verpflichtet, das — unentgeltliche — Ehrenamt einer Vertrauensperson anzunehmen in demselben Umfang, als sie nach den landesgesetzlichen Bestimmungen zur Uebernahme eines Gemeindeamtes verpflichtet sein würden.

Frauen sind zu Vertrauenspersonen zu bestellen, wenn sie zur Uebernahme des Amtes bereit sind. Ein Zwang läßt sich gegen sie nicht ausüben. Bei der Auswahl der Personen ist große Sorgfalt und Vorsicht geboten; die Thätigkeit der Vertrauensperson ist eine verantwortungsvolle und dornenvolle. Die Vertrauenspersonen haben die unmittelbare Aufsicht**) über die einzelnen Fälle der staatlich überwachten Erziehung in Familien***) und über die sonst noch der Obhut des Erziehungsamtes anvertrauten jugendlichen Personen; und diese Ueberwachung muß sich auf den Schulbesuch, die Beschäftigung und die Lebenshaltung der Pfleglinge erstrecken,†) die Vertrauensperson hat auf die Abstellung der zu ihrer Kenntniß kommenden Mißstände hinzuwirken und erforderlichen Falles auf anderweite Unterbringung des Pfleglings bei der zuständigen Stelle hinzuwirken. Wie für das Erziehungsamt unmittelbar haben die Vertrauenspersonen auch für die Erziehungsanstalten diejenigen jugendlichen Personen zu überwachen, welche probeweise aus denselben entlassen und bei der eigenen oder in einer fremden Familie untergebracht sind. Endlich††) gehört es zu den Aufgaben der Vertrauenspersonen, in ihren Bezirken geeignete Familien zu ermitteln und den Erziehungsämtern oder den Erziehungsanstalten namhaft zu machen, welche zur Aufnahme von Zöglingen bereit sind. Man sieht, Geschäfte und Pflichten mannigfacher Art müssen den Vertrauenspersonen aufgebürdet werden; die Vertrauensperson muß deshalb Liebe und Verständniß für die Sache mitbringen, und vor Allem Kenntniß des Lebens und der Lebensgewohnheiten derjenigen Kreise, aus welchen hauptsächlich die verwahrlosten Kinder

*) S. Ges.Entw. § 38.

**) S. Ges.Entw. §§ 38 und 43.

***) S. Ges.Entw. § 43.

†) S. Ges.Entw. § 43.

††) S. Ges.Entw. § 38 Abs. 2.

kommen, und in denen sich am meisten Familien finden werden, welche zur Uebernahme von Pfleglingen bereit sind. Die Vertrauenspersonen müssen schonend, aber mit Energie vorgehen, sie dürfen vor Allem aber keine allzu hohen Anforderungen stellen, sondern sie müssen diese den Lebenskreisen anzupassen wissen, über welche sie die Aufsicht führen.

Bei der Auswahl der weiblichen Personen wird hierauf ganz besonders Rücksicht zu nehmen sein. Der Mann weiß schon viel leichter seine Anforderungen auf das richtige Maß zu reduciren, weil er eher die Lebensverhältnisse und die Lebenshaltung der ärmeren Volksschichten durch die Geschäfte seines Berufes und überhaupt durch seine Stellung mitten im Leben kennt oder kennen lernen kann, als die Frau. Es wäre nicht unmöglich, daß bei hoher Protection das Amt einer weiblichen Vertrauensperson des Erziehungsamtes einmal ebenso Sport der Damenwelt werden könnte, wie die Mitgliedschaft eines Frauenvereins. Dann wird bei der Auswahl weiblicher Vertrauenspersonen besondere Vorsicht nothwendig sein, damit nicht Damen zu Vertrauenspersonen bestellt werden, deren Leben vielleicht in Vereinsthätigkeit aufgeht, während sie die eigenen Kinder selbst verwahrlosen lassen, die von den Verhältnissen, über welche sie die Aufsicht führen sollen, keine Ahnung haben, die für alle die Dinge, die sie beurtheilen sollen, nicht das geringste Verständniß mitbringen. Andererseits ist es mir nicht im Mindesten zweifelhaft, daß sich eine Anzahl Frauen finden werden, die es als ein Gott gefälliges Werk christlicher Liebe betrachten, in den Aufgaben einer Vertrauensperson mitzuwirken zum Segen der Sache; denn in vielen Fällen wird hier eine Frau mehr und Besseres zu leisten im Stande sein, als ein Mann.

In kleinen Ortschaften, in denen nur der Geistliche oder der Lehrer die Vertrauenspersonen sind, wird das Erziehungsamt mit diesen selbst verkehren können, in größeren Ortschaften ist das unmöglich, da es auch besonderer Kenntniß localer Verhältnisse bedarf, um für jeden einzelnen Fall die richtige Vertrauensperson zu finden. Schon das rein äußerliche Moment, daß es in größeren Städten nicht angängig ist, die Aufsicht über eine Familie einer Vertrauensperson zu übertragen, welche vielleicht am entgegengesetzten Ende der Stadt wohnt und den anderen Stadttheil nicht regelmäßig zu berühren pflegt, macht es nothwendig, daß irgend ein Mittel gefunden wird, Zwischeninstanzen zu schaffen, durch deren Vermittelung das Erziehungsamt mit den Vertrauenspersonen verkehrt. Deshalb sollen*) überall da, wo es angemessen er-

*) S. Ges.Entw. § 41.

scheint, die Vertrauenspersonen eines Ortes zu Erziehungsausschüssen vereinigt werden, welche die Zutheilung der einzelnen zu beaufsichtigenden Fälle an die geeigneten Vertrauenspersonen übernehmen und eine gewisse Selbstcontrole über die Thätigkeit ihrer Mitglieder ausüben. Hin und wieder, vielleicht allmonatlich einmal, abzuhaltende Sitzungen genügen, um das Nothwendige durch gegenseitige Aussprache zu erledigen, im Uebrigen kann der Vorsteher des Ausschusses mit seinen Mitgliedern schriftlich verkehren. In vielen Orten bestehen Erziehungsvereine, deren Thätigkeit eine durchweg segenbringende gewesen ist; ich hoffe, daß diese sich bereit finden lassen werden, die Pflichten der Erziehungsausschüsse zu übernehmen, ihre Mitglieder würden dann die geeignetsten Vertrauenspersonen sein.

Die staatlich überwachte Erziehung wird von dem Erziehungsamt ausgeführt auf Grund einer vollstreckbaren Ausfertigung des Gerichtsbeschlusses*) und der Acten. Das Actenmaterial muß ausreichenden Aufschluß darüber geben, welche Art der Erziehung im Einzelfall nothwendig ist, die Erziehungsausschüsse und die Vertrauenspersonen werden sich auch über das, was ihnen erforderlich und angemessen scheint, äußern müssen.**)

Für verbrecherische jugendliche Personen, welche wegen zwischen dem vierzehnten und achtzehnten Lebensjahre begangener Strafthaten der staatlich überwachten Erziehung überwiesen werden,***) soll dieselbe regelmäßig in einer Erziehungsanstalt beginnen, denn bei diesen schon mehr entwickelten Personen ist regelmäßig zunächst jedenfalls die straffe Anstaltszucht und die geregelte Anstaltspflege nothwendig, um sie einem Reinigungsproceß an Leib und Seele zu unterwerfen.

Welche Art der Erziehung in den anderen Fällen eintreten soll, darüber lassen sich irgend welche Bestimmungen nicht geben, das Erziehungsamt muß im Einzelfall die Entscheidung unter Berücksichtigung aller Verhältnisse treffen. Die Erziehung einer Familie kann übrigens auch als Fortsetzung der Anstaltserziehung vorkommen, und dies wird

*) S. Ges.Entw. § 33 Abs.2.

**) Wenn Aschrott l. c. es als einen Mangel bezeichnet, daß diese Art von Erziehungsämtern sich nur aus den Acten informiren können, während seine Erziehungsämter in dem Verfahren selbst mit eigenen Augen gesehen hätten, so ist das eine Täuschung. Wenn die Acten vollständig sind und das enthalten, was sie enthalten müssen, so wird das Erziehungsamt eines großen Bezirks, welches täglich mit solchen Dingen zu thun hat, eher das Richtige finden, als das vielköpfige Erziehungsamt eines kleinen Bezirks, welches nur selten vor die Entscheidung eines solchen Falles gestellt wird.

***) S. Ges. Entw. § 36 Abs. 2.

sogar sehr häufig geschehen, denn nach einem entsprechenden Anstaltsaufenthalt wird es fast immer angemessen sein, die Zöglinge Familien zu überweisen, vielleicht ihrer eigenen, vielleicht einer fremden, zur Vollendung der Erziehung, oder als Dienstboten, als Lehrlinge oder sonst als Arbeitnehmer.

Ueber die Dauer der Zwangserziehung bestehen in den einzelnen Staaten verschiedene Bestimmungen, welche zwischen dem Abschluß des schulpflichtigen Alters und dem zwanzigsten Lebensjahre schwanken;*) die nach § 56 des Strafgesetzbuchs der Erziehungs- oder Besserungsanstalt Ueberwiesenen sollen nicht über das zwanzigste Lebensjahr hinaus in der Anstalt behalten werden.

Im Allgemeinen wird mit Recht darüber Klage geführt, daß die Zwangserziehung zu früh ihr Ende erreicht. Eine jugendliche Person, welche mit dem sechzehnten Lebensjahre aus der Zwangserziehung entlassen wird, weil sie sich gut geführt hat und als gebessert oder fertig erzogen betrachtet wird, besitzt wohl noch niemals die Charakterstärke, um, in die alten Verhältnisse der Familie zurückgekehrt, schlechten Einflüssen gegenüber Widerstand zu leisten oder den sittlichen Gefahren Trotz bieten zu können, welche das Leben mit sich bringt, und rasch sind deshalb die Erfolge der Erziehung wieder verschwunden. Noch schlimmer steht es aber um die, welche schon nach der Confirmation aus den Rettungshäusern entlassen und dann formell zwar noch als Zwangszöglinge irgend wo in die Lehre oder in eine Dienststellung gegeben werden, ohne daß seitens der Erziehungsbehörde eine dauernde Aufsicht über sie geübt wird. Die Erziehungsbehörde erfährt oft erst dann etwas von dem Pflegling, wenn er eine neue strafbare Handlung begangen hat und in Folge derselben eine Freiheitsstrafe verbüßen soll; anderenfalls wird die Erziehung nach Eintritt des üblichen Alters demnächst aufgehoben, und ob dieselbe irgend welche nachhaltige günstige Wirkung äußern kann, das bleibt dem Zufall überlassen. Mehrfach habe ich mich

*) Preußen nach dem Gesetz von 1878 bis zum sechzehnten, höchstens bis zum achtzehnten Lebensjahre, und jetzt bis zum achtzehnten, höchstens bis zum einundzwanzigsten Lebensjahre, doch kann die Entlassung auch früher beschlossen werden; — Braunschweig höchstens bis zum zwanzigsten Lebensjahre; — Anhalt bis zum fünfzehnten, höchstens bis zum siebzehnten Lebensjahre; — Bremen bis zum sechzehnten, höchstens bis zum achtzehnten Lebensjahre; ebenso Oldenburg, doch kann die Entlassung auch schon früher beschlossen werden; — ebenso Sachsen-Weimar, Mecklenburg-Schwerin, Hamburg, Lübeck; — Baden bis zum achtzehnten, höchstens bis zum zwanzigsten Lebensjahre, doch kann die Entlassung schon früher beschlossen werden, u. s. w.

für die Ermittelung der früheren Lebensschicksale von später, im Alter von achtzehn bis einundzwanzig Jahren, wegen mannigfacher Strafthaten verurtheilten Personen interessirt, welche früher Zöglinge von Rettungshäusern gewesen waren, und fast immer die Beobachtung gemacht, daß die allzufrühe Entlassung aus der Anstalt nach der Confirmation, ohne daß hinterher eine ausreichende Aufsicht über den Pflegling und die Familien des Meisters oder derjenigen anderen Personen, in welchen dieselben untergebracht waren, ausgeübt wurde, als die Ursache bezeichnet werden mußte, daß die in der Anstalt verbrachten Jahre sich als vergeblich erwiesen hatten. Der Aufenthalt in der Anstalt war zu kurz und die Jugend des Zöglings noch zu groß, als daß etwas anderes erreicht werden konnte als eine äußerliche Gewöhnung an Ordnung und Zucht und an die Formen eines gesitteten Lebens, von einer inneren Wandlung war keine Rede gewesen, und in der Lehre oder im Dienst war die alte Natur nur zu rasch wieder zum Durchbruch gekommen. Viel bessere Erfolge haben, soweit sich das beurtheilen läßt, diejenigen Staaten zu verzeichnen, bei denen die Entlassung aus der Erziehung, und namentlich aus den Anstalten, erst mit einem späteren Lebensalter zugelassen ist, und diejenigen Erziehungsanstalten, welche die nach § 56 des Strafgesetzbuchs Ueberwiesenen aufnehmen und bis nahe an die Volljährigkeit behalten können. Es darf nicht übersehen werden, daß, wenn es sich nicht gerade um einen schon durchaus verdorbenen Menschen handelt, im vorgerückteren Alter die in der Erziehungsanstalt empfangenen Lehren viel leichter aufgenommen werden und nachhaltiger wirken, als in ganz jungen Jahren; auch eine Erziehung, die erst nahe dem achtzehnten Lebensjahre beginnt, ist durchaus nicht vergeblich. Daß die Erziehung nicht über das einundzwanzigste Lebensjahr ausgedehnt werden darf, ist schon oben ausgeführt.*)

Die Commission schlägt auf Grund aller dieser Erwägungen vor, die staatlich überwachte Erziehung regelmäßig bis zum einundzwanzigsten Lebensjahr**) dauern zu lassen, in Ausnahmefällen aber dem Erziehungsamt die Befugniß zu geben, auch frühere Entlassung zu beschließen.

Ein solcher Ausnahmefall wird vorliegen, wenn bei einem Pflegling, der das achtzehnte Lebensjahr vollendet hat, besondere Umstände vorhanden sind, welche im Interesse seines besseren Fortkommens die Aufhebung der staatlich überwachten Erziehung nothwendig erscheinen

---

*) S. oben S. 84.

**) S. Ges.Entw. § 33 Abs. 3, vgl. § 34.

lassen.*) Diese Maßregel darf natürlich nur angewendet werden, wenn der Zögling sich besonders gut geführt hat, so daß die Behörde sicher zu sein glaubt, daß sie ihm ohne Gefahr die Vergünstigung gewähren kann. Unterstellen wir, ein Mädchen, welches in einer Familie eine Dienststellung einnimmt, hat Gelegenheit, sich mit einem ordentlichen Mann zu verheirathen, da würde die staatlich überwachte Erziehung ein Hinderniß sein. Das Gesetz gestattet allerdings dem Mädchen die Ehe schon mit dem sechzehnten Lebensjahr. Abgesehen, daß mit diesem Zeitpunkt nur ganz ausnahmsweise eine Ehe geschlossen wird, liegt auch gar kein Grund vor, ein verwahrlostes oder verbrecherisches Kind der Ehe wegen mit einem früheren, als dem achtzehnten Lebensjahre aus der staatlichen Erziehung zu entlassen, damit es wenigstens einigermaßen Sinn und Verständniß für die Pflichten einer Gattin und Mutter mitbringt. Die Gesetzgebung hat wohl am allerwenigsten Veranlassung, durch allzu vorzeitige Entlassung aus der Erziehung dem Abschluß leichtfertiger Ehen Vorschub zu leisten. — Ein anderes Beispiel einer Entlassung aus der staatlich überwachten Erziehung nach vollendetem achtzehnten Lebensjahre würde gegeben sein, wenn ein Bursche, der sich gut geführt, ausgelernt hat, und nun, um sich in seinem Beruf zu vervollkommnen und des besseren Verdienstes wegen, Arbeit in einer entfernten Gegend annehmen möchte; die staatliche Erziehung würde ihm als Kette nachschleppen. In solchen Fällen kann das Erziehungsamt die Entlassung auch unter Vorbehalt des Widerrufs aussprechen.**) Es muß auch hier dem Tact der Behörde überlassen bleiben, ob sie im einzelnen Falle die Entlassung aus der staatlichen Erziehung bewilligen will; mehr als der oben aufgeführte allgemeine Grundsatz läßt sich darüber nicht sagen.

Die staatlich überwachte Erziehung muß aber ferner vor dem einundzwanzigsten Lebensjahre definitiv aufhören,***) wenn der Zögling, um seiner Militärpflicht zu genügen, in das stehende Heer oder die Flotte eingestellt wird; und die Entlassung aus der staatlich überwachten Erziehung kann endlich und zwar ohne Beschränkung im Alter erfolgen, wenn der Zögling mit Genehmigung des Erziehungsamtes als **Freiwilliger** in den Dienst des stehenden Heeres oder der Flotte eintritt.†) Als vor einiger Zeit unsere Eisenacher Vorschläge in einzelnen Zeitungen einer Besprechung unterzogen wurden, da wurden wir auf die englische

*) S. Ges.Entw. § 34.
**) S. Ges.Entw. § 34 Nr. 1 u. letzt. Abs.
***) S. Ges.Entw. § 34 Nr. 2.
†) S. Ges.Entw. § 34 Nr. 3.

Art der Zwangserziehung, die „training ships“, Schiffserziehung, als auch für uns nachahmenswerthes Beispiel hingewiesen. Ich muß zunächst einen dabei vorgekommenen Irrthum berichtigen. Die Schiffserziehung in England ist keine besondere Art der Erziehung, die man etwa, wie in einer der Zeitungen gemeint wurde, unseren vier Arten der staatlich überwachten Erziehung als eine fünfte an die Seite setzen könnte, sondern es ist eine Anstaltserziehung auf einem wirklichen Schiff oder in einer gewöhnlichen Anstalt, die jedoch ein nachgemachtes Schiff auf dem Lande besitzt, damit daran seemännische Uebungen gemacht werden. Man könnte also auch bei uns ohne Weiteres für die seemännische Bevölkerung oder die Jugend in den Seestädten eine Erziehungsanstalt auf einem alten Schulschiff errichten, es würde das nur eine Art der Ausführung der Anstaltserziehung sein. England gewinnt thatsächlich aus diesen training ships einen tüchtigen Nachwuchs für seine Flotte (auch für die Handelsflotte). Den Gedanken, die staatlich überwachte Erziehung auch für das Heer und die Flotte, namentlich auch im Interesse der jugendlichen Zöglinge selbst nutzbar zu machen, soll die oben erwähnte Bestimmung weiter ausführen. Es giebt unter den der Anstaltserziehung überwiesenen, namentlich den verwahrlosten, aber auch unter den verbrecherischen Kindern eine ganze Anzahl, denen nichts weiter fehlt als eine starke Hand, welche sie richtig leitet und erzieht; diese können sehr wohl, wenn sie ein entsprechendes Alter und die nöthige körperliche Entwickelung besitzen, auch schon vor dem achtzehnten Lebensjahre aus der staatlichen Erziehung entlassen werden, wenn sie in eine Unteroffizierschule oder als Schiffsjungen in die Flotte, oder als Freiwillige in das Heer eintreten. Die straffe Disciplin des Dienstes wird mindestens dasselbe wirken, wie die staatlich überwachte Erziehung, und Heer und Flotte werden einen guten Nachwuchs brauchbarer Mannschaften bekommen, die, wenn sie in ihrer Familie geblieben und verkommen wären, für den Dienst verloren gewesen sein würden.

Eine Bestimmung, welche die meisten Zwangserziehungsgesetze haben, ist von uns absichtlich nicht aufgenommen worden, weil sie mehr Schaden als Vortheil gebracht hat, und weil sie bei der von uns vorgeschlagenen Gliederung der staatlich überwachten Erziehung auch unnöthig sein würde: die allgemeine Vorschrift nämlich, daß die staatlich überwachte Erziehung aufhören soll, wenn ihr Zweck anderweit sichergestellt ist. Auf Grund dieser Bestimmungen haben vielfach Eltern, welche ihre Kinder aus der Zwangserziehung aus guten oder schlechten Gründen zurück haben wollten, die Erziehungsbehörden mit unbegründeten Anträgen belästigt und es vielfach durchgesetzt, daß ihnen die Kinder wiedergegeben wurden, zum größten Schaden für dieselben. Insbesondere pflegen die Eltern dann, wenn sie von den Kindern eine Theilnahme am Erwerb erwarten, vorzustellen, ihre häuslichen Verhältnisse seien jetzt so geordnet, daß ihnen die Kinder unbedenklich wieder anvertraut werden könnten; und es haben sich jederzeit gute Freunde gefunden, die bereit waren, in dem Ermittelungsverfahren diese Angaben zu bestätigen. Da wir die staatlich überwachte Erziehung in der eigenen Familie und die Möglichkeit der Aufhebung der Erziehung überhaupt mit dem achtzehnten Lebensjahre haben, so läßt sich ein Bedürfniß für die Beibehaltung der Bestimmung, daß die staatliche Erziehung aufzuheben ist, wenn die Zwecke der Erziehung anderweit sichergestellt sind, nicht mehr begründen. Das Erziehungsamt kann jederzeit die Umwandlung der Anstaltserziehung oder der Erziehung in einer fremden Familie in Erziehung in der eigenen Familie anordnen, und es liegt außerdem auch ganz in seiner Hand, ob die Aufsicht über die Familie streng oder milde gehandhabt werden soll. Daß aber eine gewisse Beaufsichtigung bleibt, ist nur angemessen. Die Verhältnisse der Familie waren doch einmal so, daß das Kind darin verwahrloste, sie können auch wieder solche werden, also bleibt es immer gut, wenigstens das Recht der Aufsicht in der Hand zu haben.

Für viele Fälle *unserer* staatlich überwachten Erziehung würde der bisherige Aufhebungsgrund auch nicht mehr passen, nämlich für alle die Fälle, in denen nicht die ausdrücklich festgestellte Verwahrlosung des Kindes in der Familie die Ursache der staatlich überwachten Erziehung war.

Wir können ein Kind, welches der Familie genommen ist nur wegen der Art oder der Zahl der von ihm begangenen strafbaren Handlungen,*) oder eine jugendliche Person vom vierzehnten bis achtzehnten Lebensjahr, welche auf Grund eines Urtheils des Strafgerichts der staatlich überwachten Erziehung überwiesen ist, nicht der Familie zurückgeben, *weil die Zwecke der Erziehung bei ihr sicher gestellt seien.* In den meisten dieser Fälle wird die Frage der häuslichen Verhältnisse nicht allein in Betracht gekommen sein, bei den ersteren ganz gewiß nicht; also bleibt auch die demnächstige Gestaltung der häuslichen Verhältnisse ohne erheblichen Einfluß, so lange nicht die Anstaltserziehung bei dem Kind solche Erfolge *erzielt hat*, daß nunmehr die Rückgabe an die eigene Familie unter Aufsicht erfolgen kann.

Für die *Erziehungsanstalten* müssen zwei Hauptsätze an die Spitze gestellt werden: Die nach dem vierzehnten Lebensjahre über-

*) S. Ges.Entw. § 3 Nr. 1—3.

wiesenen Zöglinge sollen thunlichst von denjenigen getrennt gehalten werden, welche vor diesem Zeitpunkt einer Erziehungsanstalt überwiesen sind,*) und die Erziehungsanstalten sind getrennt für das männliche und für das weibliche Geschlecht einzurichten.**)

Der erste Satz würde richtiger heißen: den Erziehungsanstalten sind die Zöglinge nach erziehlichen Grundsätzen zu überweisen. Das würde bedeuten, daß für das ganze Reich eine Hauptsammelstelle der Zöglinge einzurichten wäre, aus welcher sie dann nach ihrer Individualität den geeigneten Anstalten überwiesen würden. Man würde jugendliche Diebe der einen, rohe Burschen einer anderen Anstalt, gut und schlecht beanlangte verschiedenen, ebenso verwahrloste und verbrecherische ebenfalls verschiedenen Anstalten überweisen, und jeder Zögling fände in seiner Anstalt gerade das, was für ihn nützlich wäre. Das wäre der ideale, aber praktisch undurchführbare Zustand. Wir müssen uns deshalb damit begnügen, eine Trennung in solche Zöglinge anzustreben, welche zur Zeit der Ueberweisung noch volksschulpflichtig waren, und in solche, welche bei der Ueberweisung der Volksschulpflicht genügt haben. Daß für jede Kategorie überall gerade sich getrennte Anstalten finden müssen, soll damit nicht gesagt sein; wir dürfen namentlich für den Anfang unsere Anforderungen nicht zu hoch schrauben, eine Trennung von diesem Gesichtspunkt läßt sich auch in Abtheilungen derselben Anstalt ermöglichen. Eine gewisse Trennung ist nothwendig, weil dieser Unterschied zur Zeit der Ueberweisung eine wesentlich verschiedene Behandlung erfordert. Eine Trennung nach Altersstufen in der Art, daß in einer Anstalt oder Abtheilung die Zöglinge bis zum vierzehnten Lebensjahr, in einer anderen die nach vollendetem vierzehnten Lebensjahr zusammengehalten werden, würde sich nicht empfehlen, weil dann z. B. die fünfzehn Jahre alten, schon mehrjährigen Zöglinge, deren Erziehung schon vorgeschritten ist, mit denen zusammengebracht werden müßten, die im gleichen Alter erst überwiesen werden, die erste Kategorie müßte sich außerdem nach vollendetem vierzehnten Lebensjahr in die ganz neuen Verhältnisse einer anderen Anstalt hineinleben.

Daß die Anstalten nur für ein Geschlecht bestimmt sein sollen, bedarf keiner Begründung; es giebt gegenwärtig Anstalten, die beide Geschlechter, allerdings in getrennten Flügeln, haben. Diese Einrichtung ist unbedingt zu verwerfen, weil ein Zusammenkommen der Zöglinge, wie die praktischen Erfahrungen gezeigt haben, gar nicht zu verhindern ist.

---

*) S. Ges.Entw. § 45.

**) S. Ges.Entw. § 44.

Die Leiter*) der Erziehungsanstalten müssen entweder Geistliche einer der Landeskirchen, oder akademisch gebildete Lehrer, oder Volksschullehrer sein, welche sich über eine mehrjährige erfolgreiche Thätigkeit als Lehrer im Schuldienste oder im Schulaufsichtsdienste ausweisen können, oder wenn sie Geistliche sind, eine mehrjährige erfolgreiche seelsorgerische Thätigkeit entwickelt haben.

Daß wir pädagogisch gebildete und erfahrene Männer zu Leitern der Anstalten haben müssen, liegt auf der Hand, es soll in den Anstalten erzogen werden, deshalb müssen die Anforderungen für unsere Leiter andere sein, als wie für die Oberbeamten der Straf- oder Correctionsanstalten. Die Forderungen, welche die Eisenacher Vorschläge aufstellten,**) gingen zu weit, und wir haben sie deshalb abgeändert.

Da staatliche oder communale Erziehungsanstalten***) bisher nur in geringer Anzahl vorhanden sind, so müssen in noch höherem Umfange wie bisher die Privatanstalten zur Unterbringung der Pfleglinge in Anspruch genommen werden, soweit sie sich, wie schon früher†) erörtert ist, der Staatsaufsicht unterwerfen.

Das Mindeste, was von solchen Privatanstalten gefordert werden muß, ist,††) daß sie durch ihre Lage und ihre baulichen Einrichtungen den erziehlichen Anforderungen entsprechen. Gebäude und Lage der Anstalt müssen vor Allem gesund sein, die Einrichtung kann und soll sogar ganz einfach sein, den Verhältnissen der Mehrheit der Zöglinge entsprechend, nur muß für Ordnung und Reinlichkeit Sorge getragen werden, auch müssen Einrichtungen vorhanden sein oder beschafft werden können, daß die Zöglinge außerhalb der Lehrstunden in angemessener Weise beschäftigt werden, Räume und Gelegenheit zum Spielen, Turnen und Exerciren, Gelegenheit zur Garten- und Feldarbeit in der Anstalt†††) und zur Erlernung eines Handwerks. Das letztere ist namentlich in den Anstalten von Wichtigkeit, welche nur die nach dem vierzehnten Lebensjahr überwiesenen aufnehmen, da diese Zöglinge gerade die Zeit in welcher sie sonst ein Handwerk lernen würden, in der Anstalt verbringen müssen; aber auch die anderen Anstalten werden den Zöglingen

---

*) S. Ges.Entw. § 55 u. 56 Nr. 1.

**) S. Eisen. Vorschläge IV. 2a u. 3a.

***) S. Ges.Entw. § 53.

†) S. ob. S. 70ff.

††) S. Ges.Entw. § 56 Nr. 4.

†††) In den meisten Anstalten ist jetzt schon Gelegenheit zur Garten- und Feldarbeit vorhanden.

zum Erlernen einer Handwerksthätigkeit Gelegenheit geben müssen, da sie ihre Zöglinge auch regelmäßig über das vierzehnte Lebensjahr hinaus behalten werden.

Der Anstalt kommt solche Thätigkeit der Zöglinge zu statten, da in den Lehrwerkstätten vor Allem für die Bedürfnisse der Anstalt gearbeitet wird. Damit die Erziehungsämter ganz genau wissen, was die einzelnen Anstalten leisten, und damit auch eine wesentlich gleichmäßige Behandlung der Zöglinge gesichert ist, müssen die Anstalten ihren Lehr-, Wirthschafts- und Beschäftigungsplan*) dem Erziehungsamt zur Genehmigung vorlegen und jährlich dem Erziehungsamt eingehenden Bericht über die Thätigkeit der Anstalt erstatten.

Der Lehrplan der Anstalt**) muß den Anforderungen der Volksschule entsprechen; es soll jedoch dabei nicht ausgeschlossen sein, daß, mit Genehmigung des Erziehungsamtes, der Elementarunterricht für die Zöglinge in der öffentlichen Volksschule ertheilt wird, sofern damit keine Unzuträglichkeiten verbunden sind. Einzelne unserer Gutachter haben Anstoß daran genommen, daß das Erziehungsamt auch die Wirthschaftspläne der Privatanstalten genehmigen soll, weil sie besorgen, daß die Privatwohlthätigkeit, der die meisten dieser Anstalten ihre Entstehung und ihren Bestand verdanken, sich von denselben zurückziehen möchten, wenn die staatlichen Organe ihre Aufsicht auch auf diesen Zweig der Anstaltsverwaltung ausdehnen. Ich befürchte das nicht; es gilt hier das bereits früher Hervorgehobene, daß zu hoffen ist, daß diejenigen, welche bisher schon ein Herz für die verwahrloste und verkommene Jugend hatten, in der allgemeinen Organisation und der Hebung des Erziehungswesens nur einen Fortschritt erblicken werden, durch den das verwirklicht werden soll, was sie selbst mit ihren Mitteln schon angestrebt: die Rettung der sonst Verlorenen. Auf die Controle des Wirthschaftsplanes kann nicht wohl verzichtet werden, da das Erziehungsamt die Garantie haben muß, daß die Lebenshaltung der der Anstalt Zugewiesenen daselbst auch eine entsprechende ist.

Anderwärts findet man die eingehendste Staatsaufsicht ganz selbstverständlich. In England sind die meisten Erziehungsanstalten Werke der Privatwohlthätigkeit — zum Theil mit Staatsunterstützung, — aber die staatliche Controle ist dort sehr eingehend und genau, ohne daß die wohlthätigen Gesellschaften daran Anstoß nehmen und ohne daß sie ihre Hand von dem Werke abziehen, weil sich der Staat in die Sache mischt.

---

*) S. Ges.Entw. § 56 Nr. 4.

**) S. Ges.Entw. § 56 Nr. 3.

Sollte es wirklich wahr sein, daß der Gemeinsinn in England größer ist, wie bei uns!

Die Anstalten sollen endlich für mindestens 50 Köpfe eingerichtet sein.*) Diese Forderung war in den Eisenacher Vorschlägen nicht enthalten. Wir haben uns aber überzeugt, daß sie nothwendig ist. Es giebt eine ganze Anzahl kleinerer Anstalten, die darnach für die Zwecke der staatlich überwachten Erziehung in Wegfall kommen, sie bieten aber eben wegen ihrer Kleinheit, des beschränkten Raums, auf welchen sie angewiesen sind, und der beschränkten Mittel, auf welchen sie begründet sind, keine ausreichende dauernde Garantie, daß sie den übrigen Anforderungen entsprechen werden, welche nach dem Vorstehenden mindestens gestellt werden müssen. Auch haben diese kleinen Anstalten vielfach nur einen einzigen Lehrer, der zugleich Hausvater (Leiter), Aufseher sein muß. Anstalten von mindestens 50 Köpfen können außer dem zugleich lehrenden Hausvater mindestens noch einen lehrenden Gehilfen haben, der zugleich in Vertretung des Leiters die Aufsicht führen kann. Wir unterbinden mit unseren Forderungen diesen Anstalten die Lebensader nicht; auch neben der staatlich überwachten Erziehung bleibt noch genug Raum für diese Anstalten, in der Aufnahme von Kindern, welche von wohlthätigen Vereinen mit Genehmigung der Eltern erzogen werden. Auch wird voraussichtlich, wenn in Deutschland unsere Vorschläge Anklang finden, eine mehrjährige Uebergangszeit nothwendig sein, in welcher man die Anforderungen an die Anstalten nicht im vollen Umfang stellen kann. In dieser Zeit wird für viele der kleineren Anstalten Gelegenheit sein, wenn sie wirklich leistungsfähig sind, mit dem steigenden Bedürfniß in die staatlichen Anforderungen allmählich hineinzuwachsen. Zum allerdings nur kleinen Theil würden diese kleinen Anstalten für die Familienerziehung brauchbar bleiben.

Aus dem Aufsichtsrecht der Erziehungsämter folgt den Privatanstalten gegenüber das Recht der Besichtigung**); dieses soll den Privatanstalten gegenüber mindestens zweimal im Jahre ausgeübt werden. Diese Besichtigung kann durch den Leiter des Erziehungsamts oder einen Beamten desselben, insbesondere auch unter Hinzuziehung des Leiters einer staatlichen Erziehungsanstalt geschehen. Die Eisenacher Vorschläge wollten die Besichtigung der Privatanstalten hauptsächlich durch den Leiter einer staatlichen Erziehungsanstalt geschehen lassen. Einige Gutachter glaubten diesen Theil der Vorschläge bekämpfen zu sollen, weil dadurch leicht Un-

*) S. Ges.Entw. § 56 Nr. 2.

**) S. Ges.Entw. § 57.

zuträglichkeiten entstehen möchten. Der Leiter der staatlichen Erziehungsanstalt würde wahrscheinlich ein gewisses Uebergewicht über den Leiter der Privatanstalt geltend machen wollen, was zu vielen der Sache schädlichen Zänkereien zwischen Beiden über die Ergebnisse der Besichtigung und das Verfahren bei derselben führen könnte; es wären deshalb besser nur die Beamten des vorgesetzten Erziehungsamts zur Besichtigung zuzulassen. Der sachverständigste Beamte für die Revision der Privatanstalten ist jedenfalls der Leiter einer staatlichen Erziehungsanstalt; deshalb ist es am besten, wenn er mit dem Beamten des Erziehungsamts die Revision vornimmt, da dem letzteren vielfach die nöthigen Fachkenntnisse fehlen werden.

Die Entlassung aus den Privatanstalten erfolgt vor dem einundzwanzigsten Lebensjahr regelmäßig auf den Antrag des Leiters, den dieser insbesondere gelegentlich der Besichtigung stellen soll.*) Es muß aber dem revidirenden Beamten auch unbenommen bleiben, aus eigener Initiative die Entlassung einzelner Zöglinge, deren Anstaltserziehung ihm vollendet scheint, zu veranlassen.**) Dies erscheint deshalb nothwendig, weil bei den Privatanstalten das Interesse des Zöglings und das pecuniäre Interesse der Anstalt collidirt, und vermieden werden muß, daß das erstere gegenüber dem letzteren zurücksteht.

Die vorläufige Entlassung aus einer Anstalt darf nur erfolgen, wenn die Unterbringung in einer Familie sichergestellt ist.***) Wenn seitens des Erziehungsamts die Entlassung des Zöglings aus der Anstalt und seine Unterbringung in einer geeigneten fremden Familie, sei es zur Fortsetzung der Erziehung, sei es als Gesinde oder Lehrling u. s. w. angeordnet ist, dann hat der Leiter der Anstalt für die Unterbringung des Zöglings Sorge zu tragen,†) und dem Erziehungsamt von der Unterbringung Mittheilung zu machen, welches die Zuweisung des Zöglings an eine Vertrauensperson zur Beaufsichtigung veranlaßt.

Die Aufsicht über solche Zöglinge bleibt aber mittelbar auch jetzt dem Anstaltsleiter, insofern er die Berichte der Vertrauenspersonen erhält und vor Allem verpflichtet ist, seine vorläufig Entlassenen alljährlich mindestens einmal zu besuchen. Diese Besuche des Anstaltsleiters sind von der größten Wichtigkeit, indem es einem einigermaßen tüchtigen Anstaltsleiter, der seine Zöglinge kennt, dabei ein Leichtes ist, festzustellen,

*) S. Ges.Entw. § 53.

**) S. Ges.Entw. § 47.

***) S. Ges.Entw. § 46.

†) S. Ges.Entw. § 48.

in welchem Zustand sich dieselben befinden. Der einmalige unerwartete Besuch bei einem Zögling muß dem Anstaltsleiter ein getreueres Bild von dem Verhalten des Zöglings und der Wirkung, welche die Freiheit auf ihn ausgeübt hat, sowie namentlich auch davon, ob der Zögling in die richtigen Hände gekommen ist, gewähren, als dies die Berichte der Vertrauenspersonen vermögen.*) Deshalb legen wir auf diese Bestimmung besonderen Werth. Erforderlichen Falles hat der Leiter der Anstalt auf Grund des Eindruckes, den er bei seinen Besuchen gewonnen, oder der Berichte der Vertrauenspersonen die Unterbringung in einer anderen Familie zu veranlassen oder die Wiedereinziehung des Zöglings in eine Anstalt zu beantragen.**) Die Wiedereinziehung des Zöglings in die Anstaltserziehung muß dem Erziehungsamt überlassen bleiben, da dasselbe auch berechtigt ist, nunmehr die Ueberweisung des Zöglings in eine **staatliche** Anstalt zu beschließen.

Im Wesentlichen dieselben Bestimmungen, welche in Vorstehendem für die Privatanstalten vorgeschlagen sind, sollen auch für die staatlichen Erziehungsanstalten und die diesen gleichstehenden communalen Anstalten***) entsprechend gelten. Sie unterstehen der unmittelbaren Aufsicht der Erziehungsämter,†) welche den Lehr-, Wirthschafts- und Beschäftigungsplan feststellen. Zu den Befugnissen der Anstaltsleiter sind nur die Besonderheiten zu bemerken, daß die vorläufige Entlassung aus der Anstalt regelmäßig nur auf seinen Antrag erfolgen soll und daß der Leiter befugt sein soll, die Wiedereinziehung eines vorläufig Entlassenen in die Anstalt selbst zu verfügen.††)

Es sind das Bestimmungen, die einer besonderen Begründung nicht bedürfen; übrigens gewährleistet die unmittelbare Aufsicht über die Dienstführung des Anstaltsleiters durch das Erziehungsamt, daß Zöglinge nicht übermäßig lange in der Anstalt zurückbehalten und nicht ohne Grund wieder eingezogen werden.

Mehr, als in dem Vorstehenden über die Ausführung der staatlich überwachten Erziehung gesagt ist, kann in ein Reichsgesetz, welches von dem Gedanken ausgeht, daß die Ausführung des Erziehungswesens Sache der Landesverwaltungen sein soll, nicht aufgenommen werden. Es sind

---

*) S. Ges.Entw. § 50.
**) S. Ges.Entw. § 52.
***) S. Ges.Entw. § 53.
†) S. Ges.Entw. § 53 Abs. 2.
††) S. Ges.Entw. § 52.

nur Bestimmungen, welche auf die Einzelheiten des Vollzugs sich nicht einlassen, sondern nur wenige Punkte enthalten, in denen Gleichmäßigkeit herrschen muß, um der neu vorgeschlagenen staatlich überwachten Erziehung ihren eigenartigen Stempel aufzudrücken. Man hat uns schon bei dem Wenigen, was wir aufgenommen haben, den Vorwurf nicht erspart, wir hätten uns hier in Dinge eingelassen, die überhaupt nicht in ein Gesetz hineingehörten, sondern Sache reglementarischer Festsetzung seien; ich erachte das nicht für richtig. Die Punkte, welche wir hervorgehoben haben, mußten wir herausgreifen, soll nicht schon im Aeußerlichen die staatlich überwachte Erziehung die buntscheckigste particulare Gestaltung erhalten, die nichts gemeinsam hat als den Namen. Wenn die Sache einmal Leben gewinnen soll, dann wird sich erst zeigen, wie viel wir für das Gebiet der landesgesetzlichen Ausführungsbestimmungen und der Reglements noch übrig gelassen haben, und wie vieles noch einheitlich geregelt werden muß. Aber von der Befugniß zum Erlaß von Ausführungsbestimmungen mag man einen noch so weitgehenden Gebrauch machen, innere Verschiedenheiten der einschneidendsten Art in der Ausführung werden sich doch nie vermeiden lassen. Denn selbst bei ganz gleichen bis ins Einzelne gehenden Vorschriften werden die Anschauungen der Dirigenten der Erziehungsämter und die Individualität der Anstaltsleiter diese Verschiedenheiten naturgemäß schaffen müssen. Besondere Vorsicht ist deshalb bei der Auswahl der Beamten der Erziehungsämter und der Leiter der Erziehungsanstalten dringend geboten, da von der Wahl des richtigen Mannes zu viel, bezüglich der Leitung der Anstalten möchte ich sagen der ganze Erfolg der Anstaltserziehung abhängt; und wenn es heute so Viele giebt, welche Gegner der Zwangserziehung sind, weil sie bei uns in Deutschland manche Mißerfolge sehen, so richten sie diese Gegnerschaft nur an die falsche Adresse. Die staatliche Erziehung bringt gute Früchte, wenn wir in Deutschland erst von Staatswegen erziehen gelernt haben!

Viele werden in dieser Darstellung ein tieferes Eingehen auf die Geschichte der privaten Erziehungsthätigkeit in Deutschland und ihre Entwickelung vermissen. Absichtlich habe ich darüber hier nicht mehr gesagt, als was in einzelnen Bemerkungen hier und da gegeben ist, da erst derjenige Theil der ausführenden Thätigkeit, welchem es obliegt, demnächst die Heranziehung der bestehenden Privaterziehungsthätigkeit und ihrer Anstalten für die Zwecke der staatlich überwachten Erziehung zu bewirken, auf die Entwickelung eingehen muß, welche die Erziehungsthätigkeit frommer und wohlthätiger Anstalten und Vereine in den einzelnen Gegenden genommen, und die Erziehungsmittel im einzelnen zu berücksichtigen hat, welche vorhanden sind.

Das Alles, und ebenso eine detaillirtere Darstellung des Zwangserziehungswesens in den einzelnen Staaten, mußte hier zu weit abführen. Für einen Bericht, welcher die allgemeine Gestaltung der Behandlung jugendlicher Verbrecher und verwahrloster Kinder darstellen soll, ist diese Schrift fast jetzt schon zu umfangreich geworden.

Die verschiedenartige Entwickelung, welche sowohl das staatliche- als das Vereinserziehungswesen in Deutschland gehabt hat, macht es allerdings unmöglich, Einrichtungen zu treffen, welche allen bestehenden Verhältnissen Rechnung tragen können.

Es wird deshalb sorgfältig erwogener Uebergangsbestimmungen bedürfen, um, soweit dies möglich ist, das, was für erforderlich erkannt ist, ohne Schädigung berechtigter Interessen allmählich einzuführen.

Vielleicht ist es dem Berichterstatter vergönnt, in einem zweiten Bande die Einführung der staatlich überwachten Erziehung in die bestehenden Verhältnisse der Einzelstaaten und die Vereinigung der privaten Erziehungsthätigkeit damit darzustellen und dabei auf das hochinteressante Wirken der Privatwohlthätigkeit auf dem Gebiet des Erziehungswesens näher einzugehen. Da wird denn auch der richtige Ort sein, über die Einrichtung der staatlichen Erziehungsanstalten und die Systeme, welche dabei bisher um die Herrschaft gestritten haben, genauer zu handeln.

Ein wesentlicher Punkt ist jedoch an dieser Stelle noch zu erörtern:*) wer die Kosten der staatlich überwachten Erziehung zu tragen hat.**)

In Preußen werden die Kosten von dem höheren Communalverband und dem Staat gemeinschaftlich zu gleichen Theilen getragen, in der Weise, daß der Staat zu den Kosten des zur Ausführung der Zwangserziehung verpflichteten höheren Communalverband die Hälfte der Aufwendungen beiträgt, dazu kommt die Verpflichtung des Ortsarmenverbandes, die Kosten der Einlieferung des Zöglings in die Anstalt oder die Familie und der demnächstigen Rückreise in die Heimath, sowie die Kosten der ersten Ausstattung des Zöglings zu tragen. Etwaiges eigenes Vermögen des Zöglings oder das Vermögen der alimentationsverpflichteten Personen haftet jedoch an erster Stelle, und soll zunächst die Beitreibung der Kosten daraus geschehen.

*) S. Ges.Entw. §§ 59 u. 60.

**) Vgl. übrigens auch unten S. 198.

In Braunschweig trägt die Kosten der Zwangserziehung zunächst das Vermögen des Zöglings oder seiner alimentationsverpflichteten Angehörigen, im Unvermögensfalle haben die Gemeinden oder Armenverbände eine kleine Pauschsumme für jeden Zögling zu zahlen, subsidiär trägt die Kosten der Staat, der die gesammte Zwangserziehung leitet.

In Anhalt ist die Kostenpflicht unter den Landarmenverband und das Vermögen der Eltern und subsidiär das Vermögen des Kindes zu gleichen Antheilen getheilt. Beim Unvermögen der Eltern oder des Kindes tritt an deren Stelle der Ortsarmenverband.

In Bremen trägt die genannten Kosten der Staat, soweit das Vermögen des Zöglings oder der zu seiner Alimentation Verpflichteten nicht ausreicht.

In Oldenburg haftet zunächst das Vermögen des Zöglings für die Kosten der Zwangserziehung,

subsidiär aber

für die auf Grund des § 56 des Str. G. B.'s einer Erziehungs- oder Besserungsanstalt Ueberwiesenen der Staat,

für alle übrigen Zwangszöglinge, verbrecherische Kinder und verbrecherische bestrafte Jugendliche und verwahrloste Kinder, die Alimentationspflichtigen, falls diese aber unvermögend sind, die zur öffentlichen Armenunterstützung verpflichtete Kasse mit einem geringen Pauschsatz und im Uebrigen der Staat.

In Sachsen-Weimar haftet für die Kosten das Vermögen des Zöglings und dasjenige der zu seiner Alimentation verpflichteten Personen, im Unvermögensfalle der Ortsarmenverband des Unterstützungswohnsitzes, und wenn ein solcher nicht vorhanden ist, der Landarmenverband. Der Ortsarmenverband erhält einen Zuschuß von zwei Dritteln seiner Auslagen aus der Staatskasse.

In Mecklenburg-Schwerin haftet, nach dem Vermögen des Zöglings und der zu seiner Alimentation Verpflichteten, die Gemeinde, welche die Unterbringung veranlaßt.

In Hamburg trägt die Kosten der Zwangserziehung der Staat, vorbehaltlich der Erstattungspflicht der Eltern des Zöglings. Andere Alimentationsverpflichtete haben die Kosten in soweit zu erstatten, als dieselben ihnen sonst zur Last gefallen wären.

Diese Beispiele mögen genügen, um zu zeigen, daß die Kostenpflicht in den verschiedenen Staaten durchaus verschieden geregelt ist und daß es unmöglich ist, eine Bestimmung zu finden, welche allen den bestehenden

Einrichtungen gerecht wird. Diese sind eben in den inneren Verhältnissen der einzelnen Staaten begründet.

Es wird deshalb am besten sein, nur ganz allgemeine leitende Gesichtspunkte aufzustellen, die Ausführung im Einzelnen der Landesgesetzgebung auch hier zu überlassen.

Dreierlei ist dabei zu berücksichtigen. Die Gesetzgebung derjenigen Staaten ist verfehlt, welche die Kostenpflicht in der Hauptsache dem Staat und den Landarmen- oder sonstigen größeren Communalverbänden auflegt und die Ortsarmenverbände fast vollständig davon befreit, denn der Erfolg zeigt regelmäßig, daß dann diese zu leicht geneigt sind, verwahrloste Kinder zur Uebernahme in die staatliche Erziehung zu präsentiren; denn die Uebernahme solcher Kinder in die staatliche Erziehung entlastet die Armenkasse ganz erheblich. Umgekehrt ist es ebenso fehlerhaft, wenn man die Ortsarmenverbände mit den Kosten der Zwangserziehung zu schwer oder, wie das Mecklenburg thut, ganz belastet. Die communalen Verbände hüten sich dann der Kosten wegen, Verwahrlosung von Kindern zuzugeben; die Armenlasten sind immer erheblich geringer, als die Kosten der Zwangserziehung sein würden, also tragen sie lieber jene mit all' den Unannehmlichkeiten, welche das Behalten der verwahrlosten Elemente in den Gemeinden mit sich bringt, wenn sie die Kosten der Zwangserziehung sparen können.

Es folgt daraus, daß die Ortsarmenverbände entsprechend ihrer Leistungsfähigkeit zur Tragung der Kostenpflicht in angemessener Weise mit herangezogen werden müssen.

Endlich ist es aber nothwendig, auch die Eltern der Kinder zu den Kosten gleichfalls mit heranzuziehen, und zwar nicht bloß auf dem Papier, sondern auch in der Wirklichkeit, damit nicht gewissenlose Eltern dazu gereizt werden, ihre Kinder von sich abzuschieben und als verwahrlost der staatlichen Erziehung in die Arme zu treiben. Die vollen thatsächlichen Kosten der Erziehung können allerdings in vielen Fällen nicht beigetrieben werden, weil die Vermögens- oder Einkommenverhältnisse der meisten Eltern verwahrloster Kinder so schlechte sind, daß diese anderenfalls den größten Theil ihres Verdienstes nur für das verwahrloste Kind hingeben müßten und für sich und die übrigen Familienglieder nichts oder nur wenig übrig behalten würden. Dieser Zustand darf auch nicht eintreten, denn damit würde höchstwahrscheinlich das Resultat erreicht werden, daß die Eltern überhaupt nicht mehr arbeiten, weil von dem Erwerb doch nichts an sie kommt. Der Antheil, den die Eltern zu den Erziehungskosten hinzugeben sollen, muß für jeden einzelnen Fall nach den Einkommensverhältnissen und unter Berücksichtigung der Zahl und der Arbeitsfähigkeit der anderen Familienangehörigen festgestellt werden.*) Der praktischen Durchführung der elterlichen Beitragspflicht wird meist das entgegenstehen, daß die Eltern nicht pfandbar sind oder rechtzeitig sich unpfandbar gemacht haben. Es empfiehlt sich daher, von einer gesetzlichen Bestimmung bei der Beitreibung Gebrauch zu machen, deren analoge Anwendung auf diese Fälle juristisch unbedenklich ist. Während bekanntlich im Allgemeinen die Beschlagnahme des Arbeits- und Dienstlohnes unzulässig ist, bestimmt der § 4 des Gesetzes betr. die Beschlagnahme des Arbeits- und Dienstlohnes vom 21. Juni 1869:

„Das gegenwärtige Gesetz findet keine Anwendung auf die Beitreibung der auf gesetzlicher Vorschrift beruhenden Alimentationsansprüche der Familienglieder."

Wegen der Alimentationsansprüche der Kinder ist also die Beschlagnahme des Arbeits- und Dienstlohnes zulässig. Außerdem bestimmt § 749 vorletzter Absatz in der Civilproceßordnung, daß gegen das Einkommen der im Privatdienst dauernd angestellten Personen, der Officiere, Beamten, Geistlichen, Lehrer, und die Pensionsbezüge derselben „eine „Pfändung ohne Rücksicht auf den Betrag zulässig ist, wenn sie zur „Befriedigung . . . . der ehelichen Kinder des Schuldners wegen solcher „Alimente des Schuldners beantragt wird, welche für die Zeit nach Er- „hebung der Klage und für das diesem Zeitpunkt vorausgehende letzte „Vierteljahr zu entrichten sind."

Es kann nicht als Unbilligkeit erscheinen, wenn man dies processuale Privilegium der Alimentenforderungen aus den vorerwähnten Gesetzen auch den Ersatzansprüchen des Staates für die auf Grund eines Richterspruchs von ihm übernommene und besorgte Alimentation der verbrecherischen oder verwahrlosten Kinder verleiht; der Staat hat nur die Verpflichtung der Eltern gegen die Kinder auf sich übernommen; es ist also durchaus berechtigt, daß er in die Ansprüche der Kinder gegen die Eltern in vollem Umfang eintritt. Die Eltern sind durch die Ersparniß an der Ernährung der Kinder bereichert, und mindestens insoweit ist ihre Ersatzpflicht ohne weitere Bestimmung begründet.

Wenn Aschrott**) in seiner mehrfach citirten Schrift die Eltern zu den Kosten der Erziehung heranziehen will, um einer mißbräuchlichen Anwendung der staatlichen überwachten Erziehung vorzubeugen, „da sich ohnehin ja nicht bestreiten lasse, daß der Maßregel der staatlich

*) S. Ges.Entw. § 59 Abs. 3.

**) l. c. S. 45.

„überwachten Erziehung ein gewisser socialistischer Zug beiwohne,“ so beruht diese Begründung auf einem argen Mißverständnisse. Auch ohne die Beitragspflicht der Eltern würde der staatlich überwachten Erziehung ein socialistischer Zug nicht anhaften, da, wie das schon oben*) deutlich hervorgehoben, es sich hier um ein Recht des Staates handelt; die socialistische Kindererziehung durch den Staat überhaupt — an diese denkt Aschrott offenbar — ist, wie die Ernährung des Einzelnen, die Arbeitsgewährung u. s. w., wesentlich eine Pflicht des Staates gegen den Einzelnen.

Den Eltern wird allerdings die Beitreibung der Kosten recht offenbar machen, daß es sich bei der staatlich überwachten Erziehung nicht um eine Rechtspflicht des Staates handelt, sie werden das aber auch schon merken bei der Wegnahme der Kinder wider den Willen der Eltern, oder bei der Vorenthaltung der Kinder, und so werden sie jedenfalls keinen socialistischen Zug in der staatlich überwachten Erziehung erkennen.

Zur Regelung der Kostenfrage ist in der eben- und mehrerwähnten Schrift vorgeschlagen,**) die Kosten dem Staat, dem höheren Communalverband und den Ortsarmenverbänden je zu einem Drittel aufzulegen und den Ortsarmenverbänden den Ertrag der Beitragspflicht der Eltern als Ersatz zu überlassen.

Wenn das auch für Preußen sich construiren ließe, so ist der Vorschlag doch für eine reichsgesetzliche Regelung nicht brauchbar. Derselbe übersieht, daß es in Bayern die Ortsarmenverbände überhaupt, in vielen Bundesstaaten aber auch die Provinzial- und höheren Communalverbände, wie in Preußen, nicht giebt, und daß daselbst auch nichts Analoges besteht, was die Rolle der Verbände übernehmen könnte. Damit muß der Vorschlag schon hinfällig werden, und ich kann deshalb darauf näher einzugehen sparen, ob es zu empfehlen ist, die Ortsarmenverbände mit einem vollen Drittel der Kosten zu belasten und ihnen die Erträgnisse der Beitreibungen gegen die Eltern als Ersatz zu überweisen; nur das eine will ich bemerken, daß diese Ueberweisung an die Ortsarmenverbände mit anderen Worten heißen würde, den Ortsarmenverbänden für die Unkosten der Erziehung dasjenige zuweisen, was sie von ihren Ortsarmen eintreiben können. Für reichsgesetzliche Regelung kann nur vorgeschlagen werden, daß die Kosten der staatlich überwachten Erziehung von der Staatskasse zu tragen sind, daß jedoch dem Staat ein Rückgriffsrecht

*) S. oben S. 114.
**) Aschrott S. 44 u. 45.

gegen die Eltern und sonstigen alimentationspflichtigen Personen, und eventuell das Vermögen der Kinder zusteht und endlich, daß es der Landesgesetzgebung überlassen bleibt, zu bestimmen, ob, und in welchem Umfange communale Verbände, insbesondere auch der zuständige Ortsarmenverband oder die Heimathsgemeinde des Kindes, zu den Kosten beitragen soll.*)

Diese Fassung der Bestimmung gestattet der Landesgesetzgebung, die landesrechtlichen inneren Verschiedenheiten in vollem Umfange zu berücksichtigen.

XV.

Der Strafvollzug.

(S. Ges.Entw. §§ 61 bis 95.)

Solange im Deutschen Reich ein allgemeines Strafvollzugsgesetz nicht besteht, welches auch die Strafvollstreckung gegen jugendliche Verbrecher mit umfaßt, müssen in dem Specialgesetz über die Behandlung derselben auch einzelne Specialbestimmungen über den Strafvollzug enthalten sein; denn die Ausnahmestellung, welche der jugendliche Verbrecher in der Strafrechtspflege einnimmt, muß auch ganz besonders für den Vollzug der Strafe ihre Wirkung äußern.

Die Bestimmungen über den Strafvollzug gegen jugendliche Strafthäter müssen von dem Gedanken getragen werden, daß die Strafe keine ideale Spielerei, sondern ein ernstes, wirkungsvolles Uebel sei, das nach dem Ziel hinstrebt, dem Rechtsbrecher die Wiederholung von Strafthaten zu verleiden, die Freiheitsstrafe, soweit sie für längere Dauer erkannt ist, soll außerdem auch die moralische Besserung des jugendlichen Thäters versuchen. Weil aber die Strafe ein ernstes Uebel sein soll, das seiner Wirkung wegen erkannt wird, darf eine Strafvollstreckung auch nur da und nur so lange geschehen, als dies für den Verurtheilten und um der Rechtsordnung willen erforderlich erscheint.

Was zunächst die Vollstreckung der Geldstrafe, des Verweises und der Ueberweisung zur Zucht der Schule oder der staatlich überwachten Erziehung anlangt, so ist für die beiden letzten Strafformen, die nur in Verbindung mit dem Verweis vorkommen,**) nichts Besonderes zu erwähnen; es genügt auf die Bestimmung im Gesetzentwurf***) hinzuweisen;

*) S. Ges.Entw. § 59 u. 60.

**) S. Ges.Entw. § 5 Nr. 7 Abs. 2.

***) S. Ges.Entw. § 63 u. 64.

für den Verweis*) ist eine principielle Verschiedenheit von dem geltenden Recht vorgeschlagen, welche jedoch wohl kaum Widerspruch finden dürfte, nämlich, daß er in einer Sitzung des erkennenden Gerichts ertheilt werden soll.**) Er wird dadurch feierlicher und etwas wirkungsvoller gemacht. Gegenwärtig wird er mündlich oder schriftlich, und im ersteren Falle auch meist ohne jede Förmlichkeit ertheilt.

Für den Vollzug der Geldstrafe ist vorgeschlagen,***) daß die gesetzlichen Vorschriften, welche die Dauer des Strafaufschubs in enge Schranken legen, hier wegfallen sollen, und daß es der Vollstreckungsbehörde gestattet ist, angemessene Zahlungsfristen, insbesondere auch wöchentliche Ratenzahlungen, zu bewilligen.†)

Auf diese Weise wird es möglich sein, die Geldstrafen beizutreiben, und die subsidiäre Freiheitsstrafe soweit möglich zu vermeiden. Auf der zweiten Jahresversammlung der deutschen Gruppe der Internationalen Criminalistischen Vereinigung im März 1891 in Halle wurde zwar der Beschluß gefaßt, daß das Gericht schon im Urtheil die Fristen bestimmen solle, es ist jedoch hier davon Abstand genommen, diesen Beschluß zur praktischen Verwirklichung vorzuschlagen, weil er im Leben unüberwindliche Schwierigkeiten machen würde.

Die Zahlungsfähigkeit von vielen Tausenden von Verurtheilten im Allgemeinen und von jugendlichen Verurtheilten im Besonderen ist eine so sehr unsichere und schwankende, daß durchaus keine Garantie dafür gegeben ist, daß die zur Zeit des Urtheils bestehenden Verhältnisse auch noch zur Zeit der Vollstreckung vorhanden sind.

Die Vollstreckungsbehörde würde deshalb bei veränderten Verhältnissen mit den Urtheilsfristen, an die sie doch gebunden sein müßte, gar nichts anfangen können, und die Folgen wären schlimmere, wie jetzt, wo doch eine Fristgestattung in gewissem Umfange in der Hand der Staatsanwaltschaft und der Oberstaatsanwaltschaft liegt. Da die richterlichen Fristen nicht eingehalten werden können, so bleibt nur die subsidiäre Strafe, die gerade möglichst vermieden werden soll. Will man aber der Vollstreckungsbehörde auch nur unter besonderen Umständen ein Abweichen von den Urtheilsfristen gestatten, dann hat die ganze Einrichtung mit den Urtheilsfristen keinen Sinn. Legt man aber die Fristbewilligung in die Hand der Vollstreckungsbehörde, so ist diese in der

*) S. Ges.Entw. § 5 Nr. 7.

**) Vgl. auch oben S. 104.

***) S. Ges.Entw. § 61.

†) Vgl. auch oben S. 100 ff.

Lage, ihre Fristen den augenblicklichen Verhältnissen anzupassen. Daß mit der Fristbewilligung nicht Mißbrauch getrieben wird, dafür kann im Wege der Dienstaufsicht schon gesorgt werden. Die Fristbewilligung findet natürlich ihre Grenze, sobald böser Wille des Zahlungspflichtigen nachgewiesen ist. Daß aber bei richtiger Behandlung der Fristen die allermeisten Geldstrafen beitreiblich sind, das kann ich aus eigener Erfahrung bestätigen, und sie werden noch leichter einkommen, wenn das oben*) vorgeschlagene Verhältniß von Geldstrafe zur Freiheitsstrafe in Kraft tritt.**)

Auf die Grundsätze über Vollstreckung der Freiheitsstrafe (Haft- und Gefängnißstrafe) gegen Jugendliche muß genauer eingegangen werden. In einem System, in welchem die Erziehung gegenüber der Strafe so in den Vordergrund gerückt ist, wie in dem unserigen, wird es natürlich erscheinen, daß überall da, wo Strafe und Erziehung in der Ausführung collidiren, die erstere gegen die letztere zurückstehen muß, aber auch weiter, daß die erstere in vielen Fällen dann als nicht mehr nothwendig in Wegfall kommen kann, wenn die letztere ihre Wirkung gethan hat. Endlich paßt es nur in das System, wenn neben der energischen Vollstreckung so mancher lange dauernden Freiheitsstrafe eine kurze Strafe, deren Wirkung immerhin mindestens zweifelhaft ist, unter gewissen Voraussetzungen unvollstreckt bleiben kann, wenn noch auf anderem Wege Besserung zu erhoffen ist: der letztere Satz betrifft die Art der sog. bedingten Verurtheilung, deren Einführung wir, abweichend von den Eisenacher Vorschlägen,***) auf den Wunsch vieler unserer Gutachter und der Mehrheit der Mitglieder der Berliner Conferenz in die Bestimmungen über den Strafvollzug, also nicht als Strafmittel, aufgenommen haben. Diese Stellung im Gesetzentwurf weist schon auf grundsätzliche Verschiedenheiten zwischen diesem Vorschlag und der belgischen condamnation conditionelle hin. Trotz wesentlicher dem amerikaschen Rechte entlehnter Züge ist die hier vorgeschlagene Aussetzung des Strafvollzugs neu, speziell für die Zwecke der Bekämpfung jugendlicher Anfänger auf der Bahn des Verbrechens zugeschnitten und auch nur für jugendliche Verbrecher brauchbar, endlich aber, und darin liegt die

*) S. oben S. 102 und Ges.Entw. § 5 Nr. 8.

**) Es würde mich zu weit führen, wenn ich näher ausführen wollte, wie die Zahlung der Geldstrafen in Wochenraten ganz leicht mit Marken sich ausführen läßt. Jedenfalls werden sich irgend welche Schwierigkeiten oder Mehrbelastungen der Kassenbeamten dadurch nicht ergeben.

***) S. oben S. 107.

wesentlichste Verschiedenheit nicht nur von der belgischen, sondern auch von der amerikanischen Art, in eine Form gekleidet, wie sie der deutschen Auffassung von der Rechtspflege und der Entwickelung des Rechtslebens in Deutschland durchaus entspricht.

Bei keinem deutschen Schriftsteller, der sich bisher für die sog. bedingte Verurtheilung begeistert hat, findet sich der Versuch, sie für die Einführung in Deutschland an bestehende Verhältnisse anzuknüpfen, wie sie sich auf dem Wege der Verordnung und Ausführungsbestimmung in der Praxis entwickelt haben; und doch haben wir mancherlei Vorgänge, neben denen eine gesetzliche Regelung der Sache für Jugendliche nicht nur leicht, sondern als der natürliche Fortgang der Entwickelung erscheinen muß. Wir müssen sogar weit zurückgehen, um auf die ersten Anfänge des Gedankens zu stoßen, dessen folgerichtige Weiterführung wir jetzt anstreben.*)

In Preußen ermächtigte eine Allerhöchste Ordre vom 19. Juli 1825 den Justizminister, in einzelnen Fällen nach Befinden der Umstände verurtheilte Kinder dem Berliner Verein zur Erziehung sittlich verwahrloster Kinder zum Versuch der Besserung zu übergeben, mit Vorbehalt der Vollstreckung der Strafe, falls sich die Kinder nicht bessern.

Diese erste Ordre ist dann später (in 1847) ausgedehnt, daß jugendliche verurtheilte Verbrecher mit Genehmigung des Justizministers in vorhandenen Erziehungsanstalten untergebracht werden dürfen, „und „daß demnächst, je nachdem der Versuch der Besserung ohne Erfolg „bleibt oder Besserung erzielt wird, entweder die Vollstreckung der Strafe „verfügt oder wegen Begnadigung Allerhöchsten Ortes berichtet werde."

Es folgt dann eine Justizministerialverfügung vom Jahre 1857, deren Wortlaut hier mitgetheilt werden soll:**)

„Dem p. wird hierdurch eröffnet, wie der Justizminister nicht nur „kein Bedenken trägt, zu genehmigen, daß die Vollstreckung der wider „die Knaben H. erkannten Gefängnißstrafe von sechs Monaten, falls sich „dieselben so lange in dem Erziehungshause des Vereins zur Erziehung „sittlich Verwahrloster befinden, ausgesetzt und demnächst, wenn der „Versuch der Besserung von Erfolg ist, wegen der Begnadigung der Ver„urtheilten anderweit berichtet werde, sondern auch im Allgemeinen „damit einverstanden ist, daß nach der Aufnahme sittlich verwahr-

*) Den Inhalt der folgenden Ordres und Allgemeinen Verfügungen entnehme ich dem bekannten Buch von v. Mark, Die Staatsanwaltschaft, s. daselbst § 370.

**) S. v. Mark. l. c.

„loser Kinder in die gedachte Anstalt, und so lange sie sich in derselben „befinden, die früher etwa von ihnen verwirkten Strafen nicht zur Voll„streckung zu bringen seien, sondern nach Ablauf eines bestimmten Zeit„raumes Bericht über die Führung erstattet und im Falle wirklicher „Besserung die Begnadigung Allerhöchsten Ortes beantragt werde."

Endlich ist durch Justizministerialverfügung vom 16. September 1882 angeordnet, daß die Vollstreckungsbehörden, wenn es sich um Strafvollstreckung gegen Kinder in der Erziehungsanstalt handelt, sich mit dem Vorstand des Verbandes, welchem die Unterbringung der Kinder obliegt, ins Benehmen setzen und dessen Wunsche auf Aussetzung der Vollstreckung nachkommen sollen. „Hierbei wird dem Wunsche nach Strafaussetzung und demnächstiger Begnadigung so viel als möglich entgegenzukommen sein."

Wir haben also die Strafaussetzung in verschiedenen Gestalten, einmal wenn es sich um Vollstreckung von Strafen gegen jugendliche Verbrecher handelt, die sich in Erziehungsanstalten befinden, aber auch dann, wenn die Verurtheilten zum Zweck ihrer Besserung in eine Erziehungsanstalt gebracht werden. Die mitgetheilte Allerhöchste Ordre und die weiteren Allgemeinen Verfügungen zeigen, wie sehr man schon vor langer Zeit die Bedeutung der Erziehung für Jugendliche erkannt hat und ihr den Vorrang vor der Strafe, selbst vor dem richterlichen Urtheil einräumte. Mehr wollen wir auch mit unseren Vorschlägen nicht, wie das Nachfolgende zeigen wird.

Das erkennende Gericht soll berechtigt sein,*) bei der Verurtheilung eines jugendlichen Verbrechers zu einer Freiheitsstrafe, der bei Begehung der That das achtzehnte Lebensjahr nicht vollendet hatte, im entscheidenden Theil des Urtheils**) zu bestimmen, daß die Vollstreckung der Freiheitsstrafen auszusetzen sei, wenn der Angeklagte noch nicht zu einer Freiheitsstrafe verurtheilt war, die Strafe die Dauer von drei Monaten nicht übersteigt und das Gericht aus Thatsachen die Ueberzeugung gewonnen hat, daß der Angeklagte seine That aufrichtig bereut.

Die Voraussetzungen der Aussetzung der Strafvollstreckung sind also drei:

Der Angeklagte darf noch nicht zu einer Freiheitsstrafe verurtheilt sein. Von den mancherlei Gesetzentwürfen, welche für die Einführung der bedingten Verurtheilung veröffentlicht sind, haben

*) S. Ges.Entw. § 65.

**) Es sind also die gewöhnlichen Rechtsmittel gegen das Urtheil auch wegen der Strafaussetzung zulässig.

die meisten den Satz, der Angeklagte dürfe noch keine Freiheitsstrafe verbüßt haben. Dies ist nicht für richtig zu erachten. Ist der Angeklagte schon zu einer Freiheitsstrafe verurtheilt, ohne daß das Gericht damals die Strafvollstreckung aussetzte, so hat auch jetzt die Aussetzung keinen Zweck. Die Aussetzung der Strafvollstreckung soll mitwirken, daß der jugendliche Thäter möglichst lange dem Gefängniß fern gehalten werde. War er früher schon pure verurtheilt, dann muß er aus dem früheren Urtheil die Strafe doch verbüßen.

Muß das Gericht bei der Aburtheilung die frühere Verurtheilung zu einer Gesammtstrafe mit heranziehen, so kann es jetzt die Strafvollstreckung nicht aussetzen, da es in dem früheren Urtheil nicht geschehen war und bei der Bestimmung einer Gesammtstrafe nur die Zeitdauer des früheren Urtheils berührt werden darf. Uebrigens wird das Gericht auch wohl nicht leicht die Aussetzung der Strafvollstreckung anordnen, wenn schon ein früheres Urtheil auf Freiheitsstrafe vorhanden ist, in dem die Aussetzung nicht für angemessen erachtet worden. War die Strafthat, deren Aburtheilung erfolgt, nach einer früheren Verurtheilung zur Freiheitsstrafe begangen, dann liegt deshalb kein Anlaß zur Aussetzung vor, weil eben die neue That zeigt, daß die frühere Verurtheilung keinen Eindruck gemacht hat, und weil nunmehr auch die frühere Strafe zur Vollstreckung kommen muß. Nur für den Fall, daß die frühere Verurtheilung unter Aussetzung der Strafvollstreckung ergangen war und die neu abzuurtheilende Strafthat vor der ersten Verurtheilung lag, dann soll das Gericht, und das ist als besondere Ausnahme vorgesehen,*) sofern die Gesammtstrafe oder die zusammenzurechnenden Haft- oder Gefängniß- und Haftstrafen drei Monate nicht übersteigen, auch jetzt zur Aussetzung des Vollzugs ermächtigt sein.

Die Strafe darf die Dauer von drei Monaten nicht übersteigen. Bei einem Mindestmaß der Gefängnißstrafe von einem Monat ist die Zulassung der Maßregel bis zur Dauer von drei Monaten nicht zu weit gegriffen. Andere Vorschläge, welche bis zu einem Monat oder bis zu sechs Wochen gehen wollen, würden der Maßregel allen Werth nehmen. Sollte man ein geringeres Mindestmaß der Gefängnißstrafe, etwa zwei Wochen, annehmen, dann würde die Aussetzung des Strafvollzugs bei Strafen bis zu sechs Wochen ausreichen.

Das Gericht muß aus Thatsachen die Ueberzeugung gewonnen haben, daß der Angeklagte seine That aufrichtig bereut.

---

*) S. Ges.Entw. § 67.

Dieser Satz läßt dem Ermessen des Gerichts allerdings recht freien Spielraum, aber er ist unumgänglich nothwendig. Wir wollen keine Aussetzung des Strafvollzugs um der Abschwächung der staatlichen Strafgewalt willen oder aus jener verkehrten Humanität, die der Rechtsverletzung um des „armen Angeklagten" willen vergißt, wir wollen die Aussetzung der Strafvollstreckung, damit nicht der, von dem das Gericht erwartet, daß er ohne Strafe es bei der einen Verfehlung bewenden läßt, daß schon durch die Erkenntniß des Unrechts, durch die Wirkung der Untersuchung und der Verhandlung, durch häusliche Züchtigung das erreicht ist, was sonst durch die Strafe erreicht werden soll, nun noch eine Freiheitsstrafe verbüße. Wenn mir für einen ähnlichen Gedanken einmal der Einwurf gemacht wurde, dann müsse man nicht die Strafe aussetzen, sondern lieber gleich freisprechen, so darf ich darauf wohl erwidern, daß das ganz richtig sein würde, wenn nicht auch die Richter dem Irrthum unterworfene schwache Menschen wären, deren Urtheil erst die Bewährungsfrist durchmachen muß, damit die Führung der Verurtheilten zeigen kann, ob die Annahme, welche zur Aussetzung der Strafvollstreckung den Anlaß gab, nicht eine irrige war. Gegen einen Angeklagten, der keine Reue hat, ist Strafe nothwendig, für ihn ist die Aussetzung des Strafvollzugs nicht gegeben, denn er bietet nicht die geringste Garantie für die Zukunft. Aus welchen Thatsachen der Richter die *aufrichtige Reue* entnehmen soll, läßt sich nicht im Voraus sagen; schwerlich wird er aber zu der Annahme einer aufrichtigen Reue kommen, wenn ihm nicht von anfang an ein reumüthiges, *offenes* und *unumwundenes Geständniß* entgegengebracht wird. Thränen allein, und dabei vielleicht Lügen, sind gewiß keine Thatsachen aufrichtiger Reue.

Trotz des Vorhandenseins dieser drei Voraussetzungen der Strafaussetzungen soll dieselbe aber unzulässig sein:

Wenn der Angeklagte keine feste Wohnung hat, oder aus sonstigen Gründen Fluchtverdacht begründet ist, und wenn die That eine besonders rohe und verwerfliche Gesinnung gezeigt hat.

Der Fluchtverdächtige eignet sich für die Maßregel durchaus nicht, weil seine Ueberwachung während der Bewährungsfrist unmöglich ist, und eine besonders rohe That muß mit einem Strafübel, schwerer als die *drohende* Strafvollstreckung, belegt werden. Der Ausdruck „rohe und verwerfliche That" wird in der Praxis keinerlei Schwierigkeiten machen.

Die Probezeit (Bewährungsfrist) soll drei Jahre*) betragen. Die Einrichtung, daß das Gericht die Frist festsetzt, und diese nur auf

*) S. Ges.Entw. § 70.

Monate bestimmt, empfiehlt sich nicht zur Nachahmung. Richtig ist zwar, daß der Rückfall in den meisten Fällen innerhalb eines Jahres erfolgt, immerhin ist aber diese Frist zu kurz; eine dreijährige Bewährungsfrist ist angemessen, der Verurtheilte hat dabei Gelegenheit, in allen Lebenslagen zu beweisen, daß es bei der einen Verfehlung bleibt und daß die Verurtheilung ihre ausreichende Wirkung gethan hat.

Die belgische Condamnation conditionelle überläßt den Verurtheilten sich selbst, in Amerika steht der auf Probe gestellte unter einer gewissen Aufsicht, diese Verschiedenheit der Gestaltung der Probezeit hat nun naturgemäß verschiedene Consequenzen. Der Unbeaufsichtigte gilt nach dem belgischen Recht so lange für ein nützliches Glied der menschlichen Gesellschaft, als nicht durch rechtskräftige Verurtheilung wegen einer neuen Strafthat das Gegentheil bewiesen ist; durch die Aufsicht kann aber auch ohne das Vorliegen einer strafbaren Handlung der Nachweis geführt werden, daß der Verurtheilte der Aussetzung des Strafvollzugs unwürdig ist, weil er sich wieder auf schlechte Wege begeben hat. Und dann steht nichts entgegen, die Strafe nachträglich zu vollziehen, da auch ohne eine nachweisbare Strafthat der Beweis geführt werden kann, daß Jemand auf der Bahn des Verbrechens wandelt.

Für erwachsene Delinquenten wird die Aussetzung des Strafvollzugs mit Ueberwachung während der Probezeit wohl niemals eine brauchbare Einrichtung werden; daß wir uns für Jugendliche an das amerikanische Vorbild angelehnt haben, wird neben unseren sonstigen Vorschlägen erklärlich erscheinen. **Der Verurtheilte, zu dessen Gunsten das Gericht die Strafvollstreckung ausgeschlossen hat, soll von** dem Erziehungsamt unter die Aufsicht einer Vertrauensperson gestellt werden, nach der Art der staatlich überwachten Erziehung in der Familie.*) Diese Art der Beaufsichtigung darf auch über das einundzwanzigste Lebensjahr hinaus dauern, da sie keine eigentliche Erziehung sein soll, sondern nur an die überwachende Thätigkeit des Erziehungsamtes und seiner Organe angeschlossen ist.

Ein Widerspruch zu dem Grundsatze, daß die staatlich überwachte Erziehung nicht über das einundzwanzigste Jahr hinaus dauern soll, liegt in der Bestimmung nicht.

Aus derselben folgt aber weiter, daß die nachträgliche Vollstreckung der Strafe nicht bloß stattfinden soll, wenn der Verurtheilte nachträglich eine neue Strafthat begeht,**) sondern auch, wenn er sich schlecht führt,

*) S. Ges.Entw. § 66.

**) S. Ges.Entw. § 69.

insbesondere den Weisungen des Erziehungsamtes und der Vertrauensperson, welcher seine Beaufsichtigung übertragen ist, nicht nachkommt.*)

Ob jedoch in dem letzteren Fall ausreichende Veranlassung zur nachträglichen Strafvollstreckung gegeben ist, das soll nicht die Vollstreckungsbehörde, insbesondere also nicht die Staatsanwaltschaft, entscheiden, sondern das Gericht,**) das Gericht hat die Aussetzung der Vollstreckung angeordnet, das Gericht mag also auch prüfen, ob die Verhältnisse so liegen, daß nunmehr Vollstreckung am Platze ist, weil der Verurtheilte die in ihn gesetzten Erwartungen durch sein Verhalten getäuscht hat.

Wenn der Verurtheilte sich während der drei Jahre so geführt hat, daß sich kein Anlaß zur nachträglichen Vollstreckung der Strafe ergeben hat, wenn er insbesondere keine neue strafbare Handlung begangen hat, dann würde nach allen Rechten, welche die sogenannte bedingte Verurtheilung kennen, die Strafe als getilgt***) gelten. Aus dieser Folge hat man für unsere deutschen Verhältnisse einen Einwand gegen die ganze Idee herzuleiten gesucht, indem man ausführte, die bedingte Verurtheilung enthalte einen Eingriff in das Gnadenrecht der Krone; es sei nicht Sache des Richters, auch nur bedingt zu begnadigen! Das richterliche Urtheil soll allerdings vollstreckt werden, nur das ist in den Gesetzen nachgelassen, daß die Vollstreckung einstweilen ausgesetzt bleibt, wenn Krankheit oder andere besondere Umstände dies erforderlich erscheinen lassen. Diese Aussetzung ist jedoch stets nur eine zeitweilige, die niemals ohne Weiteres durch Zeitablauf zum Wegfall der Strafe führen kann, sofern die Strafe nicht verjährt ist. In den oben†) mitgetheilten Verfügungen ist darauf hingewiesen, daß wegen Begnadigung der verurtheilten jugendlichen Thäter berichtet werden solle, wenn sie sich durch die Erziehung gebessert haben, die ganzen Vorschläge über die Aussetzung der Strafvollstreckung bedeuten also nichts wesentlich neues, nur die einheitliche Regelung bereits bestehender Verhältnisse, wenn in Anknüpfung daran durch Gesetz bestimmt werden soll, daß nach Ablauf

*) S. Ges.Entw. § 68.

**) S. Ges.Entw. § 68. Im amtsgerichtlichen und schöffengerichtlichen Verfahren fällt für die Entscheidung Vollstreckungsbehörde und Gericht allerdings zusammen.

***) Der Ausdruck getilgt ist absichtlich gewählt, da die Gesetze und die Gesetzentwürfe verschiedene Bestimmungen enthalten: die Strafe gilt als verbüßt, als nicht vorhanden u. s. w.

†) S. S. 173.

der drei Jahre die Staatsanwaltschaft die Acten mit dem Antrag auf Begnadigung der höchsten Landesjustizstelle vorzulegen hat.*)

Diese erwirkt dann die Begnadigung des Verurtheilten oder ordnet nunmehr endgiltig die Strafvollstreckung an.

Mit der belgischen Einrichtung, bei der nur in Folge erneuter rechtskräftiger Verurtheilung die nachträgliche Vollstreckung der Strafe erfolgen kann, wäre dieser Abschluß nur schwer vereinbar, da bei dem Fehlen einer rechtskräftigen Verurtheilung innerhalb der Bewährungsfrist ein Grund zur nachträglichen Strafvollstreckung sich nicht wohl finden läßt und deshalb das Abhängigmachen des Wegfallens der Strafe von der Begnadigung nichts mehr als eine leere und unwürdige Förmlichkeit sein würde, der die Entscheidung, welche erfolgen muß, bestimmt vorgezeichnet sein würde. Hier liegt die Sache anders. Da auch bei schlechter Führung die Strafvollstreckung erfolgen kann, so bleibt ausreichende Gelegenheit zu einer vollständig unabhängigen Prüfung, ob der Verurtheilte nunmehr durch sein Verhalten des Straferlasses würdig geworden ist. Auch wenn sich während der Bewährungsfrist für das Gericht noch kein Anlaß gegeben hat, die Vollstreckung anzuordnen, kann am Ende der Frist, wo es sich um eine endgiltige Entscheidung handelt, aus dem gesammten Verhalten des Verurtheilten ein Grund zur Vollstreckung der Strafe hergenommen werden, da dasselbe für eine Begnadigung ungeeignet ist. Es bleibt dabei auch die Möglichkeit offen, daß nochmals auf eine gewisse Zeit die Bewährungsfrist verlängert wird.

Diese Gestaltung der bedingten Verurtheilung wird jedem Einwand, er mag beruhen, worauf er will, Stand zu halten vermögen, und sie muß auch dem begeistertsten Anhänger derselben genügen.

Wenn gegen eine Person, welche in der staatlich überwachten Erziehung steht, eine Freiheitsstrafe erkannt wird,**) so soll dieselbe, falls sie die Dauer von zwei Jahren nicht übersteigt, auf Antrag des Erziehungsamtes***) bis zur Beendigung der staatlich überwachten Erziehung ausgesetzt werden. Es widerspricht dem Zwecke der staatlich überwachten Erziehung, während derselben ohne Weiteres eine Freiheitsstrafe zu vollstrecken und die Erziehung zu unterbrechen. Dieser Grundsatz, der auch gegenwärtig schon in der Praxis Anerkennung gefunden hat,†)

*) S. Ges.Entw. § 70.

**) S. Ges.Entw. § 71.

***) S. Ges.Entw. § 32 u. oben S. 144.

†) S. die oben mitgetheilte Allgem. Verfügung S. 174.

darf jedoch nicht zu einem Freibrief für den Zögling werden, ungestraft die Gesetze zu übertreten. Deshalb soll die Aussetzung der Strafvollstreckung nur auf Antrag des Erziehungsamtes erfolgen, welches ja in der Hauptverhandlung gegen einen Zögling sich äußern kann, und nur dann, wenn die Strafdauer zwei Jahre nicht übersteigt. Das Erziehungsamt kann auch wohl gerade eine Strafvollstreckung für angemessen erachten; gewöhnlich wird es jedoch die Aussetzung der Strafe als erwünscht bezeichnen.*) Wenn der Fall so lag, daß eine höhere als eine zweijährige Freiheitsstrafe von dem Gericht erkannt wird, dann ist die Aussetzung der Vollstreckung unangemessen. Eine solche Strafe soll regelmäßig vollstreckt werden. War jedoch eine Strafe, welche nicht zwei Jahre überstieg, ausgesetzt, dann ist es nicht nothwendig, daß dieselbe mit Beendigung der Erziehung alsbald vollstreckt werde.**) Wenn das Erziehungsamt der Ansicht ist, daß die Erziehung ihre Wirkung geäußert habe, daß der Zögling der menschlichen Gesellschaft als völlig gebessert zurückgegeben werde, dann würde es criminalpolitisch verkehrt sein, den eben Entlassenen nunmehr alsbald in das Gefängniß zu stecken. Deshalb soll das Erziehungsamt vor der Entlassung des Zöglings aus der staatlichen Erziehung bei der Vollstreckungsbehörde beantragen, ob die Strafe vollstreckt werden oder ausgesetzt bleiben soll.

Das erstere wird nur eintreten, wenn die staatlich überwachte Erziehung keinen Erfolg gehabt hat, oder wenn der Erfolg so zweifelhaft ist, daß das Erziehungsamt den Zögling nicht als gebessert bezeichnen kann. Dann mag mit der Vollstreckung der Strafe der letzte Versuch gemacht werden, auf den Verurtheilten einzuwirken. Auf den Antrag des Erziehungsamtes hat die Vollstreckungsbehörde die Vollstreckung auf drei Jahre seit der Beendigung der staatlich überwachten Erziehung auszusetzen. In diesen Fällen findet jedoch keine Beaufsichtigung durch Vertrauensmänner statt. Hier liegt der Fall wesentlich anders, wie bei der sogenannten bedingten Verurtheilung und bei der später zu erörternden Ueberwachung des vorläufig Entlassenen; hier handelt es sich um Personen, welche in einer Erziehungsanstalt untergebracht waren,

*) Es bleibt noch als dritte Möglichkeit die Verbüßung einer kürzeren Strafe in der Erziehungsanstalt selbst, in welche der Zögling unbedingt eingezogen werden muß, wenn er eine strafbare Handlung begangen hat (s. Ges. Entw. § 51). Das neue ital. Str.G.B. hat in den Art. 54 u. 55 die Strafverbüßung Jugendlicher in einer Besserungsanstalt eingeführt. Ich erachte diese Einrichtung nicht für praktisch. Die Erziehungsanstalt soll kein Gefängniß sein.

**) S. Ges.Entw. § 72.

und die also bis zum einundzwanzigsten Jahre genau überwacht wurden. Jetzt sollen sie gerade unbewacht im Leben dastehen und zeigen, daß sie auf eigenen Füßen stehen gelernt haben. Der Ortspolizeibehörde des Aufenthaltes ist jedoch von der Aussetzung des Strafvollzugs Nachricht zu geben,*) nicht etwa, als sollte nunmehr die Freiheit für den Entlassenen mit Polizeiaufsicht anfangen, aber die Polizei muß doch über die Persönlichkeit und die Verhältnisse des Menschen unterrichtet sein, damit sie weiß, daß die Vollstreckungsbehörde an der Führung desselben ein Interesse hat, und damit sie in der Lage ist, der interessirten Vollstreckungsbehörde alsbald Nachricht zu geben, wenn der Betreffende sich so schlecht führt, daß seine Einziehung zur Strafvollstreckung nothwendig erscheint. Die nachträgliche Vollstreckung ist zulässig **) bei schlechter Führung, und sie muß erfolgen, wenn der Entlassene sich eine strafbare Handlung zu Schulden kommen läßt. Daß in diesem Falle die Vollstreckungsbehörde und nicht, wie oben bei der Aussetzung des Strafvollzugs, das Gericht die Einziehung zur Strafverbüßung anordnen soll, liegt in der Verschiedenheit der Fälle: dort hatte das Gericht die Aussetzung des Vollzugs angeordnet, hier ist die Aussetzung des Vollzugs nach Beendigung der Erziehung eine Maßregel der Vollstreckungsbehörde.

Eine besondere Bestimmung für den Fall, daß der Verurtheilte zum Militär eingezogen und bei der Truppe eingestellt werden soll, ist hier***) wie bei der früher erörterten Art der Aussetzung des Strafvollzugs nicht vorgesehen. Jedenfalls kann die Vollstreckung der ausgesetzten Strafe während Dauer der Dienstzeit nicht stattfinden. Gegenwärtig stellen die Militärbehörden Personen, welche eine Freiheitsstrafe zu verbüßen haben, nicht ein; dies ist jedoch nicht ausschlaggebend für unseren Fall. Die Militärbehörde müßte besondere Vorschriften erlassen über die Behandlung von gestellungspflichtigen Mannschaften, gegen welche eine ausgesetzte Freiheitsstrafe in der Schwebe ist. Die Strafe gegen einen Gestellungspflichtigen sofort zu vollstrecken, damit er nach der Verbüßung in das Heer eintreten kann, würde eine durch nichts begründete Härte gegen den Mann sein, außerdem liegt es auch eher im Interesse der Armee, den Gestellungspflichtigen vor der Bekanntschaft mit dem

*) S. Ges.Entw. § 74.

**) S. Ges.Entw. § 75.

***) S. aber Ges.Entw. § 88; bei der vorläufigen Entlassung war eine besondere Bestimmung nothwendig, weil mit Ablauf der Frist der Strafrest ohne weiteres als verbüßt gilt.

Gefängniß zu erhalten, als nachher; ebenso wenig würde es aber angängig sein, diesen Mann deshalb nicht einzustellen, weil über ihm noch eine Freiheitsstrafe schwebt, die er aber vielleicht niemals zu verbüßen hat. Man wird deshalb den Verurtheilten einstellen müssen und zunächst das Weitere abwarten. Da die Bewährungsfrist keine absolute ist, dergestalt, daß nach Ablauf derselben unbedingt die Strafe entweder wegfällt oder alsbald vollstreckt werden muß, so kann die Vollstreckungsbehörde entweder aus der Führung des Verurtheilten beim Militär Anlaß nehmen, dessen völlige Begnadigung zu beantragen (z. B. wenn der Verurtheilte als Capitulant dienen will und angenommen ist), oder nach Ablauf der dreijährigen Frist zunächst bei der höchsten Landesjustizstelle die Verlängerung der Strafaussetzung in Antrag bringen, um abzuwarten, wie der Verurtheilte sich im bürgerlichen Leben führt, endlich kann die Vollstreckung alsbald nach der Dienstzeit erfolgen, wenn der Verurtheilte als Soldat sich schlecht geführt hat oder bestraft ist, insbesondere auch dann, wenn er etwa mit Zuchthaus bestraft und aus dem Heere entfernt wird.

Auch bei dieser Art der Strafaussetzung hat zum Schluß, falls sich kein Anlaß ergeben hat, die Strafe zu vollstrecken, die Vollstreckungsbehörde wegen der Begnadigung zu berichten.*) —

Wenn gegen einen jugendlichen Thäter auf staatlich überwachte Erziehung und auf nachfolgende Strafe erkannt ist, dann soll bezüglich der demnächstigen Vollstreckung der Strafe nach den eben erörterten Grundsätzen verfahren werden,**) d. h. eine Freiheitsstrafe, welche die Dauer von zwei Jahren nicht übersteigt, ist auf Antrag des Erziehungsamtes bei der Beendigung der staatlich überwachten Erziehung einstweilen auszusetzen. Auch hier soll die Aussetzung nur bei einem höchsten Maß der Strafe von zwei Jahren zulässig sein. Strafen von längerer Dauer müssen vollstreckt werden, sofern nicht etwa im Gnadenweg die Aussetzung angeordnet wird. Die staatlich überwachte Erziehung soll nicht für alle Fälle die Möglichkeit gewähren, einer Strafvollstreckung zu entgehen; bei den schwersten Straffällen wenigstens würde es allerdings, wie schon früher hervorgehoben ist, die Bedeutung der Strafe verkennen heißen, wenn

*) Die zweijährige Strafdauer als Maximalgrenze für eine auszusetzende Strafe ist auch mit Rücksicht auf den oben (S. 173) mitgetheilten Allerhöchsten Erlaß von 1825 angenommen; denn mit dem Hinweis auf diesen widerlegen sich die Bedenken, welche man gegen die Aussetzung einer Strafe von so langer Dauer erhoben hat und erheben wird.

**) S. Ges.Entw. § 77.

man auch da eine Aussetzung des Vollzugs und demnächstigen Wegfall der Strafe gesetzlich vorsehen wollte.

Nur die schwersten Straffälle aber werden es sein, bei denen der Richter auf staatlich überwachte Erziehung mit einer Strafe von mehr als zwei Jahren Gefängniß erkennt; denn ich erinnere daran, daß bei der Verbindung von Strafe und staatlich überwachter Erziehung die Strafe um die Hälfte herabgesetzt werden kann,*) daß also eine solche Strafe einer gewöhnlichen Freiheitsstrafe von mehr als vier Jahren entsprechen wird, zu welcher dann noch die Zeit der Erziehung hinzukommt.**)

Die Vollstreckung***) einer Gefängniß- oder Haftstrafe gegen jugendliche Verbrecher soll im Wesentlichen gleichmäßig geschehen, sofern sie zur Zeit der Verurtheilung das einundzwanzigste Lebensjahr noch nicht vollendet hatten. Da die Jahrgänge vom achtzehnten bis einundzwanzigsten Lebensjahre in der Behandlung der Praxis den Uebergang zwischen der privilegirten Jugend und den erwachsenen Verbrechern darstellen, so kann auch die Vollstreckung dieser Strafen gegen Angehörige jener Altersklassen unbedenklich mit den übrigen Jugendlichen geschehen. Man läßt denselben damit, ohne Gefahr für die jüngeren Jahrgänge, die Wohlthat eines streng geregelten planmäßigen Vollzugs zu Theil werden. Die Freiheitsstrafe soll regelmäßig, jedoch nicht über die Dauer von drei Jahren,†) in Einzelhaft vollstreckt werden, sofern der Gesundheitszustand des Verurtheilten es erlaubt.

Ueber diesen Punkt, der sich auch schon in den Eisenacher Vorschlägen findet,††) gehen unsere Gutachten zum Theil sehr weit auseinander. Während die Mehrzahl derselben, soweit sie sich überhaupt darüber auslassen, dem Vorschlag zustimmt, wollen Andere Einzelhaft während der ganzen Dauer der Strafverbüßung ohne jede Ausnahme, während wieder Andere Einzelhaft bis zu einem Jahre oder bis zu drei Monaten vorschlagen. Gegner jeder Einzelhaft finden sich nicht.

Die Gründe für die Verschiedenheit sind sehr mannigfaltig, je nachdem der einzelne Gutachter von dem Strafvollzug Kenntniß hat oder nicht. Diejenigen, welche die Einzelhaft nicht über die Dauer von drei

---

*) S. oben S. 111 u. Ges.Entw. § 6.

**) Ueber die Verbindung der staatlich überwachten Erziehung mit nachfolgender Strafe überhaupt s. oben S. 112 ff.

***) S. Ges.Entw. §§ 78—82.

†) S. Ges.Entw. § 78.

††) S. die Eisen. Vorschl. II. 4. 1.

Monaten hinaus wollen, betrachten dieselbe als eine Art Verschärfung für die kürzeren Strafen und als eine Art Einführung in die Disciplin der Anstalt für die länger dauernden Strafen; Andere glauben, eine Einzelhaft bis zur Dauer von drei Jahren müsse auf die Gesundheit und namentlich auf die körperliche und geistige Entwicklung der jugendlichen Verbrecher hemmend, wenn nicht geradezu verderblich einwirken, sie setzen deshalb als Maximaldauer ein Jahr. Diejenigen, welche Einzelhaft während des ganzen Strafvollzugs wollen, hoffen auf diese Weise die Sträflinge vor der schädlichen Einwirkung verdorbener Genossen zu bewahren, insbesondere den schädlichen Folgen der Gefängnißbekanntschaften für das spätere Leben in der Freiheit vorzubeugen.

Es müssen in diesem Bericht so viele einzelne Fragen von principieller Wichtigkeit nur berührt werden, über welche Andere ganze Bücher geschrieben haben, so auch die Frage der Einzelhaft! Wer sich über die mannigfachen Streitfragen und Meinungen orientiren will, den muß ich auf die einschlägige Literatur verweisen; ich kann hier nur ausführen, von welchem Gesichtspunkt aus wir die Einzelhaft betrachten.

Diejenigen irren, welche die Einzelhaft unter die Strafschärfungen rechnen wollen. Die Einzelhaft dient allerdings dem Zweck, der Strafvollstreckung auch eine Wirkung zu verleihen. Es wäre aber wohl eine völlige Verkennung des Wesens der Strafe, wenn man, wie allerdings geschieht, alles das als eine Strafschärfung ansehen will, was dazu vorhanden ist, um die Strafe wirkungsvoll zu machen. Der Gedanke an die strafende Vergeltung hat zum guten Theil Schuld an dieser Auffassung; der Vergeltung genügt es, daß gestraft wird, und daß der Umfang der Strafe nach der Tiefe des Verschuldens bemessen wird; auf den Inhalt der Strafe kommt es nicht an. Im Gegentheil glaubt man einer Strafe, welche durch die Art der Vollstreckung einen Inhalt gewinnt, an dem Umfang abziehen zu müssen, damit das Rechenexempel der Vergeltung darunter keinen Schaden leide. Es kommt aber auch die schroffe Trennung zwischen Rechtsprechung und Strafvollzug hinzu. Denn da der Urtheilende von dem Strafvollzug nichts weiß, so kann er die Schwere der Strafe nur nach der Dauer der Strafe bemessen, deren Inhalt ihm fremd bleibt. So kommt es, daß dasselbe Urtheil wesentlich verschieden erscheinen kann, wenn es im Osten oder Westen, im Süden oder Norden vollstreckt wird. Die Art der Vollstreckung kann dann die gesammte Vergeltungsstrafe über den Haufen werfen.

Man darf nicht Einzelhaft und Isolirung (einsame Einsperrung) mit einander verwechseln; beide, so nahe verwandt, sind doch grundverschieden; nur die letztere ist eine Strafschärfung. Die Isolirung im engeren Sinne ist völlige Abschließung des Sträflings auf kürzere Zeit, so daß er höchstens den aufsichtführenden Beamten zu sehen bekommt; meist ohne Arbeit, ohne Lectüre, ohne Besuch sonstiger Personen. Sie wird als Disciplinarstrafe angewandt, meist verbunden mit dunkeler Zelle, auf der Pritsche.

Die Einzelhaft ist einer noch nicht verdorbenen Natur eine Wohlthat, nur dem gemeinen, verkommenen Menschen ist sie unbequem; ihm fehlt der Verkehr mit gleich verdorbenen Genossen in der Gemeinschaftshaft, die Gelegenheit zum Meinungsaustausch, zum Renommiren mit dem eigenen Laster und zum Anhören dessen, was Andere davon erzählen können. Die Einzelhaft ist mit regelmäßiger Beschäftigung,*) mit täglichem Spaziergang im Freien, mit Besuch der dienstthuenden Anstaltsbeamten, des Seelsorgers und des Gefängnißvorstehers, mit erbaulicher- und mit Unterhaltungslectüre verbunden; bei jugendlichen Gefangenen soll sie auch mit regelmäßigem Schulunterricht stattfinden. Allerdings soll die Einsamkeit der Zelle zum Nachdenken anregen, und sie regt dazu an. Die Worte des Lehrers in der Anstaltsschule und des Seelsorgers verwehen nicht alsbald wieder, wie ein leerer Schall, wie das bei der Gemeinschaftshaft sein würde, sie sind, wenn erst einige Zeit herumgegangen ist, das, woran sich die Gedanken des Sträflings anlehnen.

Die Zelle ist auch in den meisten Fällen im Stande, den Trotz zu brechen; namentlich einem jugendlichen Gemüth wird die Macht des Rechtes gegenüber der Nichtigkeit des Unrechts klar. Jeder schädigende Einfluß wird ferngehalten. So vermag nur die Einzelhaft ein verirrtes Glied der menschlichen Gesellschaft in ihren Kreis zurückzuführen. Die Einzelhaft war bisher, auch da, wo die geeigneten Einrichtungen dazu vorhanden waren, bei den jüngsten Gefangenen oft nicht durchzuführen, weil dieselben mit dem Alter von zwölf Jahren dafür noch ungeeignet waren. Der eine konnte sich noch nicht allein waschen und ankleiden, der andere war noch zu keinerlei Arbeit, nicht einmal zur täglichen Reinigung seiner Zelle, anzulernen, der Dritte endlich wollte sich nicht an das Alleinsein gewöhnen und schrie vom Morgen bis in die Nacht, und namentlich, wenn es dunkel wurde, nach Vater und Mutter. Nicht alle Gefängnisse haben die gleichen Erfahrungen in dieser Weise gemacht, doch sind diese Thatsachen sehr häufig vorgekommen. Wenn nach unseren Vorschlägen die Strafunmündigkeit bis zum vierzehnten Jahre dauern soll, und also frühestens Jugendliche über vierzehn Jahren ins

---

*) S. Ges.Entw. § 81.

Gefängniß kommen, dann werden solche Hindernisse für die Durchführung der Einzelhaft fast ganz verschwinden. Fälle, daß der Gesundheitszustand des Gefangenen die Einzelhaft verbietet, kommen nur selten vor,*) müssen sie natürlich aber unterbrechen. Da wir diese Bestimmung aufgenommen haben, können wir ohne Gefahr die Einzelhaft bis zur Dauer von drei Jahren zulassen.

Besondere richterliche Strafschärfungen haben wir in den Gesetzvorschlag nicht vorgesehen, da diese für Jugendliche nicht angemessen sind. Kostschmälerung ist für Jugendliche, welche im Wachsen und jedenfalls noch in der körperlichen Entwickelung begriffen sind, unzulässig, die Dunkelzelle für sie zu gefährlich, da noch nicht mit Sicherheit festgestellt ist, ob nicht die Dunkelzelle nachtheiligen Einfluß auf das Augenlicht haben kann. Die Anwendung eines harten Lagers und zeitweilige Isolirung müssen als Disciplinarstrafmittel der Gefängnißdisciplin bleiben.

Spätestens nach Ablauf von drei Jahren endigt die Einzelhaft, und der Gefangene ist von nun an werktäglich mit anderen Gefangenen zu gemeinschaftlicher Arbeit zusammenzubringen.**) Nur die Arbeit soll gemeinsam sein, nach der Arbeit muß wieder Trennung in den Zellen erfolgen. Während der Arbeit ist ununterbrochene Beaufsichtigung möglich und nothwendig,***) was außerhalb der Arbeitsstunden, namentlich bei gemeinschaftlichen Schlafräumen, unmöglich sein würde. Gerade das Zusammensein der Gefangenen, namentlich aber jugendlicher Gefangener, außerhalb der Arbeitszeit ist nachtheilig und gefährlich und deshalb streng zu vermeiden. Daß jugendliche Gefangene mit Erwachsenen, d. h. hier also mit solchen, die nach dem einundzwanzigsten Lebensjahr die Strafthat begangen haben, nicht zusammengebracht werden dürfen, ist selbstverständlich.†)

Dem Anstaltsvorsteher bleibt es überlassen, solche Gefangene, welche nach ihrem Verhalten sich nicht für die Gemeinschaftshaft eignen, auch nach Ablauf der drei Jahre in die Einzelhaft zurückzuversetzen.††) ein einziger widerspenstiger Bursche vermag die ganze übrige Gesellschaft anzustecken und zu verderben.

Diejenigen Gefangenen, deren Strafe von mindestens 6 Monaten zu Ende geht oder deren vorläufige Entlassung in Aussicht genommen

---

*) Daß wirklich Kranke auch während der Einzelhaft erforderlichen Falles ins Lazareth überzuführen sind, ist selbstverständlich.

**) S. Ges.Entw. § 79.

***) S. Ges.Entw. § 81.

†) S. Ges.Entw. § 82.

††) S. Ges.Entw. § 79.

ist, sollen auch vor Ablauf der dreijährigen Einzelhaft regelmäßig mindestens vier Wochen vor dem Entlassungstermin aus der Zelle genommen und in die gemeinschaftliche Haft gebracht werden.*)

Für diejenigen, welche vorläufig entlassen werden sollen, ist die Versetzung in die Gemeinschaftshaft ein Prüfstein für die Wirkung, welche die Strafe auf sie ausgeübt hat. Es giebt viele Gefangene, die sich in der Zelle musterhaft führen, in der Gemeinschaftshaft aber sich alsbald unnütz machen; in denen hat man sich getäuscht, sie eignen sich nicht zur vorläufigen Entlassung. Außerdem hat die Versetzung in die Gemeinschaftshaft einige Zeit vor der Entlassung für alle Gefangene den Vortheil, daß sie sich allmählich wieder an den Verkehr mit Altersgenossen und überhaupt an den Verkehr mit anderen Personen als den Beamten der Anstalt gewöhnen. Der Uebergang aus der Einzelhaft, namentlich wenn dieselbe mehrere Jahre gedauert hat, in die Freiheit ist für Viele ein zu schroffer und deshalb oft mit nachtheiligen Folgen verbunden. Der Uebergang aus der Abgeschiedenheit in das Treiben der Welt soll deshalb regelmäßig nicht ganz unvermittelt sein. Die Eisenacher Vorschläge**) wollten die Versetzung in die Gemeinschaftshaft einige Zeit vor der vorläufigen Entlassung, aber überhaupt nur bei dieser, obligatorisch machen; das hat jedoch seine gegründeten Bedenken. Gerade unter denjenigen Gefangenen, welche sich durch ihre gute Führung für vorläufige Entlassung eignen, wird der eine oder andere sein, für den es zum Schluß noch eine besonders empfindliche Strafe sein würde, in Gemeinschaftshaft mit Anderen zu kommen, und dem auch die mit der Gemeinschaftshaft unvermeidlich verbundene Bekanntschaft mit den Anderen für sein späteres Leben zu einer schweren Schädigung werden könnte. Deshalb ist jetzt die Form gewählt, daß der zur vorläufigen Entlassung Bestimmte regelmäßig eine Zeit lang vorher in die Gemeinschaftshaft versetzt werden soll. Der Strafanstaltsvorsteher kann also in Ausnahmefällen auch davon Abstand nehmen. Daß die Vorschrift von den vorläufig zu Entlassenden auf andere zur Entlassung Kommende ausgedehnt ist, bedarf nach dem früher über den Zweck der ganzen Maßregel Gesagten keine weitere Begründung. Aber auch diese Ausdehnung macht es nothwendig, die Vorschrift nicht als eine zwingende hinzustellen; da unter denen, die erst nach der Verbüßung ihrer vollen Strafzeit zur Entlassung kommen, immer einige sein werden, die sich ihrer schlechten Führung wegen durchaus nicht für die Gemeinschaftshaft eignen, weil

*) S. Ges.Entw. § 79 Abs. 2.

**) S. Eisen. Vorschl. II. 4.

sie die anderen Gefangenen zu Ordnungswidrigkeiten verführen und verderben würden.

Soweit der eigentliche Strafvollzug in den Strafanstalten in Betracht kommt, ist in dem Vorstehenden alles das ausgeführt, was für eine einstweilige reichsgesetzliche Regelung für die jugendlichen Verbrecher erforderlich ist. Mehr ins Einzelne können die Reglements gehen.

Die vorläufige Entlassung*) aus dem Gefängniß, von welcher eben schon die Rede war, hat auch in das bestehende Recht durch das Strafgesetzbuch Aufnahme gefunden; über ihre Wirkung gehen die Meinungen sehr auseinander, und ich will nicht unterlassen zu erwähnen, daß einer unserer Gutachter geradezu von der verderblichen Wirkung der vorläufigen Entlassung spricht. Derselbe ist juristischer Praktiker in einem nicht preußischen Bundesstaate. Ob sein Urtheil für die Verhältnisse seines kleinen Staates Berechtigung hat, vermag ich nicht zu entscheiden, das ist jedoch richtig, daß man auf gleichmäßige günstige Wirkungen der vorläufigen Entlassung in Deutschland nicht zurückblicken kann.

Wir haben aber trotzdem die vorläufige Entlassung für Jugendliche aufgenommen und ihr Anwendungsgebiet sogar noch erweitert.

Die vorläufige Entlassung des geltenden Rechtes ist eine Concession an die Besserungstheorie, sie beruht auf dem Gedanken, daß demjenigen, welcher sich so geführt hat, daß bei ihm durch den Strafvollzug Besserung erzielt ist, ein Bruchtheil seiner Strafe erlassen werden kann, wenn er, aus der Strafhaft entlassen, den Rest der Strafzeit sich gut führt. Nur muß mindestens dreiviertel der Strafzeit und jedenfalls ein Jahr der Strafe verbüßt sein. Die vorläufige Entlassung und der demnächstige Wegfall der Strafe ist ein Gnadengeschenk, welches die Gefangenen zur guten Führung in der Anstalt anspornen soll, und welches für diese gute Führung gewährt wird.

Die Fehler der gegenwärtigen Einrichtung liegen darin, daß die vorläufige Entlassung ein zu seltener und ungewisser Vortheil für den Gefangenen ist, da von derselben nur wenig Gebrauch gemacht zu werden pflegt, und daß stets dreiviertel der Strafzeit verbüßt sein müssen, und ferner, daß der Strafrest schon als verbüßt gilt, sobald der vorläufig Entlassene sich nur während der noch übrig gebliebenen Strafzeit in der Freiheit gut geführt hat.

Wüßte der Gefangene, daß er bei guter Führung mit einer gewissen Sicherheit auf vorläufige Entlassung rechnen könnte und daß die vorläufige Entlassung ihm wirklich einen erheblichen Vortheil einbringen

*) S. Ges.Entw. §§ 83—94.

würde, dann würden sich viele von vornherein ganz anders während der Strafvollstreckung halten; so könnte und würde die Zahl derer, die zur vorläufigen Entlassung kommen, erheblich größer werden. Eine entsprechende Ausdehnung der Bewährungsfrist in Verbindung mit dem für den Fall schlechter Führung noch zu verbüßenden größeren Strafrest würde dann auch auf die Führung der Entlassenen in der Freiheit erheblich einwirken.

Die Bewährungsfrist ist zu kurz, und der Nachtheil, der für schlechte Führung droht, die Verbüßung von ein paar Monaten Strafe, nachdem mindestens mehr als dreiviertel der Strafzeit im Gefängniß zugebracht sind, viel zu gering, um einer neuen verbrecherischen Lust ein erfolgreiches Gegengewicht zu sein. Dazu kommt noch, daß, wenn auch thatsächlich die vorläufige Entlassung nur ausgesprochen wird, wenn der Gefangene ein Unterkommen nachweisen kann, im Uebrigen ihm von vornherein keine weitere Unterstützung in der Freiheit geboten wird, wenn er nicht zufällig auf einen gut geleiteten Verein zur Fürsorge für entlassene Strafgefangene trifft.

Für jugendliche Gefangene soll die vorläufige Entlassung wesentlich ein Stadium im Strafvollzug sein. Was zunächst den Kreis von Gefangenen anlangt, für welche unsere Vorschläge gelten sollen, so sind wir der Meinung, daß sie nicht bloß diejenigen, welche bei der Strafthat das achtzehnte Lebensjahr nicht vollendet hatten, sondern auch diejenigen umfassen sollen, welche zwischen dem achtzehnten und einundzwanzigsten Lebensjahr verurtheilt sind, denn da die Art der Strafvollstreckung dieselbe ist, so müssen auch die Bedingungen der vorläufigen Entlassung die gleichen sein.

Die Eisenacher Vorschläge*) wollten die vorläufige Entlassung bei Strafen bis zu zwei Jahren nach Ablauf der Hälfte der Strafzeit, jedoch nicht vor Ablauf von drei Monaten, und bei Strafen von mehr als zwei Jahren allgemein nach Ablauf eines Jahres der Strafverbüßung für zulässig erklären. Unsere Gutachten sprachen sich jedoch besonders gegen den zweiten Theil des Vorschlags aus und waren in der Mehrheit der Ansicht, es sei unter allen Umständen an der Forderung festzuhalten, daß mindestens die Hälfte der Strafzeit verbüßt werden müsse. Der den Eisenacher Vorschlägen zu Grunde liegende Gedanke war der, daß man gegen einen jugendlichen Verbrecher, namentlich wenn er zum ersten Male eine längere Freiheitsstrafe verbüßt, die Strafe consequent nur so lange vollstrecken soll, als es nach seiner Persönlichkeit und nach

*) S. Eisen. Vorschl. II. 8.

seinem Verhalten wirklich erforderlich erscheint, um ihn vor ferneren Verfehlungen zu behüten.

Es war damit allerdings der Behörde, welcher die Beschlußfassung über die vorläufige Entlassung obliegen soll, eine schwere Verantwortung aufgebürdet, aber doch wohl nicht erheblich schwerer, als sie überhaupt derjenige trägt, der sich darüber äußern soll, ob der Gefangene vor verbüßter Strafe zur Entlassung kommen darf. Es muß mit großer Gewissenhaftigkeit geprüft werden, ehe ein solcher Beschluß gefaßt werden darf; ob man aber wirklich, wie in einem Gutachten befürchtet wird, schablonenhaft nach Ablauf eines Jahres jeden Gefangenen entlassen haben würde, dessen vorläufige Entlassung formell zulässig war, das scheint mir doch eine recht unbewiesene Behauptung zu sein.

Wir haben aber in diesem Punkt den Wünschen unserer Gutachter insoweit nachgegeben, daß wir den Satz als Regel aufstellten;*) die vorläufige Entlassung soll nur zulässig sein, wenn der Gefangene die Hälfte seiner Strafzeit, mindestens aber sechs Monate**) derselben, verbüßt hat. An der Hälfte der Strafzeit und an der Zulässigkeit der vorläufigen Entlassung auch bei Strafen unter einem Jahr halten wir jedoch fest, im Gegensatz zum geltenden Recht. Wenn ein Sträfling nach Ablauf der Hälfte der Strafzeit für die vorläufige Entlassung reif scheint, dann wirkt die übrig bleibende andere Hälfte auch eher abhaltend gegen die Wiederholung der Strafthat, als der jetzt übrig bleibende geringe Strafrest, und das ist ein nicht zu unterschätzendes Moment. In dieser Abweichung vom geltenden Recht liegt nur scheinbar eine besondere Milde. Man darf nicht übersehen, daß, soweit jugendliche Verbrecher zwischen vierzehn und achtzehn Jahren in Frage kommen, die allgemeine Strafminderung des § 57 des Strafgesetzbuchs nicht mehr Platz greift,***) und man muß weiter berücksichtigen, wie durch eine Reihe weiterer Vorschriften dafür gesorgt ist, daß die vorläufige Entlassung nicht bei solchen Gefangenen ausgesprochen wird, welche schon einmal irgendwie das in sie gesetzte Vertrauen und die Hoffnung auf Besserung getäuscht haben. Namentlich durch diese letzteren Vorschriften wird einem übermäßigen Gebrauchmachen von der vorläufigen Entlassung wirksam vorgebeugt. Ein Fehlgriff in der Wahl der zu Entlassenden ist ja wohl kaum zu vermeiden; denn gerade Leute mit verbrecherischer Gesinnung oder solche

---

*) S. Ges.Entw. § 83.

**) In den Eisenacher Vorschlägen hieß es: „mindestens drei Monate verbüßt hat".

***) S. Ges.Entw. § 5 Nr. 2 u. oben S. 108 ff.

mit schwachem, leicht lenkbarem Charakter, die in der Freiheit jeder Versuchung unterliegen, sind oft scheinbar die besten und gehorsamsten Gefangenen, die einen aus Schlauheit und Heuchelei, die anderen, weil ihnen Gelegenheit zum Bösen fehlt oder sie nur einer strammen Zucht bedürfen, um auf dem richtigen Weg zu bleiben. Diese können, vielleicht sehr zu Unrecht und sehr zu ihrem eigenen Schaden, leicht vorläufig entlassen werden, wenn es den Anstaltsbeamten nicht gelingt, deren Wesen zu durchschauen. Zum zweiten Mal darf aber der Schein von Wohlverhalten und Besserung nicht trügen. Deshalb soll die vorläufige Entlassung unzulässig sein,*) wenn gegen den Gefangenen schon früher einmal eine vorläufige Entlassung wegen schlechter Führung oder einer Strafthat widerrufen war, oder aus denselben Gründen die nachträgliche Vollstreckung einer ausgesetzten Freiheitsstrafe angeordnet werden mußte, namentlich auch, wenn es sich gerade um die Vollstreckung einer nach der staatlich überwachten Erziehung einstweilen ausgesetzten Strafe handelt. In allen diesen Fällen ist für vorläufige Entlassung kein Raum, weil der Gefangene eine Person ist, welche durch Thatsachen den Beweis gegeben, daß man seinem äußerlichen Verhalten nicht trauen darf, daß der äußere Schein seines Wesens ein trügerischer ist.

Endlich soll die vorläufige Entlassung auch dann unzulässig sein, wenn eine Freiheitsstrafe vollstreckt wird, welche mit nachfolgender staatlich überwachter Erziehung erkannt ist. Dies ist nur folgerichtig. Wenn der Richter auf Freiheitsstrafe und auf nachfolgende staatlich überwachte Erziehung erkennt, dann erwartet er die moralische Besserung des Verurtheilten von der nachfolgenden Erziehung, die Freiheitsstrafe hat er aber davor gesetzt, weil er damit dem Thäter den Ernst der Strafe zeigen und ihm die Strenge des Gesetzes zum Bewußtsein bringen will. Diese Strafe soll aber gerade nach dem Willen des Richters voll und ganz der Erziehung vorangehen und erst unter dem Eindruck der ersteren soll die letztere beginnen.

Bevor ein Gefangener vorläufig entlassen wird,**) ist für seine Unterbringung durch das Erziehungsamt Sorge zu tragen, welches ihn nach der Entlassung durch eine Vertrauensperson nach Art der staatlich überwachten Erziehung in der Familie einstweilen beaufsichtigen läßt. Diese Bestimmung weicht gänzlich von dem bestehenden Recht ab.***) Es genügt uns nicht, daß, wie auch jetzt nach

*) S. Ges.Entw. § 83 Abs. 2 Nr. 1—4.

**) S. Ges.Entw. §§ 85 und 86.

***) S. § 23 ff. d. Str.G.B.'s.

der bestehenden Instruction, die vorläufige Entlassung nicht stattfinden soll, bevor der Gefangene ein Unterkommen nachgewiesen hat, die vorläufige Entlassung soll vielmehr nicht stattfinden, bevor nicht für die Unterbringung des zu Entlassenden Sorge getragen ist, sei es nun, daß er in der eigenen Familie Unterkommen findet oder daß er in Arbeit, in die Lehre, in einen Dienst gebracht wird, und in dieser Stellung oder in diesem Unterkommen soll der Entlassene eine Zeit lang, mindestens auf ein Jahr, höchstens bis zum Ablauf der Bewährungsfrist, der mildesten Form der staatlich überwachten Erziehung unterstehen, damit er wenigstens in der ersten Zeit nach der Entlassung nicht ohne einen Halt im Leben steht, und damit die Strafanstalt, aus der er entlassen ist, jeder Zeit sichere Nachricht über sein Treiben und sein Verhalten erhält. Die erste Zeit nach der Entlassung ist für alle gewesenen Sträflinge am gefährlichsten, und innerhalb der nächsten zwölf Monate kommen erfahrungsmäßig die meisten Rückfälle vor. Wer in dem ersten Jahre nach der Entlassung sich gut gehalten hat, von dem ist in den meisten Fällen zu erhoffen, daß er auch ferner strafbare Handlungen nicht begehen wird. Die Gefahr des Rückfalls bleibt übrigens gerade am längsten für eigentlich nicht verbrecherische, aber schwache Naturen bestehen, für solche, die nur unter einer besonderen Verkettung von Umständen gefallen sind und zu fallen pflegen. Für diese ist immer die Wahrscheinlichkeit vorhanden, daß sie unter einer ähnlichen Constellation von Verhältnissen auch später wieder fallen werden, sobald die Erinnerung an die Eindrücke der Strafzeit überhaupt geschwunden oder wenigstens vor der Macht der augenblicklichen Umstände ganz in den Hintergrund getreten ist.

Die Unterbringung der Gefangenen soll dem Erziehungsamt obliegen. Das Erziehungsamt ist die geeignetste Behörde dazu, da es durch die große Zahl seiner Vertrauenspersonen am leichtesten die Arbeitsgelegenheit für die zu Entlassenden zu ermitteln im Stande ist. Daß ein Theil der zur vorläufigen Entlassung Kommenden das einundzwanzigste Lebensjahr überschritten hat, ist kein Hinderniß für die Thätigkeit des Erziehungsamtes, ebenso wenig für die Ueberwachung der Entlassenen, da es sich hier, gerade so wie bei der sog. bedingten Verurtheilung,*) nicht um eine Ausdehnung der staatlich überwachten Erziehung über das einundzwanzigste Lebensjahr hinaus handelt. Die erste Bedingung, welche dem zu Entlassenden von der Strafanstalt gestellt werden muß, ist naturgemäß die, daß er während der Dauer der

*) S. oben S. 177.

Ueberwachung, trotz seiner einundzwanzig Jahre und darüber, den Weisungen des Erziehungsamtes und seiner Vertrauenspersonen Folge leistet, sonst zieht man ihn zur Fortsetzung der Strafverbüßung wieder ein.

Auch der Ortspolizeibehörde des Aufenthaltes des Entlassenen ist Kenntniß davon zu geben.*)

Die Probezeit**) soll, nach dem bereits Ausgeführten, nicht, wie bisher, stets schon mit dem Ablauf der Strafzeit ihr Ende erreichen, sondern mindestens drei Jahre dauern. Nur wenn während dieser Zeit zur nachträglichen Vollstreckung des Strafrestes sich kein Anlaß ergeben hat, soll der Strafrest als verbüßt gelten.***) Hier, wo dem Ablauf der gesetzlichen Probezeit eine bestimmte Rechtswirkung beiwohnen soll, ist jedoch im Gegensatz zu den Fällen der Aussetzung des Strafvollzugs (bei denen mit dem Fristablauf eine gesetzlich festbestimmte Wirkung nicht verbunden ist, wo es also in der Hand der Behörden liegt, auch die Frist zu verlängern) eine Bestimmung nothwendig über die Bedeutung, welche der in die Probezeit fallenden Leistung der militärischen Dienstpflicht für den Lauf der Frist beiwohnen soll. Während der Leistung der Militärpflicht soll der Lauf der Bewährungsfrist ruhen. Es fällt natürlich während dieser Zeit auch jede Thätigkeit der Vertrauenspersonen des Erziehungsamtes weg. Die Militärbehörden haben, soweit mir bekannt, seither vorläufig entlassene Gefängnißgefangene auch während des Laufes der Bewährungsfrist in die Truppe eingestellt. Es ist demnach richtig, gesetzlich den Lauf der Frist während der Leistung der Dienstpflicht ruhen zu lassen.†)

Ueber die Voraussetzung des Widerrufs††) und die vorläufige Festnahme†††) eines vorläufig Entlassenen wegen schlechter Führung ist Besonderes nicht zu sagen, da im Wesentlichen in Uebereinstimmung mit dem geltenden Recht das Gleiche gelten soll, wie bei der nachträglichen Vollstreckung einer ausgesetzten Strafe. Kleinere Abweichungen in Einzelheiten erklären sich von selbst.

Dagegen bedarf der Punkt einer eingehenden Erörterung, welche Behörde für die Bewilligung der vorläufigen Entlassung und für den Widerruf zuständig sein soll.

---

*) S. Ges.Entw. § 87.

**) S. Ges.Entw. § 88.

***) S. Ges.Entw. § 94.

†) Das oben bei der Aussetzung des Strafvollzugs Gesagte gilt im Uebrigen auch hier. Vgl. S. 181.

††) S. Ges.Entw. § 89.

†††) S. Ges.Entw. § 91.

Gegenwärtig entscheidet ausschließlich die oberste (Landes-) Justizaufsichtsbehörde, also das Justizministerium, oder die Justizabtheilung der obersten Landesbehörde auf Grund der Acten und eines Beschlusses der Conferenz der Strafanstaltsoberbeamten. Die Entscheidung für unsere vorläufige Entlassung darf, wenn dieselbe lebensfähig werden soll, nicht ausschließlich bei einer Centralstelle sein. Schon die Häufigkeit der Fälle würde eine große Ueberlastung der betreffenden Stellen schaffen, auch kann die Centralstelle sich nur auf das Gutachten der Anstaltsconferenz und die Acten stützen. Dazu kommt, daß der Geschäftsgang, namentlich in einem größeren Staate, zu schleppend wird. Der Verurtheilte beantragt seine vorläufige Entlassung, die Anstaltsconferenz beschließt und übersendet die Verhandlungen dem Oberstaatsanwalt, dieser zieht die Strafacten ein, berichtet dann an das Ministerium, und dann erst fällt die Entscheidung.

Welche Behörde soll aber an die Stelle treten? Der Anstaltsverwaltung allein kann man die Entscheidung nicht überlassen; das würde schon an den sonstigen Bestimmungen über deren Zuständigkeit scheitern. Die Anstaltsverwaltung ist z. B. in Preußen nicht einmal in der Lage, eine kurze Beurlaubung des Gefangenen selbstständig zu beschließen, sie kann also nicht die viel wichtigere Entscheidung über die vorläufige Entlassung selbstständig treffen. Aehnliche Gründe sprechen dagegen, der Anstaltsverwaltung die Entscheidung unter Zustimmung der vorgesetzten Behörde, in Preußen Regierungspräsident oder Oberstaatsanwalt, zu übertragen. Auch diese müssen z. B. schon bei der Beurlaubung aus einer Anstalt im Ressort des Ministeriums des Innern zusammenwirken, und wir dürfen, soweit möglich, nichts in unsere Vorschläge aufnehmen, was in den verschiedenen Staaten umfassende Veränderungen auch auf anderen Gebieten der Verwaltung mit sich bringen würde. Auch an das Erziehungsamt in Verbindung mit der Anstaltsverwaltung haben unsere Gutachten gedacht. Auch das würde nicht wohl passend sein. Das Erziehungsamt hat sonst mit Strafvollstreckung nichts zu thun, weshalb soll es gerade bei einer solchen Entscheidung mitwirken, für welche den Beamten des Erziehungsamtes die praktische Erfahrung durchaus fehlt. Die Commission ist deshalb im Wesentlichen bei dem Inhalt der Eisenacher Vorschläge*) stehen geblieben, weil sie glaubt; daß diese immer noch am meisten für sich haben. Die vorläufige Entlassung soll auf den Vorschlag des Vorstandes der Strafanstalt von diesem, dem Ersten Staatsanwalt des Landgerichts und dem Vorsitzenden der Strafkammer

*) S. Eisen. Vorschl. II. 8. Abs. 2 Anhang.

des Landgerichts beschlossen werden*) können, falls diese drei Personen darüber übereinstimmen. Gegen diese Zusammensetzung läßt sich ja gewiß auch manches einwenden, namentlich auch das, was oben gegen die jetzige Einrichtung vorgebracht wurde, daß auch in Zukunft der Vorsitzende der Strafkammer und der Staatsanwalt sich lediglich auf das Gutachten des Anstaltsvorstandes verlassen müssen; und doch liegt die Sache hier anders.

Ganz abgesehen davon, daß in einer ganzen Reihe von Fällen wenigstens die Person des Gefangenen und die Strafsache, in der er verurtheilt wurde, dem Staatsanwalt oder auch dem Vorsitzenden der Strafkammer bekannt und in ihren Einzelheiten in Erinnerung sein werden, ist auch die Kenntniß der betreffenden Beamten von den allgemeinen Verhältnissen des Bezirks, der Criminalität und dem Charakter der Bevölkerung von hohem Werth, und sie werden deshalb leichter ein besseres und zutreffenderes Urtheil abgeben können, als beispielsweise ein Beamter, der den localen Verhältnissen ganz fern steht. Dazu kommt noch, daß in dieser Zusammensetzung alle Factoren vertreten sind, welche bei der Strafrechtspflege berufsmäßig mitzuwirken haben, und daß auch deshalb eine sachgemäße Entscheidung zu erwarten sein wird.**)

Diese Dreimännercommission soll aber die vorläufige Entlassung nur beschließen können im Fall der Stimmeneinhelligkeit. Wenn der Vorsitzende oder der Erste Staatsanwalt der vorläufigen Entlassung widersprechen, dann kann der Vorsteher der Strafanstalt die Entscheidung der obersten Justizaufsichtsbehörde anrufen.***) Es ist nicht gesagt, daß beim Widerspruch eines der Beamten die oberste Justizaufsichtsbehörde zu entscheiden hat, denn oft wird der Strafanstaltsvorsteher sich selbst bei dem begründeten Widerspruch eines der anderen Beamten bescheiden;

*) S. Ges.Entw. § 84.

**) Es darf nicht unerwähnt bleiben, daß jetzt der Fall vorkommen könnte, daß der Erste Staatsanwalt zugleich als Vorsteher eines Gefängnisses, in welchem sich Jugendliche befinden, an der Beschlußfassung über die vorläufige Entlassung theilnehmen müßte. Diese Collision ist jedoch demnächst wohl nicht zu besorgen, da man jedenfalls die Jugendlichen nur in größeren Anstalten unterbringen wird, während es sich bei den sogenannten Landgerichtsgefängnissen, welche der Staatsanwaltschaft unterstehen, meist um Gefängnisse handelt, die sich für den Vollzug gegen Jugendliche nicht eignen; schon deshalb nicht, wegen der gemischten Gesellschaft an Untersuchungs- und sonstigen Strafgefangenen, die darin zusammenkommen.

***) S. Ges.Entw. § 84 Abs. 2.

nur wenn er gegenüber diesem Widerspruch seine Meinung aufrecht erhält, dann tritt die Entscheidung der höheren Instanz ein. Der obersten Justizaufsichtsbehörde soll für solche Zweifelsfälle die endgiltige Entscheidung bleiben. Nunmehr hat dieselbe auch ganz andere Unterlagen für ihre Entscheidung, als gegenwärtig, da die Meinungsäußerung der drei Mitglieder der Commission vorliegt und dabei namentlich die eingehend zu begründende Aeußerung der Widersprechenden ausreichendes Material zur Erwägung aller für- und widersprechenden Momente geben wird.

Ueber den Widerruf sollen dieselben Personen befinden, doch bedarf es hier keiner Einstimmigkeit, es genügt ein Mehrheitsbeschluß. Gegen den ausgesprochenen Widerruf muß jedoch dem vorläufig Entlassenen eine Beschwerde an die oberste Landesjustizaufsichtsbehörde gegeben werden,*) die jedoch keine aufschiebende Wirkung hat. Das letztere kann deshalb nicht sein, weil es in einen strammen Strafvollzug nicht paßt und weil sich sehr Viele aus dem Staube machen würden, nachdem sie Beschwerde eingelegt haben, und andererseits, weil sonst bei vorläufig Festgenommenen und den nach dem Widerruf in die Anstalt Eingelieferten consequenter Weise auch die Verbüßung des Strafrestes erst von der Rechtskraft des Widerrufs zu berechnen sein würde, während sie zu Gunsten der vorläufig festgenommenen Gefangenen von der Bekanntmachung des Widerrufs, bei den Uebrigen von der Einlieferung in die Anstalt an berechnet werden soll.**)

Wenn der vorläufig Entlassene innerhalb der Frist wegen einer neuen strafbaren Handlung verurtheilt wird,***) dann bedarf es keines formellen Widerrufs der vorläufigen Entlassung, sondern der Strafrest ist von Rechtswegen nachträglich zu vollstrecken.

---

*) Für den Fall, daß Richter oder Staatsanwalt der vorläufigen Entlassung widersprechen und der Anstaltsvorsteher die Entscheidung der obersten Justizaufsichtsbehörde nicht einholt, ist dem Gefangenen keine Beschwerde gegeben, da die vorläufige Entlassung lediglich eine Maßregel des Strafvollzugs sein soll, auf welchen dem Gefangenen eine Einwirkung nicht zusteht.

**) S. Ges.Entw. § 92.

***) S. Ges.Entw. § 93. Daß bei der neuen Verurtheilung die frühere als Straferhöhungsgrund in Betracht kommen soll (vgl. auch die §§ 69 Abs. 1 u. 75, letzten Abs.), bedarf keiner weiteren Begründung. Der vorläufig Entlassene, wie derjenige, dessen Strafe ausgesetzt war, hat sich durch sein Verhalten des in ihn gesetzten Vertrauens unwerth gezeigt und verdient für seinen Rückfall deshalb eine empfindlichere Strafe.

XVI.

Strafbestimmungen.

(S. Ges.Entw. §§ 96 bis 98.)

Es hat sich als ein dringendes Bedürfniß herausgestellt, den Erziehungsanstalten denselben strafrechtlichen Schutz zu gewähren, den die Strafanstalten genießen. Das Reichsgericht hat ausgesprochen,*) daß die Befreiung eines Zwangszöglings oder die Beihilfe zur Selbstbefreiung desselben aus der Erziehungsanstalt nicht unter die Strafbestimmung des § 120 des Str.G.B.'s fällt.

Ebenso ist die Wegführung eines Zwangszöglings aus der Familie, in welcher er untergebracht ist, straflos, wenn es nicht aus der Familie der Eltern oder des Vormunds durch List, Drohung oder Gewalt geschieht.

Um die Thätigkeit der Erziehungsämter nicht machtlos solchem Treiben von Eltern oder Angehörigen des Kindes preiszugeben, schien es nothwendig, die vorsätzliche Befreiung oder Wegführung einer jugendlichen Person aus der Erziehungsanstalt oder aus der Gewalt desjenigen, in dessen häuslicher Gemeinschaft sie sich befindet, und die Beihilfe zur Selbstbefreiung oder zum Entlaufen unter die Strafe des § 120 des Str.G.B.'s zu stellen,**) dagegen Zuchthaus bis zu zehn Jahren anzudrohen***) für den Fall, wenn die Handlung geschieht, um die jugendliche Person zum Betteln oder zu gewinnsüchtigen oder unsittlichen Zwecken oder Beschäftigungen zu gebrauchen.

Der § 361⁹ des Str.G.B.'s bedroht Personen, welche ihrer Gewalt unterworfene Hausgenossen von der Begehung von Diebstählen und anderen strafbaren Handlungen abzuhalten unterlassen, mit Geldstrafe bis zu 150 Mark oder mit Haft. Diese Strafbestimmung genügt dem Bedürfniß nicht; es müssen auch die Eltern unter Strafe gestellt werden, welche schuldhaft ihre Kinder verwahrlosen lassen, und den Eltern sind auch diejenigen Personen gleichzustellen, denen Kinder zur Erziehung übergeben sind.†) Die Letzteren übernehmen damit ganz die Verpflichtungen der Eltern, und es darf ihnen nicht hingehen, daß sie, nur um die Kosten der Erziehung länger zu genießen, Kinder annehmen und behalten, auch wenn sie sich deren Erziehung nicht gewachsen fühlen, oder

*) Reichs-Ger.Entsch. XV. 39; R. VIII. 687.

**) S. Ges.Entw. § 96.

***) S. Ges.Entw. § 97. Vgl. § 235 des Str.G.B.'s.

†) S. Ges.Entw. § 98.

daß sie die nothwendige Aufsicht vernachlässigen, oder nicht zur rechten Zeit Anzeige beim Erziehungsamt erstatten, wenn sie bemerken, daß das ihnen anvertraute Kind durch Familienerziehung nicht auf den richtigen Weg gebracht werden kann.

Unter die Strafbestimmung soll aber nur das schuldhafte Verhalten dieser Personen fallen; nicht die Thatsache allein, daß die Kinder verwahrlost sind, darf die Strafbarkeit begründen. Abweichend von dem § 361 9 des Str.G.B.'s, welcher gerade die Ueberweisung an die Landespolizeibehörde ausschließt, soll aber hier auch neben der Haft auf Ueberweisung an die Landespolizeibehörde erkannt werden können. Pflichtvergessene Eltern oder Erzieher verdienen auch diese Art der Bestrafung.

Von der in den Eisenacher Vorschlägen*) vorgesehenen Bestrafung der Vormünder, welche Mündel schuldhaft verwahrlosen lassen, ist hier jedoch abgesehen, da die Strafbestimmung sich nur auf diejenigen, welche zugleich die ihrer Obhut übergebenen Kinder in ihrer häuslichen Gemeinschaft haben, beziehen kann; der Vormund, der seine Aufsichtspflicht schuldhaft vernachlässigt, muß entsetzt oder entlassen werden, hat er die Mündel zugleich in seiner häuslichen Gemeinschaft, so fällt er als Erzieher unter die Strafbestimmungen.

XVII.

Schlußwort.

Wenn auch alle die in dem Vorstehenden erörterten Vorschläge theoretischen Beifall finden sollten, so wird doch schon während des Lesens und jedenfalls am Schluß die Frage aufgeworfen werden, wie sollen die Kosten, welche die praktische Ausgestaltung dieser Vorschläge und dann die Ausführung von Jahr zu Jahr verursachen, in Deutschland aufgebracht werden. Daß die Kosten sehr groß werden würden, das ist nicht zu bestreiten, und das zeigt allein schon die Vergleichung der Summen, welche die öffentliche Erziehung in England jährlich kostet, und der Summen, welche in Preußen überhaupt seit 1878 für die Zwangserziehung aufgewendet sind. Wie hoch der Kostenaufwand sich stellt, falls unsere Vorschläge Gesetz werden und Alles zur Ausführung derselben Erforderliche beschafft würde, das auch nur annähernd anzugeben, ist unmöglich. Bezüglich der Kostenfrage würde die ganze Angelegenheit ein Sprung ins Dunkle sein.

---

*) S. Eisen. Vorschl. III. 4[6].

Aus den Gutachten sowohl wie aus einigen Aeußerungen auf der Berliner Conferenz und bei anderen Gelegenheiten habe ich jedoch die Wahrnehmung gemacht, daß die Kostenfrage von Vielen überschätzt und von Anderen auch nicht unter dem richtigen Gesichtspunkt betrachtet wird. Der Schwerpunkt der Kosten liegt in der Beschaffung von Erziehungsanstalten und in dem Unterhalt der Zöglinge; ganz bei Seite gelassen werden kann aber die Frage nach der Beschaffung von Strafanstalten zur Durchführung des vorgeschlagenen Strafvollzugs gegen jugendliche Verurtheilte. Man vergesse doch nicht, daß eben in Folge unserer Vorschläge der Strom der jugendlichen Verbrecher in die Erziehungsanstalten abgeleitet wird, und daß die Gefängnisse dadurch, aber auch durch den fast vollständigen Wegfall der Unzahl von kleinen lästigen Gefängniß- und Haftstrafen sehr erheblich entlastet werden. Ich habe nicht das geringste Bedenken, die Behauptung auszusprechen, daß nach Durchführung unserer Vorschläge die vorhandenen Gefängnißeinrichtungen für jugendliche Gefangene in den Strafanstalten vollständig ausreichen und vielleicht sogar noch zum, wenn auch kleinen Theil für die Strafvollstreckung gegen Erwachsene frei werden. Es würden also nicht nur keine Mehrkosten durch Bauten von Strafanstalten für jugendliche Gefangene entstehen, ja es könnte sogar aus dem Bauetat der Strafanstalten für unsere Erziehungsanstalten etwas abgegeben werden.

Ob die Kosten der Erziehung vom Staat allein oder unter Mitleistung der Communalverbände getragen werden, scheint mir einerlei, da die Kosten auf die eine oder die andere Weise doch immer von den Staaten aufzubringen sind, aber ein kleiner Zuschuß wird dazu eingehen durch die Heranziehung der Alimentationsverpflichteten.

Vergessen wird aber bei der Kostenfrage immer das eine wesentliche Moment, daß wir durch unsere Vorschläge auf eine Herabminderung der Verbrecher und der Verbrechen hoffen dürfen, und daß dieser ideale Gewinn gegenüber den baaren Auslagen dafür nicht zu gering angeschlagen werden darf, daß damit aber auch ein realer Vortheil verbunden ist, der von den Kosten in Abzug gebracht werden muß. Welche Summen kostet unsere Verbrecherwelt, nicht sowohl durch die Untersuchungen und die Strafvollstreckungen, als durch den Schaden, den ihre Thaten selbst dem nationalen Wohlstand verursachen. Vermindern sich die Verbrechen, so vermindert sich auch dieser Schaden, und diese Ersparniß, an welche so selten gedacht ist, muß auch in Betracht gezogen werden.

Sei dem aber, wie ihm wolle, die Kosten werden sehr bedeutend sein, so bedeutend, daß in den nächsten Jahren an eine völlige Durchführung unserer Vorschläge, selbst wenn überall der gute Wille dazu vorhanden wäre, nicht gedacht werden kann. Wenn nur zunächst mit einer Abänderung des § 57 Str.G.B.'s in unserem Sinne der Anfang gemacht wird, so wäre schon der erste bedeutsame Schritt zur Besserung gethan. Nur möchte ich mich dagegen verwahren, daß man uns eine solche Abänderung allein, losgelöst von den übrigen Vorschlägen, gleichsam als einen Brocken hinwirft, um unser Verlangen, welches, so hoffen wir, recht bald das Verlangen Vieler und immer größerer Kreise werden wird, wenigstens einigermaßen zu befriedigen. Ein solcher Flicken auf das Gewand ist das Verderblichste, was es geben kann, weil damit eine grundsätzliche Reform in die fernsten Fernen vertagt ist. Man nehme eine Gesammtreform der Behandlung jugendlicher Verbrecher und verwahrloster Kinder an, und führe sie nachher immerhin stückweise ein, je nachdem die erforderlichen Anstalten und Einrichtungen sich beschaffen lassen,*) dann haben wir wenigstens in nicht allzuferner Zukunft die Verwirklichung unserer Pläne sicher zu erwarten.

Es wird Sache von Uebergangsbestimmungen sein, diese allmähliche Einführung der neuen Bestimmungen zu regeln.

Daß aber etwas für die jugendlichen Verbrecher und die verwahrlosten Kinder geschehen muß, und bald, das glaube ich hinlänglich nachgewiesen zu haben.

Es handelt sich um die Bekämpfung eines gefährlichen Feindes in dem staatlichen Organismus, und dazu muß ein lebensfähiges Staatswesen Mittel beschaffen können.

Zum Schluß aber will ich die Leser an das Wort erinnern, welches ein Mitglied des Internationalen Gefängniß-Congresses in Rom in das ausgelegte Album geschrieben hat:

„Wer ein Kind vom Verderben rettet, der errettet ein Geschlecht."

---

*) S. Ges.Entw. § 100.

Anlage I.

Entwurf eines Reichsgesetzes

betreffend

die Behandlung und Bestrafung jugendlicher Verbrecher und verwahrloster jugendlicher Personen.

I. Verbrecherische Kinder.

§ 1.

Wer bei Begehung einer strafbaren Handlung das vierzehnte Lebensjahr nicht vollendet hat, kann wegen derselben nicht strafrechtlich verfolgt werden.

Die Strafbarkeit der Theilnehmer, Begünstiger und Hehler, welche bei Begehung der That das vierzehnte Lebensjahr vollendet haben, wird dadurch nicht ausgeschlossen.

§ 2.

Für ein Kind, welches bei Begehung einer strafbaren Handlung das vierzehnte Lebensjahr nicht vollendet hat, kann staatlich überwachte Erziehung (§ 33) angeordnet werden.

§ 3.

Die staatlich überwachte Erziehung ist insbesondere anzuordnen:

1. wenn das Kind eine strafbare Handlung begangen hat, welche mit dem Tode, mit lebenslänglicher Freiheitsstrafe oder mit Freiheitsstrafe von mehr als zehn Jahren bedroht ist;

2. wenn, abgesehen von diesen Fällen, das Kind mehrere strafbare Handlungen begangen hat, welche sich als Verbrechen oder als vorsätzliche Vergehen oder als Uebertretung des § 361 Nr. 3 oder 4 des Strafgesetzbuchs darstellen, oder wenn das Kind eine dieser strafbaren Handlungen begangen hat, nachdem die Begehung einer solchen schon früher gegen dasselbe festgestellt war;

3. wenn eine Uebertretung des § 361 Nr. 6 des Strafgesetzbuchs festgestellt ist;

4. wenn bei dem Kinde, welches die strafbare Handlung begangen hat, sittliche Verwahrlosung vorliegt, oder dessen häusliche Verhältnisse solche sind, daß sittliche Verwahrlosung zu befürchten ist.

II. Verbrecherische jugendliche Personen.

§ 4.

Gegen Personen, welche bei Begehung einer strafbaren Handlung das vierzehnte aber nicht das achtzehnte Lebensjahr vollendet haben, kann wegen derselben, abgesehen von dem Fall des § 7, entweder auf Strafe oder auf staatlich überwachte Erziehung (§ 33) oder auf Freiheitsstrafe und Erziehung oder auf Ueberweisung an die Familie erkannt werden. Wird auf Strafe in Verbindung mit staatlich überwachter Erziehung erkannt, so ist in dem entscheidenden Theil des Urtheils zum Ausdruck zu bringen, ob die Freiheitsstrafe oder die Erziehung vorangehen soll.

§ 5.

Wenn auf Strafe allein erkannt wird, so kommen nur folgende Strafen zur Anwendung:

1. Ist die Handlung mit dem Tode oder mit lebenslänglicher Freiheitsstrafe bedroht, so ist auf Gefängnißstrafe von drei bis fünfzehn Jahren zu erkennen.

2. Im Uebrigen ist bei Verbrechen und Vergehen, sofern nicht in den folgenden Absätzen abweichende Bestimmungen enthalten sind, auf Strafen von der gegen Erwachsene angedrohten Höhe, jedoch nicht auf Gefängnißstrafe von mehr als zehn Jahren zu erkennen.

An Stelle von Zuchthausstrafe oder Festungshaft tritt Gefängnißstrafe von gleicher Dauer.

3. Bei Verbrechen, welche im Mindestbetrag mit einer mehr als einjährigen Freiheitsstrafe bedroht sind, ist auf Gefängnißstrafe nicht unter einem Jahre zu erkennen.

4. Bei Vergehen beträgt das geringste Maß der an erster Stelle zu erkennenden Gefängnißstrafe Einen Monat.

5. Bei allen Vergehen, bei denen in den Gesetzen eine Geldstrafe nicht angedroht ist, kann, sofern der Angeklagte noch nicht zu einer Freiheitsstrafe verurtheilt war, auf eine Geldstrafe bis zu 300 Mark erkannt werden.

6. Ist die Handlung eine Uebertretung, so kommen die im 29. Abschnitt des Strafgesetzbuchs oder in anderen Gesetzen und Verordnungen dafür vorgesehenen Strafen mit der Maßgabe zur Anwendung, daß Haft an erster Stelle nicht unter zwei Wochen zu erkennen ist.

7. Ist die Handlung ein Vergehen oder eine Uebertretung, so kann, bei Vergehen jedoch nur, wenn der Angeklagte noch nicht wegen eines Verbrechens oder Vergehens bestraft ist, auch auf Verweis erkannt werden.

Mit der Strafe des Verweises kann, wenn der Angeklagte noch eine öffentliche Schule besucht, zugleich Ueberweisung zur Schulzucht (§ 63) und, falls er in staatlich überwachter Erziehung steht, Ueberweisung an die Zucht der staatlich überwachten Erziehung (§ 64) verbunden werden.

8. Wenn auf eine Geldstrafe erkannt wird, so kann der Betrag von Einer Mark und bei Uebertretungen der Betrag von 50 Pfennigen gleich einem Tag Freiheitsstrafe gerechnet werden.

Hat der Angeklagte einen Erwerb durch eigene Thätigkeit, so ist regelmäßig ein geringerer, jedenfalls aber kein höherer Betrag als der Betrag eines Tagesverdienstes einem Tag Freiheitsstrafe gleichzurechnen.

9. Auf Verlust der bürgerlichen Ehrenrechte, auf Ueberweisung an die Landespolizeibehörde und auf Zulässigkeit von Polizeiaufsicht ist nicht zu erkennen.

Doch kann in den Fällen, in denen es in den Gesetzen vorgesehen ist, auf Unfähigkeit zur Bekleidung öffentlicher Aemter auf die Dauer von einem bis zu fünf Jahren erkannt werden.

Im Fall des § 161 des Strafgesetzbuchs kann auf dauernde Unfähigkeit oder auf Unfähigkeit für fünf bis zu zehn Jahren, als Zeuge oder Sachverständiger eidlich vernommen zu werden, erkannt werden.

§ 6.

Wenn auf Freiheitsstrafe in Verbindung mit staatlich überwachter Erziehung erkannt wird, so kann bei Verbrechen und Vergehen die auf Grund des § 5 Nr. 1 bis 4 festzusetzende Strafe um die Hälfte herabgesetzt werden.

§ 7.

Durch die §§ 4 bis 6 werden die Bestimmungen des 15. Abschnittes des Strafgesetzbuchs, mit Ausnahme der §§ 207 und 210, nicht berührt.

III. Verwahrloste Kinder und jugendliche Personen.

§ 8.

Auch ohne das Vorliegen einer strafbaren Handlung ist für Personen, welche das sechzehnte Lebensjahr noch nicht vollendet haben, staatlich überwachte Erziehung (§ 33) anzuordnen,

wenn sittliche Verwahrlosung festgestellt ist oder die häuslichen Verhältnisse solche sind, daß sittliche Verwahrlosung zu befürchten ist,

und die Maßregel nothwendig erscheint, um die Person vor dem sittlichen Verderben zu bewahren.

IV. Gerichtliches Verfahren.

§ 9.

Zuständig für die auf Grund der §§ 2, 3 und 9 zu erlassenden Entscheidungen ist die Vormundschaftsabtheilung des Amtsgerichts, in dessen Bezirk die jugendliche Person sich zu dauerndem Aufenthalt befindet, in den Fällen der §§ 2 und 3 auch das Amtsgericht des Thatortes.

In denjenigen Rechtsgebieten, in denen die obervormundschaftliche Thätigkeit nicht den Gerichten obliegt, bleibt es der Landesgesetzgebung überlassen, die nach Absatz 1 zu treffenden Entscheidungen dem Amtsgericht oder der Vormundschaftsbehörde zu übertragen und im letzteren Falle den Instanzenzug für die nach §§ 14 Abs. 2, 17, 19 Abs. 2 zulässigen Beschwerden zu regeln. Die nachfolgenden Bestimmungen finden auch für das Verfahren vor nicht richterlichen Vormundschaftsbehörden entsprechende Anwendung.

§ 10.

Die Anzeigen über strafbare Handlungen sind bei dem zuständigen Gericht einzureichen. Unzuständige Gerichte, sowie Polizeibehörden und die Staatsanwaltschaft haben bei ihnen eingehende Anzeigen an das zuständige Gericht abzugeben.

§ 11.

Das Gericht stellt den Thatbestand fest. Es kann auch von Amtswegen Ermittelungen vornehmen, wenn Thatsachen bekannt werden, welche die Einleitung des Verfahrens erforderlich erscheinen lassen. Das Gericht kann Gerichte und andere Behörden um Vornahme von Ermittelungen und Vernehmungen, um Auskunftsertheilung und gutachtliche Aeußerungen ersuchen. Zeugen und Sachverständige können in dem Verfahren eidlich vernommen werden.

§ 12.

Das beschuldigte Kind, dessen Eltern und, falls dieselben verstorben oder abwesend sind, sonstige Angehörige, sowie der Vormund und der Lehrer sind in dem Verfahren zu vernehmen.

§ 13.

Das Gericht kann die Entscheidung auf Grund einer mündlichen Verhandlung erlassen.

§ 14.

Die Entscheidung, durch welche das Verfahren eingestellt wird, weil die Begehung einer strafbaren Handlung nicht erwiesen ist, ist der Staatsanwaltschaft beim Landgericht durch Uebersendung der Acten bekannt zu machen.

Gegen die Entscheidung steht der Staatsanwaltschaft Beschwerde zu.

§ 15.

Wenn das beschuldigte Kind der Begehung einer strafbaren Handlung für überführt erachtet wird, so hat die Entscheidung weiter entweder die staatlich überwachte Erziehung (§ 33) anzuordnen oder das Kind der Familie zu überweisen.

§ 16.

Die Entscheidung ist dem Vater oder dem Vormund des Kindes, sofern sie nicht bei der Verkündung gegenwärtig waren und derjenigen Behörde, welcher die Leitung der staatlich überwachten Erziehung übertragen ist (Erziehungsamt, § 35) von Amtswegen zuzustellen.

Die Zustellung an das Erziehungsamt erfolgt durch Uebersendung der Acten.

§ 17.

Gegen die Entscheidung steht den Betheiligten (Vater, Vormund, Erziehungsamt) sofortige Beschwerde innerhalb einer Woche zu; dem Vater jedoch nur dann, wenn die staatlich überwachte Erziehung angeordnet ist.

Die Beschwerde ist bei dem Gericht erster Instanz anzubringen.

Die Beschwerde des Vaters oder des Vormundes ist dem Erziehungsamt, die Beschwerde des letzteren dem Vater oder dem Vormund von dem Gericht in Abschrift mitzutheilen.

§ 18.

Die Beschwerde gegen die Anordnung der staatlich überwachten Erziehung hat aufschiebende Wirkung.

In dringenden Fällen kann jedoch das Gericht erster Instanz, und zwar auch schon vor Erlaß der Entscheidung, durch sofort vollstreckbare einstweilige Anordnung das Kind dem Erziehungsamt zur vorläufigen Unterbringung überweisen.

Die gleiche Anordnung kann, während die Sache in der Beschwerdeinstanz anhängig ist, auf Antrag des Erziehungsamtes das Beschwerdegericht erlassen.

Bei Gefahr im Verzuge kann das Gericht zugleich mit dem Erlaß des Beschlusses, welcher die vorläufige Unterbringung des Kindes anordnet, dasselbe einer vom Erziehungsamt für solche Fälle im Voraus bekanntzugebenden Stelle zuführen lassen.

§ 19.

Die einstweilige Anordnung (§ 18) ist dem Erziehungsamt und dem Vater oder dem Vormund von Amtswegen zuzustellen.

Gegen die Anordnung des Amtsgerichts ist sofortige Beschwerde innerhalb dreier Tage zulässig. Die Beschwerde hat keine aufschiebende Wirkung.

§ 20.

Für die Entscheidung über die Beschwerde (§§ 14, 17, 19) ist die Civilkammer des Landgerichts zuständig.

§ 21.

Im Falle des § 14 hat das Beschwerdegericht, wenn es die Beschwerde für begründet erachtet, die Sache zum weiteren Verfahren an das Gericht erster Instanz zurück zu verweisen.

Wenn das Beschwerdegericht im Falle des § 17 eine mündliche Verhandlung anberaumt, so ist von derselben das Erziehungsamt zu benachrichtigen.

Dasselbe ist befugt, die Staatsanwaltschaft um Wahrnehmung der Verhandlung zu ersuchen.

§ 22.

Die mündliche Verhandlung in den Fällen der §§ 13 und 21 ist nicht öffentlich.

Der Vater oder der Vormund des Kindes können im Beistand eines Rechtsanwalts erscheinen.

§ 23.

Das Verfahren ist kosten- und stempelfrei. Die baaren Auslagen trägt die Staatskasse.

Die Bestimmungen der §§ 59 und 60 finden entsprechende Anwendung.

§ 24.

Nach rechtskräftiger Entscheidung kann die Wiederaufnahme des Verfahrens bei dem Gericht erster Instanz auf Grund neuer Thatsachen oder Beweismittel, welche die ergangene Entscheidung als ungerechtfertigt erscheinen lassen, insbesondere auf Grund der rechtskräftigen Verurtheilung eines Zeugen wegen Meineids oder fahrlässiger Verletzung seiner Eidespflicht in Beziehung auf die Aussage, auf welcher die Entscheidung beruht, von dem Erziehungsamt, sowie von dem Vater oder dem Vormund des Kindes beantragt werden.

§ 25.

Durch den Antrag auf Wiederaufnahme des Verfahrens wird die Ausführung der angeordneten staatlich überwachten Erziehung nicht gehemmt.

§ 26.

Auf das Verfahren im Falle des § 9 finden die Bestimmungen der §§ 11 bis 25 entsprechende Anwendung.

Die Ortspolizeibehörde, der Seelsorger, der Lehrer, der Waisenrath und die Vertrauenspersonen des Erziehungsamtes (§ 38) sind zur Erstattung von Anzeigen über zu ihrer Kenntniß gekommene Fälle von vorliegender oder zu befürchtender sittlicher Verwahrlosung an das Gericht verpflichtet.

§ 27.

Die Zuständigkeit der Gerichte und das Verfahren im Falle des § 4 richtet sich nach den Bestimmungen des Gerichtsverfassungsgesetzes und der Strafprozeßordnung, soweit nicht in den §§ 28 bis 32 dieses Gesetzes Abweichungen enthalten sind.

§ 28.

Die Untersuchung hat sich nicht nur auf die Ermittelung der Schuld, sondern auch auf die Lebensverhältnisse, insbesondere auf die häuslichen und die Erziehungsverhältnisse des Beschuldigten zu erstrecken.

Strafbefehle sind unzulässig.

§ 29.

Jeder Untersuchungsgefangene ist von anderen Untersuchungsgefangenen oder von Strafgefangenen getrennt zu halten.

Ausnahmen sind nur mit Rücksicht auf die Gesundheit des Untersuchungsgefangenen auf Verlangen des Gefängnißarztes vom Richter zuzulassen.

§ 30.

Der Vorsitzende der Strafkammer hat in den Sachen, deren Aburtheilung vor dem Landgericht beantragt ist, dem Angeschuldigten, welcher das achtzehnte Lebensjahr noch nicht vollendet hat, wenn derselbe nicht durch einen Vertheidiger vertreten ist, zugleich mit der Zustellung der Anklageschrift von Amtswegen einen Vertheidiger zu bestellen.

In den Sachen, deren Aburtheilung vor den Amtsgerichten oder den Schöffengerichten erfolgt, kann der Amtsrichter mit der Ladung zur Hauptverhandlung dem Angeklagten einen Vertheidiger bestellen. Falls Personen, welche nach § 144 der Strafprozeßordnung zu Vertheidigern bestellt werden können, am Sitze des Gerichts nicht vorhanden sind, kann der Amtsrichter auch eine andere geeignete Person, welche zur Uebernahme der Vertheidigung bereit ist, zum Vertheidiger bestellen.

§ 31.

Die Hauptverhandlung gegen einen Angeklagten, welcher das achtzehnte Lebensjahr noch nicht vollendet hat, findet unter Ausschluß der Oeffentlichkeit statt.

Eltern, Pflegeeltern, Erzieher, der Vormund, der Lehrer, sowie der Arbeitgeber des Angeklagten können der Verhandlung beiwohnen.

Das Gericht kann auch anderen Personen den Zutritt zu der Verhandlung gestatten.

§ 32.

Wenn eine Untersuchung gegen eine Person eingeleitet wird, welche in staatlich überwachter Erziehung steht, so ist alsbald dem Erziehungsamt davon, sowie von der Erhebung der öffentlichen Klage, unter Uebersendung einer Abschrift, und von der Hauptverhandlung Nachricht zu geben. Das Erziehungsamt kann sich vor der Hauptverhandlung über die zu ergreifenden Maßregeln schriftlich äußern oder durch einen Vertreter in der Hauptverhandlung seine Anträge stellen. Die schriftliche Aeußerung des Erziehungsamtes ist in der Hauptverhandlung nach Schluß der Beweisaufnahme zu verlesen.

Die vorstehenden Bestimmungen finden auch Anwendung, wenn der Beschuldigte bei der Begehung der That das achtzehnte Lebensjahr vollendet hatte.

V. Die staatlich überwachte Erziehung.

§ 33.

Die staatlich überwachte Erziehung ist eine von der Obrigkeit geregelte und beaufsichtigte Erziehung:

a) in der eigenen Familie,
b) in einer geeigneten fremden Familie,
c) in einer unter staatlicher Aufsicht stehenden Privaterziehungsanstalt,
d) in einer staatlichen Erziehungsanstalt.

Die staatlich überwachte Erziehung erfolgt auf Grund einer mit der Bescheinigung der Rechtskraft versehenen Ausfertigung der gerichtlichen Entscheidung, durch welche dieselbe angeordnet ist.

Sie darf nicht über das einundzwanzigste Lebensjahr hinaus ausgedehnt werden.

§ 34.

Die staatlich überwachte Erziehung ist vor dem einundzwanzigsten Lebensjahr durch eine Entscheidung des Erziehungsamtes (§ 35) aufzuheben:

1. wenn bei einem Zögling, der das achtzehnte Lebensjahr

vollendet hat, der Zweck der staatlich überwachten Erziehung erreicht erscheint und besondere Umstände vorhanden sind, welche im Interesse seines besseren Fortkommens die Aufhebung nothwendig machen;

2. wenn ein Zögling, um seiner Militärpflicht zu genügen, in das stehende Heer oder die Flotte eingestellt wird;

3. wenn ein Zögling mit Genehmigung des Erziehungsamtes als Freiwilliger in das stehende Heer und die Flotte eintritt.

Im Falle zu 1 kann die Entlassung aus der staatlich überwachten Erziehung auch unter Vorbehalt des Widerrufs erfolgen.

§ 35.

In den Bundesstaaten sind Erziehungsämter zu errichten, welchen die Entscheidung über die Art und die Ausführung der staatlich überwachten Erziehung obliegt.

Es bleibt der Landesgesetzgebung überlassen, bestehenden Behörden die Geschäfte des Erziehungsamtes zu übertragen.

§ 36.

Die Erziehungsämter bestimmen die Art der staatlich überwachten Erziehung im einzelnen Fall unter Berücksichtigung der häuslichen Verhältnisse und der Persönlichkeit des zu Erziehenden, sowie insbesondere seines in die Oeffentlichkeit getretenen Verhaltens nach freiem Ermessen.

Jugendliche Personen, welche wegen einer nach Vollendung des vierzehnten Lebensjahres begangenen strafbaren Handlung der staatlich überwachten Erziehung überwiesen werden, sollen zunächst in einer Erziehungsanstalt untergebracht werden.

§ 37.

Gegen die Entscheidungen der Erziehungsämter steht den Eltern oder dem Vormund Beschwerde an eine durch die Landesgesetzgebung zu bestimmende Behörde zu.

Die Beschwerde hat keine aufschiebende Wirkung.

§ 38.

In jedem Gemeindebezirk sind von dem Erziehungsamt Vertrauenspersonen zu bestellen, welche als Hilfsbeamte des Erziehungsamtes die Aufsicht über die staatlich überwachte Erziehung in Familien und über die außerdem der Obhut des Erziehungsamtes übergebenen jugendlichen Personen (§§ 66 und 85) führen.

Die Vertrauenspersonen haben auch die innerhalb ihres Wohnortes zur Uebernahme von Zöglingen geeigneten und bereiten Familien zu ermitteln und dieselben dem Erziehungsamt anzugeben und die sonstigen Anordnungen des Erziehungsamtes in Erziehungsangelegenheiten auszuführen.

§ 39.

Die Geistlichen und die Lehrer sind als Vertrauenspersonen zu bestellen; andere Personen, auch Frauen, wenn sie zur Uebernahme des Auftrags bereit sind, können auf Vorschlag oder nach Anhörung der Ortsbehörde zu Vertrauenspersonen bestellt werden.

§ 40.

Das Amt einer Vertrauensperson ist ein unbesoldetes Ehrenamt.

Baare Auslagen sind den Vertrauenspersonen aus der Staatskasse zu erstatten.

Die Verpflichtung zur Uebernahme des Amtes als Vertrauensperson bestimmt sich nach den in den einzelnen Bundesstaaten geltenden Vorschriften über die Verpflichtung zur Uebernahme eines Gemeindeamtes.

§ 41.

Ueberall da, wo es angemessen erscheint, insbesondere in größeren Gemeindebezirken können die Vertrauenspersonen zu Erziehungsausschüssen vereinigt werden. Insbesondere können bestehende Erziehungsvereine mit ihrer Zustimmung zu Erziehungsausschüssen bestellt werden; ihre Mitglieder gelten dann als Vertrauenspersonen des Erziehungsamtes.

§ 42.

Wo ein Erziehungsausschuß eingerichtet ist, werden die zu überwachenden Zöglinge und Familien diesem namhaft gemacht.

Der Ausschuß vertheilt die Uebervachung der einzelnen Fälle unter seine Mitglieder.

§ 43.

Die Ueberwachung durch die Vertrauenspersonen besteht darin, daß sie den Schulbesuch, die Beschäftigung und Lebenshaltung des Zöglings beaufsichtigen, auf die Abstellung aller Mißstände hinwirken und erforderlichen Falles bei dem Erziehungsamte oder, wenn es sich um einen aus einer Erziehungsanstalt vorläufig Entlassenen handelt, bei dem Leiter der Anstalt die anderweitige Unterbringung des Zöglings beantragen.

§ 44.

Die Erziehungsanstalten sind für das männliche und das weibliche Geschlecht gesondert einzurichten.

§ 45.

In den Erziehungsanstalten sollen diejenigen Zöglinge, welche vor dem vierzehnten Lebensjahre der staatlich überwachten Erziehung überwiesen sind, thunlichst von denen getrennt gehalten werden, deren Ueberweisung nach diesem Zeitpunkte erfolgt ist.

§ 46.

Die Entlassung aus einer Erziehungsanstalt vor Beendigung (§ 33 Absatz 3) oder Aufhebung (§ 34) der staatlich überwachten Erziehung ist stets eine vorläufige; sie darf nur dann erfolgen, wenn die Unterbringung in einer Familie sicher gestellt ist.

§ 47.

Die vorläufige Entlassung aus der Anstaltserziehung ordnet das Erziehungsamt auf den Antrag des Leiters der Anstalt, bei Privatanstalten auch von Amtswegen auf Grund des Ergebnisses der regelmäßigen Besichtigung der Anstalt (§ 57) an.

§ 48.

Wenn bei der vorläufigen Entlassung aus der Anstalt die Unterbringung in einer fremden Familie vom Erziehungsamt beschlossen ist, so hat der Leiter der Anstalt für geeignete Unterbringung des zu Entlassenden Sorge zu tragen und von der Unterbringung dem Erziehungsamt Kenntniß zu geben.

§ 49.

Das Erziehungsamt veranlaßt die Zuweisung des Untergebrachten an eine Vertrauensperson (§ 38), welche dem Leiter der Anstalt namhaft zu machen ist.

§ 50.

Der Leiter der Anstalt hat die in einer Familie untergebrachten vorläufig Entlassenen jährlich mindestens einmal zu besuchen, durch die

Vertrauensperson ihre Führung zu überwachen und an das Erziehungsamt jährlich über alle aus der Anstalt vorläufig Entlassenen zu berichten.

§ 51.

Der vorläufig Entlassene ist erforderlichen Falles in die Anstalt wiedereinzuziehen; die Wiedereinziehung hat insbesondere zu geschehen, wenn der vorläufig Entlassene eine strafbare Handlung begeht und das gerichtliche Urtheil nicht entgegensteht (§§ 32, 71).

§ 52.

Die Wiedereinziehung in die Anstalt kann der Leiter einer staatlichen Erziehungsanstalt selbstständig verfügen; für Privaterziehungsanstalten verfügt sie auf Antrag des Leiters das Erziehungsamt.

§ 53.

Unter staatlichen Erziehungsanstalten sind die vom Staate oder von Communalverbänden errichteten Anstalten zu verstehen.

Dieselben stehen unter der unmittelbaren Aufsicht des Erziehungsamtes, welches nach dem Vorschlage des Leiters der Anstalt den Lehr-, Beschäftigungs- und Wirthschaftsplan feststellt.

§ 54.

Das Erziehungsamt kann sich jeder Zeit von dem ordnungsmäßigen Betriebe der Anstalten überzeugen. Eine solche Besichtigung muß alljährlich mindestens zweimal durch einen Beamten des Erziehungsamtes erfolgen.

Der Leiter der Anstalt hat alljährlich einen Bericht über den gesammten Betrieb der Anstalt dem Erziehungsamt einzureichen.

§ 55.

Der Leiter einer staatlichen Erziehungsanstalt muß entweder

ein Geistlicher einer der Landeskirchen oder ein akademisch gebildeter Lehrer sein oder die Befähigung zum öffentlichen Volksschullehrer besitzen

und eine mehrjährige erfolgreiche Thätigkeit als Seelsorger im Gemeindedienste oder als Lehrer im Schuldienste oder Schulaufsichtsdienste oder als Lehrer an einer staatlichen oder unter staatlicher Aufsicht stehenden Erziehungsanstalt nachweisen.

§ 56.

Jugendliche, welche in staatlich überwachte Erziehung genommen sind, dürfen Privaterziehungsanstalten nur dann zugewiesen werden, wenn diese sich der Aufsicht des Erziehungsamtes unterworfen haben und nachfolgende Bedingungen erfüllen:

1. Der Leiter der Anstalt muß die im § 55 aufgeführten Eigenschaften haben.

2. Die Anstalt hat durch ihre Lage, ihre baulichen Einrichtungen, sowie durch den Nachweis einer geeigneten und ausreichenden Beschäftigung der Zöglinge außerhalb der Lehrstunden den erziehlichen Anforderungen zu entsprechen und soll zur Aufnahme von mindestens fünfzig Zöglingen eingerichtet sein.

3. Ausreichender, den Anforderungen der Volksschule entsprechender Unterricht muß sichergestellt sein. Mit Genehmigung des Erziehungsamtes kann derselbe ausnahmsweise in der öffentlichen Volksschule ertheilt werden.

4. Die Anstalt hat den Lehr-, Beschäftigungs- und Wirthschaftsplan dem Erziehungsamt zur Genehmigung vorzulegen und demselben einen jährlichen Bericht nach vorzuschreibendem Muster einzureichen.

§ 57.

Das Erziehungsamt kann jeder Zeit eine Besichtigung der Privatanstalten durch einen seiner Beamten, insbesondere auch unter Zuziehung des Leiters einer staatlichen Erziehungsanstalt vornehmen, um sich von dem ordnungsmäßigen Betriebe der Anstalt zu überzeugen.

Die Besichtigung hat mindestens zweimal im Jahre zu geschehen.

§ 58.

Bei den Besichtigungen hat der Leiter der Anstalt diejenigen Zöglinge namhaft zu machen, welche zur vorläufigen Entlassung aus der Anstaltserziehung und Unterbringung in einer Familie sich eignen.

§ 59.

Die Kosten der staatlich überwachten Erziehung trägt die Staatskasse.

Dieselbe hat das Recht, die aufgewendeten Beträge von den Eltern oder anderen zur Alimentation des Zöglings verpflichteten Personen, oder aus dem Vermögen des Zöglings wieder einzuziehen.

Der von den Eltern zu erstattende Betrag wird in jedem einzelnen Fall nach deren Einkommensverhältnissen, sowie unter Berücksichtigung der Zahl und der Erwerbsfähigkeit der übrigen von dem Zahlungspflichtigen zu ernährenden Familiengliedern von dem Erziehungsamt festgesetzt.

Bei der Beitreibung des von den Eltern oder anderen zur Alimentation verpflichteten Personen zu zahlenden Betrages findet § 4 des Gesetzes, betreffend die Beschlagnahme des Arbeits- und Dienstlohnes, vom 21. Juni 1869 und § 749 vorletzter Absatz, der Civilproceßordnung entsprechende Anwendung.

§ 60.

Die Landesgesetzgebung kann bestimmen, daß und in welchem Umfang communale Verbände, insbesondere auch die zuständigen Land- und Ortsarmenverbände, oder die Heimathsgemeinde zu den Kosten der staatlich überwachten Erziehung beizutragen haben.

VI. Strafvollzug.

§ 61.

Bei der Vollstreckung von Geldstrafen findet § 488 Absatz 2 der Strafproceßordnung keine Anwendung. Die Vollstreckungsbehörde kann angemessene Zahlungsfristen, insbesondere auch wöchentliche Ratenzahlungen bewilligen.

§ 62.

Der Verweis wird in einer Sitzung des Gerichts von dem Vorsitzenden ertheilt.

§ 63.

Wenn in dem Urtheil ausgesprochen war, daß der Angeklagte der Schulzucht zu überweisen sei (§ 5 Nr. 7), so ist nach eingetretener Rechtskraft des Urtheils dem Schulvorstand eine vollstreckbare Ausfertigung des Urtheils zuzustellen. Gegen den Verurtheilten ist dann eine angemessene Schulstrafe zu verhängen und dieses zu den Akten mitzutheilen.

§ 64.

Wenn der Angeklagte der Zucht der staatlich überwachten Erziehung überwiesen ist (§ 5 Nr. 7), so ist die Urtheilsausfertigung (§ 63) dem Vorstand derjenigen Anstalt zuzustellen, in welcher der Verurtheilte untergebracht ist (§ 51). Im Uebrigen findet § 63 entsprechende Anwendung.

§ 65.

Das Gericht kann in dem entscheidenden Theil eines Urtheils, in welchem gegen einen Angeklagten, welcher bei Begehung der That das vierzehnte, aber nicht das achtzehnte Lebensjahr vollendet hatte, auf eine Freiheitsstrafe (ohne Verbindung mit staatlich überwachter Erziehung) erkannt ist, anordnen, daß die Vollstreckung der Freiheitsstrafe auszusetzen sei, wenn dieselbe die Dauer von drei Monaten nicht übersteigt, gegen den Angeklagten bisher noch keine Freiheitsstrafe erkannt war und das Gericht aus Thatsachen die Ueberzeugung gewonnen hat, daß der Angeklagte seine That aufrichtig bereut.

Die Aussetzung der Freiheitsstrafe ist unzulässig:

1. wenn der Angeklagte keine feste Wohnung hat, oder aus sonstigen Gründen Fluchtverdacht vorliegt,
2. wenn die That eine besonders rohe und verwerfliche Gesinnung gezeigt hat.

Während der Aussetzung der Strafvollstreckung ruht die Verjährung der Strafe.

§ 66.

Von der Aussetzung des Strafvollzugs ist dem Erziehungsamt des Wohnortes des Verurtheilten Kenntniß zu geben, welches dessen Ueberwachung durch eine Vertrauensperson nach den Grundsätzen über staatlich überwachte Erziehung in der Familie veranlaßt.

§ 67.

Erfolgt nach Aussetzung des Strafvollzugs die Verurtheilung des Angeklagten wegen einer strafbaren Handlung, die vor der ersten Verurtheilung begangen war, so ist auch die Strafe mit zu vollstrecken, deren Aussetzung angeordnet war, wenn die Gesammtstrafe oder die zusammenzurechnenden Gefängniß- und Haftstrafen die Dauer von drei Monaten übersteigen. Wenn die Gesammtstrafe oder die zusammenzurechnenden Freiheitsstrafen die Dauer von drei Monaten nicht übersteigen, so hat das Gericht in dem entscheidenden Theil des Urtheils eine neue Anordnung zu treffen, ob die Aussetzung des Strafvollzugs stattfinden soll, oder ob die Strafen zu vollstrecken sind

§ 68.

Die Vollstreckung der Strafe ist auf Antrag des Erziehungsamtes durch Gerichtsbeschluß anzuordnen, wenn der Verurtheilte sich schlecht führt, insbesondere den Anordnungen des Erziehungsamtes oder der Vertrauensperson nicht nachkommt. Gegen den Beschluß ist sofortige Beschwerde zulässig.

§ 69.

Die Strafe ist zu vollstrecken, wenn nach der Aussetzung des Strafvollzugs die rechtskräftige Verurtheilung wegen einer strafbaren Handlung erfolgt, welche nach der ersten Verurtheilung begangen ist; die frühere Verurtheilung kommt als Straferhöhungsgrund in Betracht.

Die Bestimmung des Absatz 1 findet keine Anwendung, wenn das Urtheil nicht auf Strafe, sondern auf staatlich überwachte Erziehung oder auf staatlich überwachte Erziehung und nachfolgende Strafe lautet. In diesem Fall bleibt die Strafe bis nach Beendigung der staatlich überwachten Erziehung ausgesetzt.

§ 70.

Wenn der Verurtheilte innerhalb dreier Jahre seit der letzten Aussetzung des Strafvollzugs (§ 67) sich gut geführt hat, so hat die Staatsanwaltschaft die Acten der höchsten Landesjustizstelle mit dem Antrag auf Begnadigung vorzulegen.

Falls gegen den Verurtheilten ein Verfahren wegen einer strafbaren Handlung schwebt, so ist zuvor dessen rechtskräftige Erledigung abzuwarten.

§ 71.

Wenn gegen einen Angeklagten, welcher in staatlich überwachter Erziehung steht, eine Freiheitsstrafe von nicht mehr als zwei Jahren erkannt wird, so ist auf Antrag des Erziehungsamtes (§§ 32 und 35) in dem entscheidenden Theile des Urtheils anzuordnen, daß die Vollstreckung der Strafe bis nach Beendigung der staatlich überwachten Erziehung auszusetzen.

Die Strafe ist vor diesem Zeitpunkt zu vollstrecken, wenn der Verurtheilte wegen einer weiteren strafbaren Handlung verurtheilt wird, und entweder die zu verbüßenden Freiheitsstrafen nunmehr die Dauer von zwei Jahren übersteigen, oder die Vollstreckung der Strafen von dem Erziehungsamt beantragt wird. (§ 32.)

Die Bestimmung des § 65, letzter Absatz, findet auch hier Anwendung.

§ 72.

Wenn eine Freiheitsstrafe bis zur Beendigung der staatlich überwachten Erziehung ausgesetzt war, so hat das Erziehungsamt zeitig vor der Entlassung des Zöglings aus derselben bei der Vollstreckungsbehörde unter Angabe von Gründen zu beantragen, daß die Vollstreckung der Freiheitsstrafe sich unmittelbar an die staatlich überwachte Erziehung anschließen, oder daß die Vollstreckung weiter ausgesetzt bleiben soll.

§ 73.

Auf Antrag des Erziehungsamtes hat die Vollstreckungsbehörde die Strafvollstreckung auf drei Jahre auszusetzen. Die Frist beginnt mit dem Tage der Beendigung der staatlich überwachten Erziehung. Die Bestimmung des § 65 letzter Absatz findet auch hier Anwendung.

§ 74.

Von der Aussetzung der Strafvollstreckung ist der Polizeibehörde des Aufenthaltes des Verurtheilten Nachricht zu geben.

§ 75.

Die Vollstreckung der Strafe ist zulässig, wenn der Verurtheilte sich schlecht führt, insbesondere, wenn derselbe den ihm bei der Entlassung aus der staatlich überwachten Erziehung oder bei der Aussetzung der Strafvollstreckung auferlegten Verpflichtungen nicht nachkommt.

Bei Gefahr im Verzug, insbesondere aus Gründen des öffentlichen Wohles, kann die Polizeibehörde den Verurtheilten vorläufig festnehmen.

Die Entscheidung der Vollstreckungsbehörde ist unverzüglich einzuholen.

Die Freiheitsstrafe ist zu vollstrecken, sobald die Verurtheilung wegen einer nach der Entlassung aus der staatlich überwachten Erziehung begangenen strafbaren Handlung erfolgt. Die frühere Verurtheilung kommt als Straferhöhungsgrund in Betracht.

§ 76.

Wenn der Verurtheilte sich während der drei Jahre gut geführt hat, so legt die Staatsanwaltschaft die Acten der höchsten Landesjustizstelle mit dem Antrag auf Begnadigung vor.

§ 77.

Die Bestimmungen der §§ 72 bis 76 finden entsprechende Anwendung, wenn gegen einen Angeklagten auf staatlich überwachte Erziehung und nachfolgende Freiheitsstrafe erkannt war.

§ 78.

Die Freiheitsstrafe (Gefängniß- und Haftstrafe) gegen Personen, welche zur Zeit ihrer Verurtheilung das einundzwanzigste Lebensjahr noch nicht vollendet hatten, ist in Einzelhaft zu vollstrecken, sofern nicht die Rücksicht auf die Gesundheit es verbietet.

Die Einzelhaft darf nicht über die Dauer von drei Jahren ausgedehnt werden.

§ 79.

Nach Beendigung der Einzelhaft sind die Gefangenen werktäglich bei der Arbeit zu vereinigen. Die Zurückversetzung eines Gefangenen in die Einzelhaft kann jedoch erfolgen, wenn sein Verhalten dies, namentlich auch mit Rücksicht auf die Mitgefangenen, erforderlich macht.

Gefangene, deren Strafe von mindestens 6 Monaten abläuft oder deren vorläufige Entlassung (§ 83) in Aussicht genommen ist, sollen mindestens während der letzten vier Wochen aus der Einzelhaft genommen werden.

§ 80.

Während der gemeinschaftlichen Haft sind die Gefangenen ununterbrochen unter der Aufsicht eines Beamten zu halten.

§ 81.

Für geeignete Beschäftigung der Gefangenen ist Sorge zu tragen. Bei der Auswahl der Beschäftigung für die Gefangenen aus dem Stande der Handwerker und Arbeiter ist thunlichst auf deren Beruf und die Fortbildung in demselben Rücksicht zu nehmen.

Für alle Gefangene ist regelmäßiger Schulunterricht und Gottesdienst einzurichten.

§ 82.

Jugendliche Gefangene im Sinne des § 78 dürfen mit anderen Gefangenen nicht zusammengebracht werden.

§ 83.

Jugendliche Gefangene können bei besonders guter Führung einmal vorläufig entlassen werden, wenn sie die Hälfte der Strafzeit, mindestens aber sechs Monate verbüßt haben.

Die vorläufige Entlassung ist unzulässig:

1. wenn gegen den Gefangenen früher einmal die vorläufige Entlassung widerufen, oder eine nach § 65 ausgesetzte Strafe nachträglich vollstreckt worden ist,
2. wenn auf Freiheitsstrafe und nachfolgende staatlich überwachte Erziehung erkannt ist,
3. bei der Vollstreckung einer nach § 71 ausgesetzten Strafe,
4. bei der Vollstreckung einer nach § 73 oder § 77 ausgesetzten Strafe.

§ 84.

Die vorläufige Entlassung kann erfolgen, wenn der Vorsteher der Strafanstalt, der Erste Staatsanwalt und der Vorsitzende der Strafkammer des Landgerichts darüber einverstanden sind.

Falls der Vorsitzende der Strafkammer oder der Erste Staatsanwalt dem Antrag des Anstaltsvorstehers widersprechen, so hat auf Verlangen des Letzteren die oberste Landesjustizaufsichtsbehörde über die vorläufige Entlassung zu befinden.

§ 85.

Die vorläufige Entlassung kann erst erfolgen, nachdem für die Unterbringung des Entlassenen in ausreichender Weise Sorge getragen ist.

§ 86.

Die Unterbringung des Gefangenen liegt dem Erziehungsamt ob, welches demnächst auch die Ueberwachung des Entlassenen durch eine Vertrauensperson mindestens ein Jahr lang nach den Grundsätzen der staatlich überwachten Erziehung in der Familie veranlaßt.

§ 87.

Von der vorläufigen Entlassung ist stets die Ortspolizeibehörde des zukünftigen Aufenthaltes des Entlassenen in Kenntniß zu setzen.

§ 88.

Die Probezeit dauert bis zum Ablauf der Strafzeit, mindestens aber drei Jahre. Sie ruht während der Leistung der Militärpflicht. Die Bestimmung des § 65 letzter Absatz findet entsprechende Anwendung.

§ 89.

Bei schlechter Führung des Entlassenen und wenn derselbe den ihm bei der Entlassung auferlegten Verpflichtungen zuwiderhandelt, insbesondere den Anordnungen des Erziehungsamtes oder der Vertrauensperson nicht nachkommt, kann die vorläufige Entlassung durch Beschluß der in Gemäßheit des § 84 Absatz 1 zu ihrer Anordnung befugten Personen widerrufen werden, solange die Probezeit nicht abgelaufen ist. Die Wiedereinziehung in die Anstalt erfolgt, abgesehen von dem Fall der vorläufigen Festnahme (§ 91), durch den Vorsteher der Strafanstalt.

Der Eingang des Antrags des Erziehungsamtes, oder einer Anzeige der Polizeibehörde über schlechte Führung des vorläufig Entlassenen bei der Staatsanwaltschaft oder dem Vorsteher der Strafanstalt hemmt den Ablauf der Probezeit.

§ 90.

Gegen den Widerruf der vorläufigen Entlassung steht dem Verurtheilten Beschwerde an die oberste Justizaufsichtsbehörde zu.

Die Beschwerde hat keine aufschiebende Wirkung.

§ 91.

Bei Gefahr im Verzug, insbesondere aus Gründen des öffentlichen Wohles, kann das Erziehungsamt mit dem Antrag auf Widerruf oder die Polzeibehörde mit der Anzeige über schlechte Führung die Zuführung des Entlassenen an die Strafanstalt veranlassen, auch kann der Vorsteher der Strafanstalt oder die Staatsanwaltschaft die vorläufige Festnahme verfügen.

§ 92.

Wenn die vorläufige Entlassung widerrufen ist, so hat der Verurtheilte den noch nicht vollstreckten Strafrest unverkürzt zu verbüßen.

War der vorläufig Entlassene festgenommen, so wird der Rest der Strafe von der Bekanntmachung des Widerrufs an den Gefangenen berechnet.

§ 93.

Erfolgt die rechtskräftige Verurtheilung eines vorläufig Entlassenen wegen einer innerhalb der Probezeit begangenen strafbaren Handlung, so ist der noch nicht verbüßte Strafrest zu vollstrecken, ohne daß es eines förmlichen Widerrufs der vorläufigen Entlassung bedarf. Die frühere Verurtheilung kommt als Straferhöhungsgrund in Betracht.

Die erste richterliche Handlung wegen der neuen Strafthat hemmt den Ablauf der Probezeit.

§ 94.

Wenn innerhalb der Probezeit ein Widerruf der vorläufigen Entlassung oder eine Verurtheilung wegen einer neuen Strafthat nicht erfolgt, so gilt der Rest der Freiheitsstrafe als verbüßt.

§ 95.

Die §§ 65 bis 94 finden keine Anwendung auf die Vollstreckung der Festungshaft.

VII. Schlußbestimmungen.

§ 96.

Wer eine in der staatlich überwachten Erziehung stehende jugendliche Person aus der Erziehungsanstalt oder aus der Gewalt desjenigen, in dessen häuslicher Gemeinschaft dieselbe sich befindet, vorsätzlich befreit oder wegführt, oder ihr zur Selbstbefreiung oder zum Entlaufen vorsätzlich behilflich ist, wird mit Gefängniß bis zu drei Jahren bestraft.

Der Versuch ist strafbar.

§ 97.

Wenn die Handlung (§ 96) in der Absicht geschieht, die jugendliche Person zum Betteln oder zu gewinnsüchtigen oder unsittlichen Zwecken oder Beschäftigungen zu gebrauchen, so ist auf Zuchthaus bis zu zehn Jahren zu erkennen.

§ 98.

Abgesehen von den Fällen des § 361 Nr. 9 des Strafgesetzbuchs werden Eltern oder Erzieher, welche die Erziehung der ihnen anvertrauten Kinder schuldhaft soweit vernachlässigen, daß staatlich überwachte Erziehung eintreten muß, mit Geldstrafe bis zu hundertundfunfzig Mark oder mit Haft, neben welcher auf Ueberweisung an die Landespolizeibehörde erkannt werden kann, bestraft.

§ 99.

Die §§ 55 bis 57 des Strafgesetzbuchs werden aufgehoben.

§ 100.

Dieses Gesetz, mit Ausnahme der §§ . . . . . , tritt mit dem . . . . in Kraft.

Das Inkrafttreten der §§ . . . . wird durch Kaiserliche Verordnung bestimmt.

Anlage II.

Thesen

für die

dritte Jahresversammlung der Internationalen Criminalistischen Vereinigung.

(Gruppe Deutsches Reich.)

I.

1. Es empfiehlt sich, das Alter der Strafunmündigkeit bis auf das vierzehnte Lebensjahr hinaufzurücken.

2. Wer bei Begehung einer strafbaren Handlung das vierzehnte Lebensjahr nicht vollendet hat, kann daher wegen derselben nicht strafrechtlich verfolgt werden.

3. Es kann jedoch in diesem Falle staatlich überwachte Erziehung eintreten.

II.

1. Gegen Personen, welche bei Begehung der strafbaren Handlung das vierzehnte, aber nicht das achtzehnte Lebensjahr vollendet haben, kann wegen derselben auf Strafe oder auf staatlich überwachte Erziehung, oder auf Freiheitsstrafe und Erziehung, oder auf Ueberweisung an die Familie erkannt werden.

2. Wird auf Strafe in Verbindung mit staatlich überwachter Erziehung erkannt, so ist in dem entscheidenden Theile des Urtheils zum Ausdruck zu bringen, ob die Strafe oder die Erziehung vorangehen soll.

3. Die Bestimmung der §§ 56 und 57 des Strafgesetzbuchs, wonach die strafrechtliche Verantwortlichkeit eines Jugendlichen davon abhängig ist, daß er bei Begehung der That die zur Erkenntniß ihrer Strafbarkeit erforderliche Einsicht besessen hat, ist zu beseitigen.

4. Als Strafmittel sind nur zulässig: Gefängniß und Festungshaft bis zu fünfzehn Jahren, Haft, Geldstrafe, Verweis, allein und in Verbindung mit Ueberweisung zur Schulzucht und zur Zucht der staatlich überwachten Erziehung, Unfähigkeit zur Bekleidung öffentlicher Aemter.

Ausgeschlossen bleiben: Todesstrafe, Zuchthaus, Aberkennung der bürgerlichen Ehrenrechte, Ueberweisung an die Landespolizeibehörde und Polizeiaufsicht.

Von der Erkennung auf dauernde Unfähigkeit, als Zeuge oder Sachverständiger eidlich vernommen zu werden, kann abgesehen werden (§ 161 des Strafgesetzbuchs).

5. Wird an erster Stelle auf Freiheitsstrafe erkannt, so ist dieselbe bei Gefängniß nicht unter einem Monat, bei Haft nicht unter zwei Wochen zu bemessen.

6. Für die Dauer der Freiheitsstrafe ist, abgesehen von Nr. 5, im Allgemeinen die Strafandrohung der ordentlichen Strafgesetze maßgebend. An Stelle von zeitiger Zuchthausstrafe tritt regelmäßig Gefängnißstrafe von gleicher Dauer; jedoch in allen Fällen mit einem Mindestmaß von nur einem Jahre und mit einem Höchstmaße von nicht über zehn Jahren.

7. Gefängnißstrafe von mehr als zehn Jahren ist nur zulässig bei den mit dem Tode oder mit lebenslänglicher Freiheitsstrafe bedrohten Strafthaten.

8. Wenn Gefängnißstrafe und Erziehung verbunden werden, kann die erstere um die Hälfte herabgesetzt werden.

9. Es ist zu empfehlen, für erste Freiheitsstrafen bis zu drei Monaten die Aussetzung des Strafvollzugs einzuführen.

10. Die Vollstreckung einer Freiheitsstrafe gegen eine in der staatlich überwachten Erziehung befindliche Person, sowie die Vollstreckung einer Freiheitsstrafe, welche in Verbindung mit staatlich überwachter Erziehung erkannt ist und derselben nachfolgen soll, kann, sofern die Freiheitsstrafe zwei Jahre nicht übersteigt, von dem Erfolg der Erziehung und eventuell der nachträglichen Führung abhängig gemacht werden.

III.

Auch ohne das Vorliegen einer strafbaren Handlung sollen jugendliche Personen bis zum sechzehnten Lebensjahre der staatlich überwachten Erziehung überwiesen werden,

wenn deren sittliche Verwahrlosung festgestellt oder der Eintritt derselben nach den häuslichen Verhältnissen zu befürchten ist, und die Maßregel erforderlich erscheint, um die Personen vor sittlichem Verderben zu bewahren.

IV.

Die staatlich überwachte Erziehung findet statt:

a) in der eigenen Familie,
b) in einer geeigneten fremden Familie,
c) in einer unter staatlicher Aufsicht stehenden Privaterziehungsanstalt,
d) in einer staatlichen Erziehungsanstalt.

V.

Es empfiehlt sich, die Entscheidung der Frage, ob gegen verbrecherische oder verwahrloste Kinder staatlich überwachte Erziehung eintreten soll, den Vormundschaftsgerichten zu übertragen.

VI.

1. Die Entscheidung über die Art und die Ausführung der staatlich überwachten Erziehung ist in die Hände besonderer Erziehungsämter zu legen.

2. Es bleibt der Landesgesetzgebung überlassen, die Erziehungsämter in den bestehenden Verwaltungsorganismus einzuordnen.

3. Doch ist die bestehende getheilte Leitung des staatlichen Erziehungswesens — zum Theil in der Hand von Staatsbehörden, zum Theil in der Hand von Communalbehörden — mit einer erfolgreichen Thätigkeit auf diesem Gebiet unvereinbar.

VII.

Die Untersuchung gegen jugendliche Verbrecher vom vierzehnten bis achtzehnten Lebensjahre und die Aburtheilung liegt den nach dem Gerichtsverfassungsgesetz zuständigen ordentlichen Strafgerichten ob.

VIII.

Die Erziehung verbrecherischer und verwahrloster Kinder, sowie die Bestrafung verbrecherischer jugendlicher Personen muß durch ein besonderes Reichsgesetz gemeinsam einheitlich geregelt werden.

Anlage III.

Die Eisenacher Vorschläge.

I.

Es empfiehlt sich, den Beginn der Strafmündigkeit auf das sechzehnte Lebensjahr hinaufzurücken.

1. Wer bei Begehung einer strafbaren Handlung das sechzehnte Lebensjahr nicht vollendet hat, kann daher wegen derselben nicht verfolgt werden.

2. Es kann jedoch in diesem Falle staatlich überwachte Erziehung eintreten.

3. Der Richter stellt die Begehung der strafbaren Handlung fest und entscheidet darüber, ob staatlich überwachte Erziehung eintreten soll oder nicht. Gegen die Entscheidung steht einerseits den Eltern und dem Vormunde, andererseits einer besonderen zu diesem Zwecke zu errichtenden Behörde (Erziehungsamt) die Beschwerde nach dem richterlichen Instanzenzuge, jedoch ohne aufschiebende Wirkung zu.

4. Die staatlich überwachte Erziehung ist entweder

a) eine von Obrigkeits wegen beordnete und beaufsichtigte Erziehung in der eigenen oder in einer geeigneten fremden Familie,

oder

b) Unterbringung in einer staatlichen oder unter staatlicher Aufsicht stehenden Erziehungsanstalt.

5. Die Bestimmung über die Art und die Ausführung der staatlich überwachten Erziehung liegt in den Händen des Erziehungsamtes. Diese Aemter sind für Bezirke einzurichten, welche ungefähr der Größe eines preußischen Regierungsbezirkes entsprechen.

Für Stadtkreise mit über 50 000 Einwohnern kann ein besonderes Erziehungsamt eingerichtet werden. Das Erziehungsamt ist zu bilden aus einem Vertreter der Staatsregierung, je einem Vertreter der beiden christlichen Kirchen, einem Vertreter des Provinzial- oder Communalverbandes und einem Vertreter der oberen Schulbehörde. Gegen die Anordnungen des Erziehungsamtes in Betreff der zu Nr. 4 erwähnten Art der Erziehung steht den Eltern oder dem Vormunde innerhalb bestimmter Frist der Antrag auf Entscheidung des Oberlandesgerichts zu. Der Antrag hat keine aufschiebende Wirkung.

6. Die staatlich überwachte Erziehung darf nicht über das vollendete einundzwanzigste Lebensjahr ausgedehnt werden. Aus der Anstaltserziehung kann die Entlassung vor diesem Zeitpunkte nur dann erfolgen, wenn die Unterbringung in einer Familie sichergestellt ist. In besonders berücksichtigungswerthen Fällen kann nach Vollendung des achtzehnten Lebensjahres, wenn es zum besseren Fortkommen des Zöglings nothwendig erscheint, von der Unterbringung in einer Familie abgesehen werden. Die Entlassung ist stets eine widerrufliche.

II.

Gegen Personen, welche bei Begehung der strafbaren Handlung das sechzehnte, aber nicht das zwanzigste Lebensjahr vollendet haben, kann der Richter entweder auf Strafe oder auf staatlich überwachte Erziehung erkennen.

1. Die Verhandlung gegen jugendliche Angeklagte findet unter Ausschluß der Oeffentlichkeit statt. Eltern und Vormünder, Pflegeeltern, Erzieher, Arbeitgeber, haben das Recht, der Verhandlung beizuwohnen.

2. Die Untersuchungshaft gegen Jugendliche ist stets in Einzelhaft zu vollstrecken, soweit nicht die Rücksicht auf die Gesundheit es verbietet.

3. Als Strafmittel sind nur zulässig Gefängniß bis zu zehn Jahren, Haft, Geldstrafe, Verweis. Ausgeschlossen bleiben Todesstrafe, Zuchthaus, Festungshaft, Aberkennung der bürgerlichen Ehrenrechte, Ueberweisung an die Landespolizeibehörde und Polizeiaufsicht. Bei Bemessung der Dauer der Freiheitsstrafe ist das jugendliche Alter nicht als Milderungsgrund zu betrachten.

4. Freiheitsstrafe gegen Jugendliche ist in Einzelhaft zu vollstrecken, soweit nicht Rücksicht auf die Gesundheit es verbietet. Die

Einzelhaft darf nicht über die Dauer von drei Jahren ausgedehnt werden; jedoch kann der Strafgefangene in die Zelle zurückversetzt werden, wenn sein Verhalten dies, namentlich auch mit Rücksicht auf die Mitgefangenen, erforderlich macht. Jugendliche Sträflinge, deren vorläufige Entlassung in Aussicht genommen ist, sind mindestens während der letzten vier Wochen aus der Einzelhaft zu nehmen.

5. Jugendliche Gefangene dürfen mit Erwachsenen nicht zusammengebracht werden.

6. Werden Jugendliche gemeinsam verwahrt, so sind sie ununterbrochen unter der Aufsicht eines Beamten zu halten.

7. Während der Untersuchungs- und der Strafhaft ist für geeignete Beschäftigung der Jugendlichen Sorge zu tragen.

8. Bei Freiheitsstrafen, deren Dauer zwei Jahre nicht übersteigt, kann nach Verbüßung der Hälfte der Strafdauer, jedoch nicht vor Ablauf von drei Monaten, vorläufige Entlassung eintreten. Bei Freiheitsstrafen, deren Dauer zwei Jahre übersteigt, kann nach Verbüßung eines Jahres vorläufige Entlassung eintreten.

Ueber die Entlassung entscheidet eine aus dem Vorsteher des Gefängnisses, dem Vorsitzenden der Strafkammer und einem Beamten der Staatsanwaltschaft des Landgerichts zusammengesetzte Commission. Die Probezeit dauert bis zum Ablauf der Strafzeit, mindestens aber drei Jahre. Sie ruht während der Dauer des Militärdienstes.

Die vorläufige Entlassung kann erst eintreten, wenn durch das Erziehungsamt für die Unterbringung des Entlassenen in ausreichender Weise Sorge getragen ist. Das Erziehungsamt hat während der Dauer der Probezeit den Entlassenen durch eine Vertrauensperson zu überwachen und bei schlechter Führung den Widerruf der Entlassung bei der oben erwähnten Commission zu beantragen.

9. Die staatlich überwachte Erziehung ist in einer staatlichen Erziehungsanstalt zu vollziehen und darf nicht über das vollendete einundzwanzigste Lebensjahr ausgedehnt werden.

10. Die Kosten der Erziehung in einer staatlichen Zwangserziehungsanstalt fallen dem Staate zur Last, soweit nicht die Eltern oder das Vermögen der Zöglinge zur Deckung herangezogen werden können.

III.

Die staatlich überwachte Erziehung hat auch ohne das Vorliegen einer strafbaren Handlung bei Kindern einzutreten, welche das sechzehnte Lebensjahr noch nicht vollendet haben und in der Erziehung so sehr vernachlässigt sind, daß sittliche Verwahrlosung eingetreten oder zu befürchten ist.

1. Das Vorliegen dieser Voraussetzung hat auf Antrag des Erziehungsamtes, bei welchem die Anzeigen von Seiten der Ortspolizeibehörde oder des Pfarrers oder des Lehrers oder des Waisenrathes einzureichen sind, der Richter festzustellen.

2. Die Bestimmungen unter I. 4, 5 und 6 finden auch hier Anwendung.

3. Für die Kosten der staatlich überwachten Erziehung haben die Landarmenverbände unter staatlicher Beihilfe aufzukommen. Inwieweit ein Rückgriff auf den Ortsarmenverband stattfindet, bestimmt die Armengesetzgebung. In jedem Falle sind die Eltern in erster Linie für die Kosten verhaftet.

4. Eltern und Vormünder, welche die Erziehung der ihnen anvertrauten Kinder schuldhaft so weit vernachlässigen, daß staatlich überwachte Erziehung eintreten muß, werden, und zwar

a) Eltern mit Geldstrafe oder Ueberweisung an die Landespolizeibehörde,

b) Vormünder mit Geldstrafe, an deren Stelle Freiheitsstrafe treten kann,

bestraft.

IV.

Für die Ausführung der staatlich überwachten Erziehung sind die folgenden Grundsätze maßgebend.

1. Familienerziehung.

Das Erziehungsamt hat an denjenigen Orten, an welchen sich Kinder in staatlich überwachter Familienerziehung befinden, geeignete Vertrauenspersonen zu bestellen, welche als Hilfsbeamte des Erziehungsamtes die Ueberwachung der Familienerziehung an Ort und Stelle ausüben. Die Ueberwachung durch die Vertrauensperson besteht darin, daß sie den Schulbesuch, die Beschäftigung und Lebenshaltung des Kindes beaufsichtigt, auf die Abstellung aller Mißstände hinwirkt und, wenn erforderlich, bei dem Erziehungsamte die anderweitige Unterbringung des Kindes beantragt.

2. Privatanstalten.)

Den Privatanstalten dürfen Kinder, welche in staatlich überwachte Erziehung genommen sind, nur dann überwiesen werden, wenn sie die nachfolgenden Bedingungen erfüllen.

a) Der Leiter der Anstalt muß entweder

1. ein Geistlicher einer der Landeskirchen oder ein akademisch gebildeter Lehrer sein und eine mehrjährige erfolgreiche praktische Thätigkeit als Seelsorger im Gemeindedienste oder als Lehrer im Schuldienste oder Schulaufsichtsdienste oder als Lehrer an einer staatlichen Erziehungsanstalt nachweisen,

   oder

2. die Befähigung zum öffentlichen Elementarlehrer besitzen und eine zehnjährige erfolgreiche praktische Thätigkeit als Lehrer, davon mindestens zwei Jahre an einer staatlichen oder unter staatlicher Aufsicht stehenden Erziehungsanstalt, nachweisen.

b) Die Anstalt muß durch ihre Lage, die baulichen Einrichtungen, sowie durch den Nachweis einer geeigneten und ausreichenden Beschäftigung der Zöglinge außerhalb der Lehrstunden den erziehlichen Anforderungen entsprechen.

c) Ein ausreichender, den Anforderungen der einklassigen Volksschule entsprechender Unterricht muß sichergestellt sein. Mit Genehmigung des Erziehungsamtes kann derselbe in der Volksschule stattfinden.

d) Die Anstalt muß sich der unmittelbaren Aufsicht des Erziehungsamtes unterwerfen, zu diesem Zwecke den Lehr-, Beschäftigungs- und Wirthschaftsplan dem Erziehungsamte zur Genehmigung vorlegen und ihm einen jährlichen Bericht nach vorgeschriebenem Muster einreichen.

Das Erziehungsamt hat alle Vierteljahre durch eine geeignete Persönlichkeit, wenn möglich durch den Vorsteher einer staatlichen Erziehungsanstalt, von dem ordnungsmäßigen Betriebe der Anstalt sich zu überzeugen. Bei dieser Besichtigung hat der Leiter der Anstalt diejenigen Kinder namhaft zu machen, welche nach seiner Ansicht zur vorläufigen Entlassung aus der Anstaltserziehung und Unterbringung in einer Familie sich eignen. Dem Besichtigenden steht das Recht zu, auch aus eigenem Antrieb Anträge auf Entlassung aus der Anstalt beim Erziehungsamte zu stellen. Der Leiter der Anstalt hat für geeignete Unterbringung der zu Entlassenden in Familien Sorge zu tragen, für sie an dem Orte, wo sie untergebracht sind, eine Vertrauensperson zu bestellen, die Entlassenen jährlich einmal zu besuchen, ihre Führung zu überwachen, an das Erziehungsamt jährlich über alle aus seiner Anstalt Entlassenen zu berichten und nöthigenfalls Anträge auf Wiedereinziehung in die Anstalt zu stellen.

3. Staatliche Erziehungsanstalten.

Unter staatlichen Erziehungsanstalten sind die vom Staate oder von Communalverbänden errichteten Anstalten zu verstehen. Für sie sind folgende Grundsätze maßgebend:

a) Der Leiter der Anstalt muß entweder ein Geistlicher einer der christlichen Landeskirchen oder ein akademisch gebildeter Lehrer sein und eine mehrjährige erfolgreiche praktische Thätigkeit als Seelsorger im Gemeindedienste oder als Lehrer im Schuldienste oder Schulaufsichtsdienste oder als Lehrer an einer staatlichen Erziehungsanstalt nachweisen.

b) Die Anstalt steht unter der unmittelbaren Aufsicht des Erziehungsamtes. Dieses stellt nach dem Vorschlage des Leiters der Anstalt Lehr-, Beschäftigungs- und Wirthschaftsplan fest, läßt sich alljährlich Bericht erstatten und hat alle Vierteljahre durch eines seiner Mitglieder sich von dem ordnungsmäßigen Betriebe der Anstalt zu überzeugen.

c) Der Leiter der Anstalt hat in geeigneten Fällen den Antrag auf Entlassung aus der Anstaltserziehung zu stellen, für die geeignete Unterbringung der zu Entlassenden in einer Familie Sorge zu tragen, für sie an dem Orte, wo sie untergebracht sind, eine Vertrauensperson zu bestellen, die Entlassenen jährlich einmal zu besuchen, ihre Führung zu überwachen, an das Erziehungsamt jährlich über alle aus seiner Anstalt Entlassenen zu berichten und nöthigenfalls die Wiedereinziehung in die Anstalt zu verfügen. War von der Unterbringung in einer Familie bei der Entlassung abgesehen worden, weil dies zum besseren Fortkommen des Zöglings nothwendig erschien (oben I. 6), so erfolgt die Wiedereinziehung in die Anstalt nur mit Genehmigung des Erziehungsamtes.

Anlage IV.

Beschlüsse

der

am 5. und 6. December 1891 in Berlin abgehaltenen Conferenz über die strafrechtliche Behandlung jugendlicher Uebelthäter auf Grund der von der Commission gemachten Vorschläge.

1. Das Alter der Strafmündigkeit ist auf das vollendete vierzehnte Lebensjahr hinaufzurücken.

2. Die Bestimmung der §§ 56 und 57 Reichs-Str.G.B., wonach die strafrechtliche Verantwortlichkeit eines Jugendlichen davon abhängig ist, daß er bei Begehung der That die zur Erkenntniß ihrer Strafbarkeit erforderliche Einsicht besessen hat, ist zu beseitigen.

3. Gegen Personen, welche bei Begehung der strafbaren Handlungen das vierzehnte, aber nicht das achtzehnte Lebensjahr vollendet haben, kann der Richter entweder auf Strafe oder auf staatlich überwachte Erziehung oder auf Beides erkennen. Im letzteren Fall hat das Urtheil zu bestimmen, ob die Strafe oder die Erziehung vorangehen soll. Ist auf Erziehung und auf eine Freiheitsstrafe erkannt, so kann die Vollstreckung der Strafe von dem Erfolg der Erziehung abhängig gemacht werden.

4. Die staatlich überwachte Erziehung hat auch ohne das Vorliegen einer strafbaren Handlung bei Kindern einzutreten, welche das vierzehnte Lebensjahr noch nicht vollendet haben und in der Erziehung so sehr vernachlässigt sind, daß sittliche Verwahrlosung eingetreten oder zu befürchten ist.

Diejenigen Jugendlichen, welche nach vollendetem vierzehnten Jahre der staatlichen Erziehung überwiesen sind, sollen thunlichst in Anstalten von denjenigen getrennt gehalten werden, welche vor diesem Zeitpunkt überwiesen sind.

5. Die Entscheidung über die Art und Ausführung der staatlich überwachten Erziehung liegt in den Händen besonderer Erziehungsämter. Es bleibt der Landesgesetzgebung überlassen, die Erziehungsämter in den bestehenden Verwaltungsorganismus einzuordnen.

6. Gegen Personen, welche bei Begehung der strafbaren Handlung das vierzehnte, aber nicht das einundzwanzigste Lebensjahr vollendet haben, sind als Strafmittel nur zulässig: Gefängniß- und Festungshaft bis zu fünfzehn Jahren, Haft, Geldstrafe, Verweis, Unfähigkeit zur Bekleidung öffentlicher Aemter und Einziehung. Wird gegen Personen im Alter vom vollendeten vierzehnten bis zum vollendeten achtzehnten Lebensjahre auf Freiheitsstrafe erkannt, so ist dieselbe nicht unter einem Monat zu bemessen. Ausgeschlossen bleiben: Todesstrafe, Zuchthaus, Aberkennung der bürgerlichen Ehrenrechte, Ueberweisung an die Landespolizeibehörde und Polizeiaufsicht. Von der Erkennung auf dauernde Unfähigkeit, als Zeuge oder Sachverständiger eidlich vernommen zu werden, kann abgesehen werden. (§ 161 Reichs-Str.G.B.)

Es ist zu empfehlen, für erste Freiheitsstrafen bis zu drei Monaten eine Aussetzung des Strafvollzuges einzuführen.

7. Die Zwangserziehung verwahrloster Kinder im Zusammenhang mit der Zwangserziehung und Bestrafung kindlicher und jugendlicher Verbrecher ist durch besonderes Reichsgesetz zu regeln.

8. Die Versammlung sprach den Wunsch aus, daß die Commission die Art der staatlich überwachten Erziehung, sowie die Anforderungen des Staates an die Privaterziehungsanstalten auf Grund der eingegangenen Gutachten einer nochmaligen Erörterung und Abänderung unterziehen möge.

Druck der Norddeutschen Buchdruckerei, Berlin SW., Wilhelmstr. 32.

Die Beschlüsse

der

Zweiten Jahresversammlung

der

Internationalen Criminalistischen Vereinigung

(Gruppe Deutsches Reich)

Halle 25/26. März 1891

betreffend

die Verschärfung der kurzzeitigen Freiheitsstrafe, die Umgestaltung der Geldstrafe und der subsidiären Strafe

von

Dr. H. Appelius.

Berlin.

J. Guttentag, Verlagsbuchhandlung.

1891.

Die am 25. und 26. März 1891 in Halle tagende zweite Landesversammlung der Internationalen criminalistischen Vereinigung, Gruppe „Deutsches Reich" hat über Verschärfung der kurzzeitigen Freiheitsstrafen und über Reform der Geldstrafe und der, für den Fall der Nichtzahlung, an ihre Stelle tretenden Strafen berathen und beschlossen:

1. Die kurzzeitige Freiheitsstrafe ist in Einzelhaft zu vollziehen. Als Verschärfungen, welche auf Grund des Gesetzes für den einzelnen Fall facultativ vom Richter anzuordnen sind, sollen eingeführt werden: Kostschmälerung, hartes Lager, Dunkelzelle, Arbeitszwang oder Arbeitsentziehung.

2. Die Geldstrafe ist nach den Vermögensverhältnissen und der wirthschaftlichen Lage des Angeklagten zu bemessen.

Die Geldstrafe soll im Strafgesetzbuch in extensiver und intensiver Beziehung eine Erweiterung erfahren durch Ausdehnung ihrer Zulässigkeit auf mehr Delicte, und durch Erhöhung des zulässigen Höchstbetrages.

An Stelle der nicht beizutreibenden Geldstrafe tritt nicht mehr Freiheitsstrafe, sondern Zwang zum Abarbeiten der Strafsumme.

Doch soll der Richter befugt sein, im Urtheil Zahlungsfristen festzusetzen.

Die Beschlüsse sind nicht wörtlich, wohl aber dem Sinne nach genau wiedergegeben. Keiner derselben darf jedoch, vom Standpunkt der Vereinigung, nur für sich allein, sondern es muss der eine auch im Zusammenhang mit dem anderen, und endlich müssen beide zusammen wieder im Zusammenhang mit dem Beschluss des vorigen Jahres wegen Einführung der bedingten Verurtheilung gedacht werden.

Diese Auffassung ist wenigstens dann nothwendig, wenn man davon ausgeht, dass es der deutschen Gruppe der Vereinigung nicht sowohl darauf ankommt, lediglich die rationelle Gestaltung des einen oder anderen Strafmittels allein, als vielmehr die Umgestaltung des gesammten Strafrechts anzubahnen. Das schliesst jedoch nicht aus, dass möglicher Weise ein Vorschlag zur Umgestaltung der einen oder anderen Strafe zunächst Beifall findet und gesetzgeberisch verwerthet wird.

Deshalb sind die Beschlüsse auch unter dem doppelten Gesichtspunkt zu betrachten:

Werden sie sich für das gegenwärtige Strafrecht verwerthen lassen, und

welche Stellung nehmen sie in dem Rahmen der Reformgedanken ein, als deren Träger in Deutschland die deutsche Gruppe der Internationalen criminalistischen Vereinigung anzusehen ist?

Zunächst muss auf eine merkwürdige Erscheinung hingewiesen werden. Seit längerer Zeit schon wogt der Kampf gegen die „kurzzeitigen Freiheitsstrafen.“ Schon hat dieser Kampf eine stattliche Literatur, meist gegen dieselben in ihrer jetzigen Gestalt, hervorgebracht; — vergeblich aber wird man überall die Frage beantwortet suchen, was kurzzeitige Freiheitsstrafen sind. Der Begriff der kurzzeitigen Freiheitsstrafe verlangt zu seiner Fixirung eine feste Grenze nach oben. Diese Grenze ist noch nicht gezogen. Zwar wird man die Erscheinung, welche nicht ganz logisch scheint, mit in den Kauf nehmen müssen, dass ähnlich, wie in dem alten Sophistenspiel, ein Korn einen Haufen machte, hier ein Tag Freiheitsstrafe mehr oder weniger den Begriff der Kurzzeitigkeit aufhebt oder begründet; das lässt sich aber nicht vermeiden. Der Begriff darf nicht unbestimmt bleiben, wenn man für diese Strafart besondere Vorschriften geben will.

Auch die Versammlung in Halle hat wieder von einer Fixirung des Begriffes abgesehen; es wurde zwar zweimal ein Versuch dazu gemacht — 1—30 Tage (Krohne) und bis zu drei Monaten einschliesslich — die Vorschläge fanden aber keinen Widerhall in der Versammlung.

Der erste Vorschlag scheint mir, was seine obere Grenze anlangt, zu niedrig gegriffen, ich möchte die Meinung*) als die richtige empfehlen, welche als kurzzeitige Freiheitsstrafen die bis zur Dauer von drei Monaten einschliesslich bezeichnet.

Auch das gegenwärtige Strafrecht kann eine Einrichtung der kurzzeitigen Freiheitsstrafe nur mit Freuden begrüssen, welche nicht allein die Mängel derselben beseitigt, sondern auch der Strafe eine Wirkung zu geben geeignet ist und zwar eine Wirkung in doppelter Beziehung: auf dem Gebiet der General- wie der Specialprävention. Ein zweckmässiger eingerichteter Vollzug der kurzzeitigen Freiheitsstrafe wird auf den, der sie empfunden hat, eher eine abschreckende Wirkung äussern, aber es wird sich auch allmählich im Volk die Furcht vor der ersten Strafverbüssung erhöhen, und das ist nicht zu unterschätzen.

Besser wäre es freilich, wenn in allen Schichten der Bevölkerung das Gefühl für Recht und Unrecht lebhafter und das Schimpfliche der Strafthat mehr empfunden werden wollte.

Dem ersten Beschluss, die Strafe in Einzelhaft zu vollziehen, ist allgemeine Zustimmung gewiss.

Die Gemeinschaftshaft ist die anerkannte Ursache der schädlichen Wirkungen der kurzzeitigen Freiheitsstrafe und, mag die Herrichtung der erforderlichen Zahl von Einzelzellen noch so viel kosten, die Forderung nach streng durchgeführter Einzelhaft, wenigstens für kurze Strafen, wird immer und immer wieder erneuert werden. Hoffen wir, dass sie endlich allgemein als berechtigt anerkannt und erfüllt wird.

Ganz nahe ist dieser Zeitpunkt allerdings noch nicht. Noch immer finden die bestehenden Gefängnisseinrichtungen warme Vertheidiger, und wie lange ist es her, dass erklärt wurde, die Gemeinschaftshaft der kleinen Justizgefängnisse habe nicht die behauptete schädliche Wirkung, da ja in der-

*) Bezüglich des Mindestmasses der Strafe später, S. 11.

selben meist Leute zusammen zu sitzen pflegten, die auch in der Freiheit miteinander verkehrten. Das kann kaum von einem Amtsgerichtsgefängniss gelten, das in eimem Ort sich befindet, der weitab von jedem Verkehr liegt, ohne Industrie, ja selbst ohne fremde Arbeitskräfte im landwirthschaftlichen Betrieb.

Aber auch an dem weltfremden Gerichtssitz würde sich Alles mit einem Schlag ändern, wenn etwas Industrie oder Mangel an landwirthschaftlichen Arbeitern ortsfremde Arbeiter herbeizieht, oder wenn es einigen Gaunern oder Landstreichern beliebt, einmal diese abgelegene Strasse zu ziehen.

Und wenn weiter gesagt wurde, übrigens werde schon dafür Sorge getragen, dass nicht Gefangene in ungeeigneten Fällen zusammengesetzt würden, so fehlt dabei, abgesehen von manchem Anderen, dahinter der Nachsatz: — „wenn Raum dazu vorhanden, was allerdings nicht immer der Fall ist." —

Während der Hallenser Beschluss die Einzelhaft allgemein durchführen will, überlässt er die Anwendung der übrigen Verschärfungen auf Grund des Strafgesetzes facultativ dem Richter.

Das halte ich für bedenklich; schon um deswillen, weil dann dem Richter die Möglichkeit bleibt, auf einfache, unverschärfte Gefängnissstrafe, z. B. von einem Tage, zu erkennen, die allerdings in Einzelhaft zu verbüssen wäre, aber doch, beispielsweise von einem Menschen, der in der Freiheit schwere Arbeit verrichten muss, nicht als Strafe, sondern mehr als Erholung empfunden werden könnte und ohne jede Wirkung vorübergehen würde.

Vor allem sollte man die Fälle der Anwendung von Arbeitszwang und Arbeitsentziehung gesetzlich regeln. Soll eine Freiheitsstrafe eine Wirkung äussern, so muss dem Gefangenen die Erkenntniss seines Unrechts und der Lage, in die er durch dasselbe gekommen ist, zum Bewusstsein gebracht, er also veranlasst werden, Einkehr in sich selbst zu halten. Dazu kommt er nicht, wenn er alsbald mit dem Eintritt ins Gefängniss beschäftigt wird, selbst dann nicht, wenn er in eine Einzelzelle gesetzt ist.

Der Aufseher geht bei dem Gefangenen aus und ein, vielleicht auch der Werkmeister, der ihn zu der neuen Beschäftigung anlernt, die neue Beschäftigung selbst nimmt seine Aufmerksamkeit in Anspruch und so kommt der Gefangene leicht über den Eindruck hinaus, den, namentlich auf den Erstbestraften, der Eintritt in die Gefängnisszelle hervorbringt. Deshalb ist es praktisch, um namentlich eine kurze Strafe wirkungsvoller zu gestalten, wenn die erste Zeit der Strafverbüssung ohne Arbeit, also unter Arbeitsentziehung vollstreckt wird.*) Dabei muss die Einzelhaft zur völligen Isolirhaft werden. Alles, was dem Gefangenen Unterhaltung gewähren könnte, was ihn zu zerstreuen geeignet ist, ist thunlichst fern zu halten. Die Zellen für die neu Aufgenommenen sind so anzulegen, dass der Gefangene nicht durchs Fenster hindurchsehen kann, so dass er also auch von draussen keinerlei Zerstreuung empfängt. Das Mobiliar der Zelle muss möglichst einfach sein, ein Schemel, ein Tisch, genügen für die ersten Tage, dann mag eine Bibel, vielleicht noch ein Erbauungsbuch hinzukommen. Besuch von Angehörigen bleibt natürlich ausgeschlossen, aber auch die Anstaltsbeamten dürfen nur dann die Zelle betreten, wenn es dringend nothwendig ist.

Wenn daher Chuchul in dem untencitirten Aufsatz den Vorschlag macht, die ersten sieben Tage jeder Freiheitsstrafe in strenger Isolirhaft ohne Arbeit zu vollziehen, so ist dem nur beizustimmen. Ich möchte jedoch erweiternd vorschlagen, bei Strafen bis zu 7 Tagen diese, bei Strafen von 1 Woche bis zu 2 Wochen die erste Woche, bei Strafen von 2 Wochen bis zu 4 Wochen die erste Hälfte und bei Strafen von 4 Wochen bis zu drei Monaten die ersten zwei Wochen in dieser Weise zu vollstrecken.

Doch damit ist noch nicht genug gethan. Der Unbeschäftigte braucht nicht so ernährt zu werden, wie derjenige der körperliche Arbeit verrichten muss. Man gebe also dem Gefangenen während des Aufenthalts ohne Arbeit in der Isolirzelle nur soviel Nahrung, als nothwendig zum Lebens-

*) cf. hierzu Chuchul, Vollzug der kurzzeitigen Freiheitsstrafen in Bl. f. Gefängnisskunde XXVI, 3.

unterhalt eines normalen Menschen seines Alters ist, das Quantum ist ganz genau festgestellt. Strafanstaltsdirector Dr. Krohne-Moabit gab in Halle den Speisezettel für die noch vollständig ausreichende Beköstigung eines nicht arbeitenden Gefangenen: Morgens und Abends Kaffee, Mittags $1/2$ Liter warme Kost und 400 Gramm Brot für den Tag.

Endlich ist es gewiss nicht inhuman, während derselben Zeit dem Gefangenen hartes Lager auf einer Pritsche zu geben.

So wird, abgesehen davon, dass eine zweckmässige, erfolgreiche Beschäftigung in der Anstalt bei einer Freiheitsstrafe von Tagen bis zu einer Woche kaum möglich ist, dem Gefangenen bei ganz kurzen Strafen doch der Ernst derselben zu Gemüthe geführt, und die Erinnerung an die auf diese Weise verbrachte Zeit wird sowohl während des etwa weiter zu verbüssenden Zeitraums, als auch nachher in der Freiheit lebendig bleiben.

Für die Strafzeit nach beendigter Isolirhaft mag das Gesetz dem Richter die Befugniss einräumen, zu bestimmen, in welchem Umfang noch Strafschärfungen im Einzelfall stattfinden sollen.

Das Gesetz würde nur das höchste zulässige Mass solcher Strafschärfungen festsetzen. Es kann sich dabei wesentlich nur um die Wiederholung des harten Lagers handeln.

Was die Kostschmälerung anlangt, so wird dieselbe nach Ablauf der Isolirhaft nur in sehr mässigem Umfang im richterlichen Urtheil zuzulassen sein, da man der Strafanstalt die Möglichkeit der Anwendung von Disciplinarmitteln gegen unbotmässige Gefangene nicht ganz nehmen darf und berücksichtigen muss, dass ein Gefangener, der arbeitet, auch eine regelmässige, kräftige Kost haben muss, wenn er gesund bleiben soll. Die Kostschmälerungen dürfen also nur in soweit im Urtheil zugelassen werden, dass die Strafanstalt oder die Gefängnissverwaltung daneben noch die Möglichkeit behält, disciplinarisch weitere Kostschmälerungen anzuordnen, ohne die Arbeitsfähigkeit und die Gesundheit des Gefangenen zu beeinträchtigen.

Ebenfalls in das Gebiet der Gefängnissdisciplin gehört die etwaige Wiederholung der anfänglichen Isolirhaft mit völliger Arbeitsentziehung, Kostschmälerung und hartem Lager während des weiteren Verlaufs der Strafvollstreckung.

Auch die in Halle als Strafschärfung empfohlene Dunkelzelle möchte ich aus dem Rahmen der richterlichen Strafschärfungen ausscheiden. Die Dunkelzelle gehört der Gefängnissdisciplin.

Die Gefängnissleitung muss das Strafübel für diejenigen zu steigern in der Lage sein, auf welche die Verurtheilung und der Strafantritt in der Anstalt so wenig Eindruck gemacht hat, dass sie sich nicht entblöden, die Hausordnung der Anstalt zu verletzen, gegen Anstaltsbeamte sich zu widersetzen u. dergl.

Wir greifen aber schon stark in die Disciplinarmittel der Strafanstalten ein, indem wir Isolirzelle, in dem vorher erwähnten Sinne, hartes Lager und zeitweilige Kostschmälerung unter die ordentlichen gesetzlichen Strafmittel der Strafrechtspflege aufnehmen, ohne den Anstalten dafür einen Ersatz zu geben. Oder sollen wir auch in der Gefängnisshaft disciplinarisch prügeln?

In Halle wurde die Frage, ob Prügelstrafe unter die Criminalstrafen aufzunehmen sei, ausdrücklich vertagt. Die Einführung derselben würde nur zu bedauern sein; sie würde dem Volksbewusstsein nicht entsprechen. Es lässt sich zwar nicht leugnen, dass manche Strafthaten den Wunsch rege machen, den Thäter für dieselbe körperlich gezüchtigt zu wissen; solche Regungen des Gefühls aber de lege ferenda zu verwerthen, ist mindestens sehr bedenklich, criminalpolitisch verwerflich. Nach der Wirkung des Strafmittels muss vor Allem gefragt, und bei Beantwortung der Frage zwischen strenger und brutaler Criminalstrafe scharf unterschieden werden.

Eine strenge Strafe wird gute Wirkungen äussern, eine brutale nicht. Die Prügelstrafe ist eine brutale, rohe Strafe, die den Verurtheilten nicht unter das Gesetz beugen, sondern gegen das Gesetz und seine Vollstrecker nur erbittern, mit

Hass und Rachegefühlen erfüllen würde. Eine rohe Criminalstrafe erzeugt wieder rohe Verbrechen.

Auch der Beifall derer, welche theoretisch die Prügelstrafe wünschen, würde der Praxis fehlen. Wäre es möglich, die Praxis so zu gestalten: hier Verbrechen, da Prügel, in unmittelbarer Folge, dann würde das vielleicht anders sein. Aber bei unserem Verfahren, in dem die Strafvollstreckung gewöhnlich erst recht lange nach der That kommt, ist die sittliche Entrüstung über die That meist lange verschwunden, ehe der Verbrecher seine Strafe angetreten hat, und nur das, fast immer recht überflüssige, Mitleid mit dem Angeklagten ist noch vorhanden. Aus dem ganzen Kreise der Prügelfreunde möchte dann kaum Einer vorhanden sein, der bei der Execution noch die sittliche Befriedigung empfinden würde, die ein gerechtes Strafurtheil gewähren muss.

Die Form, in welcher der Richter auf Prügelstrafe erkennen müsste, würde auch dem Wesen der Strafe, wie sie sein soll, nicht entsprechen: der Richter würde auf eine bestimmte Zahl von einzelnen Schlägen zu erkennen haben. Dies fühlte in Halle der Erste Staatsanwalt Lanz-Naumburg als Mangel, indem er mit vollem Recht davon sprach, dass nicht einzelne Schläge, sondern eine Tracht Prügel der Natur und dem Wesen der Prügelstrafe entsprechend sei. Aber der Richter kann nicht auf eine Tracht Prügel erkennen, das Urtheil kann nicht dahin gehen: der Angeklagte ist ordentlich auszuhauen.

Endlich kann ich noch einen Einwand nicht unterdrücken. Man soll keine Criminalstrafe schaffen, welche auch nur die entfernteste Möglichkeit einer Klassenjustiz gewähren könnte.

Es soll mit dieser Bemerkung gegen Niemanden ein Misstrauen ausgesprochen werden, aber seien wir aufrichtig: würden wir von zwei oder mehr Angeklagten, die wegen einer argen Roheit zu verurtheilen sind, bei gleicher Schuld unbedingt jeden prügeln lassen? Und würde nicht die ganz natürliche Erwägung: auf den Einen wird die Gefängnissstrafe allein seinem Stand und seiner Bildung nach tieferen Eindruck machen und schwerer wirken, wie auf den Anderen die

Gefängnissstrafe mit Prügeln, und dem Einen werden die Prügel jede Möglichkeit des späteren Fortkommens innerhalb seiner Lebenssphäre nehmen, während sie dem Anderen kaum einen nennenswerthen Schaden für die Zukunft thun werden — und die auf diese Erwägung folgende verschiedene Beurtheilung des gleichen Falles jedenfalls in dem Fernerstehenden den Glauben erwecken können, die Justiz mache sich den Standesunterschieden dienstbar!

Die Rechtsprechung soll gewiss nicht der Volksgunst nachlaufen, aber mehr Vertrauen des Volkes in die Thätigkeit der Gerichte wäre durchaus wünschenswerth;*) man soll deshalb aber dieselbe nicht noch dadurch unnöthig erschweren, dass man ein, jedenfalls zur Zeit, unpopuläres Strafmittel einführt, dessen Handhabung unendlichen Stoff zur Kritik der Richtersprüche und zur Herabsetzung ihrer Thätigkeit in der Oeffentlichkeit abgeben würde, trotz des Strebens nach der gerechtesten Anwendung.

Anders liegen die Dinge für die Prügelstrafe als Disciplinarmassregel in den Strafanstalten. Der Einwand, welcher hin- und wieder dagegen erhoben wird, dass die Prügelstrafe in den Strafanstalten ohne Richterspruch angeordnet werde und des-

*) Es ist hier nicht der Ort, die Frage eingehend zu untersuchen, worauf es beruht, dass das Vertrauen in die Gerechtigkeit der Strafurtheile und damit das Ansehen der Strafgerichte in der Bevölkerung — im wesentlichen ohne Verschulden der Betroffenen — gelitten hat, eine Erscheinung, die nicht weggeleugnet werden kann. Die Darlegung dieser Ursachen würde Stoff für eine besondere umfangreiche Abhandlung abgeben. Obenan würde die Thatsache stehen, dass man die Strafrechtspflege in unpassender Weise in das Gebiet der Politik hineingezogen hat, als wenn es das Monopol bestimmter Parteien wäre, die Angeklagten vor ungerechtfertigter Verurtheilung zu schützen, und als wenn andere Parteien und die Regierung die Strafrechtspflege zur Ausführung ihrer politischen Pläne missbrauchen würden. Hiervon ist die Folge gewesen, dass bei der Berathung der Gesetze, z. B. der Strafprocessordnung, die politischen Parteiunterschiede von grösstem Einfluss gewesen sind, und nicht zum Vortheile des Gesetzes. Damit hängt auch naturgemäss zusammen, dass in politischen Processen, je nach dem Ausfall, die Partei des Angeklagten über Parteinahme der Justiz zu schreien pflegt. — Dies ist nur eine, aber durchaus nicht die einzige Ursache.

halb nicht die Garantien desselben biete, ist nicht stichhaltig, da in den Zuchthäusern, wo bis jetzt allein Prügelstrafe zugelassen wird, dieselbe niemals auf einseitige Anordnung des Vorstehers oder eines Beamten, sondern nur durch Conferenzbeschluss erkannt wird. Es kann also auch hier nicht davon die Rede sein, dass die augenblickliche Leidenschaft eines Beamten für die Austheilung der Prügelstrafe massgebend sei. Die Prügelstrafe als letztes Disciplinarmittel auch für Gefängnissgefangene zu empfehlen, nehme ich keinen Anstand. In der Strafanstalt kann sie rasch nach der That erfolgen, sie wird regelmässig nur als die natürliche Reaction der Hausordnung gegen Unbotmässigkeit der schwersten Art zu erkennen sein, sie bleibt im wesentlichen ein Internum der Anstalt, — und sie kann auch eher dem Wesen dieser Strafart entsprechend erkannt und ausgeführt werden: der gesunde Gedanke von der „Tracht Prügel“ ist in der Strafanstalt bei gehöriger Aufsicht — ohne Schaden — der Verwirklichung näher, als unter dem Richterspruch.

Will man die Halleschen Beschlüsse über die Verschärfung der kurzen Freiheitsstrafe in der gegenwärtigen Strafrechtspflege verwerthen, so würden dieselben dahin zu präcisiren sein:

1. Es ist geboten, die Wirkungen der kurzzeitigen Freiheitsstrafen durch Verschärfungen zu erhöhen.*)

2. Deshalb empfiehlt es sich, die Freiheitsstrafen von 1 Tage bis zu 3 Monaten in Einzelhaft zu vollstrecken und zwar:

a) bei Strafen bis zur Dauer von 4 Wochen die erste Hälfte, stets aber mindestens die ersten 7 Tage,

b) bei Strafen von 4 Wochen bis zu 3 Monaten die ersten 2 Wochen

in Isolirhaft mit Arbeitsentziehung, bei hartem Lager und der lediglich zur Erhaltung von Leben und Gesundheit des Gefangenen erforderlichen Kost.

3. Die Strafzeit nach Ablauf der Isolirhaft ist in Einzelhaft mit Arbeitszwang zu vollstrecken.

*) wörtlich wie in Halle.

4. Für die Strafzeit nach Beendigung der Isolirhaft kann der Richter auf Grund des Strafgesetzes, welches die Grenzen der Zulässigkeit festzusetzen hat, die periodisch weitere Anwendung des harten Lagers und der Kostschmälerung anordnen.

5. Der Gefängnissverwaltung bleibt daneben die Befugniss, Disciplinarstrafen, insbesondere Kostschmälerung und hartes Lager in weiterem Umfang, sowie die Wiederholung der Isolirhaft mit Arbeitsentziehung, hartem Lager und Kostschmälerung, oder Dunkelarrest anzuordnen.

6. Als äusserstes Disciplinarstrafmittel für die schwersten Vergehen gegen die Ordnung des Strafvollzugs ist Prügelstrafe zu empfehlen.

Bei dem Strafvollzug ist auf den Gesundheitszustand des Gefangenen Rücksicht zu nehmen; es finden deshalb die Massregeln, welche die Gesundheit eines Einzelnen schädigen würden, nicht statt.

Während die Halleschen Beschlüsse nur mit Verschärfungen der Freiheitsstrafe sich befassten, begreift die vorstehende Fassung zugleich die Disciplinarstrafen der Strafanstalten. Das war aber unvermeidlich, weil die Beschlüsse Massregeln, welche bisher als Disciplinarstrafen erschienen, mit in ihren Kreis hineingezogen haben.

Diese Beschlüsse bieten nicht allzugrosse Schwierigkeit für die Verwirklichung und sie werden auch keiner grossen Gegnerschaft begegnen. Es wird ja mit Neubauten für Gefängnisse vorgegangen, um nach und nach die Isolirung der Gefängnissgefangenen zu ermöglichen.

Wenn man die Beschlussfassung über die kurzzeitigen Freiheitsstrafen vom Standpunkt der Internationalen criminalistischen Vereinigung betrachtet, so kann man nicht umhin, hier einen gewissen Widerspruch zu constatiren. Hält doch die Vereinigung den Ersatz kurzzeitiger Freiheitsstrafen durch andere Strafmittel für wünschenswerth und möglich und ist doch der Ansturm gegen dieselben von Mitgliedern der Vereinigung, in hervorragender Weise von Liszt, inaugurirt! Und, wenn es möglich ist, an Stelle der kurzzeitigen Freiheitsstrafen etwas anderes, gleich-

oder gar mehrwerthiges zu setzen, dann werden sich gewiss nur Wenige finden, welcher mit Wach die Herrschaft der kurzzeitigen Freiheitsstrafe für einen Vortheil der Strafrechtspflege erklären, die grösste Mehrheit aber wird gern die kurzzeitige Freiheitsstrafe, mit ihrem, immer zweifelhaften Erfolg darangeben. Die Vereinigung hat im vorigen Jahre die bedingte Verurtheilung als ein wesentliches Ersatzmittel der kurzzeitigen Freiheitsstrafe anerkannt, sie hat sich in diesem Jahre für Erweiterung des Anwendungsgebietes der Geldstrafe und für ein erhebliches Hinaufrücken des zulässigen Höchstbetrages derselben ausgesprochen, — da hätte man doch erwarten sollen, einer der ersten Beschlüsse bezüglich der kurzzeitigen Freiheitsstrafe würde dahin gehen das jetzt übliche Mindestmass von einem Tag ist erheblich hinaufzurücken. Der eine der Berichterstatter*) hatte in seinen ursprünglichen Thesen das Hinaufrücken des Mindestmasses auf 1 Woche befürwortet, in der späteren Formulirung der Anträge und in der Beschlussfassung wurde dieser Punkt aber trotz mehrfacher Anregung übergangen. Der frühere Vorschlag von Liszt, die Freiheitsstrafe auf ein Mindestmass von 6 Wochen hinaufzurücken, war praktisch undurchführbar, da bei unbedeutenden ersten Vergehungen, welche von Heimathlosen, Fluchtverdächtigen begangen sind, weder Geldstrafe, noch bedingte Verurtheilung, noch ein sonstiges Ersatzmittel brauchbar, eine geringere, als sechswöchige Freiheitsstrafe also unentbehrlich ist. Den Vorschlag, das Mindestmass auf eine Woche zu bestimmen, hätte man unbedenklich annehmen können, wenigstens als einen Beweis, dass es mit dem Kampf gegen die kurzzeitige Freiheitsstrafe ernst ist, und dass man den sogenannten Ersatzmitteln wirklich als solchen vertraut. Ich betone aber ausdrücklich, der Gedanke Simonson's, die Freiheitsstrafe nur in einem Mindestmass von 1 Woche zuzulassen, ist nicht etwa abgelehnt, sondern er ist schliesslich, in Verkennung seiner principiellen Bedeutung, in der Debatte verloren gegangen, obgleich Einzelne ihn besonders aufnahmen.

---

*) Amtsrichter Simonson-Luckenwalde.

Für die Durchführung der bedingten Verurtheilung*) — im Zusammenhang mit einer generellen Reform — ist aber das Hinaufrücken des Mindestmasses geradezu eine unerlässige Vorbedingung. Wenn man diesen Satz und eine Bemerkung des Reichsgerichtsraths Mittelstädt in Halle zusammenhält, der darin einen Widerspruch finden wollte, dass die deutsche Gruppe der Vereinigung in der bedingten Verurtheilung im vorigen Jahre die Milde und nunmehr in der Verschärfung der Freiheitsstrafe die Strenge befürwortet, so ist wohl ein näheres Eingehen auf diesen Punkt nothwendig. Wenn in einem demnächstigen Strafrecht die bedingte Verurtheilung zur Einführung gelangen sollte, so darf das nur in einem so beschränkten Umfang geschehen, dass sie dem Gedanken der Generalprävention in der Strafandrohung keinen Nachtheil bringt, und es muss dafür Sorge getragen werden, dass diese Massregel der Specialprävention wirklich dienen kann, dadurch, dass die in der Schwebe befindliche Strafe wirklich eine drohende Strafe ist.

Die Verurtheilung zu einer Strafe von einem oder einigen Tagen Haft oder Gefängniss im heutigen Sinne ist aber für sehr Viele keine solche Drohung, die von weiteren Vergehungen abzuhalten geeignet wäre: — deshalb ist es nothwendig, der Gefängnisstrafe in doppelter Richtung durch Schärfung und durch Erhöhung des zulässigen Mindestmasses eine mehr abschreckende Wirkung zu verleihen.

Damit würde der Nachweis schon geliefert sein, dass bedingte Verurtheilung und verschärfte Freiheitsstrafe kein Widerspruch zu einander, sondern zwei nothwendige Glieder in der Kette der Reformbestrebungen sind, es mag aber gegen Mittelstädt auch noch Folgendes hier seinen Platz finden:

---

*) Es ist wohl nicht überflüssig, wenn ich hier ausdrücklich hervorhebe, dass ich ein entschiedener Gegner der Bestrebungen bleibe, welche die bedingte Verurtheilung in unser heutiges Strafrecht einschieben wollen, dass ich aber die Bedeutung der Massregel in einem durchaus nur dem Schutz der Gesellschaft dienenden Strafrecht wohl erkenne, und dass die oben folgenden Erörterungen, wie daselbst bereits gesagt, von dem Gedanken der zu erstrebenden Reform der Strafrechtspflege ausgehen.

Wer die Bedeutung der bedingten Verurtheilung lediglich in der ihr innewohnenden Milde finden will, verkennt mit v. Kirchenheim und vielen Anderen das Wesen derselben.*) Die Strafrechtspflege, welche nur um des Schutzes der Gesellschaft willen zu den Strafmitteln greift, hält es für den einen Rechtsbrecher als Abschreckung gegen Rückfall für das beste, dass ein Strafübel ihm möglichst nahe gebracht wird, ohne ihm dasselbe gerade aufzulegen; das richterliche Urtheil soll ihm eine Mahnung und eine Warnung sein, ein unmittelbar über ihm hängendes Uebel soll ihn begleiten, ihn erinnern, wenn er wieder schwankt, wenn er wieder zu straucheln beginnt, — das ist die bedingte Verurtheilung auf ihrem einzig richtigen Anwendungsgebiet.

Für den anderen Rechtsbrecher, der sich schwerer vergangen, oder der schon früher die Rechtsordnung durchbrochen, ist es gut, für die That und damit auch für die Zukunft, unmittelbar eine Strafe aufzulegen, die in ihrer Empfindlichkeit ihn vor weiteren Vergehungen abhalten soll, — das ist das Anwendungsgebiet der kurzen, geschärften Freiheitsstrafe. Nicht Milde im einen Fall und im anderen Strenge; sondern die Gerechtigkeit, welche der Schutz der Rechtsordnung verlangt; also im ersten Fall niemals Milde um der Milde willen, im letzteren nicht Strenge, um streng zu sein.

Endlich hätten auch die gleich zu besprechenden Beschlüsse über Erweiterung der Anwendungsgebiete der Geldstrafen ein Hinaufrücken des Mindestmasses der Freiheitsstrafe erforderlich gemacht. Die Ausdehnung der Geldstrafe soll die kurzzeitige Freiheitsstrafe einschränken. Wenn nun in vielen Fällen, in denen heute auf eine niedrige Freiheitsstrafe erkannt wird, demnächst auf Geldstrafe erkannt werden soll, so bleibt für die seitherigen Strafminima kein Raum mehr, — wenigstens sofern es sich um eine an erster Stelle zu erkennende Freiheitsstrafe handelt.

---

*) Das Missverständniss ist allerdings dadurch entstanden und damit verzeihlich, dass man die bedingte Verurtheilung fast nur unter dem Gesichtspunkt eines Instituts für unser Strafrecht geprüft hat.

Ein Mindestmass der Freiheitsstrafe von nur einer Woche würde also auf keinen Fall zu hoch gewesen sein.*)

Von den Beschlüssen über die zweite Frage werden diejenigen allgemeine Zustimmung finden, welche die Geldstrafe bei einer grösseren Anzahl von Delicten als bisher zulassen und die Maximalgrenzen erheblich erhöhen wollen.

Es giebt thatsächlich eine ganze Anzahl von Delicten, namentlich, wie die Beschlüsse mit Recht hervorheben, solche, bei denen erfahrungsmässig Gewinnsucht Beweggrund zu sein pflegt, bei denen von der Geldstrafe in grösserem Umfang als bisher Gebrauch gemacht werden könnte. Es muss aber auch, um für jeden der Betroffenen die Geldstrafe annähernd gleich wirksam zu machen, das jetzige höchste Mass der Geldstrafe noch erheblich erhöht werden.

In den Verhandlungen wurde mit Recht hervorgehoben, dass die jetzt übliche Art der Festsetzung der Geldstrafen, sowohl seitens der Gerichte, wie seitens der Polizeibehörden, gerade wesentlich mit dazu beiträgt, dass so viele ganz kurze Freiheitsstrafen zu vollstrecken sind, die durch die Zuerkennung einer Geldstrafe vermieden werden sollten. Der Richter wählt heute, wo es zulässig, bei milde liegenden Straffällen Geldstrafe, und setzt dann meist, je milder der Fall liegt, für eine desto grössere Summe einen Tag Freiheitsstrafe an. Erkennt der Richter also in dem einen Fall für je drei Mark einen Tag Gefängniss, so wird er, wenn ein Fall milder lag, statt dessen für je 5, oder 6 oder gar 10 Mk. einen Tag Gefängniss setzen, heute meist ohne Rücksichtnahme auf die Vermögensverhältnisse des Angeklagten. Die meisten Gerichte denken so: Kann der Verurtheilte die Geldstrafe nicht zahlen, so soll er, der geringen Schwere des Falles entsprechend, an deren Stelle eine möglichst kurze Freiheitsstrafe verbüssen; dass dies die herrschende Praxis ist, wird Jeder bestätigen. Auf diese Weise wird die Zahl der kurz-

*) Bei einem Mindestmass von einer Woche Gefängniss kommen auch die fluchtverdächtigen Angeklagten nicht zu Schaden, bei denen auch wegen kleinerer Vergehungen eine Freiheitsstrafe erkannt und vollstreckt werden muss.

zeitigen Freiheitsstrafen allerdings sehr vermehrt und zwar zwecklos vermehrt. Die wenigsten Verurtheilten denken sich etwas dabei, wenn sie einen Tag oder einige Tage subsidiäre Freiheitsstrafe abmachen; diese Art der Strafverbüssung hat aber doch eine Bedeutung für alle diejenigen, welche sie einmal durchgemacht haben: — bei allen diesen Personen geht die — ohnehin geringe — Scheu vor dem Gefängniss gründlich verloren und für viele derselben ist damit der erste Schritt auf der abschüssigen Bahn des Verbrechens gethan. Strafanstaltsdirector Dr. Krohne-Berlin und Andere machten sehr interessante Mittheilungen aus ihrer eigenen praktischen Erfahrung: Krohne zeigte an einer Reihe von Beispielen, wie die ärmere Klasse der Bevölkerung genau abwägt, ob die Summe, welche gleich einem Tag Freiheitsstrafe gesetzt ist, grösser oder geringer ist, wie ihr Tagesverdienst. Ist sie geringer, dann wird meist gesucht, die Strafe, sei es auch in Raten, abzubezahlen, denn es bleibt dem Verurtheilten dann immer noch ein Ueberschuss vom Tagesverdienst, ist sie aber höher als der Tagesverdienst, dann wird die Strafe abgesessen, — denn der Verurtheilte kann ja soviel für den Tag in der Freiheit nicht verdienen, als ihm der Tag Strafverbüssung einbringt.

Krohne hob deshalb unter dem Beifall der Versammlung hervor, dass, besonders auch nach unten hin, die Strafe nach den Vermögensverhältnissen, dem Tagesverdienst des Verurtheilten abgemessen werden müsse. Aus Richterkreisen wurde mitgetheilt, dass, in richtiger Erkennung dieser von Krohne erörterten Erscheinung, Manche schon in den Urtheilen vielfach den Mindestbetrag der Geldstrafe gleich einem Tag Freiheitsstrafe gesetzt und damit das Resultat erzielt haben, dass ein grosser Theil der Geldstrafen bezahlt werde.

Diese Praxis, welche jene von Krohne hervorgehobenen Schäden schon jetzt wesentlich vermindert und die auch in der Gesetzgebung allein durch Herabsetzung des Strafmindestmasses etwa auf 50 Pfg. bei Uebertretung und auf 1 Mk. bei Vergehen unterstützt werden könnte, hat aber auch ihre Kehrseite: dass nämlich der Verurtheilte, wenn gegen ihn schliesslich doch einmal die subsidiäre Freiheitsstrafe zur Vollstreckung kommt, härter verurtheilt scheint, als ursprünglich durch die Wahl einer Geldstrafe beabsichtigt war, und härter vielleicht, als ein in höherem Masse schuldiger Complice, gegen den sogleich an erster Stelle eine Freiheitsstrafe ausgesprochen war.

Durch die Beschlussfassung, die Geldstrafe nach ihrem Gesammtbetrag der wirthschaftlichen Lage des Angeklagten anzupassen, wird auch das vermieden werden, indem dann ungleich mehr Geldstrafen bezahlt werden können.

Als schon vor Jahren die Forderung nach einer Reform der Geldstrafe auftauchte, ging man weiter; es hiess, die Geldstrafe muss stets in Quoten des Jahreseinkommens oder in Quoten der nach diesem Einkommen berechneten Jahressteuer bestehen.

Diese Forderung, welche der eine der Berichterstatter in Halle, — Amtsrichter Aschrott-Berlin — früher vertreten, jetzt aber fallen gelassen hatte, während der andere Berichterstatter, Reichsgerichtsrath Mittelstädt, sie noch stellte, war nicht ohne zahlreiche Anhänger in der Versammlung, (obgleich sie praktisch undurchführbar ist), so dass in Kürze darauf eingegangen werden soll.

Der Gedanke der Bemessung der Geldstrafen nach dem Einkommensteuersatz würde schon daran scheitern, dass in einzelnen Staaten des Reichs eine Einkommensteuer, wie in Preussen, überhaupt nicht, in andern nach wesentlich anderen Sätzen erhoben wird. Eine einheitliche Strafvorschrift, die doch erforderlich, wäre hiernach unmöglich. Es könnte allerdings die Berechnung nach Quoten des Jahreseinkommens oder des Vermögens an die Stelle treten. Was ich an anderer Stelle dagegen geschrieben, will ich hier nicht wiederholen, sondern nur Einiges noch hinzufügen.

Wie denkt man sich die Bemessung der Geldstrafe gegen unbemittelte Hausfrauen oder Hauskinder eines reichen Mannes! Sollen sie den Armen gleich behandelt werden oder will man die Strafe nach der Einkommens- oder der Vermögenslage des

Ehemannes oder Vaters bemessen, oder nach einem Procentsatz desselben?

Ferner: Der Grundgedanke der angestrebten Reform der Geldstrafe ist der, die Strafe thunlichst gleich empfindlich für alle zu machen. Wie würde derselbe aber erreicht, durch die vorgeschlagene nackte Rechnungsmanipulation, und wie steht diese im Einklang zu der Grundlehre der Strafrechtsreform, bei Abmessung der Strafen die Persönlichkeit des Angeklagten sehr erheblich zu berücksichtigen? Es müssten doch unbedingt nach jenem Vorschlag zwei Angeklagte, als gleichschuldige Mitthäter, von denen der eine mittellos, aber schon vorbestraft, ein leichtsinniger Verschwender, dem jedes Verständniss für den Werth des Geldes fehlt, der Andere ein reicher, aber unbestrafter Mann, der ohne geizig zu sein, mässig lebt, in verständigem und gemeinnützigem Gebrauch seiner reichen Mittel, ganz nach gleichen Grundsätzen, nach gleichen Quoten ihres Einkommens verurtheilt werden; und wenn, wie das erklärt wurde, für solche und ähnliche Fälle, dem Richter ja ein Spielraum bleiben soll innerhalb verschiedener Procentsätze, dann sinkt die ganze Idee der Strafberechnung genau nach gleichen Quoten des Einkommens im praktischen Ergebniss zu einem Spiel mit bestechenden Worten herab, denn das Gericht wird dann leicht bei verschiedenen Vermögensverhältnissen doch wieder zu annähernd gleichen Strafsätzen, wenigstens zu solchen kommen können, die eine Abmessung nach Einkommensquoten und die Tendenz dieser Bestimmung nicht mehr erkennen lassen.

Viel zutreffender ist deshalb der Beschluss von Halle, dass die Geldstrafe unter Berücksichtigung der Vermögensverhältnisse und der wirthschaftlichen Lage der Angeklagten zu bestimmen sein soll, und dass die Höchstmasse der Geldstrafe zu erhöhen sind. Hinzuzusetzen würde noch sein, dass das Mindestmass allgemein auf eine Mark herabzusetzen ist.

Mit dem Satz, dass für die Höhe der Geldstrafe im Einzelfall die wirthschaftliche Lage des Angeklagten massgebend sein soll, ist alles gesagt, was für eine gesunde Reform der

Geldstrafe erforderlich ist und auch nicht mehr, als was praktisch geleistet werden wird und kann. Der Richter kann den Reichen hoch strafen, wo er den Armen niedrig straft und beide doch gleichmässig treffen; er kann die Verschiedenheit der wirthschaftlichen Lage zweier zahlenmässig gleich vermögenden Personen, die jedoch durch den Ort des Aufenthalts, durch Stellung, durch Familienverhältnisse in durchaus ungleichen Verhältnissen leben, berücksichtigen; er kann der Verschiedenheit der Criminalität seiner Angeklagten Rechnung tragen.

Es werden allerdings hier hohe Anforderungen an die Person des Richters*) gestellt, jedes formularmässige Abmachen eines Falles hört auf, die Handhabung der Geldstrafe wird dann aber dem Richter auch eine grössere innere Befriedigung gewähren.

Mit der Vorschrift, dass die Geldstrafe unter Berücksichtigung der wirthschaftlichen Lage des Angeklagten festzusetzen ist, muss Hand in Hand gehen die andere, dass Zahlungsfristen und Ratenzahlungen in weiterem Umfang, wie seither zulässig sein sollen, — die der Richter gleich im Urtheil bestimmen kann. Denn, wenn die Geldstrafe in ihrer neuen Gestaltung wirksam werden soll, so muss mit allen Mitteln darauf hingewirkt werden, dass sie auch gezahlt wird und dass die für den Fall der Unbeitreiblichkeit vorzusehende Ersatzstrafe möglichst selten eintritt. Die ärmste Klasse der Bevölkerung wird aber jede, auch die geringste Geldstrafe nur dann zahlen können, wenn dazu Ratenzahlungen und entsprechende Zahlungsfristen vom Gesetz vorgesehen sind und selbst dann nicht immer, namentlich nicht in Zeiten wirthschaftlicher Krisen.

Man sprach auch von einer Verschärfung der Zwangsvollstreckung: man wollte die Zwangsvollstreckung der Geldstrafen in die Hand der Steuerexecutoren legen, die durch ihren Beruf findiger seien, als die Gerichtsvollzieher; man ver-

*) Ob auch bei den Strafbefehlen der Polizeibehörde eine Aenderung nothwendig und überhaupt praktisch durchführbar ist, will ich dahin gestellt sein lassen.

langte auch die Zulässigkeit der Beschlagnahme von Arbeits- und Dienstlohn für Geldstrafen. — Wenn es möglich ist, eine subsidiäre Strafe zu finden, die streng und deshalb gefürchtet ist und deshalb zur Zahlung der Geldstrafe antreibt, dann wäre es mir recht, wenn man die Zulässigkeit der Zwangsvollstreckung wegen Geldstrafen möglichst beschränkte, statt ihre Formen zu verschärfen. Ganz entbehren könnte man sie wohl nicht, aber man könnte sehr wohl den Kreis des unentbehrlichen und deshalb unpfandbaren Hausrathes für die Zwangsvollstreckung wegen Geldstrafe recht erheblich erweitern. Denn jede Zwangsvollstreckung wegen einer Geldstrafe bei einem armen Verurtheilten wälzt das Strafübel auf die unbetheiligten Familienglieder mit ab, und das muss thunlichst, jedenfalls so lange, wie möglich, vermieden werden; ganz zu vermeiden ist es nicht.

In Halle hörte man bei der Anregung der Beschlagnahme des Arbeits- und Dienstlohnes, die jetzt zur Mode gewordene Bemerkung, es würde diese Massregel von wenig Arbeiterfreundlichkeit zeugen! Soll die „sociale Frage“ auch als politische de lege ferenda in das Strafrecht eindringen? Ihre wirthschaftliche Seite kann das Strafrecht nicht übersehen.

Der Kampf gegen das Verbrechen darf in Zukunft nicht mehr allein durch Strafen geführt werden, sobald man erkannt hat, welche Momente zur Erzeugung des Rechtsbruches mitwirken. Nur diejenige Strafrechtspflege bietet Aussicht anf Erfolg, die unterstützt wird durch Bestrebungen zur Beseitigung der Ursachen des Verbrechens. Eine wesentliche Ursache der Verbrechen ist aber die wirthschaftliche Nothlage weiter Kreise, (die übrigens vielfach durch die Unfähigkeit oder den mangelnden guten Willen mit dem vorhandenen sich einzurichten noch verschärft wird).

Wenn man deshalb die Zwangsvollstreckung wegen Geldstrafen direct noch verschärft, so würde das ein schwerer taktischer Fehler sein. Man will die Ursachen des Verbrechens bekämpfen, und empfiehlt Massregeln, welche die schon vorhandenen vermehren!

Mit der Beschlagnahme des Arbeits- und Dienstlohnes würde man die ganze Familie des Verurtheilten nicht nur schwer mittreffen, sondern derselben auf eine gewisse Zeit geradezu die nothwendigsten und unentbehrlichen Mittel zum Lebensunterhalt nehmen.

Die Vorschläge über Verschärfung der Zwangsvollstreckung und Beschlagnahme des Arbeits- und Dienstlohnes, wurden von der Versammlung abgelehnt; ihre Annahme würde einem der hervorragendsten Grundsätze der „Internationalen criminalistischen Vereinigung," die nicht nur repressiv durch Strafen, sondern auch präventiv für die Aufrechthaltung der Rechtsordnung wirken will, direct widersprochen haben.

Man könnte nun aber einwenden, dass der eben besprochene Grund wegfalle, wenn man nur eine theilweise Beschlagnahme des Arbeitslohnes zulasse, so dass ein Theil des Arbeitsverdienstes der Familie des Verurtheilten bleibt. Das ist richtig; denn wenn der verurtheilte Arme eine Geldstrafe in Raten zahlt, oder wenn er sie nachher abarbeitet oder abbüsst, wird ja die Familie auch zu Einschränkungen genöthigt. Die beste Art der Vollstreckung der Geldstrafe ist aber stets der indirecte Zwang, er schafft keine neue Erbitterung gegen das Urtheil, er vermeidet die Gelegenheit zu neuen Auflehnungen des Verurtheilten gegen die Vollstreckungsorgane. Wenn der Verurtheilte die Geldstrafe in Raten zahlt, um der subsidiären Strafe zu entgehen, so wählt er gewissermassen freiwillig diesen Weg, er fühlt die Macht des richterlichen Urtheils wohl, aber nicht so sehr den drückenden Eingriff in seine wirthschaftliche Selbstbestimmung, als wenn die Vollstreckungsbehörde mit rauher Hand das nimmt, was ihr gut scheint. Und wenn Beschlag auch nur auf einen Theil des Dienstlohnes gelegt würde, um durch Ratenabzüge die Geldstrafe einzuziehen, so würde das sehr oft einen besser zu vermeidenden Anlass zu Erbitterung gegen den Arbeitgeber abgeben, der sich in den Augen des Arbeitnehmers zum Werkzeug der Vollzugsbehörde gebrauchen lässt.

Aus diesem Grunde ist jede Art der Beschlagnahme des Arbeitsverdienstes zu verwerfen und, soweit als möglich, jeder directe Zwang zur Eintreibung der Geldstrafe zu vermeiden.

Die wirthschaftlichen Schäden, welche demnächst aus der Vollstreckung der subsidiären Strafe entspringen, geben dem Verurtheilten keinen Grund zur Beschwerde, wenn Ratenzahlungen in weitestem Umfang, so weit es sich mit dem Strafcharakter der Geldstrafe vereinigen lässt, nachgelassen sind. Die wirthschaftlichen Schäden sind aber auch hier von der unbetheiligten Familie des Verurtheilten aus den oben angeführten Gründen möglichst fern zu halten. Darauf näher einzugehen, wird Veranlassung sein bei der gleich zu behandelnden Frage der subsidiären Strafe.

Das beste Mittel, die Abzahlung einer möglichst grossen Anzahl von Geldstrafen zu veranlassen, wird also eine möglichst zweckmässig zu gestaltende subsidiäre Strafe sein. Lässt sich diese so einrichten, dass neben ihr die Geldstrafe als das kleinere Uebel erscheint, dann werden die meisten Verurtheilten lieber die Geldstrafe zahlen, als die subsidiäre Strafe leiden.

Die Versammlung beschloss, dass in Zukunft die subsidiäre Freiheitsstrafe in ihrer jetzigen Gestalt wegfallen solle; es liege eine Ungerechtigkeit darin, dass der Arme ins Gefängniss müsse, für eine That, welche der Reiche oder Vermögende mit Geld sühnen dürfe. Die voraufgehenden Erörterungen zeigen, dass diese Erscheinung bei vernünftiger Gestaltung und Anwendung der Geldstrafe und bei richtiger Wahl des Verhältnisses der Geldstrafe zur Freiheitsstrafe in ihrem Vorkommen sich schon sehr vermindern lässt. Sie würde noch viel geringer werden, wenn in Zukunft an Stelle der jetzigen Form des Absitzens die oben geschilderte verschärfte Freiheitsstrafe tritt. Die Zahl derer, welche die Geldstrafe noch absitzen würden, wäre dann eine sehr geringe, sie würde sich auf die Allerärmsten und die Bummler beschränken. Aber um der ersteren Kategorie willen ist es von der höchsten Bedeutung, wenn eine Art von subsidiärer Strafe gefunden werden kann, welche die Gegensätze von Reich und Arm nicht so schroff zeigt, wie die heutige Einrichtung des Absitzens der Geldstrafe.

„Nicht so schroff zeigt," diese Worte sind absichtlich gewählt, denn gänzlich lassen sich diese Gegensätze selbst aus dem Rechtsleben nicht verbannen. Auch die Zwangsarbeit, die als Ersatzmittel für die subsidiäre Freiheitsstrafe vorgeschlagen und nach längerer Debatte, nachdem man fast schon übereingekommen war, diese Frage ohne Abstimmung zu vertagen, auch angenommen wurde, leistet jedenfalls nicht mehr, wie im Folgenden gezeigt werden wird.

Nur das gleich vor weg zu nehmen: Zwangsarbeit, schon das Wort zeigt jenen Gegensatz wieder. Der Aermste, der nicht zahlen kann, der auch die seiner Lage angepasste Geldstrafe nicht zahlen kann, muss zwangsweise arbeiten, wo der besser Gestellte durch Zahlung sich befreit hat.

Ueber die Gestaltung der Zwangsarbeit herrschte keine Uebereinstimmung und deshalb ist der Beschluss einstweilen so allgemein gefasst: „an Stelle uneinbringlicher Geldstrafe hat der Zwang zu einer geldwerthen Arbeitsleistung zu treten."

Aus den Verhandlungen ist darüber Manches mitzutheilen.

Die Zwangsarbeit ist in doppelter Weise möglich. Einmal in der Weise, dass ähnlich wie heute verfahren wird. Man setzt statt der Freiheitsstrafen im Urtheil für einen bestimmten Geldbetrag einen Tag Zwangsarbeit, oder aber man lässt die Summe der Geldstrafe einfach zwangsweise abarbeiten nach Accord- oder Tagelohnsätzen.

Das neue italienische Strafgesetzbuch, welches die Zwangsarbeit als subsidiäre Strafe aufgenommen hat, setzt zwei Tage Zwangsarbeit, die an Stelle der Geldstrafe treten, gleich einem Tag Freiheitsstrafe, dergestalt, dass also diejenigen, welche die Zwangsarbeit nicht leisten, für zwei Arbeitstage einen Tag Gefängniss verbüssen. Wie diese Einrichtung sich in der Praxis bewährt, ist nicht bekannt; aber es liegt auf der Hand, dass dieselbe unpraktisch ist, und dass die Zahl derjenigen, welche lieber einen Tag im süssen Nichtsthun im Gefängniss zubringen, als zwei Tage draussen in Sonnengluth oder Regen zu arbeiten, recht gross sein wird. Es stände nichts im Wege, die umgekehrte Einrichtung mit Erfolg zu treffen, dass ein Tag Zwangsarbeit für den, der nicht arbeiten will, zweien Tagen geschärfter Freiheitsstrafe gleich sei. Diese Einrichtung würde der Ableistung der Zwangsarbeit und der Einschränkung der kurzen Freiheitsstrafen sehr förderlich sein, und diejenigen, die nicht arbeiten wollen, können sich dann auch nicht beklagen, dass sie sitzen müssen. Sie würden nicht wegen ihrer Armuth, sondern wegen ihrer Faulheit*) sitzen. Nach der Ansicht der Mehrheit der Hallenser Versammlung soll aber jede Art von subsidiärer Freiheitsstrafe wegfallen. Darüber war man jedoch einig, dass gegen diejenigen, die zur freiwilligen Leistung der Zwangsarbeit nicht zu haben wären, irgend ein anderes Zwangsmittel geschaffen werden müsse. Ueber das wie konnte man sich jedoch nicht verständigen, bis Director Krohne-Moabit einen Vorschlag machte, der beifällig aufgenommen wurde. Krohne vertritt die Ansicht, dass der zu Geldstrafe Verurtheilte die uneinbringliche Strafe in freier Zwangsarbeit nach einem mittleren Tagelohnsatz abarbeiten soll und, wenn er diese Arbeit nicht freiwillig leistet, zu einer Arbeitsleistung im Gefängniss oder in einem Arbeitshaus gezwungen wird, die jedoch ganz erheblich geringer zu honoriren ist, so dass die Dauer der Strafarbeit bei Renitenten ganz bedeutend verlängert wird. Einen ähnlichen Vorschlag hat Krohne schon in seinem bekannten und hochbedeutenden „Lehrbuch der Gefängnisskunde" gemacht. Weder hier, noch dort, wo sein Vorschlag erst ganz gegen Ende der Debatte kam, hat er sich über die Einzelheiten der Ausführung im Näheren ausgesprochen, so dass bis jezt noch Raum zu manchen, nicht unwesentlichen Bedenken bleibt.

Gehen wir von einem praktischen Fall aus: X. ist unpfandbar befunden und muss deshalb eine Geldstrafe von 6 Mk. abarbeiten. Er erscheint auf Ladung nicht zur Arbeit, oder er erscheint, arbeitet aber nicht; nunmehr tritt Zwangsarbeit im Gefängniss oder in der Arbeitsanstalt ein. Während dem Verurtheilten aber bei der Zwangsarbeit ohne Einsperung ein Tage-

*) Wer durch Alter oder Krankheit an der Leistung der Zwangsarbeit verhindert ist, würde natürlich die subsidiäre Freiheitsstrafe nicht zu verbüssen haben.

lohn von z. B. 1 Mk. 50 Pfg. gutgerechnet wird, so dass er die Strafe in vier Tage abgearbeitet haben würde, wird der Werth der Arbeit in der Arbeitsanstalt nur zu 50 Pfg. gerechnet, so dass nun zwölf Tage erforderlich sind, um die Geldstrafe abzuarbeiten. Es fragt sich aber, soll der Verurtheilte in der Arbeitsanstalt verköstigt werden und nächtigen, und wenn, wie unterscheidet sich die Zwangsarbeit im Gefängniss oder dem Arbeitshaus von der subsidiären Freiheitsstrafe, und was soll eintreten, wenn der Verurtheilte auch in der Anstalt nicht arbeiten will, oder nur ganz werthlose Arbeit leistet; soll er im letzten Fall in infinitum festgehalten werden, bis die Strafe abgearbeitet ist? Und weiter! falls man, etwa um die Uebereinstimmung zwischen dieser Art der Abarbeitung der Geldstrafe und der subsidiären Freiheitsstrafe abzuschwächen, den Arbeiter allabendlich entlässt, soll er vielleicht jeden Morgen, wenn er sich nicht freiwillig wieder stellt, gesucht und herbeigeholt werden?

Die einzige Möglichkeit praktischer Durchführbarkeit des Krohne'schen Vorschlages wäre die, dass Anstalten geschaffen werden, etwa in jeder Kreisstadt eine im Anschluss an das daselbst bestehende Gefängniss, welche zur Aufnahme derjenigen Personen bestimmt sind, welche die uneinbringliche Geldstrafe nicht freiwillig abgearbeitet haben.

In diesen Anstalten werden die Verurtheilten zu Arbeiten innerhalb eines von der Anstalt selbst zu unternehmenden Arbeitsbetriebes angehalten und für diese Arbeitsleistung derjenige Betrag von dem Tagesverdienst auf die Geldstrafe gutgeschrieben, welcher nach Abzug der auf den vollen Unterhalt des Gefangenen abzurechnenden Summe zu seinen Gunsten übrig bleibt. Das wird sehr wenig sein, wenn man berücksichtigt, dass wohl bei der Arbeit ohne Einsperrung immer ein mässiger Tagelohn abgeschrieben werden kann, da dem Zwangsarbeiter nichts an Verköstigung etc. gewährt wird, also für den Tag 1—2 Mk., im Einzelfall vielleicht noch etwas mehr, dass aber in der Anstalt nur der wirklich verdiente Betrag angerechnet werden kann, von dem dann noch die Unterhaltungskosten abgehen. Auch müsste der Verurtheilte bis zur Abarbeitung in der Anstalt verbleiben.

Im Resultat wird diese äusserste Form der Zwangsarbeit doch wieder zu einer Art subsidiärer Freiheitsstrafe, die vor der bisherigen zwar die Vortheile hat, dass sie erst dann eintritt, nachdem den Verurtheilten Gelegenheit gegeben ist, die Strafe ohne Einsperrung abzuarbeiten, und die auch dadurch, dass sie für den Verurtheilten so durchaus unlucrativ ist, sehr vermieden werden wird; die aber andererseits gegenüber der bisherigen subsidiären Freiheitsstrafe den Nachtheil hat, dass bei der Strafe im Arbeitshaus die Isolirung der Gefangenen, ausgenommen nach Geschlechtern, unmöglich ist und dass damit die schädliche Einwirkung der Gefangenen auf einander, welche gerade den Beschluss über die Vollstreckung der kurzzeitigen Freiheitsstrafen in strengster Einzelhaft wesentlich mit hervorgerufen hat, im Widerspruch damit unvermeidlich bleibt. Denn die Gesellschaft, die in der Arbeitsanstalt*) zusammenkommt, wird moralisch sehr niedrig stehen und nur aus widerspenstigem Gesindel zusammengesetzt sein.

Wie soll es aber gehandhabt werden, wenn, was bei dem geringen Verdienst der Zwangsarbeiter die Regel sein wird, ein und mehrere Sonn- und Feiertage in die Zeit der Arbeit im Arbeitshaus entfallen?

Die Fortsetzung der Arbeit auch an diesen Tagen zu gestatten, geht nicht an. Behält man den Arbeiter ohne Beschäftigung über Sonntag im Haus, so widerspricht das dem Charakter der Anstalt als einer lediglich zur Abarbeitung einer Geldstrafe errichteten, die kein eigentliches Gefängniss sein soll, und der Unterschied mit letzterem wird ganz verwischt; lässt man den Zwangsarbeiter am Sonnabend Abend frei, so hat man das Unangenehme einer wahrscheinlichen Verhaftung am Montag oder auch eines mehrmaligen Sistirungsversuches, wenn es der Person beliebt, sich zu verbergen oder früh morgens irgend wo andershin zur Arbeit zu gehen. Man muss nur berücksichtigen, dass man es hier durchweg mit Wider-

*) Mit den in jeder Provinz bestehenden Correctionsanstalten (auch Werkhäuser genannt) dürften diese Arbeitsanstalten zur Abarbeitung der Geldstrafen des ganz verschiedenen Zwecks wegen nicht zu verbinden sein.

spenstigen zu thun hat, die weder zahlen, noch abarbeiten wollten und die, — was gleichfalls besonders hervorzuheben ist, — während der ersten Arbeitswoche eingesehen haben, wie wenig in der Arbeitsanstalt abzuverdienen ist, und wie lange sie deshalb daselbst noch angestrengt arbeiten müssen.

So stellen sich der praktischen Durchführung des Planes so mancherlei Schwierigkeiten entgegen, dass ich zu dem Krohne'schen Vorschlag einstweilen nur das zu sagen vermag, dass sich derselbe nur auf den ersten Blick wunderschön ausnimmt, als wenn er die Lösung aller Schwierigkeiten bringen werde. Im Endresultat wird aber die letzte Zuflucht doch die subsidiäre Freiheitsstrafe bleiben, nur dass man als Zwischenglied für die, welche arbeiten wollen, die Zwangsarbeit ohne Einsperrung einschiebt und um recht Viele zur Arbeit zu veranlassen, die Bestimmung trifft, dass für die Zeit, welche zum Abarbeiten daraufgegangen sein würde — was sich ja durch Vergleichung des Tagelohnsatzes mit der Strafsumme ermitteln lässt — eine doppelt oder auch dreimal so lange geschärfte Freiheitsstrafe zu verbüssen ist. Es werden dann wahrlich nur Wenige zur subsidiären Freiheitsstrafe kommen und diejenigen, welche schliesslich sitzen müssten, dürfen sich nicht beklagen; — sie sitzen nicht ihrer Armuth wegen, sondern weil sie nicht arbeiten wollten, ihrer Widerspenstigkeit und Faulheit wegen.

Auch das Krohne'sche äusserste Strafmittel ist, wenn es eine praktisch brauchbare Gestaltung erhalten soll, Freiheitsstrafe, die nur zur Vermeidung des Odiums einen anderen Namen erhalten hat.

Bei anderer Gelegenheit habe ich einen Einwand gegen die Zwangsarbeit ohne Einsperrung erhoben, den ich an dieser Stelle nicht übergehen darf, nicht um lediglich zu wiederholen, was ich an anderer Stelle geschrieben habe, sondern um den Einwand einzuschränken, nachdem mir andere werthvolle Ausführungen*) einen Ausweg gezeigt haben. Einer

*) cfr. Stelling, Ersatzstrafe für kurzzeitige Freiheitsstrafe im 20. Vereinsheft des Nordwestdeutschen Vereins für Gefängnisswesen 1890.

Durchführung der Zwangsarbeit in grossem Massstab, als subsidiäre Strafe für die uneinbringliche Geldstrafe, steht die Armuth der Verurtheilten entgegen. Der Zwangsarbeiter muss sich und seine Familie ernähren, ohne dass er einen Verdienst hat; er steht sich also schlechter, als wenn er Strafe verbüsst. Während dieser Zeit wird er auf Staatskosten gekleidet und genährt, die Familie wird von der Armenverwaltung unterstützt. Will man den Zwangsarbeiter mit seiner Familie, während der Dauer der Zwangsarbeit der Armenverwaltung direkt zuweisen, so wird man das Ehrgefühl einer grossen Zahl von Verurtheilten schwer kränken, die lohnende Arbeit, aber keine Almosen wollen; man kommt dann aber auch zu dem unerwünschten Resultate, dass die Armenverwaltung einen grossen Theil der Geldstrafe zurückzahlt, den der Arbeiter abarbeiten soll. Ohne Unterstützung ist aber eine Arbeitsleistung, welche den Zeitraum von wenig Tagen überschreitet, Verurtheilten, welche Familie zu ernähren haben, unmöglich. Die ganze Familie der äussersten Noth preisgeben, ist aber nicht nur hart und unmoralisch, sondern auch social- wie criminalpolitisch verwerflich und verkehrt. Hier könnte das ganze Institut der Zwangsarbeit Schiffbruch leiden. Aus gleichen Erwägungsgründen hat der Amtsgerichtsrath Stelling zu Rotenburg in Hannover ein Strafmittel vorgeschlagen, welches er „entgeltliche Zwangsarbeit“ nennt. Hier ist keine Rede von Abarbeiten einer Geldstrafe, sondern die entgeltliche Arbeit wird auf bestimmte Zeit erkannt. Stelling sagt: Unter Arbeit ist Arbeit in vollem Sinne verstanden, es muss daher ein angemessenes Arbeitspensum ordnungsmässig geleistet werden, die Arbeit muss angemessen bezahlt werden, die Arbeit muss freiwillig geleistet werden, ausserhalb der Gefängnisse etc.

Bei dieser Art von Strafarbeit würde der Einwand, welcher aus der Armuth des Verurtheilten hergenommen war, allerdings wegfallen. Wie steht es aber mit dem Strafcharakter dieser entgeltlichen Zwangsarbeit? Stelling beantwortet auch diese Frage. Er sagt:

„Die entgeltliche Arbeitsleistung bei Meidung von Freiheitsstrafe ist in der That eine Strafe. Sie enthält eine empfindliche Beschränkung der persönlichen Freiheit. Dieses zeigt sich in verschiedenen Richtungen:

a) Der Verurtheilte muss, um die Freiheitsstrafe zu vermeiden, dahin, wo die Arbeitsleistung geschehen kann, sich verbannen und muss seinen Aufenthalt an dem Orte während der im Strafurtheil festgesetzten Zeit fortsetzen, und zwar ohne Unterbrechung, es wäre denn, dass die Arbeitsordnung eine Unterbrechung der Arbeitsleistung aus besonderem Grunde gestattet.

b) Der Verurtheilte muss sich aus seiner gewohnten Beschäftigung herausreissen und muss sich der ihm übertragenen Arbeit unterziehen.

c) Durch das Wechseln der Beschäftigung muss sich der Verurtheilte eine Einbusse am Verdienst auferlegen, wenn seine gewohnte Beschäftigung ihm einen höheren Verdienst gewährt, als der ist, welchen die ihm übertragene Arbeit gewähren kann.

d) Er muss sich auch dem Verlust an Verdienst unterwerfen, der dadurch entsteht, dass er die ihm übertragene Arbeit erst erlernen muss. Denn der Verurtheilte ist nach seinen Leistungen zu bezahlen.

e) Der Verurtheilte muss sich auch Fleiss und Nüchternheit für die Arbeitsdauer auferlegen.

Trotz dieser Aufzählung kann ich der Ansicht nicht beitreten, dass diese entgeltliche Arbeitsleistung eine Strafe sei. Was sich nach dem Vorstehenden der Verurtheilte auferlegen muss während der Dauer der ihm übertragenen Arbeit, dasselbe muss sich auch jeder freie Arbeiter auferlegen, wenn er eine Arbeit ausserhalb seines und seiner Familie Wohnorts annimmt, oder wenn er, wegen schlechter Conjunkturen des Arbeitsmarktes, aus einer Beschäftigung in die andere übergeht.

Es liegt in dem Gedanken Stelling's aber ein wirthschaftlich gesunder Kern: der Verurtheilte arbeitet entgeltlich, die Familie braucht nicht zu darben, — unentgeltliche Zwangsarbeit zu leisten, ist auf längere Zeit für sehr viele ganz unmöglich. Durch die Ausführungen Stelling's veranlasst, möchte ich deshalb einen Vorschlag bringen, der vielleicht geeignet ist, den Gedanken der unentgeltlichen Zwangsarbeit nach dieser Richtung hin lebensfähig zu machen:

Derjenige Zwangsarbeiter, welcher zum Unterhalt von anderen Personen verpflichtet ist, muss beanspruchen dürfen, dass von dem von ihm verdienten und ihm auf die Geldstrafe gutzuschreibenden Tagelohn ein Theil, bis zur Hälfte desselben, in baar zum Unterhalt seiner Person und seiner Familie ausbezahlt wird. Auch die Armenverwaltung müsste zu dem Antrag berechtigt sein. Wo die bestehenden Einrichtungen dies gestatten, ist der Betrag nicht in baar, sondern in Speisemarken auf eine Volksküche zu verausgaben.

Die Durchführbarkeit dieses Vorschlags setzt allerdings voraus, dass dem Zwangsarbeiter eine Arbeit gegeben wird, bei welcher er nicht blos arbeitet, um zu arbeiten, sondern bei der er dem Arbeitgeber gegenüber wirklich einen Tagelohn verdient, — sie soll ja auch eine geltwerthe sein.

Man könnte diese Vergünstigung ausnahmsweise auch dem Zwangsarbeiter gewähren, der für Familie nicht zu sorgen hat, ihm natürlich in geringerem Masse.

Die Zwangsarbeit wird damit ihrer Dauer nach allerdings verlängert, der äussersten Noth der Familie aber auch gesteuert. Mehr kann nicht geschehen. Man darf aber nicht vergessen, dass es sich in diesem Stadium der Vollstreckung um Leute handelt, die trotz Ratenbewilligung und trotz des indirecten Zwangs der drohenden subsidiären Strafe nicht gezahlt haben, — und zwar Viele, weil sie nicht wollten, Manche aber immerhin, weil sie nicht zahlen konnten. Für die Letzteren ist die Zwangsarbeit wirthschaftlich eine grössere Härte, als der jetzige Zustand, und deshalb ist für solche die Zulassung der Unterstützung aus dem Arbeitslohne eine unabweisbare Forderung.

Derjenige allerdings, der es auf das dritte Stadium, das Abarbeiten in der Arbeitsanstalt oder die subsidiäre geschärfte Gefängnissstrafe ankommen lässt, verdient für den Tag so wenig, dass dafür der Familie nichts abgegeben werden kann. Hier muss die Armenverwaltung für die Familie eintreten. Es handelt sich in diesem Stadium aber durchweg um Widerspenstige, die dann nichts besseres verdient haben.

Endlich noch eine Frage, die der sorgfältigsten Erwägung werth ist.

Wird ausreichende geldwerthe Arbeit für die Strafe der Zwangsarbeit zu beschaffen sein, und zwar, ohne dass der freien Arbeit eine schädliche Concurrenz gemacht wird? Ich fürchte fast, diese Frage verneinen zu müssen. Wenn das Abarbeiten der Geldstrafen als subsidiäre Strafe eingeführt werden soll und der Geldstrafe ein erweitertes Anwendungsgebiet eingeränmt wird, dann wird immerhin ein grosser Bedarf an Arbeit für die Zwangsarbeiter nothwendig, so dass die freie Arbeit gerade der gewöhnlichsten Handarbeiter höchst wahrscheinlich darunter leiden wird. Und dies wird trotzdem der Fall sein, dass gewiss erheblich mehr Strafen bezahlt werden, als jetzt, weil das Abarbeiten wirthschaftlich nachtheiliger ist, als die Ratenzahlungen. Unbedingt nothwendig würde es sein, die Zwangsarbeit im wesentlichen auf die Frühjahrs-, Sommer- und Herbstmonate zu beschränken, und die Winterszeit möglichst auszuschliessen. In der schlechteren Jahreszeit steigert sich vom Beginn der Fröste das Angebot der Arbeit erheblich. Gewisse Gewerbe, z. B. das Baugewerbe, liegen dann still, die landwirthschaftlichen Arbeiter werden entlassen, auch das grosse Heer der städtischen Tagelöhner ist, wenn nicht ganz arbeitslos, so doch wenigstens weit geringer beschäftigt, als sonst. In dieser Zeit muss jede vorhandene Arbeit, jede Gelegenheit zum Verdienst für diese Arbeitslosen reservirt werden. Dass das Verlangen, die Geldstrafe gerade in der arbeitslosen Zeit abarbeiten zu dürfen, gross sein wird, ist natürlich; dem darf jedoch aus den angeführten Gründen nicht stattgegeben werden.

Uebrigens wird die Zwangsarbeit durch Zahlung der Geldstrafe um so mehr dann vermieden werden, wenn die Zwangsarbeit gerade in der Jahreszeit verlangt wird, in der dem Verurtheilten reichliche, lohnende Arbeit winkt.

Andererseits ist es ein grosser Nachtheil für die Strafart, dass ihre Vollstreckung auf gewisse Zeiträume beschränkt, von anderen ausgeschlossen ist, es kann dadurch in unangenehmer, durchaus zweckwidriger Weise That, Urtheil und Strafvollstreckung zeitlich auseinander gerissen werden.

In Zeiten wirthschaftlichen Niedergangs wird das Strafmittel der Zwangsarbeit überhaupt nicht anwendbar sein. Denn je schlechter die Conjuncturen des Arbeitsmarktes, desto geringer die Fähigkeit der ärmeren Klasse zur Zahlung der Geldstrafen, auch der ganz niedrig bemessenen, desto grösser also die Zahl derer, welche die Strafsumme abarbeiten müssen, desto grösser also auch die Concurrenz mit der freien Handarbeit, die in solchen Zeiten gerade vermieden werden muss.

Die so oft gedankenlos aufgestellte Behauptung, dass Arbeit in Fülle vorhanden sei, und dass deshalb ein Jeder, der den Willen zum Arbeiten habe, auch Arbeit finden werde, ist nur in sehr beschränktem Umfang richtig. Unter normalen Verhältnissen bei einer erträglichen Lage der Industrie wird sich in der guten Jahreszeit für Jeden Arbeit finden lassen, — nicht für Jeden die Arbeit, welche ihm gerade zusagt, oder die seiner Erziehung und Ausbildung entspricht, aber doch immerhin eine Arbeit, die ihm seine Ernährung gewährt, sobald aber nur das Eine oder das Andere, die Lage der Industrie, oder eines Hauptzweigs derselben, oder die Jahreszeit sich ändert, ist alsbald eine grosse Reserve an Arbeitskräften vorhanden.

Der Werth eines Strafmittels ist aber ein sehr zweifelhafter, das überhaupt nicht zu jeder Zeit angewendet werden kann, oder falls seine Anwendung durchgeführt wird, wirthschaftlich in mehrfacher Hinsicht schädlicher zu wirken vermag, als seither die Concurrenz der Gefängnissarbeit je gewirkt hat.

Es wäre deshalb wohl besser gewesen, wenn in Halle die vielseitig gewünschte Vertagung der Frage nach der Gestaltung der für die uneinbringliche Geldstrafe einzuführenden subsidiären Strafe zu weiterem Studium beschlossen wäre, als dass man ohne genügende Prüfung der begleitenden Fragen durch Mehrheitsbeschluss ein Strafmittel empfahl, dessen Durchführung, gelinde ausgedrückt, schweren Bedenken begegnet. Bei der geringen Rücksichtnahme der Mehrheit auf die wirthschaftliche Bedeutung des gewählten Strafmittels, kann die Betonung der Arbeiterfreundlichkeit als ausschlaggebenden Ablehnungsgrund der Beschlagnahme des Arbeits- und Dienstlohnes lediglich als ein — deplacirtes — politisches Schlagwort in Betracht kommen. Der an sich ganz richtige Satz, dass es eine Ungerechtigkeit ist, den Armen wegen einer uneinbringlichen Geldstrafe ins Gefängniss zu stecken, während der Reiche durch Zahlung das Gefängniss vermeiden kann und die Folgerung daraus, dass deshalb die Geldstrafe nur abgearbeitet werden dürfe, steht um nichts höher im Werthe, wenn man in demselben Athem die wirthschaftliche Noth der Menge so ganz vergessen konnte — und obendrein schliesslich zugeben muss, dass der aufgestellte Grundsatz doch nicht ganz durchzuführen ist.

Immerhin aber nehmen die diesjährigen Beschlüsse von Halle einen hervorragenden Platz in der Geschichte der Reformbestrebung für die Strafrechtspflege ein und die deutsche Gruppe der Internationalen criminalistischen Vereinigung hat damit auf dem Gebiet der kurzzeitigen Freiheitsstrafe und der Geldstrafe theils Positives geschaffen, theils wenigstens reiche Anregung zu weiteren Studien geboten.

Es ist nicht leicht, in der heutigen Zeit ein Strafrecht aufzubauen, welches den Zwecken der Rechtspflege dient und andeben in gleicher Weise den gesellschaftlichen und wirthschaftlichen Verhältnissen voll Rechnung trägt.

Muss das Strafrecht der Zukunft aber, von der der Wirklichkeit widersprechenden Herrschaft der Idee einer abstracten Gerechtigkeit sich befreiend, das vorzüglichste Kampfmittel der Gesellschaft gegen gesellschaftswidriges Verhalten sein, so muss es auch in eine Form gebracht werden, welche allen Ansprüchen des gesellschaftlichen Lebens genügt.

In diesem gemeinsamen Streben der Mitglieder der Vereinigung bedeutet auch eine in einzelnen Punkten abfällige

Kritik keine Gegnerschaft, sondern nur Mitarbeiterschaft zur Erreichung des gemeinsamen Zieles.

Auf der Tagesordnung der diesjährigen Jahresversammlung der Internationalen Criminalistischen Vereinigung in Christiania steht gleichfalls die Frage der Umgestaltung der Geldstrafe und der subsidiären Strafe. Möge es dort gelingen, den hier geltend gemachten Bedenken gerecht zu werden.

Druck von C. H. Schulze & Co. in Gräfenhainichen.

Kolibri 360 GmbH
Ferdinand-Jühlke-Straße 7
99095 Erfurt, Deutschland
produktsicherheit@kolibri360.de